2022 개정 교육과정에 따른

국어과 교재 연구 및 지도법

황미향
윤준채
진선희
이수진
박창균

보고사
BOGOSA

머리말

최근 국어교육의 생태계가 격변하고 있다. 기술의 발달에 따라 새로운 의사소통 매체가 등장하는가 하면, '지식'에서 '역량'으로 학교 교육의 추가 이동하는 등 이전과는 질적으로 다른 변화가 일어나고 있다. 교실에서 교사와 학생, 또는 학생과 학생들의 의사소통이 목소리나 종이에 얹힌 언어 기호를 통해서만이 아니라 기술을 활용한 다양한 매체와 그에 얹힌 다양한 기호를 활용하고 이루어지고 있다. 아울러 지식을 잘 전달하는 교사보다는 주체적으로 학습하는 학생이 될 수 있도록 협력하는 교사를 요구하고 있다. 이 책은 이러한 변화에 적극적이고 유연하게 대응하여 초등국어교육의 정체성을 보다 군건하게 확립하고자 기획되었다.

이 책은 '2022 개정 교육과정에 따른 초등국어교육론'의 후속작이다. 앞선 저술은 초등학교 '국어' 과목을 거시적으로 조망한 데 비해, 이 책은 '국어' 과목의 하위 영역을 구체적으로 살핀다. 영역별 기반 이론을 비롯하여 교육 내용, 교수·학습 방법 및 평가 등을 구체적으로 안내하고 논의한 것이다.

실제 초등국어교육은 각 하위 영역이 별개로 전개되기보다는 영역 통합적으로 교재가 구성되고 수업도 영역 통합적으로 설계되고 실행된다. 그러므로 역설적으로 각 영역에 대한 풍부하고 정확한 이해가 더욱 필요하다. 이 책은 이러한 필요에 적극적으로 부응하고자 하였기에 예비교사는 물론이고 초등국어교육에 관심이 있는 이라면 누구에게나 유용할 것이다.

이 책은 모두 열 개의 장으로 구성되어 있다. 먼저, 국어과 교수·학습을 총괄적으로 안내한 후, 초등학교 '국어' 과목의 하위 영역인 듣기·말하기, 읽기, 쓰기, 문법, 문학, 매체 영역을 차례로 펼쳤다. 매체 영역의 경우는 교육과정에서는 '매체'로 영역 명을 제시하지만, 그 의미가 포괄적이어서 국어과교육의 고유한 특성을 드러내도록

'매체 문식성'을 장 제목으로 삼았다. 그리고 2022 교육과정의 지향을 반영한 국어과 교육의 특수 주제를 둘 선별하여 살폈고, 국어과 수업을 실제로 어떻게 계획하고 평가·성찰해야 하는지를 안내하면서 마무리하였다. 특히 마지막 장에서는 최근 임용고사에서 각 시·도 교육청의 수업 능력 평가가 어떻게 이루어지고 있는지를 분석하여 보였는데, 이는 예비교사들에게 크게 도움이 될 것으로 기대한다.

각 장의 내용 중에는 해당 영역의 이론적 기반이 되는 까닭에 교육과정 시기와 무관하게 여전히 중요하게 다루어져야 하는 부분이 있다. 이들 내용은 필자들이 이전에 집필하였던 원고를 참조하여 수정하거나 보완하였다. 집필을 위해 필자들은 여러 차례 협의의 과정을 거쳤지만 여전히 미흡한 부분이 있을 것이다. 초등국어교육을 함께 고민하고 있는 독자들의 가감없는 질정을 기다린다.

끝으로, 이 책이 출판될 수 있도록 애써 주신 보고사 김흥국 사장님과 편집 과정에서 여러모로 고생한 이소희 님께 감사를 드린다.

2024년 8월
저자 일동

차례

제6장　문학 교육론　　··· 169

제7장 매체 문식성 교육론 ··· 209

제8장 통합적 국어교육 ··· 231

제1장

국어과 교수·학습

1. 국어과 교수·학습의 의미

　일반적으로 교수(敎授)는 지식이나 기능을 가르치는 것을 말하며, 학습(學習)은 지식이나 기능을 배워서 익히는 것을 말한다. 그러므로 수업 상황에서 교수·학습은 교사가 지식이나 기능을 가르치고 학생들이 그것을 배우고 익히는 활동을 의미한다. 이것을 국어과 수업에 적용해 보면 교수는 교사가 학생들에게 국어에 대한 지식·기능·태도를 가르치는 활동을 의미하며, 학습은 학생들이 교사가 전달한 국어에 대한 지식·기능·태도를 배우고 익히는 활동을 의미한다. 언뜻 보기에 국어과 교수·학습은 교사가 전달한 지식과 기능을 학생들이 자신의 머릿속에 차곡차곡 쌓는 수동적인 과정처럼 보인다. 그러나 국어과 교수·학습은 교사가 전달한 국어 지식·기능·태도에 대해 학생들이 능동적으로 의미를 구성하는 과정이다. 그리고 이러한 과정에서 유의미한 국어 학습이 일어난다.

　폴라니(Polanyi, 1961)에 따르면 형식적 지식(formal knowledge)은 그 자체로 살아있는 암묵적 지식이 되지 못하기 때문에 학생들이 그것을 습득했다고 해서 온전하게 새로운 지식을 구성했다고 볼 수는 없다. 예를 들어 학생들이 요리책을 통해 밥 짓는 방법과 절차(형식적 지식)를 완전하게 익혔다고 해도 실제로 맛있는 밥을 지을 수 있는 것(암묵적 지식)은 아니다. 누구보다도 밥을 맛있게 짓기 위해서는 요리책이 제시하고 있는 형식적 지식을 바탕으로 자신의 직접적인 탐구의 과정을 통해 "아하! 바로 이것이야!"라는 경험을 하게 될 때, 맛있게 밥을 짓는 방법과 절차는 학생들에게 암묵적 지식으로 내면화된다.

이러한 형식적 지식의 암묵적 지식으로의 질적 변화의 원리는 국어과 교수·학습에도 그대로 적용된다. 폴라니가 지적했듯이 국어 지식과 기능에 대한 학습은 교사의 직접적인 설명과 시연, 그리고 학생들의 모방과 연습으로 획득되지 않는다. 오히려 그것은 의미 있는 상황에서 학생들 사이의 사회적·언어적 상호작용을 바탕으로 실제적으로 경험하고 탐구하고 협상하는 과정에서 구성된다. 따라서 국어과 교수·학습은 교육과정이 제시하고 있는 국어 지식과 기능이라는 형식적 지식을 학생들의 암묵적 지식으로 전환하기 위해 교사의 중재라는 사회적 상호작용과 함께 탐구라는 자기 주도적 의미 구성 과정을 반드시 포함해야 한다. 특히, 이 과정에서 듣기, 읽기, 쓰기, 말하기, 보여주기 등과 같은 문식 행위는 학생들이 암묵적 지식을 구성하는 데 필요한 가장 강력한 도구가 된다. 결국 학생들은 근접발달영역에서 교사 혹은 동료와 함께 대화하고, 쓰고, 읽고, 듣고, 보여주는 문식 행위를 통해 근접발달영역을 확장하면서 수준 높은 국어적 사고를 발달하게 된다.

한편 뉴맨·그리핀·콜(Newman, Griffin, & Cole, 1989)과 같은 비고츠키 해석주의자들은 비고츠키의 근접발달영역을 구성 공간이라는 개념을 사용하여 재해석하고 있다. '구성 공간(construction zone)'이란 마음과 마음이 만나는 마법의 공간으로 사람에 따라 사물을 보는 관점이 같지 않기 때문에 의미가 유동적이며 새로운 의미 구성을 위해 개인이 가지고 있는 지식을 적극적으로 자신의 것으로 가져오기도 하고 자신의 지식을 주기도 하는 사회적 상호작용의 공간을 의미한다. 즉, 구성 공간이란 전유(appropriation)라는 개인들의 협력적 사고 과정에 의해 사고와 정서의 발달이 이루어지는 학습 공간을 가리킨다.

뉴맨·그리핀·콜(1989)에 따르면 비고츠키의 근접발달영역은 교사나 우월한 동료가 학생들을 이끌어주는 역할을 하며, 학생들은 그 중재를 기반으로 학습하기 때문에 일정 정도 수동적인 입장을 취하게 된다. 근접발달영역에서 학생들은 교사의 발판을 통해 교사와의 인지적 간격을 줄여가기 때문에 학생들과 교사 간의 중재의 방향은 항상 일방적일 수밖에 없다. 이에 반해, 구성 공간에서 발생하는 중재란 교사와 학생 간에 서로의 지식과 이해를 전유하는 과정으로 학생들이 자신의 의미 구성을 위해 적극적으로 교사나 동료의 지식을 가져와 사용하기도 하며, 반대로 주기도 하기 때문에 학생들과 교사가 보다 동등한 입장에서 능동적으로 자신들의 의미 구성 행위에 참여할 수 있게 된다.

　이러한 점에서, 국어과 교수·학습은 그것이 근접발달영역에서 혹은 구성 공간에서 일어나든 학생들이 국어 지식·기능·태도에 대해 탐구하고 협상하면서, 그것에 대한 형식적 지식을 암묵적 지식으로 전화시키는 과정이라 하겠다.

2. 국어과 교수·학습의 관점

　국어과 교수·학습 관점은 국어교육의 본질을 어떻게 바라보느냐에 따라 다양하게 전개되어 왔다. 국어 미래 열기(편)는 그것을 다섯 가지로 정리하였다(2006: 103~105).

가. 전통적 관점

　전통주의적 관점은 국어에 관한 기본 지식을 습득하고 이를 적용하는 것을 국어교육의 본질로 보는 관점이다. 블룸(Bloom)과 크래쓰올(Krathwohl)이 교육목표의 분류체계로 제시한 교육목표분류학(taxonomy of educational objectives)에 기반을 두고, 국어교육의 내용을 인지적 영역(지식, 이해력, 적용력, 분석력, 종합력, 평가력)과 정의적 영역(수용, 반응, 가치화, 조직화, 인격화)으로 나누어 그 능력을 신장하고자 한 것이다. 이 관점은 개화기 이래 국어교육이 추구한 기본 방향을 보여준다는 점에서 전통적 이론으로 불린다.

나. 경험주의 관점

　경험주의 관점은 브루너(Bruner)의 반복·심화 학습을 통해 국어 능력을 신장하고자 한 관점이다. 국어교육의 본질을 국어활동과 관련된 다양한 경험의 축적, 원리 추출 및 적용으로 본다. 경험주의 이론은 교과중심 교육관에 대한 반성으로부터 생겨났는데 미국의 학문적 조류에 영향 받은 것이다. 이 관점은 국어활동의 경험을 구조화하고 학생들에게 체계적으로 제공하려고 노력한다.

다. 기능주의 관점

기능주의 관점도 미국의 영향을 받은 바 크다. 기능주의에 대한 비판이 있지만 국어교과의 중심 요소가 언어 수행 기능이라는 점은 부인하기 어렵다. 따라서 이 관점은 듣기·말하기, 읽기, 쓰기에 관한 여러 하위 기능들을 익히는데 노력을 기울인다. 제5차 국어과 교육과정은 '언어 사용 기능 신장'을 표방했는데 언어 사용 기능을 강조했다는 점에서 제5차 국어과 교육과정은 기능주의를 기반으로 한 교육과정이다. 구체적으로 언어와 사고의 변환 과정을 밝히고 언어 수행의 유창성을 기르는데 노력하는 관점이라 하겠다.

라. 인주주의 관점

인지주의 관점은 국어교육의 본질을 사고, 경험, 기능을 분절하여 보지 않고 상호 유기적으로 관련시켜 총체적으로 파악하고 조작할 수 있는 원리를 습득하는 것으로 본다. 제6차 국어과 교육과정에서 원리 학습을 강조하고 기능보다 전략을 강조한 것은 이 관점에 입각한 것이라 하겠다. 이 관점에서는 사고와 언어가 단순하게 상호 변환한다고 보지 않고 사고와 언어를 전략적으로 통제할 수 있는 능력을 신장시키려고 노력한다.

마. 문화주의 관점

문화주의 관점은 언어 수행을 개인적 문제해결 과정으로만 보지 않고 역사와 사회적 관련 하에 언어공동체의 담론적 실천으로 보는 관점이다. 구체적 표현 속에는 공시적·통시적으로 축적된 언어문화가 반영되며, 문화 맥락을 유효적절하게 활용하는 것이 수준 높은 언어 수행이라고 본다. 2015 개정 국어과 교육과정과 2022 개정 국어과 교육과정에서 '국어문화를 감상하고 향유하는 능력과 태도'를 국어과 교육 목표로 내세운 바탕에는 이 관점이 자리 잡고 있다.

3. 국어과 교수·학습에서 학습의 과정

국어과 교수·학습에서 발생하는 학생들의 학습 과정, 즉 학생들이 국어 지식·
기능·태도를 습득하고, 변형하고, 창출하는 과정은 하레(Harré)의 비고츠키 공간
(Vygotsky space, Raphael & Hiebert, 1996)을 통해 살펴볼 수 있다. 〈그림 1〉에 나타나
있듯이, 이 모형은 학생들이 국어과 교수·학습을 통하여 국어 지식·기능·태도를
수용하고 변형하여 창출하는 일련의 지식 생산의 과정을 명료하게 보여준다. 모형에
따르면 학생들은 국어과 교수·학습 과정에서 교과서나 그 밖의 자료로 제공되는

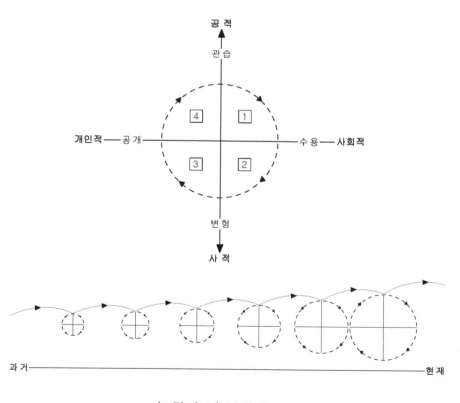

〈그림 1〉 비고츠키 공간

기성의 국어 지식을 학습한다(① 구역). 그런 다음에, 학생들은 자신들이 학습한 지식에 대해 의문을 제기하고 새로운 관점을 탐색하여 새로운 해석을 시도함으로써 기존의 국어 지식을 변형시킨다(② 구역). 학생들은 이렇게 변형된 국어 지식을 학습 공동체로부터 평가받기 위하여 공개적으로 드러낸다(③ 구역). 최종적으로 학습 공동체의 평가 과정을 성공적으로 통과한 지식은 새로운 국어 지식으로서의 지위를 얻게 된다(④ 구역). 그리고 학생들은 이와 같은 지식 습득, 지식 변형, 지식 창출의 과정을 통해 이전에 가지고 있던 것보다 질적·양적으로 더욱 진전된 국어적 사고 기능을 발달시킨다.

4. 국어과 교수·학습의 원리

국어과 교수·학습이 교사와 학생 혹은 학생과 학생 간의 역동적인 사회적 교섭을 통해 국어 지식·기능·태도가 구성되는 과정이라면, 이러한 과정에서 구현되는 국어과 교수·학습의 모습은 어떠해야 하는가? 아마도 이는 언어적 상호작용을 기반으로 국어 지식·기능·태도가 구성되고 탐구되는 과정이 강조되는 교수·학습일 것이다. 그러나 이러한 수업은 진공 상태에서는 일어나지 않는다. 국어과 교수·학습을 보다 역동적으로 이끄는 데 필요한 원리가 필요하다. 이러한 원리를 제시하면 다음과 같다.

가. 유의미한 맥락에서 실제적 국어 경험을 강조하는 교수·학습

학생들이 국어과 교수·학습을 통해 학습해야 하는 지식은 크게 두 가지로 나눌 수 있다. 하나는 '알아야 하는 것'으로서 명제적 지식 혹은 서술적 지식이고 다른 하나는 '할 수 있어야 하는 것'으로서 절차적 지식이다. 일반적으로 국어교육 영역에서는 명제적 지식을 '지식'으로, 절차적 지식을 '기능'으로 부른다. 이러한 구분은 '사실을 아는 것'과 '방법을 아는 것'의 차이를 반영한 것이다.

그런데 국어 지식이 명제적 지식으로 표상되든 혹은 절차적 지식으로 표상되든

간에, 국어 교수·학습과 관련하여 중요한 것은 국어 학습은 교사가 전달하는 국어 지식이나 기능을 학생들이 수동적으로 머릿속에 차곡차곡 쌓는 과정을 통해서는 일어날 수 없다는 것이다. 글을 한 줄 한 줄 읽어가며 해설을 달거나 국어 기능을 언어적으로 설명하는 방식으로 진행되는 전통적인 국어 교수·학습이 학생들의 유의미한 국어 학습을 보장할 수 없는 이유가 여기에 있다.

최근의 사회구성주의 학습 이론에 따르면(예, Vygotsky, 1978) 학습은 교사로부터 학생들에게 전달된 지식을 학생들이 수동적으로 받아들이거나 모방함으로써 일어나지 않는다. 그것은 학생들이 이미 가지고 있는 세상 지식과 관련시켜 새롭게 구성하는 능동적인 과정을 통해서 일어난다. 이러한 학습의 과정은 국어 학습에도 그대로 적용되는데, 국어 지식은 교사의 설명을 토대로 한 학생들의 모방과 연습에 의해서는 온전히 획득될 수 없다. 교사가 학생들에게 전달한 지식은 그 자체로 살아있는 실천적 지식이 되지 못하기 때문에, 그것을 습득하였다고 해서 학습자가 온전하게 새로운 지식을 구성했다고 볼 수는 없다(Applebee, 1996). 진정한 학습은 학생들에게 의미 있는 상황에서 학생들이 동료들과의 언어적 상호작용을 바탕으로 실제적으로 국어 지식을 경험하고 탐구하고 협상하는 과정을 통해서 일어난다. 즉, 국어 학습은 학습의 주체인 학생들이 자신들의 삶과 관련 있는 유의미한 맥락에서 직접적으로 국어 지식을 다루고 부리는 활동과 체험의 과정을 통해서 일어난다.

나. 언어적 상호작용을 강조하는 협력적인 교수·학습

대화와 같은 언어적 상호작용은 사람들 간의 마음이나 생각을 연결해 주는 수단일 뿐만 아니라 사람들의 생각이나 느낌을 변화시키는 수단이기도 하다. 또한, 그것은 한 사회의 전통과 지식, 그리고 학생들의 현재적·미래적 삶을 연결하는 중요한 고리가 되기도 한다. 과거로부터 내려온 전통이 현재와 미래와의 끊임없는 대화를 통해 새로운 전통으로 거듭나듯이, 국어과 교육과정이 제시하고 있는 국어 지식·기능·태도는 학생들의 현재와 미래의 삶과의 관련 속에서 끊임없는 국어적 소통을 통해 새롭게 구성된다. 이러한 점에서, 국어과 교수·학습은 대화를 위한 공간이어야 하며, 그 공간에 생명을 불어 넣는 것이 바로 교사와 학생, 그리고 학생들 간의 협력적인 언어적 소통이다.

다. 학습에 대한 자기반성을 강조하는 교수·학습

반성은 어제의 삶을 되돌아보는 과거 지향적인 행위이다. 그러나 반성은 오늘과 내일의 삶을 위한 성찰의 과정으로써 미래 지향적인 행위이기도 하다. 그래서 반성은 삶에 있어 매우 중요한 행위이다. 우리는 삶에 대한 반성을 통해 보다 가치 있는 삶을 살아갈 수 있다.

이것은 학생들의 국어과 교수·학습에도 그대로 적용된다. 학생들은 스스로의 국어 학습을 되돌아보는 성찰 과정을 통해 오늘과 내일의 국어 학습을 보다 의미 있게 만들 수 있다. 국어 수업의 목적이 교실 안에서 뿐만 아니라 교실 밖에서 창의적으로 국어를 사용할 수 있는 학생들을 키우는 것이라면, 국어 학습에 대한 자기반성은 국어 수업의 가장 핵심적인 목적이라 해도 과언이 아니다.

그러나 국어 교수·학습과정에서 자기반성은 흔히 제외되곤 한다. 과거의 국어 교수·학습에서 학생들에게 주어지는 대부분의 활동은 '주제를 찾아봅시다, 등장인물의 성격을 파악해 봅시다, 글을 써 봅시다, 말하여 봅시다, 주의하여 들어 봅시다'와 같은 국어 지식을 습득하는 과정에 초점이 맞추어 있다. 따라서 전통적인 국어과 교수·학습에서는, '무엇을 공부했는지, 공부하면서 무엇을 느꼈는지, 무엇이 부족한지, 무엇을 할 것인지, 결과에 만족을 하는지 등등에 대해 생각해 봅시다'와 같은 국어 지식을 습득하는 과정과 결과에 대해 숙고해 볼 수 있는 기회를 갖기란 쉽지 않다. 하지만 학생인 자신을 이해하고, 학습의 과정과 결과를 점검하는 자기반성 과정은 국어 학습의 질을 한층 높인다. 따라서 학생들이 창의적인 사람으로 성장하길 바란다면 학생들에게 학습자로서 자신들의 학습 과정과 결과를 스스로를 평가하고 점검할 수 있는 기회를 제공해야 할 뿐만 아니라 그러한 능력을 갖추도록 가르칠 필요가 있다.

라. 조력자와 학습자로서의 교사의 역할을 강조하는 교수·학습

전통적인 국어과 교수·학습에서 교사는 학습 내용을 선정하여 조직하고, 학습 방법을 결정하고 학습 자료를 구안하고, 그것을 토대로 학습 내용을 전달하고, 평가하는 일련의 교수·학습·평가 과정에서 주도적인 역할을 해 왔다. 그러나 이러한 국어과 교수·학습은 학생들의 창의적인 국어 능력을 신장시키는 데 한계가 있다. 왜냐하면, 교사 중심의 국어과 교수·학습은 학습의 주체인 학생들을 학습의 주인공이 아닌 조연으로 만드는 결과를 초래하기 때문이다.

이와 관련하여, 최근에는 과거의 국어과 교수·학습에서 교사에게 부여되었던 절대적인 역할, 즉 지식을 전달하고 평가하는 역할을 학생들에게 이행해야 한다는 목소리가 높아지고 있다. 왜냐하면 국어과 교수·학습에서 학생들이 학습의 주체가 되어 '아하! 바로 이것이구나.'라는 직접적인 체험을 하지 않고서는 유의미한 국어 학습이 일어나지 않기 때문이다. 또한, '아하! 바로 이것이구나.'라는 경험은 교사가 가르쳐 줄 수 없는 학생들 스스로 경험해야 하는 것이기 때문이다.

그렇다면 학생들의 적극적인 역할을 강조하는 국어과 교수·학습에서 교사가 담당해야 하는 역할은 무엇인가?

첫째, 국어과 교수·학습에서 교사가 담당해야 하는 역할은 학생들이 교사의 도움을 필요로 할 때 그들의 학습에 도움을 제공하는 조력자의 역할이다. 이러한 역할은 대체로 일련의 발문을 통해 학생들의 인지적 활동을 자극한다든지, 학생들이 학습해야 하는 과제의 전 과정을 시연해 줌으로써 그들에게 배워야 할 문제에 대한 전반적인 개념의 틀을 제공해 준다든지, 혹은 학생들이 문제를 해결해 나가는 데 필요한 여러 자료를 제공해 준다든지 하는 역할을 수행한다. 아울러 학습 과정과 결과에 대한 평가 과정에 학생들을 참여시켜 자신들의 학습을 되돌아 볼 수 있는 기회를 제공하는 것도 조력자로서의 교사의 중요한 역할이다.

둘째, 교사의 역할은 학생들의 학습을 도와주는 조력자에 제한되지 않는다. 교사는 학생들과 함께 학습하는 학습자로서의 역할도 수행해야 한다. 국어과 교수·학습에서 학습이란 교사와 학생, 학생과 학생 간에 서로의 국어 지식을 주고받는 과정으로써 학생들이 자신들의 의미구성을 위해 적극적으로 교사나 동료의 국어 지식을 가져와 사용하기도 하며, 반대로 주기도 하기 때문에 학생들과 교사가 보다 동등한 입장에서 능동적으로 자신들의 의미구성 행위에 참여하게 된다. 따라서 학생들의 창의적인 국어 능력을 신장시키기 위해 교사 자신도 학생들과의 지속적인 접촉과 참여를 통해 학생들을 더욱 이해하고, 국어 수업에서 다루어지는 내용에 대해서도 좀 더 새로운 측면이나 깊이를 배우게 되는 동료 학습자로서의 역할을 수행할 수 있어야 한다. 이렇게 되면, 국어과 교수·학습은 서로 다른 마음이 모여 동등한 관계에서 서로의 지식을 주고받으며 자신들의 마음과 생각을 변화시키는 공간으로 자리매김하게 된다.

5. 국어과 교수·학습에서의 수업 대화

국어과 교수·학습 과정에서 교사가 학생들의 현재적 발달 수준과 잠재적 발달 수준 사이에 놓는 발판은 대체로 설명하기, 질문하기, 힌트 주기, 오류 수정하기, 휴지 두기, 칭찬하기 등과 같은 언어적 활동이다. 교수·학습 과정에서 교사와 학생들이 서로 가르치고 배울 때 사용하는 이러한 언어적 상호작용을 수업 대화라 한다. 이것은 학생들의 사고와 교사의 사고를 교섭하게 하는 가장 강력한 도구이다. 이러한 점에서 국어과 교수·학습 과정에서 수업 대화의 중요성은 아무리 강조해도 지나치지 않는다.

그런데 수업 대화는 그것이 근본적으로 갖고 있는 불확정성으로 인해 교사와 학생들의 언어적 교섭을 통해 만들어지는 의미는 이미 가지고 있는 완벽한 의미를 주고받아서 이루어진 것이 아니라 지속적인 상호작용에 의해 끊임없이 구성·재구성된 것이다. 그러므로 국어과 교수·학습 과정에서 언어적 교섭의 결과로 갖게 되는 학생들의 학습은 이미 잘 짜인 수업 대화가 아닌 교사와 학생들이 함께 만들어 가는 수업 대화를 통해서이다.

그렇다면 교사와 학생들의 역동적인 상호작용을 통해 학생들의 학습을 발생시키는 국어과 수업 대화의 모습은 어떠해야 하는가? 무엇보다 수업 대화의 주체와 방식과 관련하여 전통적인 수업 대화가 갖는 한계를 극복해야 한다. 전통적인 수업에서 교사와 학생의 말차례 교대는 교사가 시작하고, 이에 대해 학생이 반응하면 교사가 다시 평가하는 '교사 시작(initiation) - 학생 반응(response) - 교사 평가(evaluation) (I-R-E)' 의 구조를 갖는다. 이와 같은 전통적인 수업 대화에서는 교사가 알고 있는 내용을 다루게 되므로 교사의 발화는 학생들에게 지식을 전달하고 그것을 확인하는 차원에 머무른다. 특히 교사가 하는 발화의 양이 학생들이 하는 발화의 양보다 훨씬 많아지게 된다(Cazden, 2001). 이러한 현상을 '플랜더스(Flanders)의 2/3 법칙'이라 부른다. 수업과 관련된 발화 가운데 교사의 발화가 차지하는 비율이 전체 발화의 2/3을 차지하며, 그러한 발화 가운데 2/3가 학생들의 학습 활동을 지시하는 발화이다. 이러한 수업은 교사 중심 수업이 되어 학생과 교사 혹은 학생들 사이의 언어적 상호작용을 제한시켜 학습의 가능성을 감소시킨다. 따라서 국어과 교수·학습 과정에서 일어나는 수업 대화는 이러한 3분의 2법칙을 깨뜨려 교사가 하는 발화의 양을 줄이고 대신에 학생들이 하는 발화의 양을 늘려야 한다.

또한, 교사는 학생의 다양한 대답을 수용해 주고 일방적으로 무언가를 전달하기보다는 교사 자신도 학습 공동체의 일원으로 수업 대화에 참여하여 학생들의 사고 과정을 이해해야 한다. 수업 대화에서 학생들의 질문과 대답은 교사가 평가하거나 수정해 주어야할 대상이 아니라 교사의 발화와 동일한 권위를 갖고 있다는 것을 인식해야 한다. 그리고 그것들에 대해 생각하고, 재개념화하고, 재맥락화하는 등의 방법을 안내하여 학생들이 새로운 관점과 방식으로 해결할 수 있도록 유도해야 한다. 그리하여 학생들이 자신의 생각 속에서 뿐만 아니라 학습 공동체 속에서 질적으로 수준 높은 학습 경험을 거치면서 성공적인 학습자로 성장해 갈 수 있게 이끌어야 한다.

6. 국어과 교수·학습 방향과 방법

가. 국어과 교수·학습 방향

2022 국어과 교육과정은 국어과의 학습 목표를 달성하기 위한 교수·학습의 원칙

과 중점 사항을 '3. 교수·학습 및 평가 - 가. 교수·학습 - (1) 교수·학습의 방향'에서 제시하였다. 이러한 국어과 교수·학습 방향의 구체적인 내용은 다음과 같다(교육부, 2022: 59~60).

1) '국어'의 목표와 성취기준을 고려하여 미래 사회에서 요구하는 국어과 역량인 '비판적·창의적 사고 역량', '디지털·미디어 역량', '의사소통 역량', '공동체·대인 관계 역량', '문화 향유 역량', '자기 성찰·계발 역량'을 기를 수 있도록 하고, 학습자의 실생활과 가까운 학습 맥락을 제공하여 흥미와 동기를 높이며, 학습자가 상호 협력적으로 문제를 해결할 수 있도록 교수·학습을 계획하고 운용한다.

2) 학습자의 다양한 능력 수준, 관심과 흥미, 적성과 진로, 언어와 문화 배경 등 개인차를 고려하고, 학습자가 교수·학습의 과정에서 자신의 학습 방법이나 학습 소재 등을 주도적으로 선택할 수 있도록 함으로써 학습자 개개인의 발달과 성장을 지원할 수 있는 학습자 맞춤형 교수·학습 및 자기 선택적 교수·학습을 계획하고 운용한다.

3) 디지털 환경에서의 의사소통 맥락을 고려하여 온오프라인 수업을 적절하게 활용하고 온라인 수업에서도 교사와 학생 간의 상호작용 및 학생과 학생 간의 상호작용을 촉진할 수 있도록 하며, 학습자가 실생활에서 활용할 수 있는 디지털 도구를 적극적으로 활용할 수 있도록 교수·학습을 계획하고 운용한다.

4) 문자 기반의 국어 활동 외에도 디지털 기반의 음성, 시각, 영상, 복합양식 자료 등을 활용하여 새로운 정보와 지식을 창출하고, 공동체의 구성원과 적극적으로 소통하는 국어 활동 과정에서 자신과 사회의 문제를 적극적으로 해결할 수 있는 언어 소양과 디지털 소양을 기를 수 있도록 교수·학습을 계획하고 운용한다.

5) 초등학교·중학교·고등학교 간의 교육 내용이 자연스럽게 연계되도록 하고, 진로연계교육과 관련하여 다양한 국어 활동을 통해 학습자가 자신의 적성과 소질을 탐색하여 스스로 미래를 설계하고 꾸준히 자신의 진로에 관심을 가지면서 진로를 탐색하는 습관이 형성될 수 있도록 교수·학습을 계획하고 운용한다.

6) 국어의 학습 도구적 성격을 이해하고 타 교과와의 통합, 비교과 활동 및 학교 밖 생활과의 통합을 통해 학습자가 다양한 주제에 대해 비판적이고 창의적으로 국어 활동을 하는 데에 중점을 둔다. 또한 학습자가 다양한 담화, 글과 자료,

작품 등을 주제 통합적으로 이해하여 자신의 관점과 의견을 주도적으로 생성하며 이를 효과적으로 표현할 수 있도록 교수·학습을 계획하고 운용한다.

7) '국어' 성취기준에 대한 통합적이고 깊이 있는 학습을 위해 한 권 이상의 도서를 긴 호흡으로 읽을 수 있도록 선정하고, 이를 다양한 성취기준의 통합, 영역 간 통합, 교과 간 통합 수업에 활용할 수 있다. 이를 위해 개별 관심사와 진로를 고려하여 학습자가 자기 선택적으로 도서를 선정하도록 하고, 종이책이나 전자책 등 상황에 적합한 도서 준비와 충분한 독서 시간 확보 등의 물리적 여건을 조성한다.

나. 교수·학습 방법

2022 국어과 교육과정은 교수·학습의 방향에 따라 국어과 수업에서 활용할 수 있는 교수·학습 방법이나 유의 사항을 '3. 교수·학습 및 평가 – 가. 교수·학습 – (2) 교수·학습 방법'에서 제시하였다. 이러한 국어과 교수·학습 방법의 구체적인 내용은 다음과 같다(교육부, 2022: 60~63).

1) '국어'를 통해 학습자의 자기주도적인 학습이 가능하도록 학습자가 적극적으로 자신의 학습 계획을 수립하고, 학습자 스스로 자신의 학습 상황을 점검 및 조정하는 개별화 수업을 활용할 수 있다.

2) '국어'를 통해 학습자가 실생활과 연계된 국어 학습 경험을 하게 하고, 학습한 내용을 자신의 언어생활에 적용하는 역량을 갖추게 하며, 학습자가 주도적으로 국어과 교수·학습에 참여하게 하기 위해서는 프로젝트 기반의 수업을 활용할 수 있다.

3) '국어'를 통해 다양한 정보를 분석·평가·종합하여 대안을 제시하는 문제 해결 능력을 신장하고 학습자의 적극적인 참여와 상호작용을 독려하기 위해서는 토의·토론 및 협동 수업을 활용할 수 있다.

4) '국어' 수업 환경 및 학습자의 실제적인 언어 사용 환경을 고려하여 온오프라인 연계 수업 및 디지털 도구를 적극적으로 활용할 수 있다.

5) '국어'의 교수·학습을 통해서 학습자가 최소 수준 이상의 학습 능력을 갖출 수 있도록 기초학력을 보장하고, 타 교과 학습의 기본이 되는 국어 능력을 신장

시킬 수 있도록 지도한다.

6) '국어' 학습 과정에서 학습자의 깊이 있는 학습이 이루어질 수 있도록 영역별 성취기준의 특성을 고려하여 효과적인 교수·학습 방법을 적용한다.

제2장

듣기 · 말하기 교육론

1. 듣기 · 말하기의 특성과 듣기 · 말하기 교육

가. 듣기 · 말하기의 특성

우리의 삶은 의사소통을 통해 이루어진다. 의사소통은 인간의 삶에서 필수적인 요소이며, 인간의 의사소통은 동물의 의사소통과 달리 언어를 매개로 한다. 인간이 언제부터 언어를 사용하였는지 그 기원을 정확히 밝히기는 어렵지만, 인간은 언어를 사용함으로써 더욱 인간다워지게 되었다. 즉, 인간은 말을 하면서 다른 동물과 변별되는 자질을 획득했으며, 문자를 사용함으로써 인류 문명을 비약적으로 발전시키는 계기를 마련하였다. 오늘날에 이르러서는 음성과 문자뿐만 아니라 매체를 매개로 한 소통 등 매우 다양한 방식으로 의사소통이 이루어지고 있다. 오늘날 인간의 의사소통 방식은 실로 다양해졌음에도 불구하고 구두 의사소통(oral communication)은 여전히 인간 의사소통의 본령으로 자리 잡고 있으며 문자언어나 매체언어가 대체할 수 없는 나름의 역할과 기능을 갖고 있다. 이러한 구두 의사소통은 곧 말을 매개로 한 듣기와 말하기를 뜻하며, 다음과 같은 고유한 특성을 지니고 있다.

첫째, 듣기 · 말하기는 구두언어를 매개로 하여 의미를 주고받는 과정이다. 이때 구두언어는 음성을 통한 언어적 의사소통과 말의 높낮이, 억양, 속도, 목소리 크기와 같은 준언어적 요소(paralanguage)[1]와 시선, 표정, 눈빛, 표정, 자세 등과 같은 비언어

---

1 '옆에, 나란히'의 뜻을 가진 접두사 'para'의 의미에 초점을 두어 언어는 아니지만 언어와 같은 자격을 부여하여 '준언어(準言語)'라고도 하며, 말의 한 부분을 형성하지만 완전한 언어가 아니라는 뜻에서 '반언

적 요소(non-verbal language)를 모두 포함한다. 즉, 듣기·말하기는 음성을 매개로 언어적 메시지를 주고받는 과정이지만, 준언어적 요소와 비언어적 요소가 의사소통 과정에 영향을 미친다. 미국의 사회학자 메라비안(A. Meharabian, 1971)에 의하면, 의미 전달에서 음성언어가 차지하는 비중은 7%, 준언어적 요소 38%, 비언어적인 요소는 무려 55%에 달한다고 한다. 따라서 듣기·말하기는 음성언어를 중심으로 의사소통하지만, 준언어적, 비언어적 요소가 항상 함께 수반되며 때로는 동일한 음성적 메시지를 전달하더라도 어떤 말투와 표정을 짓느냐에 따라 상대방에게 전달되는 의미가 달라질 수 있다는 점에 유의할 필요가 있다.

둘째, 듣기·말하기는 화자와 청자의 고유한 정체성(identity)을 기반으로 하여 관계 변화가 일어난다. 화자와 청자는 각기 다양한 경험과 지식 체계를 갖고 있으며, 의사소통 참여자들의 인식과 정서는 말을 통해 드러나고 말을 통해 이해하게 된다. 즉, 화자와 청자가 말을 주고받는 것은 언어적 메시지의 전달과 수용의 차원을 넘어 자신을 드러내고 상대방을 이해하는 과정이며, 이러한 의사소통의 과정을 통해 상호 간의 관계가 형성되고 발전된다. 그리고 때로는 말로 인해 상대방에게 마음의 상처를 주거나 서로의 관계가 소원해지기도 한다. 따라서 듣기·말하기는 말을 통해 자신의 의도를 표현하고 상대방의 생각을 이해하는 목적과 아울러 상대방과 관계 증진을 목적으로 한다는 점을 함께 고려해야 한다.

셋째, 듣기·말하기는 상호교섭적 과정(transactional process)으로 이루어진다. 상호교섭은 의사소통 참여자들이 각각 의미를 전달하고 수용하는 개별적인 언어행위가 아닌 의사소통 행위의 주체가 되어 어떤 주제를 중심으로 서로의 생각을 주고받으면서 의미를 새로이 구성해 가는 것을 뜻한다. 즉, 듣기·말하기는 화자가 의미를 표현하고 전달하면 청자가 그 의미를 수용하는 일방향적인 의사소통 과정이 아니라 의사소통에 참여하는 사람들이 화자와 청자의 역할을 동시에 수행하며 서로에게 영향을 미치며 의사소통을 통해 새로운 의미를 구성하고 또한 상대방과의 관계 변화를 꾀하는 상호교섭 과정이다. 이는 시장에서 주인과 손님이 서로 대화를 주고받으며 물건 값을 흥정하며 단골집이나 단골손님으로 관계를 형성하는 것에 비유할 수 있다. 따

어(semi-verbal language, 半言語)'라고 하기도 한다.

라서 듣기·말하기는 듣기와 말하기를 분절적이고 독립적인 기능으로 보기보다는 상호 관계적이며 통합적인 언어 사용 과정으로 인식할 필요가 있다.

넷째, 듣기·말하기는 맥락(context)을 공유하면서 이루어지는 의사소통 행위이다. 듣기·말하기는 의사소통 참여자들이 면대면(face-to-face) 상황에서 시간이나 공간과 같은 물리적인 환경을 공유하면서 의사소통한다는 점에서 문자언어를 매개로 한 의사소통과 구분된다. 문어를 매개로 한 의사소통(읽기와 쓰기)은 독자와 필자가 간접적으로 소통한다면, 구어를 매개로 한 의사소통은 직접적이다. 이때 직접적이란 화자의 표현에 대해 상대는 직접적인 반응이나 대응을 보이고, 상대의 반응이나 대응은 화자를 비롯한 다른 참여자들에게 영향을 끼치어 의사소통 과정에 의미있게 작용한다는 것을 의미한다(이창덕 외, 2010: 24). 이처럼 듣기·말하기를 통해 직접적인 의사소통이나 참여자의 상호교섭이 가능한 것은 참여자들이 맥락을 공유하기 때문이다. 따라서 듣기·말하기는 진공상태에서 이루어지는 것이 아니며 특정 맥락 속에서 이루어지며, 이러한 맥락은 의사소통에 영향을 미치는 중요한 요소이기 때문에 듣기·말하기 과정에서 적극적으로 고려하고 활용해야 한다.

나. 듣기·말하기 교육의 동향

듣기·말하기 이론은 구어 의사소통 현상에 대한 연구 결과로 구어 의사소통 현상을 설명하며 듣기·말하기 교육에 영향을 미친다. 하지만 듣기·말하기에 대한 연구는 읽기나 쓰기 연구에 비해 상대적으로 미약한 편인데, 이는 음성언어가 학습과 생활의 기초라는 인식이 미약했기 때문이다. 또한 듣기·말하기 교육이 제대로 이루어지지 않는 까닭은 듣기·말하기 능력을 모국어 화자의 경우 누구나 태어나서 일정 기간이 지나면 듣고 말할 수 있는 된다고 여기는 생득적인 능력으로 보는 관점 때문이다. 하지만 듣기·말하기를 의사소통 기능이나 학습의 수단으로서 그 가치를 인식하고, 듣기·말하기 능력은 생득적이고 자연발생적으로 습득되는 것이 아니라 교육을 통해 신장시켜야 할 능력으로 보면서 언어교육에서 듣기·말하기 교육도 그 지위를 확보하게 되었다.

듣기·말하기에 관한 전통적인 관점은 듣기와 말하기를 각각 독립된 기능으로 보아왔지만, 최근에는 듣기와 말하기를 별개의 과정으로 여기기보다 '음성언어' 또는 '구어 의사소통'이라는 통합적 관점을 취한다. 즉, 말하기와 듣기를 독립된 기능으로 보는 관점에서 벗어나 통합적인 체계로 인식하면서 의사소통 능력과 학습에서 듣기·말하기(대화)의 역할을 강조하게 된다. 이러한 듣기·말하기에 대한 관점의 변화는 자연스럽게 듣기·말하기 교육의 패러다임 변화를 초래한다. 여기에서는 듣기·말하기에 대한 관점과 이에 따른 듣기·말하기 교육의 패러다임 변화를 크게 세 가지로 대별하여 살펴보도록 한다.

1) 선조적 관점과 듣기·말하기 교육

듣기·말하기에 대한 가장 전통적인 관점은 구어 의사소통을 선조적인(linear) 관점으로 바라보는 것이다. 흔히 비유적으로 황소의 눈(bull's eye) 이론이라고도 한다. 영어로 bull's eye는 과녁의 한복판을 뜻하는데 양궁선수(화자)가 활(메시지)을 쏘아 과녁(청자)을 맞추는 것처럼 발신자가 수신자에게 메시지를 전달하는 관점으로 의사소통을 바라보는 보는 것이다. 즉, 의사소통에 대한 선조적인 관점은 구어 의사소통을 화자가 청자를 대상으로 말을 하면 청자는 화자가 전달하는 메시지를 수용하는 과정으로 보는 것이다. 이때 발신자가 수신자에게 일방향적으로 메시지를 전달하는 과정이 선조적이라는 것이다.

이러한 관점에서는 화자가 주로 공식적인 상황에서 다수의 청중을 대상으로 설득이나 정보 전달을 목적으로 말을 한다. 이때 화자는 많은 정보를 갖고 있거나 청중을 설득하거나 계몽할 수 있는 위치에 있는 사람이며, 청중은 화자가 전하는 메시지를 지극히 수동적으로 수용하게 되는 존재에 불과하다.

따라서 선조적 관점에 터한 듣기·말하기 교육은 화자 중심의 말하기 교육에 주안점을 둔다. 특히 공식적인 상황에서 다수의 청자(청중)를 대상으로 하여 설득이나 정보 전달을 위해 말할 내용을 미리 준비하여 정확하고 유창하게 전달하는 것이 중요한 능력으로 여겨진다. 그리고 청자는 단지 화자의 말을 수동적으로 듣는 존재에 불과하기 때문에 청자에 관한 듣기 교육은 전혀 이루어지지 않는다.

그러나 인간의 일상적인 의사소통 현상은 공식적인 상황에서 일방적으로 말하는 경우보다 비공식적인 상황에서 누군가와 함께 대화를 나누며 그 과정에서 말하기도 하고 듣기도 하는 경우가 많다. 따라서 선조적 관점은 일상의 의사소통 현상을 포괄적으로 설명하지 못한다. 그리고 이러한 관점에서 이루어지는 듣기·말하기 교육은 듣기 교육의 부재와 주로 공식적인 상황의 말하기 교육에 머무른다는 한계가 있다.

2) 상호작용적 관점과 듣기·말하기 교육

상호작용적(interactional) 관점은 화자가 청자에게 일방적으로 메시지를 전달하는 것이 아니라 상호작용하면서 의사소통이 이루어진다고 보는 것이다. 이 관점은 화자와 청자의 상호작용을 강조하며 탁구 경기에 비유하여 일명 핑퐁(ping-pong) 이론이라고도 한다. 이 이론은 탁구 경기처럼 정해진 규칙에 따라 서브를 넣는 사람(화자)이 탁구공(말)을 상대편에게 보내면 상대편(청자)이 서브를 받는 과정으로 의사소통 현상을 설명한다.

이러한 관점은 의사소통을 일방향적인 것이 아니라 양방향적인 것으로 보며, 화자와 청자가 작용과 반작용의 주체로서 역할 교대를 하며 의미를 주고받은 과정으로 본다. 상호작용적 관점에서는 선조적 관점에서 고려되지 않았던 청자가 의사소통의 주체로 자리매김하게 되며, 공식적인 의사소통 상황뿐만 아니라 비공식적인 상황에서의 대인 간 의사소통 현상을 설명할 수 있게 된다.

따라서 상호작용적 관점에 터한 듣기·말하기 교육은 말하기 교육뿐만 아니라 듣기 교육에도 관심을 기울이며, 본격적인 듣기 교육의 전기를 마련했다는 점에서 의의가 있다. 또한 의사소통 능력은 일방적으로 메시지를 전달하는 능력이 아니라 상호작용을 위한 듣기와 말하기 기능으로 인식하며, 대화와 같은 비공식적인 상황에서의 듣기·말하기 교육을 강조하게 된다.

그러나 일상의 의사소통 상황에서 화자와 청자로 그 역할이 분명히 구분되지 않는 경우가 있다. 예를 들어 토의나 토론과 같이 집단 의사소통에 참여하는 사람들은 누가 화자인지 누가 청자인지 그 역할이 분명히 구분되지 않는다. 또한 듣기와 말하기를 독립적이고 분절적인 기능으로 인식하고 통합적인 의사소통 능력으로 바라보지 못한 한계를 지닌다.

3) 상호교섭적 관점과 듣기·말하기 교육

상호교섭적(transactional) 관점은 의사소통을 참여자가 서로 듣고 말하는 과정을 통해 상호 이해와 삶을 공유하며 나아가 새로운 의미를 창조하는 것으로 본다. 즉, 의사소통은 화자가 자신의 생각을 청자에게 과녁판에 화살을 쏘는 것처럼 전달하거나 화자의 말하기와 청자의 듣기가 교대로 이루어지는 것이 아니라 의사소통 참여자가 상호교섭하여 의미를 창조하고 관계를 발전시키는 것이다.[2] 이 이론은 의사소통 참여자가 의사소통 목적 달성을 위해 함께 역동적으로 교섭하는 과정을 강조하여 나선형(spiral) 이론이라고도 한다.

이 관점은 상호작용적 관점처럼 양방향적으로 의사소통을 바라보지만, 화자와 청자가 작용과 반작용의 주체로 역할이 분명히 구분되는 것이 아니라 화자와 청자의 역할을 동시에 수행하는 상호교섭의 주체로 의사소통 참여자(화자·청자)를 상정하고 의사소통에 기여하는 정도에 따라 주도자와 조력자로 구분한다. 이와 같은 관점은 대화나 토의, 토론과 같이 화자와 청자의 역할이 분명히 구분되지 않는 의사소통 현상을 보다 폭넓고 설득력 있게 설명할 수 있다.

따라서 상호교섭적 관점에 터한 듣기·말하기 교육은 듣기와 말하기를 독립적인 기능으로 다루기보다 통합적으로 지도하고, 화자와 청자의 상호적인 관계 및 의사소통이 이루어지는 맥락을 고려한 의미 구성을 강조한다. 특히 의사소통에 참여하는 주체의 정체성(물리적/심리적 상태, 경험, 태도, 욕구 등)이나 의사소통이 이루어지는 맥락(상황 맥락, 사회·문화적 맥락)을 적극적으로 고려하며 일상생활이나 삶과 유기적인 관련을 맺는 듣기·말하기 교육을 지향한다.

의사소통을 바라보는 관점이 바뀜에 따라 듣기·말하기 교육의 지향점은 달라진다. 그렇지만 특정 관점이나 패러다임의 변화는 이전의 듣기·말하기에 대한 관점이나 듣기·말하기 교육을 전적으로 배제하거나 대체하는 것은 아니다. 전통적인 선조적인 관점은 의사소통 현상이나 듣기·말하기 교육을 협소하게 바라보았다면, 최근

---

2 찰흙에 비유하자면 한 사람이 찰흙으로 빚은 모양은 다른 사람이 빚게 되는 모양의 유형을 제한한다. '갑'이 발 달린 모양을 만들었다면 '을'은 그 형태를 기본으로 하여 자기 나름의 형상을 덧붙일 것이다. '을'이 긴 꼬리를 덧붙였다면, 그것이 그들이 함께 만들어 갈 네 발 달린 동물의 유형을 한정한다. 물론 어떤 한 사람이 다른 사람이 빚어 놓은 모양을 전적으로 거부할 수도 있다(임칠성 역, 1997: 22).

의 상호교섭적인 관점은 의사소통 현상을 보다 폭넓게 바라봄으로써 듣기·말하기 교육의 범위와 대상이 확대되었다고 할 수 있다.

2. 듣기·말하기 교육의 목표와 내용

가. 듣기·말하기 교육의 목표

듣기·말하기 교육의 목표는 구어 의사소통 능력을 신장시키는 것이다. 따라서 구어 의사소통 능력, 즉 듣기·말하기 능력을 어떻게 개념 규정하느냐에 따라 교육의 방향은 달라진다.

듣기·말하기 교육 목표에 대한 논의를 살펴보면, 전은주(1999)는 듣기와 말하기를 상호 관계적 개념으로 보고, 시대사회적 요구와 이상적 화자와 청자의 조건에 터하여 학습자에게 필요한 듣기·말하기 능력을 '설득력, 자기 표현력, 상호작용력, 적극적 듣기 능력'으로 규정하였다. 그리고 듣기와 말하기 교수·학습에서 이루어야 할 말하기와 듣기의 목표를 다음과 같이 제시하였다(전은주, 1999: 175~176).

〈듣기 교육의 목표〉
◦ 담화 상황과 목적에 맞게 효과적으로 들을 수 있다.
◦ 경청의 방법에 대해 이해하고 이를 적용하여 적극적 듣기를 할 수 있다.
◦ 듣는 동안 자신의 사고 과정을 조절할 수 있다.
◦ 담화의 관계적 목적을 이루기 위해 잠재적 화자로서의 역할을 수행할 수 있다.

〈말하기 교육의 목표〉
◦ 담화 상황과 목적에 맞게 적절하고 효과적으로 말할 수 있다.
◦ 담화 과정을 통해 의사소통의 언행적 목적과 관계적 목적을 이룰 수 있다.
◦ 자신감 있게 말할 수 있다.
◦ 말하기 과정에서 자신의 사고 과정을 조절할 수 있다.

전은주(1999)는 전통적인 언어학적 관점의 말하기 교육에 한정된 논의에서 벗어나 듣기와 말하기 교육을 통해서 궁극적으로 길러내야 하는 이상적인 화자와 청자의 조건에 주목하여 듣기·말하기 능력을 규정하고 목표를 추출했다. 그러나 듣기·말하기 능력을 통합적으로 규정했지만, 듣기와 말하기 목표를 구분하여 제시했다는 한계가 있다. 이는 듣기와 말하기를 상호 관계적 개념으로 보았지만, 듣기와 말하기를 통합적인 관점으로 보는 담론이 무르익지 않은 시기였고, 이 시기의 국어과 교육과정(제6차, 제7차)에서도 듣기와 말하기가 독립적인 영역으로 설정되어 있었기 때문으로 보인다.

류성기(2003: 160)는 전은주(1999)의 말하기와 듣기 교육 목표와 그리고 6차, 7차 국어과 교육과정의 목표를 비판적으로 검토하여 말하기와 듣기 교육 목표를 다음과 같이 제시했다.

- 올바르게 말하고 듣게 한다.
- 말하기 듣기에 대한 기본적인 지식을 익히게 한다.
- 정확하고 효과적인 말하기 듣기 사용의 원리와 방법을 익혀 창의적으로 이해하고 표현하는 말하기 듣기 활동을 하도록 한다.
- 사고 과정을 조절하면서 말하기 듣기 활동을 하도록 한다.
- 말하기 듣기의 세계에 흥미를 가지고 음성언어 현상을 탐구하게 한다.
- 말하기 듣기 활동의 소중함을 알고, 음성언어의 발전과 음성언어 문화 창조에 이바지할 수 있는 능력과 태도를 기른다.

류성기(2003)는 국어과 교육과정의 목표에 터하여 듣기·말하기 교육 목표를 추출하였고, 듣기·말하기 교육 목표를 통합적 관점에서 제시하였다. 그런데 그가 제시한 듣기·말하기 교육 목표의 타당성이나 체계성은 미약해 보인다.

그리고 이창덕(2003: 57)은 말하기 능력을 '바른 심리와 관련 지식을 가지고, 상대와 상황을 이해하고 적절하게 언어로 표현해서, 자신의 의도를 전달하고 의도한 목적을 수행하면서 상대방과 바람직한 관계 증진을 도모하는 능력'으로 그 개념을 포괄적으로 정의한다. 그리고 듣기·말하기 교육은 학습자들이 각자 자신이 처한 실제 상황에서 문제를 발견하고, 해결하는 듣기·말하기 능력(인지·심리 영역, 언어 영역, 인간관계 영역의 능력-각 영역의 문제를 점검하고, 문제를 발견하고, 조정하여 문제를 해결하는 능력)을 길러주어 바람직한 언어문화를 형성하도록 하는 것이 궁극적인 목표라고 하였다.

- 인지·심리 영역(지식과 태도): 명제적, 절차적, 조건적 지식과 태도를 포함한 언어 표현 이전의 능력
- 언어 영역(표현과 이해): 지식과 태도를 바탕으로 언어적으로 표현하고 이해하는 능력
- 인간관계 영역(의도달성과 관계증진): 표현과 이해를 통해 자신의 의도를 달성하고 상대방과 관계를 유지, 발전시키는 능력

이후 이창덕(2008: 125~130)에서는 '화법 능력을 화자(담화 참여자)의 심리 영역으로서 자아인식과 내적 소통 능력, 언어 영역으로서 각종 담화에 대한 지식과 수행(표현과 이해) 능력, 사회적 관계 영역에서 타인 인식과 소통 능력(지식과 기술) 차원으로 나누어 가르쳐야 한다.'라고 논의를 정교화하였다. 이창덕(2003; 2008)은 제7차 국어과 교육과정의 문제를 지적하며 생태학적 관점에서 듣기·말하기 교육 목표를 학습자들의 실제 생활(삶) 속에서 문제를 발견하고 해결하는 능력을 신장시키는 것으로 본 점이 특징이다. 이러한 논의는 듣기·말하기 교육의 목표에 대한 대안적인 관점을 범주화하여 체계적으로 제시하였다는 점에 의의가 있지만, 목표 진술이 구체화되지 못하고 추상적인 수준에 그쳤다는 한계를 지닌다.

민병곤(2005: 312)은 듣기·말하기 교육[3]에 접근하는 관점을 크게 형식적 관점, 기능적 관점, 전통 문화적 관점, 비판적 관점, 개인적 성장 관점으로 구분하였다. 이러한 듣기·말하기 교육에 대한 제 관점은 결국 듣기·말하기 능력이 무엇이며, 그러한 능력을 신장시키기 위해서는 무엇에 초점을 두어야 하는지를 보여주는 듣기·말하기 교육의 목표 문제와 직결된다.

─────────────────────────

3 원문에는 '화법 교육'이라고 지칭하고 있지만, 여기에서는 국어과 교육과정의 영역 명칭과 표기의 일관성을 고려하여 '듣기·말하기 교육'으로 수정하였다.

◦ 형식적 관점 : 듣기·말하기 교육은 정확하고 규범적인 음성언어를 사용할 수 있는 능력을 길러주는 것으로 규정된다. 이러한 관점에서는 표준어와 표준 발음, 호칭어, 어법의 정확한 사용 등이 강조된다.

◦ 기능적 관점 : 듣기·말하기 교육은 음성언어를 통한 효율적인 의사소통 능력을 길러주는 것으로 규정된다. 이것은 단순히 말하고 듣는 기능에 대한 강조라기보다는 의사소통 목적을 달성하는 데 요구되는 효율적인 전략과 방법의 활용 능력을 강조하는 것이다.

◦ 전통 문화적 관점 : 듣기·말하기 교육은 공동체가 전승해 온 듣기·말하기 문화를 내면화하는 것으로 규정된다. 이러한 관점에서는 고유의 화법을 발굴하고 계승하는 일을 중시한다.

◦ 비판적 관점 : 듣기·말하기 교육은 의사소통 참여자들이 언어를 통하여 자신들의 문화와 환경을 비판적으로 이해하고 자신의 듣기·말하기 문화를 객관적으로 조망하는 능력을 강조한다. 이 경우 듣기·말하기 교육은 말하기 기술을 가르치는 교육이 아니라 비판적 사고 능력을 기르는 교육이 된다.

◦ 개인적 성장 관점 : 듣기·말하기 교육은 개인이 듣기·말하기를 통하여 자아를 발견하고 대인 의사소통 능력을 통하여 사회 구성원으로서 성장해 나가는 데 필요한 습관과 태도를 형성하는 것으로 규정된다.

위와 같은 접근은 이창덕(2003)의 논의처럼 듣기·말하기 교육 목표를 구체적으로 제시하기보다 상위 차원에서 범주화하였고, 듣기·말하기 교육 현상에 주목하여 목표를 다각적으로 조망하였다는 점이 특징이다. 이러한 관점들은 각각 교육적 필요성이나 타당성을 지니기 때문에 실제 듣기·말하기 교육에서는 이러한 관점들이 혼재하거나 통합되어 있다고 봐야할 것이다.

한편, 2022 개정 교육과정의 '국어' 교과의 목표는 듣기·말하기, 읽기, 쓰기, 문법, 문학, 매체의 여섯 영역을 아우르는데, 이를 듣기·말하기 교육 차원에서 구체화하면 다음과 같이 목표를 설정할 수 있다.

음성언어 의사소통의 맥락과 요소를 이해하고 다양한 의사소통의 과정에 협력적으로 참여하면서 언어생활을 성찰하고 음성언어문화를 향유함으로써 미래 사회에서 요구되는 높은 수준의 음성언어 능력을 기른다.

2022 국어과 교육과정의 목표는 상당히 포괄적으로 진술되어 있는데, 특히 '국어 의사소통', '국어문화', '국어 능력' 등의 개념에서 '국어'는 국어과의 하위 영역을 두루 포함하는 용어로 사용하고 있다. 예를 들어 '국어 의사소통'은 담화, 글, 국어 자료, 문학 작품, 복합 매체 자료를 이해하고 표현하는 과정을 의미한다. '국어문화'와 '국어 능력'도 마찬가지다. 따라서 국어과의 목표를 토대로 듣기·말하기 교육 목표는 '담화(음성언어, 말)'에 초점을 두어 위와 같이 구체화할 수 있다.

듣기·말하기 교육 목표에서 '음성언어 의사소통의 맥락과 요소를 이해'한다는 것은 상황 맥락이나 사회·문화적 맥락, 화자, 청자, 메시지 등에 대한 이해를 의미하는데 그것은 듣기·말하기 지식과 관련된다. 그리고 '다양한 의사소통의 과정에 협력적으로 참여'한다는 것은 화자나 청자로서 다양한 유형의 담화를 비판적으로 이해하고 자신의 생각을 창의적으로 표현하는 듣기·말하기 기능과 관련된다. 마지막으로 '언어생활을 성찰하고 음성언어문화를 향유'한다는 것은 자신의 언어생활을 성찰하고 개선하며 언어문화를 향유하고 창조하는 듣기·말하기 태도와 관련된다. 이와 같은 지식, 기능, 태도는 듣기·말하기 능력을 구성하는 요인으로 핵심은 듣기·말하기 기능이다. 이에 듣기·말하기 교육 목표는 '다양한 유형의 담화를 정확하고 비판적으로 이해하고 효과적이고 창의적으로 표현하며 의사소통하는 데 필요한 기능을 익히는 것'으로 정리할 수 있다.

나. 듣기·말하기 교육의 내용

1차 교육과정부터 2007 교육과정에 이르기까지 국어과 교육과정에서는 듣기와 말하기를 별도의 영역으로 구분하여 교육 내용을 제시하였다. 듣기와 말하기는 하나의 음성언어 의사소통, 즉 통합적으로 이루어지는 활동임에도 불구하고 이 둘을 별개의 영역으로 제시한 것은 구어의 특성에 주목하기보다 국어 사용 영역(듣기, 말하기, 읽기, 쓰기)을 크게 이해(듣기와 읽기)와 표현(말하기와 쓰기)의 두 축으로 구분한 것에서 비롯된 것이다. 그러나 실제 언어 사용 상황을 고려하면 듣기·말하기는 상호 관계적이며 통합적이다. 이러한 점을 감안하여 2009 교육과정부터 듣기·말하기를 통합적으로 제시하였으며, 2022 국어과 교육과정에서도 그대로 이어지고 있다.

<표 1> 2022 국어과 교육과정 듣기·말하기 영역의 내용 체계

핵심 아이디어	• 듣기·말하기는 언어, 준언어, 비언어, 매체 등을 활용하여 서로의 생각과 감정을 주고받는 행위이다. • 화자와 청자는 상황 맥락 및 사회·문화적 맥락 속에서 의사소통 목적을 달성하기 위하여 다양한 유형의 담화를 듣고 말한다. • 화자와 청자는 의사소통 과정에 협력적으로 참여하고 듣기·말하기 과정에서의 문제를 해결하기 위해 적절한 전략을 사용하여 듣고 말한다. • 화자와 청자는 듣기·말하기에 흥미를 가지고 적극적으로 참여하면서 담화 공동체 구성원으로 성장하고, 상호 존중하고 공감하는 소통 문화를 만들어 간다.			
범주	**내용 요소**			
	초등학교			중학교
	1~2학년	3~4학년	5~6학년	1~3학년
지식·이해	듣기·말하기 맥락	• 상황 맥락		• 상황 맥락 • 사회·문화적 맥락	
	담화 유형	• 대화 • 발표	• 대화 • 발표 • 토의	• 대화 • 면담 • 발표 • 토의 • 토론	• 대화 • 면담 • 발표 • 연설 • 토의 • 토론
과정·기능	내용 확인·추론·평가	• 집중하기 • 중요한 내용 확인하기 • 일이 일어난 순서 파악하기	• 중요한 내용과 주제 파악하기 • 내용 요약하기 • 원인과 결과 파악하기 • 내용 예측하기	• 생략된 내용 추론하기 • 주장, 이유, 근거가 타당한지 평가하기	• 의도와 관점 추론하기 • 논증이 타당한지 평가하기 • 설득 전략 평가하기
	내용 생성·조직·표현과 전달	• 경험과 배경지식 활용하기 • 일이 일어난	• 목적과 주제 고려하기 • 자료 정리하기 • 원인과 결과	• 청자와 매체 고려하기 • 자료 선별하기 • 핵심 정보	• 담화 공동체 고려하기 • 자료 재구성하기

	순서에 따라 조직하기 •바르고 고운 말로 표현하기 •바른 자세로 말하기	구조에 따라 조직하기 •주제에 적절한 의견과 이유 제시하기 •준언어·비언어적 표현 활용하기	중심으로 내용 구성하기 •주장, 이유, 근거로 내용 구성하기 •매체 활용하여 전달하기	•체계적으로 내용 구성하기 •반론 고려하여 논증 구성하기 •상호 존중하며 표현하기 •말하기 불안에 대처하기
상호작용	•말차례 지키기 •감정 나누기	•상황과 상대의 입장 이해하기 •예의를 지키며 듣고 말하기 •의견 교환하기	•궁금한 내용 질문하기 •절차와 규칙 준수하기 •협력적으로 참여하기 •의견 비교하기 및 조정하기	•목적과 상대에 맞는 질문하기 •듣기·말하기 방식의 다양성 고려하기 •경청과 공감적 반응하기 •대안 탐색하기 •갈등 조정하기
점검과 조정		•듣기·말하기 과정과 전략에 대해 점검·조정하기		
가치·태도	•듣기·말하기에 대한 흥미	•듣기·말하기 효능감	•듣기·말하기에 적극적 참여	•듣기·말하기에 대한 성찰 •공감적 소통 문화 형성

위의 내용 체계는 듣기·말하기 영역 학습 내용의 범위와 수준을 나타낸 것이다. 내용 체계의 '핵심 아이디어'는 듣기·말하기 영역을 아우르면서 듣기·말하기 영역의 학습을 통해 일반화할 수 있는 내용을 핵심적으로 진술한 것이다. 이는 듣기· 말하기 영역 학습의 초점을 부여하여 깊이 있는 학습을 가능하게 하는 토대가 된다. 내용 체계의 '내용 요소'는 듣기·말하기 영역에서 배워야 할 필수 학습 내용이다. 학습 내용 중 '지식·이해'는 알고 이해해야 할 내용, '과정·기능'은 사고 및 탐구 과정 또는 기능, '가치·태도'는 듣기·말하기 활동을 통해 기를 수 있는 고유한 가치 와 태도이다.

듣기·말하기 영역의 학년군별 성취기준은 다음 〈표 2〉와 같다. 성취기준은 해당 학년군의 듣기·말하기 영역의 내용 요소(지식·이해, 과정·기능, 가치·태도)를 학습한 결과 학생이 궁극적으로 할 수 있거나 할 수 있기를 기대하는 도달점이다.

<표 2> 2022 국어과 교육과정 듣기·말하기 영역의 성취기준

학년군	성취기준
1~2학년	[2국01-01] 중요한 내용이나 일이 일어난 순서를 고려하며 듣고 말한다. [2국01-02] 바르고 고운 말로 서로의 감정을 나누며 듣고 말한다. [2국01-03] 상대의 말을 집중하여 듣고 말차례를 지키며 대화한다. [2국01-04] 자신의 경험이나 생각을 바른 자세로 발표한다. [2국01-05] 듣기와 말하기에 관심과 흥미를 가진다.
3~4학년	[4국01-01] 중요한 내용과 주제를 파악하며 듣고 그 내용을 요약한다. [4국01-02] 원인과 결과의 관계를 고려하여 내용을 예측하며 듣고 말한다. [4국01-03] 상황에 적절한 준언어·비언어적 표현을 활용하여 듣고 말한다. [4국01-04] 상황과 상대의 입장을 이해하고 예의를 지키며 대화한다. [4국01-05] 목적과 주제에 알맞게 자료를 정리하여 자신감 있게 발표한다. [4국01-06] 주제에 적절한 의견과 이유를 제시하고 서로의 생각을 교환하며 토의한다.
5~6학년	[6국01-01] 대화에서 생략된 내용을 추론하며 듣는다. [6국01-02] 주장을 파악하고 이유나 근거가 타당한지 평가하며 듣는다. [6국01-03] 주제와 관련하여 궁금한 내용을 질문하며 적극적으로 듣고 말한다. [6국01-04] 면담의 절차를 이해하고 상대와 매체를 고려하여 면담한다. [6국01-05] 자료를 선별하여 핵심 정보를 중심으로 내용을 구성하고 매체를 활용하여 발표한다. [6국01-06] 토의에 협력적으로 참여하며 서로의 의견을 비교하고 조정한다. [6국01-07] 절차와 규칙을 지키고 타당한 이유와 근거를 제시하며 토론한다.

1~2학년군 성취기준은 학습자가 학교생활에 적응하는 과정에서 다른 사람과 상호작용하는 데 필요한 기초적인 듣기·말하기 능력을 갖출 수 있는 데 중점을 둔 것이다. 이에 일상생활에서 친숙하게 접할 수 있는 주제로 대화하는 상황, 교사나 동료 학습자 앞에서 자신의 경험이나 배경지식을 바탕으로 간단히 발표하는 상황을 중심으로 듣기·말하기 활동이 이루어지도록 한다.

3~4학년군 성취기준은 학습자가 일상생활과 교과 학습에 필요한 듣기·말하기 능력을 갖출 수 있는 데 중점을 둔 것이다. 이에 학습자 생활 주변의 친숙한 주제에 대해 대화하는 상황, 교과 학습 과정에서 일정한 자료를 정리한 결과를 교사나 동료 학습자 앞에서 발표하는 상황, 학교생활 중 문제를 해결하기 위해 토의하는 상황 등을 중심으로 듣기·말하기 활동이 이루어지도록 한다.

5~6학년군 성취기준은 학습자가 다양한 담화 상황에서 지켜야 할 절차와 규칙,

태도를 학습함으로써 기본적인 구어 의사소통 능력을 기르고, 이를 바탕으로 교과 학습을 수행하며 대인 관계를 형성하고 학습자가 속한 공동체의 문제를 해결하는 능력을 갖출 수 있는 데 중점을 둔 것이다. 이에 친숙하거나 흥미로운 주제에 대해 대화하는 상황, 정보를 수집하기 위해 면담하는 상황, 자료를 선별하고 매체를 활용하여 발표하는 상황, 학교나 지역사회 문제에 대해 토의하는 상황, 찬성과 반대로 나누어 토론하는 상황 등을 중심으로 듣기·말하기 활동이 이루어지도록 한다.

3. 듣기·말하기 교수·학습 방법

가. 상호 관계적 교수·학습 방법

상호 관계적 듣기·말하기 교수·학습 모형에서는 학습 상황에서 학습자의 능동적 수행을 강조하며, 듣기·말하기를 동료 학습자나 교사와의 상호작용 속에서 배우는 협동적 학습의 과정으로 본다. 또 상호 관계적으로 구성된 듣기·말하기 활동은 실제 듣기·말하기 상황과 유사하므로 학습자에게 실질적인 전이가 높은 경험을 할 수 있게 한다. 듣기와 말하기는 본질적인 상황이 분리될 수 없는 만큼 듣기와 말하기의 교수·학습 역시 분리되기보다 통합되어 다루어질 때 가장 실제적 수행 학습을 이룰 수 있기 때문이다. 이러한 측면을 고려한 듣기·말하기의 상호 관계적 교수·학습 모형은 다음과 같다(전은주, 1999: 246).

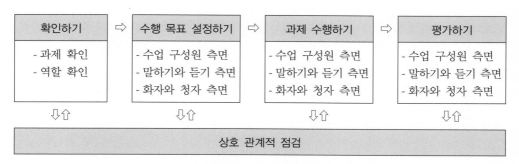

[그림 1] 상호 관계적 듣기·말하기 교수·학습 모형[4]

상호 관계적 듣기·말하기 교수·학습 모형의 '확인하기' 단계에서 학습자는 과제를 확인하고 그 과제의 수행에서 자신의 역할을 확인한다. 이 과정에서 학습자는 과제에 제시된 담화 유형에서 자신이 담화 참여자로서 수행해야 할 역할이 말하기인지 듣기인지 아니면 말하기와 듣기 모두인지를 분명히 인지한다. '수행 목표 설정하기' 단계에서는 학습자가 앞서 확인한 과제와 역할을 수행할 때 무엇을 어떻게 해야 하는가에 대하여 구체적인 목표를 설정하게 한다. '과제 수행하기' 단계에서는 학습자가 과제에 맞게 주어진 역할에 따라 실제 담화를 수행한다. 이 과정에서는 학습자가 주어진 과제를 수행할 때 학습자 개인의 학습 목표를 달성하는 것도 중요하지만, 동료 학습자, 공동의 담화 참여자로서 책무성을 가지고 협동적으로 과제를 수행하는 것이 필요함을 인식하고 상호 존중과 배려를 기반으로 활동하게 한다. '평가하기' 단계에서는 학습자들이 자기 점검을 하거나 말하기와 듣기의 수행에 대해 피드백을 받아 자신의 수행을 반성적으로 살피는 단계이다. 이 과정에서는 학습자가 상호 관계적 관점에서 참여자로서 협동적 의사소통을 하였는지, 과제 수행에 필요한 말하기와 듣기 기능을 모두 익혔는지, 화자 혹은 청자로서 유의미한 학습을 하였는지 성찰하게 한다(박재현 외, 2023: 19~20).

나. 과정 중심 교수·학습 방법

듣기와 말하기는 개별 기능에 초점을 두어 언어 사용 과정(이해, 표현), 언어 사용 목적(정보 전달, 설득, 친교 및 정서 표현), 의사소통 화제, 학생의 발달 수준 등에 따라 다양하게 지도할 수 있다. 여기에서는 이해와 표현의 언어 사용 과정에 따른 듣기와 말하기의 일반적인 지도 방법을 살펴보도록 한다.

1) 과정 중심의 듣기 지도 방법

과정 중심 듣기 지도는 일련의 듣기 과정 자체를 교육의 직접적인 대상으로 삼아

---

4 이 모형은 전은주(1998: 212)에서 제안한 것을 『화법 교수학습 모형』(박재현 외, 2023: 19)에서 수정한 것이다.

듣기 전, 중, 후에 해야 하는 일련의 기능이나 전략을 직접적으로 가르치는 방법이다. 일반적으로 과정 중심 듣기 지도는 듣기 과정을 전, 중, 후로 나눈 다음에 각 과정에서 필요한 기능이나 전략을 가르치고 배우는 방식으로 진행된다. 다음은 과정 중심 듣기 지도 방법을 그림으로 나타낸 것이다.

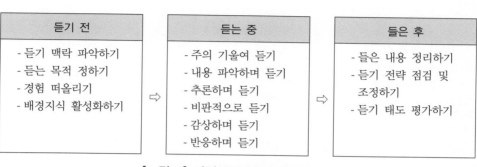

듣기 전	듣는 중	들은 후
- 듣기 맥락 파악하기 - 듣는 목적 정하기 - 경험 떠올리기 - 배경지식 활성화하기	- 주의 기울여 듣기 - 내용 파악하며 듣기 - 추론하며 듣기 - 비판적으로 듣기 - 감상하며 듣기 - 반응하며 듣기	- 들은 내용 정리하기 - 듣기 전략 점검 및 조정하기 - 듣기 태도 평가하기

[그림 2] 과정 중심 듣기 지도 방법

듣기 전 단계에서는 학생들이 듣기 맥락을 파악하고 배경지식을 활성화하는 활동이 중심이 된다. 이 과정에서는 먼저 듣기의 상황맥락을 파악하고 듣기 목적을 설정한 후에 관련된 경험을 떠올리거나 배경지식을 활성화하도록 한다.

듣는 중 단계에서는 학생들이 담화를 듣고 이해하고 수용하는 활동이 중심이 된다. 이때 학생들은 듣는 목적에 따라 효과적인 듣기를 위한 기능이나 전략을 선택하게 된다. 예를 들어 필요한 정보를 정확하게 이해하기 위해 메모하며 듣기나 정보의 타당성이나 신뢰성을 평가하기 위해 비판적인 듣기를 한다.

들은 후 단계에서는 들은 내용을 정리하고 듣기 과정을 평가하는 활동이 중심이 된다. 이때 듣는 중 단계에서 적용했던 듣기 기능이나 전략의 효과적이나 적절성을 점검하여 이후 듣기 과정에서 반영할 수 있도록 한다. 아울러 자신의 듣기 태도를 되돌아보며 반성적으로 성찰하도록 한다.

2) 과정 중심의 말하기 지도 방법

과정 중심의 말하기 지도 방법은 과정 중심 듣기 지도와 마찬가지로 말하기 과정을 전, 중, 후로 단계화하여 지도한다. 교사는 말하기 과정에 따라 말하기 기능이나 전략을 구체화하여 학생들이 말하기 수행 과정을 절차적으로 유의미하게 경험할 수 있도록 지도한다. 다음은 과정 중심 말하기 지도 방법을 그림으로 나타낸 것이다.

말하기 전		말하는 중		말한 후

- 계획하기
- 내용 생성하기 및
  자료 수집하기
- 내용 조직하기
- 연습하기
	⇨	- 비언어적 표현하기
		- 준/언어적 표현하기
		- 매체(자료)를 활용하여
		  말하기
		- 반응 수용하며 말하기
			⇨	- 말한 내용 확인하기
				- 말하기 기능 및
				  전략 점검하기
				- 말하기 태도 평가하기

[그림 3] 과정 중심 말하기 지도 방법

말하기 전 단계에서는 말하기 맥락을 고려하여 계획을 세우고 말할 내용을 생성하고 조직하는 활동이 중심이 된다. 먼저 계획하기는 정보 전달, 설득, 친교 및 정서 표현 등 말하기 목적을 설정하는데, 이때 시간과 공간, 청자 등의 상황맥락을 고려한다. 내용 생성하기에서 말할 내용을 떠올리되 충분하지 않을 때는 적절한 자료를 추가적으로 수집하여 말할 내용을 준비한다. 그리고 처음, 가운데, 끝과 같은 일반적인 내용 조직 구조나 시간 순서나 원인과 결과 등과 같은 방법을 사용하여 말할 내용을 조직하도록 한다. 마지막으로 효과적인 말하기를 위해 연습하는 과정을 거친다.

말하는 중 단계에서는 말할 내용을 표현하고 전달하는 활동이 중심이 된다. 언어적으로 표현할 때는 비언어적, 준언어적 요소를 충분히 활용해서 말하도록 한다. 그리고 정확한 발음으로 말할 내용을 전달하되 필요한 경우에는 자료나 매체를 활용하여 시각적으로 방법으로 청자의 주의를 끌며 전달의 효과를 높일 수 있도록 한다. 또한 말하는 중에 청자의 질문이나 반응을 수용하여 상호작용하며 말할 수 있도록 한다.

말한 후 단계에서는 말한 내용과 전략, 태도 등을 점검하고 평가하는 활동이 중심이 된다. 이때 점검과 평가 결과는 말하기 전반적인 과정에 대한 장단점을 파악하여 이후 말하기 과정에 적용하여 개선할 수 있는 자료로 활용하도록 한다.

4. 듣기·말하기 교육의 평가

듣기·말하기 평가 목적은 학습자의 현재 상태를 진단하고, 앞으로의 발전 방향을 모색하는 데에 있다. 듣기·말하기 평가는 학습자의 듣고 말하는 능력을 평가하는 데에 목적이 있으므로 실제로 학습자들이 듣고 말하는 과정에 초점을 두고 평가해야 한다.

가. 듣기·말하기 평가의 방향

듣기·말하기 평가는 '국어과' 평가의 전반적인 방향에 따르되 영역별 특성을 고려한다. 먼저 국어과 영역 일반으로 지향하는 평가의 방향을 살펴보면 다음과 같다(교육부, 2022: 63~64).

첫째, 성취기준을 고려하여 구체적인 평가 요소를 도출하고, 이들 평가 요소에 학습자가 도달한 수준을 정확하게 판단할 수 있도록 지필평가와 수행평가의 방법을 선정한다. 이때 성취기준과 관련하여 지엽적인 지식이나 분절적인 기능을 평가하기보다는 학습자가 실제적인 국어 활동 상황에서 지식과 기능을 통합하여 적용하는 능력을 평가할 수 있도록 평가를 계획하고 운용한다.

둘째, 학습자의 수준과 관심사를 고려하여 평가의 난도, 과제 내용 등을 계획하고, 학습자가 평가에 참여하는 동안 흥미와 동기를 가지고 적극적으로 참여할 수 있도록 하며, 교사 주도의 평가 외에도 자기 평가나 동료 평가 등 학습자가 자기주도적으로 자신의 학습 상태를 점검하고 개선할 수 있도록 평가를 계획하고 운용한다.

셋째, 성취기준을 고려하여 평가하되, 실제 언어생활 맥락에서 학습한 내용을 적용할 수 있는 역량을 평가할 수 있도록 한다. 또한 인지적 영역 외에도 정의적 영역의 평가가 균형을 이루도록 하여 학습에 대한 흥미, 동기, 효능감 등의 정의적 영역을 체계적으로 점검하고 지원할 수 있도록 평가를 계획하고 운용한다.

넷째, 결과 중심의 평가 외에도 수행평가와 형성평가 등 과정 중심의 평가를 적극적으로 활용하여 학습자가 성취기준에 도달해 가는 과정을 평가하고, 학습자가 성장할 수 있는 기회를 제공할 수 있도록 한다. 또한 지필평가나 수행평가 외에도 수업 중 관찰, 대화, 질의응답, 면담 등을 활용하여 학습자의 학습 상태를 점검하고 지원할 수 있도록 평가를 계획하고 운용한다.

다섯째, 오프라인 수업과 마찬가지로 온라인 수업 상황에서도 다양한 평가 방법을 활용하여 학습자의 학습 상태를 효과적으로 진단하고 피드백할 수 있도록 한다. 학습자의 발달 단계에 적합한 학습 플랫폼과 디지털 도구를 활용하여 학습자의 성취기준 도달 과정을 상시로 확인하고 학습을 개선하기 위한 적절한 피드백을 제공할 수 있도록 평가를 계획하고 운용한다.

위와 같은 일반적인 국어과 평가의 방향을 따르되 듣기·말하기 영역에서는 다음과 같은 사항에 유의한다(교육부, 2022: 66). 듣기·말하기 영역에서는 듣기와 말하기를 유기적으로 통합하여 구어 의사소통에 적극적이고 협력적으로 참여하는 데 필요한 능력과 상대를 배려하고 공감하는 소통 태도를 중점적으로 평가한다. 대화, 면담, 발표, 연설, 토의, 토론 등 담화 유형별 수행 능력을 평가할 때는, 각각의 담화를 수행하는 데 필요한 지식·기능·태도를 모두 평가하기보다 학년군별 내용 요소를 고려하여 해당 학년군의 성취기준에 부합하는 평가 기준을 설정한다. 구어 의사소통 활동을 직접 수행하는 과정을 평가하는 것이 중요하므로, 구체적이고 실제적인 담화 맥락을 조성하여 평가의 실제성을 확보하고, 직접 평가를 실시하도록 한다. 학습자 특성이나 학급 상황을 고려하여 녹화 기록법, 관찰 평가 등 다양한 방법을 활용할 수 있다. 태도를 평가할 때는 일상의 구어 의사소통을 개선하고 성찰적 태도를 형성하는 데 도움이 되도록 자기 점검표나 성찰 일지를 활용하여 태도 변화를 지속적으로 점검하고 그 결과를 누적하여 평가한다.

나. 듣기·말하기 평가 방법

1) 관찰 평가와 녹화 기록법

관찰 평가는 교사가 학습자의 듣기와 말하기 기능, 태도, 습관 등을 관찰하여 평가하는 방법이다. 관찰 평가를 할 경우에는 반드시 기록을 해야 하고, 학습자에 대한 편견이나 선입견을 가져서는 안 된다. 그리고 가능하면 객관적인 평가 척도를 만들어 평가해야 한다. 관찰 평가를 통하여 학습자의 평소 듣기와 말하기 습관에 대해 평가할 수 있다. 말하다가 끝을 맺지 못하거나 어물거리는 태도, '어, 그, 저' 등의 간투사를 많이 사용하거나 일관성이 결여된 말하기를 한다거나 다른 사람의 말을 제대로 듣지 않고 자신의 말만 앞세우는 경우를 평가하여 수업에 활용할 수 있다. 이러한 관찰 평가는 일회적으로 그치는 것이 아니라 지속적이고 누가적으로 기록하여 활용할 때 평가도구로서 진단적 가치가 확보되는 평가 방법이다.

녹화 기록법은 학습자의 수행 장면을 비디오 카메라로 녹화해 둔 뒤 이를 재생해서 보면서 평가하는 방법이다. 학습자가 말하기와 듣기를 수행하는 과정은 쓰기처럼 결과물이 남는 것이 아니고 일회적이다. 또한 다인수 학급에서 학습자의 수행을 세심하게 관찰하고 채점하며 기록하는 것은 쉽지 않다. 이러한 문제를 해결하기 위하여 녹화 기록법을 사용할 수 있다. 녹화 기록법은 언제든 반복하여 재생할 수 있으므로 학습자의 듣기와 말하기 수행에 대한 전모를 파악할 수 있다. 또 녹화 기록법은 녹화하는 과정의 번거로움이 있지만, 교사와 학생이 함께 시청하면서 학습자의 강점과 약점에 대하여 구체적인 피드백을 제공할 수 있다는 장점이 있다.

2) 자기 평가와 동료 평가

관찰 평가와 녹화 기록법이 교사 주도의 평가라면, 자기 평가와 동료 평가는 학습자가 주도적으로 평가에 참여하여 학습 과정을 점검하고 개선하기 위한 평가 방법이다. 자기 평가는 학습자가 자신의 수행을 객관적으로 돌아보게 하며 향후 말하기와 듣기 수행의 목표를 설정하는 데 유익하다. 이때 교사는 학습자가 자기 평가에서 반드시 다루어야 할 평가 항목을 미리 제시해 주는 것이 좋다.

동료 평가는 학습자의 과제 수행에 대하여 동료 학습자들이 평가하는 방법이다. 동료 평가의 과정은 평가받는 학습자뿐만 아니라 평가를 하는 학습자도 동료의 과제 수행을 모델링 삼거나 자신의 말하기와 듣기를 반성적으로 돌아보게 하여 듣기·말하기 능력을 개선할 수 있는 기회를 제공한다.

3) 질문지법

질문지법은 질문을 통하여 학습자의 듣기와 말하기에 대한 인식과 태도 등을 평가하는 방법이다. 질문지법은 교사가 원하는 사항에 대해 학습자가 자유롭게 반응하는 자유응답형과 일정에 내용에 표시하는 체크리스트형이 있다. 예를 들어 듣기에 대한 인식을 다음과 같은 질문을 통해 평가할 수 있다(박영목 외, 1995).

〈표 3〉 듣기에 대한 인식 평가 질문지

듣기에 대한 인식 평가
1. 스스로 훌륭한 청자라고 믿는가? 그렇게 생각하는 이유와 그렇지 않다고 생각하는 이유는 무엇인가요?
2. 화자가 말하는 내용을 잘 이해하기 위해서 어떻게 해야 하는가?
3. 다른 사람이 나의 이야기를 듣지 않는다는 것을 어떻게 아는가?
4. 다른 사람이 나의 이야기를 듣지 않는다면 어떻게 하겠는가?
5. 다른 사람의 이야기를 들을 때 듣기를 멈추는 이유는 무엇인가?

위의 듣기에 대한 인식 평가 질문지는 자유응답형이라면 체크리스트형 질문지는 평가 기준과 척도 값을 제시하여 평가하는 방법이다. 다음은 듣기·말하기 태도를 평가하기 위한 체크리스트형 질문지의 예이다.

〈표 4〉 듣기·말하기 태도 평가 질문지

듣기·말하기 태도 평가	
평가 내용	평가 척도 전혀 아니다(1) ——— 매우 그렇다(5)
1. 듣기·말하기에 흥미를 갖고 있는가?	1 —— 2 —— 3 —— 4 —— 5
2. 듣기·말하기를 잘한다고 생각하는가?	1 —— 2 —— 3 —— 4 —— 5
3. 듣기·말하기에 적극 참여하는가?	1 —— 2 —— 3 —— 4 —— 5
4. 듣기·말하기를 되돌아보며 생각하는가?	1 —— 2 —— 3 —— 4 —— 5
5. 공감적 소통 문화 형성을 위해 노력하는가?	1 —— 2 —— 3 —— 4 —— 5

4) 듣기와 말하기 기능 평가

듣기·말하기는 관계적이고 통합적인 능력으로 평가할 수 있지만 개별 기능에 초점을 두어 평가할 수도 있다. 먼저 듣기 기능 평가는 지필평가와 수행평가 방법으로 가능하다. 세부적인 듣기 기능을 평가할 때는 듣기 자료를 제시하고 사실적 수준, 추론적 수준, 평가적 수준 등으로 구분하여 평가 문항을 제시하여 이를 통해 학습자가 각각의 수준에 부합하는 듣기 기능을 갖고 있는지를 평가할 수 있다. 전통적인 선택형 읽기 평가 방법과 동일한 방식으로 평가하는데 지문이 글로 제시되느냐, 음성으로 제시되느냐에 차이가 있다. 듣기 수행평가는 듣기 기능을 다양한 수행 과제를 통해 평가할 수 있다. 예를 들어 들려주는 내용에 따라 지도에서 이동 경로를 표시한다든지, 이야기를 듣고 이야기의 중심 내용을 말이나 글로 요약하기와 같은 방법으로 듣기 기능의 수행 과정을 평가할 수 있다.

말하기 기능 평가는 말하기 수행 과정을 직접 평가하는데 특정 과제를 제시한 후에 말하기의 전반적인 과정을 평가하는 것이다. 이때 흔히 사용하는 방법이 분석적 평가와 총체적 평가이다. 분석적 평가는 평가 내용을 구성하고 있는 대표적인 요소들 각각에 대하여 파악하고 이를 종합하여 측정하는 방법이다. 이러한 방법을 사용하면 교사의 주관적, 인상적 평가를 피할 수 있다는 장점이 있다. 분석적 평가 방법을 활용하면 총체적 평가에 비하여 객관성을 확보하기 쉽고, 학습자의 수행 능력에 대하여 좀 더 구체적인 정보를 제공하여 피드백할 수 있다.

〈표 5〉 분석적 평가의 예(박창균, 2018: 824)

학생	평가 내용	점수	총점 (20점)
	1. 내용 선정이 적절한가?	1	
	2. 내용이 논리적이고 일관성 있게 구성되고 조직되었는가?	1, 2	
	3. 주제가 명확하고 의도한 내용이 잘 드러나는가?	1, 2	
	4. 발음이 정확하고 내용 전달이 잘 되는가?	1, 2	
	5. 어휘나 문장 사용이 적절한가?	1, 2	
	6. 준언어적 요소(목소리 크기, 빠르기, 어조 등)가 적절한가?	1	
	7. 비언어적 요소(몸동작, 표정, 자세, 시선 등)가 적절한가?	1	
	8. 완급을 조절하며 여유있게 말하는가?	1, 2	
	9. 자신감 있고 열의 있는 태도로 말하는가?	1, 2	
	10. 청중의 주의를 끌고 반응을 적절하게 이끌어냈는가?	1, 2	
	11. 청중의 반응을 수용하며 말하였는가?	1, 2, 3	

총체적 평가는 담화를 통일되고 일관성을 갖춘 전체로 간주하고 평가하는 방법으로 주로 담화의 전체적인 유창성과 조화를 평가한다. 분석적 평가에 비해 총체적으로 담화를 평가함으로 시간과 비용을 최소화할 수 있어 경제적이지만, 자칫 평가자의 주관이나 인상에 의존할 경우 인상적인 평가가 되어 평가 결과의 신뢰도나 객관성을 확보하기 어려울 수도 있다. 따라서 말하기의 전반적인 능력을 총체적 평가 방법으로 평가하는 경우에도 평가의 기준이나 준거에 대한 명확한 이해와 이를 근거로 한 평가가 이루어져야 한다.

그리고 총체적 평가와 분석적 평가의 상호보완적 기제로서 절충적 평가 방법이 있다(박창균, 2018: 834). 절충적 평가는 평가 내용을 범주화하여 평가를 실시하고 각각의 범주별로 점수를 합산하는 방식이다. 절충적 평가는 총체적 평가의 편의성을 유지한 채 평가 내용을 보다 구체적으로 제시하며 분석적 평가처럼 범주별 채점을 통해 균형감 있게 평가하되 평가 기준에 얽매이지 않아도 된다는 이점이 있다.*

---

* 이 장은 류덕제 외(2017)의 제7장 '듣기·말하기 교육론'을 토대로 수정·보완한 것임을 밝힌다.

제3장

읽기 교육론

1. 읽기의 특성과 읽기 교육

가. 읽기의 특성

인간은 문자를 발명한 이후로 끊임없이 글을 쓰고 읽어 왔다. 기원전 3,300년경 메소포타미아 남쪽의 고대 수메르인은 자신이 소유하고 있는 재산을 효과적으로 관리하기 위해 문자를 사용하여 쓰고 읽는 행위를 수행했다. 오늘날에도 우리는 글을 읽음으로써 정보를 습득하기도 하고, 상대방의 주장을 이해하고 수용하기도 하고 비판하기도 하며, 즐거움과 감동을 얻기도 한다. 그렇다면 이와 같이 인간이 5천여 년 동안 수행해 오고 있는 읽기가 가지고 있는 특성은 무엇인가?

첫째, 읽기는 의미구성의 과정이다. 읽기는 문자를 음성으로 정확하게 전환하는 과정도 아니며 필자가 글을 통해 전달하려고 하는 메시지를 그대로 수용하는 과정도 아니다. 읽기는 글과 독자가 끊임없는 상호작용을 토대로 의미를 새롭게 구성하는 의미구성의 과정이다. 즉, 읽기는 글에 의해 전달되는 정보와 그것으로부터 활성화되는 독자의 배경지식 사이의 역동적인 상호작용에 의해 이루어지는 의미의 재구성 과정이다. 상호작용을 통해 재구성된 의미는 애초에 글이 가지고 있던 의미도 아니며, 처음에 독자가 가지고 있었던 의미도 아니다. 그것은 항상 양자의 적극적인 상호 작용 과정에서 생성되는 새로운 의미이며, 그것은 특정한 독자가 특정한 순간에 특정한 글에 대해 새롭게 구성한 의미이다. 따라서 오늘의 의미는 내일의 의미와 동일하지 않을 수 있으며, 내일의 의미는 모레의 의미와 같지 않을 수 있다.

둘째, 읽기는 인지적 문제 해결 과정이기도 하며 실제적 문제 해결 과정이기도

하다. 독자가 글을 잘 이해하기 위해서는 먼저 단어를 해독하여 머릿속의 어휘집으로부터 단어의 뜻을 추출해야 한다. 글에 명시적으로 나타나 있지 않은 의미도 추론해야 하고 저자의 집필 의도나 동기도 파악해야 한다. 그리고 저자의 의견이나 주장에 대한 타당성도 판단해야 한다. 이처럼 읽기는 글에 대한 의미구성 과정에서 요구되는 복잡한 인지적 문제들을 해결해 나가야 하는 일련의 인지적 문제 해결 과정이다.

또한, 독자는 읽기를 통해 자신의 삶에서 당면하는 다양한 문제를 해결한다. 예를 들어 독자는 청소기를 조립하기 위하여 설명서를 읽기도 한다. 취업이나 시험을 준비하기 위하여 수험서를 읽기도 하며, 교양을 쌓거나 재미나 감동을 위하여 교양서나 소설책을 읽기도 한다. 이처럼 읽기는 독자가 자신의 삶의 문제를 해결해 나가는 실제적 문제 해결 과정이기도 하다.

셋째, 읽기는 고차원적인 사고 과정이다. 미국 최초의 읽기 심리학자 휴이가 "읽기 중에 일어나는 사고 과정을 이해하는 것은 심리학자의 꿈의 성취와 같다."(Huey, 1908/1968: 6)라고 할 정도로 읽기는 매우 복잡한 과정을 통해 이루어진다. 그러나 읽기는 0.25초라는 매우 짧은 시간에 자동적으로 이루어지기 때문에 언뜻 보기에 대단히 수동적이고 단순한 과정처럼 보인다. 하지만 읽기는 종이 위에 쓰인 낱자와 소리의 관계를 파악하여 빠르고 정확하게 해독해야 하고, 단어를 재인해야 하고, 심성 어휘집, 즉 독자의 머릿속에 있는 어휘 사전을 탐색하여 단어의 뜻을 찾는 사고 과정을 필요로 한다. 또한 그것을 좀 더 큰 단위인 문장과 문단으로 통합하여 의미를 만들어야 하는 사고 과정도 필요하다. 이렇게 볼 때, 읽기는 재인과 회상과 같은 저차원적 사고 과정뿐만 아니라 재조직, 추론, 평가와 감상과 같은 고차원적인 사고 과정을 포함하는 수준 높은 사고 과정이라 하겠다.

넷째, 읽기는 문자 언어에 기반을 둔 의사소통 과정이다. 저자는 시간과 공간을 초월하여 세상의 수많은 것들에 대한 자신의 생각과 느낌을 글을 통해 독자에게 전달한다. 독자는 자신의 지식과 경험을 바탕으로 그것에 대해 반응하고 평가한다. 저자와 독자의 교류가 직접적인 만남으로 이루어지는 것은 아니지만 읽기는 필연적으로 저자가 글을 통해 전달하고자 하는 것과 독자가 글로부터 수용하고자 하는 것이 함께 작용하는 개인 간의 사회적 대화 양상을 취한다. 또한, 읽기는 독자인 나와 또 다른 나인 자아 사이에서 일어나는 개인 내(intrapersonal)의 의사소통 과정이기도 하다. 독자는 글에 대한 의미를 구성하기 위하여 끊임없이 스스로에게 질문하며 답하고, 다시 질문하며 답한다. 이러한 내적인 소통 과정으로 독자는 글에 대한 새로운 의미를 구성한다.

다섯째, 읽기는 지식을 만들어내는 창조적 과정이다. 독자는 글을 읽음으로써 그전에는 알지 못했던, 필자가 구성해 놓은 새로운 지식을 획득한다. 그로 인해, 읽기는 독자가 필자의 새로운 지식을 있는 그대로 자신의 머릿속으로 옮기는 대단히 모방적인 과정처럼 보일 수 있다. 하지만 읽기는 필자가 글 속에 제시해 놓은 지식을 정확하게 받아들이는 과정이 아니다. 오히려 읽기는 독자가 자신의 지식과 경험을 토대로 글 속의 지식을 이해하고 분석하고 판단하고 평가하여 새로운 지식을 만들어 가는 과정이다. 이런 점에서, 독자가 글에 대해 새로운 의미를 구성해 가는 과정 자체가 매우 창의적인 과정인 셈이다.

여섯째, 읽기는 사회적 실천 과정이다. 기본적으로 읽기는 글에 대해 의미를 구성하는 인지적 과정이다. 그러나 읽기는 독자의 인지적 행위를 넘어서는 사회적 실천의 과정이기도 하다. 읽기는 중립적 실체가 아니라 정치적이고 이념적인 행위이다. 읽기는 개인의 삶과 분리될 수 없는 현재의 사회적 상태에 참여하고, 자신과 세상에 대한 인식을 재구성하며, 그리고 그것을 바탕으로 존재하는 사회적 불평을 해소하는 사회적 실천 행위이다. 읽기는 보다 바람직한 사회를 위한 의식화 과정인 동시에 저항의 실천 과정인 셈이다.

나. 읽기 교육의 동향

1) 전달관점과 읽기 교육

역사적으로 가장 오래된 읽기에 대한 관점은 전달관점이다. 읽기 행위를 메시지의 전달로 보는 이 관점은 5천여 년의 읽기 역사 가운데 가장 오랫동안 인간의 읽기 행위를 설명해 온 관점이다. 읽기에 대한 이러한 관점은 종종 '항아리', '수도관', 혹은 '전보'에 비유되곤 했다. 왜냐하면 전달관점은 읽기 행위를 저자가 생성한 의미를 글이라는 매체에 실어 독자에게 전달하고, 독자는 글의 내용에 어떠한 변형을 가하지 않고 그대로 수용하는 과정으로 보았기 때문이다.

전달관점에서 저자는 의미의 장소로서 가치를 인정받는다. 즉, 의미는 전적으로 저자로부터 온다고 생각되었다. 따라서 저자의 권위는 절대적이며 독자는 저자의 권위로부터 온 의미를 단순히 수용하기만 하면 된다. 이러한 관점에서, 좋은 독자란 저자의 의미를 잘 받아서 머릿속에 저장해 두었다가 필요할 때 그대로 기억할 수 있는 독자일 것이다.

구체적으로 가장 대표적인 전달관점의 예는 중세 시대의 읽기 행위에서 찾아볼 수 있다. 중세 시대의 보통 사람이 글(책)을 직접적으로 접할 기회는 많지 않았을 것이다. 성직자와 같은 소수의 사람만이 책을 접하고 소유할 수 있었다. 인쇄술이 발명되기 이전까지 책은 손으로 제작되어 일반 사람이 구하기 어려운 고가품이었기 때문이다. 또한, 글을 읽는다고 하면 자연스럽게 묵독을 떠올리는 현재와는 달리, 중세 사람에게 있어 읽기는 성직자의 말을 통해 신의 말씀을 듣는 음성(듣기) 행위로서의 읽기가 보편적인 읽기의 형태였다.

성직자의 읽기 또한 오늘날과 같이 글을 소리 내지 않고 읽는 묵독의 방법이 아닌 소리 내어 읽는 음독의 방법이었다. 왜냐하면 당시의 사람들은 작문을 소리 없는 상징 기호를 사용하여 저자의 목소리를 포착하는 수단으로, 그리고 읽기를 저자의 목소리를 다시 포착하여 의미를 수용하는 과정으로 여겼기 때문이다(Straw & Sadowy, 1990). 즉, 당시의 사람들은 글이 독자의 목소리로 재현되지 않고서는 저자의 목소리를 온전히 들을 수 없다고 생각했다. 이러한 관점에서, 읽기는 소리 없는 상징 기호로 구현되어 있는 저자의 목소리를 독자의 목소리를 통해 음성으로 재생할 때 일어나는 음독 행위였던 것이다.

당시의 읽기는 오늘날과 달리 개인적인 차원에서 이루어지기 보다는 집단적인 차원에서 이루어지는 '공동의 읽기' 형태를 띠었다. 읽기는 즐거움이나 지식을 획득하기 위한 개인적인 행위라기보다는 신의 말씀을 성직자의 목소리를 통해 듣고 가슴에 새기는 사회적·종교적 행위였다(Boyarin, 1993). 이러한 읽기 상황에서 중요한 것은 성직자의 말씀, 즉 신의 의미를 해석하는 것이 아닌 그것을 그대로 수용하는 것이었다. 만약 해석이 개입된다면 그것은 일반 독자의 몫이 아닌 소수 성직자의 몫일 따름이었다. 이러한 읽기에 대한 전달관점은 19세기 말 20세기 초 읽기에 대한 심리학자들의 관심과 함께 번역관점으로 이동하면서 그 영향력을 상실하게 되었다.

2) 번역관점과 읽기 교육

읽기 역사의 대부분을 지배했던 읽기에 대한 전달관점은 인간이 읽기 행위에 동원하는 심리적 기능들에 대한 심리학자의 관심과 함께 그 영향력을 상실해 갔다. 미국의 읽기 심리학자 휴이가 말했던 것처럼, '심리학자의 꿈의 성취와도 같은 글을 읽을 때의 복잡한 인지 과정'에 대한 그들의 도전이 읽기 역사에 새로운 물꼬를 텄다. 전통적인 전달관점에서 번역관점으로의 변화는 의미의 장소로서 절대적 권위를 가졌던 저자의 권위가 글로 이양되었음을 의미한다. 이것은 읽기에 있어 저자의 시대는 가고 글의 시대가 새롭게 도래함을 나타내는 것이다.

읽기에 대한 번역관점은 종종 '퍼즐 맞추기' 혹은 '보물찾기'에 비유되곤 한다. 왜냐하면 번역관점은 읽기 행위를 독자가 여러 읽기 기능을 동원하여 글에 숨어있는 의미를 찾는 행위로 바라보았기 때문이다. 이러한 관점에서, 읽기는 선생님이 어딘가에 꼭꼭 숨겨 놓은 쪽지를 여러 가지 방법(예, 돌 밑을 들추거나, 나뭇가지 사이를 살피거나, 혹은 나무 아래 흙을 파는 등)을 사용하여 그것을 찾는 보물찾기와 유사하다고 할 수 있다. 이때 숨겨진 쪽지를 찾기 위해 아동은 온갖 다양한 방법을 사용하겠지만 방법 자체가 쪽지의 위치나 내용 자체를 변화시키지는 못한다. 다만 아동이 얼마나 효과적인 탐색 방법을 가졌느냐에 따라 보물찾기의 성패가 결정되기 때문에, 아동에게 있어 가장 중요한 것은 쪽지를 효과적으로 찾는 데 필요한 다양한 방법을 익히는 것이었다. 여기서 쪽지는 글에 내재해 있는 의미를, 쪽지를 찾는 아이는 독자를, 그리고 아이가 사용하는 다양한 방법은 읽기에 동원해야 하는 인지 기능 및 전략(예, 낱자에 대한 지식, 낱자와 소리의 대응 규칙에 대한 지식, 단어를 해독하는 지식 등)을 나타낸다.

읽기에 대한 번역관점은 용어 자체가 말해 주고 있듯이 읽기를 '번역 행위'에 비유하기도 한다. 이러한 관점에서, 읽기 행위는 번역가가 해당 언어에 대한 의미 지식 및 문법 지식을 토대로 해당 글의 의미를 옮기는 번역 행위와 유사하다. 이때 번역가는 해당 글이 전달하고자 하는 의미를 정확하게 옮기기 위해 다양한 언어적 지식을 사용하지만 글의 의미 자체를 바꾸지는 않는다. 다만 번역가가 얼마나 능숙한 번역 기술을 가졌느냐에 따라 번역의 질이 좌우되기 때문에, 번역가에게 있어 가장 중요한 것은 글을 효과적으로 번역하는 데 필요한 기술을 습득하는 것이다. 그러나 일단 번역가가 효과적인 번역 기술을 습득하고 나면 번역은 자동적으로 이루어지는 과정으로 여겨졌다.

번역관점에서 글은 의미의 장소로서 가치를 인정받는다. 의미는 전적으로 텍스트에 내재해 있는 것이다. 따라서 글의 권위는 절대적이며 독자의 임무는 저자가 글 속에 숨겨 놓은 의미를 정확하게 찾는 데 있다. 이전 시대와 같이 성직자의 음성을 통해 전달되는 신의 메시지가 명백할 때, 독자의 역할은 저자의 의도를 그냥 받아들이는 존재로 자리매김하기만 하면 된다. 그러나 글의 의미가 명시적인 것에서 보다 암시적인 것으로 바뀌어졌을 때에는 독자는 이전과는 질적으로 다른 역할, 즉 글로부터 의미를 찾는 적극적인 탐색자로의 역할을 수행해야 한다. 이러한 관점에서, 좋은 독자란 다양한 읽기 기능을 동원하여 글에 들어있는 의미를 잘 찾는 독자일 것이다. 이것은 보물찾기에서 유능한 아이란 돌 밑에 있는 혹은 나뭇가지 사이에 숨겨져 있는 쪽지를 잘 찾는 아이와 동일하다고 하겠다.

읽기 관점의 변화는 아동이 사용하는 읽기 교재의 내용뿐만 아니라 구체적인 읽기 수업 방법에도 뚜렷이 반영되었다. 교재의 내용은 이전의 종교적인 색채에서 보다 세속적인 것으로 바뀌었으며, 읽기의 목적 또한 종교적 진리의 수용에서 시민적 자질과 책임 그리고 문화적 유산의 습득으로 바뀌었다(Smith, 2002). 이전의 저자 우위 시대에 글에 선명하게 나타나 있던 의미가 종종 암시적인 의미로 바뀌면서 아동은 암시적인 글의 의미를 찾기 위해 다양한 읽기 기능을 습득할 필요가 생겨났다. 자연스럽게 읽기 교육은 글로부터 의미를 찾는 데 필요한 다양한 읽기의 하위 기능들을 가르치는 데 초점이 맞추어졌다. 이것은 동전을 넣기만 하면 기계적으로 커피를 쏟아내는 자동판매기처럼 아동이 읽기 기능을 제대로 습득하여 적용하기만 하면 의미는 글로부터 자동적으로 추출될 수 있다는 믿음에 근거한 것이다. 그런데 이러한 믿음은 20세기 중반까지 60여 년 동안 서구의 읽기 교육에 커다란 영향을 미쳤다.

3) 상호작용관점과 읽기 교육

1960년대부터 1980년대 초반에 걸쳐 혁명적으로 이루어졌던 읽기 행위에 대한 인지심리학적 접근은 읽기에 대한 번역관점을 밀어내고, 그 자리에 상호작용관점을 대신 들어 앉혔다. 읽기 행위에 있어 의미 보유자로서 글이 가지고 있었던 절대적 권위에 대한 의구심은 의미 구성자로서의 독자의 역할을 강조하는 새로운 관점을 추동하였다. 이것은 읽기 행위에 있어 독자가 새로운 중심으로 부각되었다는 것을 의미한다.

역사적으로 가장 최근에 나타난 읽기에 대한 관점은 상호작용관점 혹은 교섭관점이다. 읽기를 독자와 글의 상호작용으로 보는 이 관점은 읽기를 '글로부터 의미를 구성하는 과정'(McNeil, 1987: 1)으로 바라본다. 읽기는 0.25초라는 매우 짧은 시간에 자동적으로 이루어지기 때문에 언뜻 보기에 대단히 수동적이고 단순한 과정처럼 보인다. 그러나 대부분의 읽기 연구자가 동의하듯이 읽기는 종이 위에 쓰인 낱자와 소리의 관계를 파악하여 빠르고 정확하게 해독해야 하고, 단어를 재인해야 하고, 독자의 머릿속에 있는 어휘 사전을 탐색하여 단어의 뜻을 찾는 사고 과정을 필요로 한다. 또한, 그것을 좀 더 큰 단위인 문장과 문단으로 통합하여 의미를 만들어야 하는 인지과정도 필요하다. 그리고 이러한 일련의 사고 과정에서 독자가 자신의 세상 지식을 적절하게 동원하고 점검·조절해야 하는 과정도 필요하다. 이렇게 볼 때, 읽기는 상향적 사고 과정과 하향적 사고 과정이 만나서 의미를 구성하고 재구성하는 상호작용적인 사고 과정이라 할 수 있다.

또한 읽기 행위는 낚시꾼이 물속에서 물고기를 끌어 올리듯이 글로부터 의미를 끌어 올리는 명백한 과정이 아니다. 읽기는 단어와 문장에 의해 전달되는 정보와 그것으로부터 활성화되는 독자의 배경지식 사이의 역동적인 상호작용에 의해 이루어지는 의미의 구성·재구성 과정이다. 상호작용을 통해 구성·재구성된 의미는 애초에 글이 가지고 있던 의미도 아니며 처음에 독자가 가지고 있었던 의미도 아니다. 그것은 항상 양자의 적극적인 상호작용 과정에서 생성되는 새로운 그 무엇이며, 그것은 특정한 독자가 특정한 순간에 특정한 글에 대해 재구성한 의미이다. 따라서 내일의 의미는 또 다른 그 무엇이며, 오늘의 의미와 동일하지 않다.

이러한 읽기에 대한 관점은 종종 '흥정' 혹은 '피드백'에 비유되곤 한다. 왜냐하면 상호작용관점은 읽기 행위를 글에 실려 있는 정보를 독자가 가지고 있는 세상 지식을 바탕으로 새롭게 구성하는 과정으로 보기 때문이다. 다시 말하면, 읽기는 주인이 매겨 놓은 가격을 어머니가 자신의 마음속에 두고 있는 가격을 바탕으로 새로운 가격으로 협상해 가는 흥정의 행위라고 할 수 있다. 이때 새로운 가격은 원래 주인의 가격도 어머니가 애초에 생각했던 가격도 아닌 양자의 상호적인 타협과 조율에 의해 새롭게 만들어진 가격, 즉 특정한 손님이 특정한 순간에 특정한 주인과의 상호작용을 통해 도출해 낸 가격이다. 여기에서 주인의 가격은 글을 어머니는 독자를 나타낸다. 그리고 새로운 가격은 둘 사이의 역동적인 상호작용에 의해 새롭게 구성된 의미를 나타낸다.

상호작용관점에서 독자는 글과 자신의 배경지식을 바탕으로 의미를 구성하는 행위의 주체로서 자리매김을 한다. 의미는 글에 내재해 있지도 않고 독자가 가지고 있지도 않다. 독자는 항상 글과 자신의 배경지식 간의 역동적인 상호작용을 통해 의미를 새롭게 구성해야 한다. 전달관점과 번역관점의 시대와는 달리 저자나 글의 권위가 절대적이지 않기 때문에 독자가 수행해야 하는 가장 중요한 임무는 저자의 의미를 단순히 수용하는 것도, 글에 숨겨있는 의미를 찾아내는 것도 아닌 독자 나름대로의 의미를 생성해 내는 것이다.

이러한 관점에서 유능한 독자란 글에 대한 의미를 새롭게 구성하기 위해 글과 상호작용하는 방법을 잘 알면서도, 책을 읽으려는 동기를 가지고 있고, 그리고 적극적인 사회적 상호작용을 추구하는 독자라 할 수 있다. 다시 말해, 유능한 독자란 읽기를 가능케 하는 기능과 전략을 가지고 있는 독자이며, 읽기를 현실화시킬 수 있는 동기를 가지고 있는 독자이며, 그리고 읽기를 보다 풍부하게 할 수 있는 적극적인 사회적 상호작용 능력을 갖춘 독자라고 하겠다.

2. 읽기 교육의 목표와 내용

가. 읽기 교육의 목표

일반적으로 읽기 교육의 목표는 독자인 학생에게 미래 사회에서 요구되는 높은 수준의 글을 읽는 능력과 글을 즐겨 읽는 태도를 습득하게 하여 세계와 자신에 대해 올바르게 이해하고 개인적·사회적 문제에 대한 바람직한 해결책을 찾을 수 있도록 하는 데 있다. 2022 국어과 교육과정도 국어 교과의 목표를 한 개의 총괄 목표와 다섯 개의 세부 목표로 제시하고 있는데(교육부, 2022: 5~6), 이를 통해 읽기 교육의 목표를 엿볼 수 있다.

> 국어 의사소통의 맥락과 요소를 이해하고 다양한 의사소통의 과정에 협력적으로 참여하면서 언어생활을 성찰하고 국어문화를 향유함으로써 미래 사회에서 요구되는 높은 수준의 국어 능력을 기른다.
>
> (1) 다양한 유형의 담화, 글, 국어 자료, 작품, 복합 매체 자료를 비판적으로 이해하고 자신의 생각을 창의적으로 표현한다.
> (2) 다양성에 대한 이해를 바탕으로 타인의 의견과 감정, 가치관을 존중하면서 협력적으로 의사소통한다.
> (3) 민주시민으로서 의사소통에 적극적으로 참여하여 개인과 공동체의 문제를 해결한다.
> (4) 공동체의 언어문화를 탐구하고 자신의 언어생활을 성찰하고 개선한다.
> (5) 다양한 사상과 정서가 반영되어 있는 국어문화를 감상하고 향유한다.

우선 총괄 목표의 '국어 의사소통의 맥락과 요소를 이해하고'와 첫 번째 세부 목표의 '다양한 유형의 글과 복합 매체 자료를 비판적으로 이해하고'를 토대로 읽기 교육의 목표가 읽기 맥락을 고려하여 다양한 유형의 글을 비판적으로 이해하는데 있음을 알 수 있다. 또한, 읽기 교육의 목표가 글에 대한 비판적 이해뿐만 아니라 복합 매체 자료에 대한 비판적인 수용도 포함하고 있음을 알 수 있다. 이것은 읽기가 지향하는 교육 목표가 기본적으로 글과 복합 양식적 특성을 지닌 매체 자료를 비판적으로 이해하는 읽기 기능의 습득에 있음을 나타내는 것이다.

두 번째로, 총괄 목표의 '의사소통의 과정에 협력적으로 참여하면서'와 세 번째 세부 목표의 '민주시민으로서 의사소통에 적극적으로 참여하여 개인과 공동체의 문제를 해결'을 토대로 읽기 교육의 목표가 사람들과의 협력적인 의사소통을 통한 문제 해결에 있음을 알 수 있다. 이것은 읽기가 지향하는 교육 목표가 읽기 기능의 습득을 넘어 개인과 공동체의 문제를 해결하는 데 요구되는 읽기 능력의 습득도 포함됨을 나타내는 것이다.

　마지막으로, 총괄 목표의 '국어문화를 향유함으로써'와 다섯 번째 세부 목표의 '다양한 사상과 정서가 반영되어 있는 국어문화를 감상하고 향유하며'를 토대로 읽기 교육의 목표가 주체적으로 국어생활을 영위하는 읽기 능력도 포함됨을 알 수 있다. 이것은 읽기가 지향하는 궁극적인 교육 목표가 읽기 생활을 주체적으로 영위하는 학생을 기르는 데 있음을 나타내는 것이다.

　이러한 논의를 종합하면, 2022 국어과 교육과정에 내포되어 있는 읽기 교육의 목표는 읽기의 맥락과 요소를 고려하여 다양한 유형의 글과 복합 매체 자료를 비판적으로 수용할 뿐만 아니라 읽기를 통해 사람들과 소통하며 개인과 공동체의 문제를 해결할 수 있는 주체적인 학생을 양성하는 데 있다.

나. 읽기 교육의 내용

　읽기 교육의 목표를 달성하기 위하여 학생들이 학습해야 하는 것은 무엇인가? 학생들이 무엇을 알고 무엇을 할 수 있어야 글을 잘 읽을 뿐만 아니라 글을 즐겨 있는 독자로 성장할 수 있는가? 이와 관련하여, 2022 국어과 교육과정은 읽기 수업을 통해 학생들이 습득해야 하는 읽기 교육의 내용을 추출하는 틀로 내용 체계를 제시하였다(교육부, 2022: 8).

<표 1> 2022 국어과 교육과정의 읽기 영역 내용 체계

핵심 아이디어	◦ 읽기는 독자가 자신의 배경지식이나 경험을 활용하여 언어를 비롯한 다양한 기호나 매체로 표현된 글의 의미를 능동적으로 구성하는 행위이다. ◦ 독자는 다양한 상황 맥락과 사회·문화적 맥락 속에서 자신의 읽기 목적을 달성하기 위하여 다양한 유형의 글을 읽는다. ◦ 독자는 읽기 과정을 점검·조정하며 읽기 과정에서 부딪히는 문제를 해결하기 위해 적절한 읽기 전략을 사용하여 글을 읽는다. ◦ 독자는 읽기 경험을 통해 읽기에 대한 긍정적 정서를 형성하고 삶과 공동체의 문제 해결을 위해 공동체 구성원과 함께 독서를 통해 소통함으로써 사회적 독서 문화를 만들어 간다.

범주		내용 요소		
		초등학교		
		1~2학년	3~4학년	5~6학년
지식·이해	읽기 맥락		◦ 상황 맥락	◦ 상황 맥락 ◦ 사회·문화적 맥락
	글의 유형	◦ 친숙한 화제의 글 ◦ 설명 대상과 주제가 명시적인 글 ◦ 생각이나 감정이 명시적으로 제시된 글	◦ 친숙한 화제의 글 ◦ 설명 대상과 주제가 명시적인 글 ◦ 주장, 이유, 근거가 명시적인 글 ◦ 생각이나 감정이 명시적으로 제시된 글	◦ 일상적 화제나 사회·문화적 화제의 글 ◦ 다양한 설명 방법을 활용하여 주제를 제시한 글 ◦ 주장이 명시적이고 다양한 이유와 근거가 제시된 글 ◦ 생각이나 감정이 함축적으로 제시된 글
과정·기능	읽기의 기초	◦ 글자, 단어 읽기 ◦ 문장, 짧은 글 소리 내어 읽기 ◦ 알맞게 띄어 읽기	◦ 유창하게 읽기	
	내용 확인과 추론	◦ 글의 중심 내용 확인하기 ◦ 인물의 마음이나 생각 짐작하기	◦ 중심 생각 파악하기 ◦ 내용 요약하기 ◦ 단어의 의미나 내용 예측하기	◦ 글의 구조를 파악하기 ◦ 글의 주장이나 주제 파악하기 ◦ 글의 구조 고려하며 내용 요약하기 ◦ 생략된 내용과 함축된 의미 추론하기
	평가와 창의	◦ 인물과 자신의 마음이나 생각 비교하기	◦ 사실과 의견 구별하기 ◦ 글이나 자료의 출처 신뢰성 평가하기 ◦ 필자와 자신의 의견 비교하기	◦ 글이나 자료의 내용과 표현 평가하기 ◦ 다양한 글이나 자료 읽기를 통해 문제 해결하기
	점검과 조정		◦ 읽기 과정과 전략에 대해 점검·조정하기	
가치·태도		◦ 읽기에 대한 흥미	◦ 읽기 효능감	◦ 긍정적 읽기 동기 ◦ 읽기에 적극적 참여

〈표 1〉에 나타나 있듯이 2022 국어과 교육과정의 읽기 영역 내용 체계는 '핵심

아이디어', '범주', '내용 요소' 항목으로 구성되어 있다. '핵심 아이디어'는 읽기 영역을 아우르면서 읽기 영역의 학습을 통해 학생의 내면에 구성되는 내용을 문장 형식으로 진술한 것이다. 이것은 읽기 영역의 내용 체계 설계를 위한 핵심 조직자로서 읽기 영역 학습에 초점을 부여하여 깊이 있는 읽기 학습을 가능케 하는 토대로 기능한다.

'범주'는 학생들이 읽기 영역에서 반드시 학습해야 할 내용, 즉 읽기의 기저를 이루면서 중핵이 되는 교육 내용을 말한다. 2022 읽기 영역 내용 체계는 이러한 교육 내용을 '지식·이해, 과정·기능, 가치·태도'로 범주화하였다. 여기에서 '지식·이해' 범주는 글의 수용 활동에서 요구되는 서술적 지식(declarative knowledge)을 의미하는데 읽기 맥락과 글의 유형을 하위 교육 요소로 삼고 있다. '과정·기능' 범주는 글을 이해하는 과정에 관여하는 사고의 절차나 과정, 즉 절차적 지식(procedural knowledge)을 의미하는 것으로 하위 교육 요소로 읽기의 기초, 내용 확인과 추론, 평가와 창의, 점검과 조정을 설정하고 있다. 그리고 '가치·태도' 범주는 글을 수용하는 과정에 개입하는 동기나 흥미뿐만 아니라 읽기에 대한 고유한 가치를 포함한다.

'내용 요소'는 읽기 영역, 핵심 아이디어, 범주를 토대로 선정된 개별 학년군에서 필수적으로 학습해야 할 구체적인 학습 내용을 말한다. 예를 들어, 1~2학년 학생들은 글자, 낱말, 문장, 짧은 글을 소리 내어 읽거나 알맞게 띄어 읽는 것을 배우고, 글의 중심 내용을 확인하고 인물의 처지나 마음을 짐작하는 것을 배우며, 그리고 읽기에 대해 흥미를 갖는 것을 배운다.

한편, 2022 국어과 교육과정은 학생들이 교수·학습 활동을 통해 도달하기를 기대하는 읽기 능력을 학년군에 따라 성취기준으로 제시하였다. 대체로 읽기 영역에서 [1~2학년군] 학생들은 글을 소리 내어 유창하게 읽고 중심 내용을 파악하며 읽기에 흥미를 가지고 즐겨 읽는 태도를 학습한다. [3~4학년군] 학생들은 기초적인 읽기 전략을 활용하여 글을 읽고 읽기에 대한 습관과 자신감을 기르는 것을 학습한다. 그리고 [5~6학년군] 학생들은 글의 내용을 추론하고 비판적으로 읽는 능력을 길러 읽기에 참여하는 태도를 학습한다. 다음의 〈표 2〉는 2022 국어과 교육과정의 읽기 영역 내용 체계를 토대로 선정된 성취기준을 제시하고 있다.

〈표 2〉 2022 국어과 교육과정의 읽기 영역 성취기준

학년군	성취기준
1~2	[2국02-01] 글자, 단어, 문장, 짧은 글을 정확하게 소리 내어 읽는다. [2국02-02] 의미가 잘 드러나도록 문장과 짧은 글을 알맞게 띄어 읽는다. [2국02-03] 글을 읽고 중심 내용을 확인한다. [2국02-04] 인물의 마음이나 생각을 짐작하고 이를 자신과 비교하며 글을 읽는다. [2국02-05] 읽기에 흥미를 가지고 즐겨 읽는 태도를 지닌다.
3~4	[4국02-01] 글의 의미를 파악하며 유창하게 글을 읽는다. [4국02-02] 문단과 글에서 중심 생각을 파악하고 내용을 간추린다. [4국02-03] 질문을 활용하여 글을 예측하며 읽고 자신의 읽기 과정을 점검한다. [4국02-04] 글에 나타난 사실과 의견을 구분하고 필자와 자신의 의견을 비교한다. [4국02-05] 글이나 자료의 출처가 믿을 만한지 판단한다. [4국02-06] 바람직한 읽기 습관을 형성하고 읽기에 대한 자신감을 기른다.
5~6	[6국02-01] 글의 구조를 고려하며 주제나 주장을 파악하고 글 내용을 요약한다. [6국02-02] 글에서 생략된 내용이나 함축된 표현을 문맥을 고려하여 추론한다. [6국02-03] 글이나 자료를 읽고 내용의 타당성과 표현의 적절성을 평가한다. [6국02-04] 문제 상황과 관련된 다양한 관점의 글을 읽고 이를 문제 해결에 활용한다. [6국02-05] 긍정적인 읽기 동기를 형성하고 적극적으로 읽기에 참여하는 태도를 기른다.

3. 읽기 교수·학습 방법

가. 읽기 교수·학습의 원리

읽기 교수·학습은 학생들이 교사가 전달하는 읽기 지식, 기능, 태도를 자신들의 머릿속에 통장에 돈을 쌓듯 차곡차곡 쌓아가는 과정이 아니다. 또한, 그것은 학생들이 홀로 환경과의 상호작용을 통해 의미를 만들어 가는 과정도 아니다. 그것은 교사와 학생 혹은 학생과 학생 간의 역동적인 사회적 교섭을 통해 읽기 지식, 읽기 기능, 읽기 태도가 습득되는 과정이다. 이러한 역동적인 읽기 교수·학습은 아래와 같은 원리를 토대로 일어난다.

첫째, 읽기 교수·학습은 학생들로 하여금 읽기 지식, 기능, 태도를 직접적인 읽기 활동 속에서 경험할 수 있도록 유도해야 한다. 교사의 설명이나 시범도 궁극적으로

는 학생들의 읽기 문제 해결 능력을 향상시키는데 있으므로 읽기 교수·학습의 초점은 학생들의 실제적인 삶과 관련된 다양한 읽기 경험에 맞추어져야 한다.

둘째, 읽기 교수·학습은 학생과 교사 간의 언어적 상호작용을 기반으로 읽기 지식과 기능을 전유하고, 이를 학생 개인의 암묵적 지식으로 변형시키는 내면화의 과정을 유도해야 한다. 그러므로 읽기 교수·학습에는 교사와 학생 간의 언어적 상호작용으로 나타나는 교사의 중재뿐만 아니라 읽기, 쓰기, 말하기와 같은 개인적인 읽기 활동에 의해 수행되는 나와 또 다른 나와의 반성적인 대화의 과정이 반드시 포함되어야 한다.

셋째, 읽기 교수·학습은 교수·학습 과정에서 학생들이 능동적이고 적극적인 학습자로 자리매김할 수 있어야 한다. 학생들은 수동적인 읽기 지식의 소비자들이 아니라 읽기 지식을 생산하는 의미 구성자이다. 따라서 읽기 교수·학습의 초점은 학생들 자신이 가지고 있는 배경지식과 경험을 바탕으로 한 능동적인 의미 구성 과정에 맞추어져야 한다.

넷째, 읽기 교수·학습은 읽기와 관련된 확산적·비판적 사고를 촉진할 수 있어야 한다. 비판적 사고와 확산적 사고는 학생들의 창의적인 읽기 능력을 발현하는 데 필요한 전제 조건들로서 읽기 문제를 인식하고, 대안을 제기하고, 그리고 타당성을 평가하는 과정에 동원되어야 하는 필수 요소들이다. 그러므로 읽기 교수·학습의 초점은 다양한 읽기 활동 통해 학생들의 확산적 사고와 비판적 사고를 기르는데 맞추어져야 한다.

나. 읽기 교수·학습 모형

1) 개념과 종류

읽기 교수·학습 모형은 읽기 학습을 효과적으로 수행하기 위해 수업의 과정을 단순화하여 나타낸 절차를 말한다. 교사는 읽기 교수·학습 모형을 활용하여 읽기 수업을 짜임새 있고 효율적으로 운영함으로써 학생의 비판적이고 창의적인 읽기 능력을 발달시킬 수 있다. 따라서 교사는 읽기 교육의 목적을 성취하기 위해서 학습 내용, 학생의 수준과 흥미, 교수·학습 환경 등과 같은 여러 요소를 고려하여 가장 적합한 읽기 교수·학습 모형을 선택하고 조정하고 적용할 수 있어야 한다.

이러한 취지로, 2022 국어과 교육과정은 국어과에서 활용할 수 있는 일반적인 교수·학습 모형으로 '직접 교수 모형, 문제 해결 학습 모형, 창의성 계발 학습 모형, 지식 탐구 학습 모형, 반응 중심 학습 모형, 역할 수행 학습 모형, 가치 탐구 학습 모형, 토의·토론 학습 모형'을 제시하였다. 다음 절에서는 읽기 교수·학습에서 가장 자주 사용되는 직접 교수 모형에 대해 살펴보았다.

2) 직접 교수 모형

가) 개념과 특성

읽기 교수·학습에서 가장 널리 사용되고 있는 교수·학습 모형은 직접 교수 모형이다. 이것은 교사의 직접적이고 명시적인 안내를 토대로 학생들에게 읽기 기능이나 전략을 가르치는 교수·학습 방법을 말한다. 이 모형은 제6차 국어과 교육과정에서부터 최근에 개정된 2022 국어과 교육과정에 이르기까지 읽기 수업에서 활용할 수 있는 대표적인 수업 모형으로 소개되고 있다.

그런데 국어과 교육과정에 제시되어 있는 이 교수·학습 모형은 로젠사인(Rosenshine, 1976)의 교사 효과성 연구로부터 도출된 직접 교수법(direct instruction, 영어 소문자를 사용함), 읽기 능력이 떨어지는 어린 아동들을 가르치기 위해 엥겔만(Englemann, 1980)이 개발한 직접 교수법(Direct Instruction, 영어 대문자를 사용함), 그리고 글을 효과적으로 이해하는 데 필요한 읽기 전략을 가르치기 위해 개발된 명시적 읽기 지도법(Explicit Reading Instruction)과 같은 모형들을 토대로 하고 있다. 비록 개별 모형들이 세부적인 특성에 있어서는 서로 다르지만, 교사의 명시적 설명, 시범과 안내, 및 학생들의 독립적인 연습을 토대로 읽기 기능과 전략을 명료하게 가르친다는 공통점을 갖고 있다. 이렇게 개발된 직접 교수 모형의 구체적인 수업적 특성을 나열하면 다음과 같다.

첫째, 이 교수·학습 모형은 세부적인 읽기 기능이나 전략을 가르치는 데 적합하다. 예를 들면, 해독하기, 중심 내용 파악하기, 요약하기, 추론하기, 질문하기 등과 같은 읽기 기능을 가르치는 데 효과적이다. 특히, 읽기 능력이 떨어지는 학생들에게 보다 효과적인 수업 모형으로 알려져 있다.

둘째, 이 교수·학습 모형은 읽기 기능이나 전략을 몇 개의 세부 기능이나 하위 과정으로 나눈 다음에, 여러 하위 기능이나 과정을 순차적으로 학습하게 함으로써 해당 읽기 기능과 전략을 습득하도록 하는 교수·학습 모형이다.

예를 들어, 학생들에게 중심 내용 파악하기 기능을 가르친다면 우선 중심 내용 파악하기 기능을 여러 개의 세부 기능, 즉 여러 단어들 중에서 중심 단어 찾기 기능, 한 문단에 명시적으로 드러난 중심 문장 찾기 기능, 한 문단에 암시적으로 드러난 중심 문장 찾기 기능, 여러 문단의 글에서 중심 문장 찾기 기능으로 나눈다. 그런 다음, 교사의 안내와 학생의 독립적인 연습을 통해 각각의 기능을 습득시킨 후에, 최종적으로 한 편의 글에서 중심 문장을 찾도록 안내하는 수업 방법이다.

셋째, 이 교수·학습 모형은 학습 내용과 학습 과정에 대한 교사의 명시적이고 구체적인 설명과 시범을 통해서 이루어진다. 학생들이 학습 내용이나 과정을 따라할 수 있도록 교사가 학습 내용이나 절차를 자세하게 설명하고 보여준다는 특성이 있다. 이러한 점에서, 이 모형은 학생들에게 학습 내용이나 과정을 습득하는 절차를 명시적으로 보여주지 않고, 학생들이 습득해야 하는 기능이나 전략을 단순히 소개하고, 연습할 수 있는 시간을 제공하고, 그리고 그것들을 습득했는지를 평가하는 전통적인 수업과는 질적으로 다르다고 할 수 있다.

〈그림 1〉 피어슨과 갤러거의 점진적 책임 이양 모형

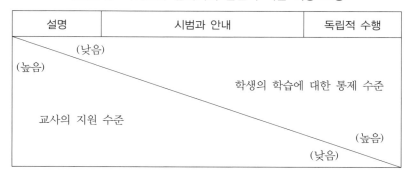

넷째, 이 교수·학습 모형에서 학습의 책임은 처음에는 전적으로 교사에게 있다가 학생들이 학습 내용을 교사의 안내를 발판으로 습득해가면서 차츰 학생들에게 이동한다. 따라서 학습의 초반에는 교사의 설명과 안내된 활동이 주를 이루다가 학습의 후반에는 학생들의 독립적인 수행과 적용이 중심이 된다(Pearson & Gallagher, 1993). 하지만 전반적으로 교사의 설명과 시범에 의해 수업이 진행되기 때문에 교사 중심 수업 모형이라 할 수 있다.

마지막으로, 이 교수·학습 모형은 글에 대한 의미구성 과정보다는 그것에 동원되는 기능과 전략을 가르치는 데 수업의 초점이 맞추어져 있다. 따라서 종종 기능이나 전략이 숙달될 때까지는 글을 읽고 의미를 파악하는 활동이 뒤로 미루어지기도 한다. 그러므로 학생들에게 글의 의미를 구성하는 데 필요한 언어적 상호작용, 즉 말하고 듣고 읽고 쓰는 기회를 충분히 제공하지 않는다.

나) 절차

직접 교수 모형은 크게 4단계, 즉 설명하기, 시범 보이기, 질문하기, 활동하기의 순서로 진행된다.

이 모형의 첫 번째 단계인 '설명하기'는 교사가 수업에 필요한 정보를 명확하게 제시하는 단계이다. 구체적으로 학생들의 학습 동기를 유발시키고, 학습 문제를 제시하고, 학습의 필요성과 중요성을 설명하고, 그리고 학습 방법 및 절차를 안내하는 단계이다. 예를 들어, 한 문단의 중심 내용을 파악하는 것이 학습 내용이라면 교사는 이야기를 듣거나 글을 읽고 중요한 내용을 찾는 데 어려움을 겪었던 경험을 학생들과 나누면서 학습에 대한 동기를 유발할 수 있다. 또한, 교사는 글을 읽거나 이야기를 듣고 중요한 내용을 정리하는 것이 우리의 삶에서 얼마나 중요한 일인지를 설명하여 학습의 필요성을 인식시킬 수 있다. 그리고 이번 수업이 어떠한 절차에 따라 진행되는지도 미리 알려준다.

두 번째 단계인 '시범 보이기'는 직접 교수 모형의 핵심 단계인데, 학습 내용 적용의 실제 사례나 예시를 보여주고, 그것의 습득 방법이나 절차를 세부 단계별로 나누어 교사가 직접적으로 시범을 보이는 단계이다. 예를 들어, 한 문단에 명시적으로 나타나 있는 중심 문장을 찾는 것이 학습 내용이라면 교사가 한 문단에 명시적으로 나타나 있는 중심 문장을 찾아가는 과정을 직접적으로 보여주는 것이다. 그런데 읽기 학습은 교사가 시범을 보이고 학생이 따라하게 하여 해당 기능을 습득하도록 하는 예체능 교과에서의 학습과는 달리 대부분 학생의 머릿속에서 일어나기 때문에 직접적으로 사고하는 과정을 겉으로 드러내 보여줄 수는 없다. 즉, 교사가 한 문단의 글을 읽고 중심 문장을 찾아가는 과정을 학생들에게 직접적으로 드러내 보여주기 어렵다. 이때, 교사의 사고 과정을 언어적으로 나타내는 방법이 있는데, 이것을 사고 구술(think-aloud)이라고 한다. 사고구술이라는 전략을 사용하면 완벽하지는 않지만 한 문단의 글을 읽고 중심 문장을 찾아가는 교사의 사고 과정을 학생들에게 언어적으로 드러내 보여줄 수 있다.

세 번째 단계는 '질문하기'인데 설명하고 시범 보인 내용이나 과정을 더욱 구체적으로 이해시키고, 확인하기 위하여 주어진 학습 과제를 해결하는 데 필요한 지식, 전략, 과정 등에 대하여 학생들에게 세부 단계별로 질문하고 확인하는 단계이다. 예를 들어, 한 문단의 중심 문장을 찾는 것이 학습 내용이라면 교사는 학생들에게 "중심 문장은 무엇이지요? 중심 문장을 찾는 것은 왜 필요하지요? 중심 문장은 대체로 문장의 어디에 있지요? 문장에 중심 문장이 명시적으로 드러나 있지 않다면 어떻게 해야 하지요?" 등과 같은 질문을 하고 학생들의 대답을 확인하는 단계이다.

마지막으로 활동하기 단계는 앞에서 학습한 내용이나 과정을 완전히 습득할 때까지 학생들 스스로가 독립적으로, 반복적으로 해당 기능을 적용해 보는 단계이다. 예를 들어, 한 문단의 중심 문장을 찾는 것이 학습 내용이라면 학생들은 새로운 한 문단의 글을 받은 후에, 중심 문장을 쉽게 찾을 수 있을 때까지 한 문단의 글에서 중심 문장을 찾는 기능을 독립적으로, 반복적으로 여러 사례에 적용해 본다. 이때 학습의 책임은 전적으로 학생에게 위임되며 교사는 안내자의 역할을 하게 된다.

다) 학습 활동

직접 교수 모형은 설명하기, 시범 보이기, 질문하기, 활동하기의 순서로 진행된다. 다음은 중심 내용 파악하기 수업에서 사용된 직접 교수 모형의 사례이다(Tierney & Readence, 2005: 282~283).

〈표 3〉 직접 교수 모형 교수·학습안

1. 설명하기	〈질문〉 무언가에 대해 간단한 설명을 제공받은
수업의 첫 부분에서는 예시가 제공되며 전략의 관련성이 수립된다. 이는 무언가에 대해 하고자 하는 것과 아이들이 이미 경험한 것을 관련시킴으로써 가능해질 수 있다. 동시에, 전략 교수의 목적이 수립된다.	적이 있는가? 라디오나 텔레비전과 같은 매체에서 제공하는 뉴스에 대해 생각해 본 적이 있는가? 여러분이 이제 뉴스를 한다고 상상해 보자. 여러분에게 중심 내용과 몇 개의 세부 내용을 간단하게 제시할 것이다. 이제 여러분의 학급 친구가 수많은 이야기를 전달할 것이라고 상상해 보자. 여러분의 과제는 그러한 이야기들 속에서 중심 내용과 세부 내용을 분리하는 것이다.
2. 시범 보이기	교사는 학생들이 배우고자 하는 중심 내용을
다음 단계에서, 교사는 해당 기능에 대하여 시범을 보인다. 교사의 시범 보이기와 학생의 논의를 통해 전략이 어떻게, 언제, 어디에 적용되는지가 제공된다. 아울러, 전략이나 기능의 적절한 사용에 대한 명료한 예시뿐만 아니라 불완전한 적용 사례도 제공한다.	찾는 방법에 대해 설명한다. 학생들은 중심 내용이 포함되어 있는 글을 읽는다. 내 이름은 철수입니다. 나는 애완용 쥐 네 마리를 가지고 있습니다. 하나는 흰색이고 둘은 갈색 점이 있습니다. 나머지 하나는 온통 검은색이고 분홍색 점이 있습니다. 〈교사 설명〉 이 이야기는 철수가 갖고 있는 쥐들이 얼마나 다양한 색깔인지에 대해 말해 줍니다. 내가 이것을 아는 이유는 두 번째 문장이 철수가 갖고 있는 쥐가 얼마나 많은지에 대해 말해 주고 때문입니다. 다른 문장들은 크기나 먹이에 대해서 말하는 것이 아니라, 쥐의 색깔에 대해 이야기하고 있습니다. 중심 내용을 찾는 데 있어 핵심이 되는 것은 가장 중요한 아이디어나 주제에 대해 진술된 사실을 이해하는 것입니다. 중심 내용은 "철수는 네 마리의 다양한 색깔의 쥐를 키우고 있습니다."입니다. 다른 이야기를 읽어 봅시다.
3. 질문하기	"중심 문장은 무엇이지요? 중심 문장을 찾는
이 단계에서 교사는 시범을 보인 내용이나 과정을 학생들이 이해했는지를 확인한다.	것은 왜 필요하지요? 중심 문장은 대체로 문장의 어디에 있지요? 문장에 중심 문장이 명시적으로 드러나 있지 않다면 어떻게 해야 하지요?"
4. 활동하기	교사는 학생들을 또 다른 글로 안내한다. 교사
학생들은 교사가 시범보인 기능을 독립적으로 적용해 볼 뿐만 아니라 성공 여부를 점검해 본다.	는 다음과 같이 말한다. 이번에는 혼자서 해 봅시다. 중심 내용은 글에서 가장 중요한 내용이

	라는 것을 기억하세요. 다음 글의 중심 내용이 무엇인지 생각해 봅시다.
	민수의 홈런
	민수의 가장 친한 친구
	민수가 가장 좋아하는 운동
	최종적으로 결정하기에 앞서 스스로에게 물어보세요.
	중요한 아이디어나 내용을 찾았습니까?
	전반적으로 무엇에 대해서 말하고 있는지 결정했습니까?
	여러분의 중심 내용은 전체 아이디어나 사실을 아우르고 있습니까? 그렇지 않다면, 다른 것을 선택하세요.
	교사는 학생이 선택한 것을 다른 동료들과 공유하도록 한다.

〈표 3〉에 나타나 있듯이, 설명하기 단계에서 교사는 학생들에게 중심 내용 파악하기의 필요성과 학습 방법 및 절차에 대해 안내하고 있다. 시범보이기 단계에서는 간단한 사례를 사용하여 중심 내용을 파악하는 방법과 절차에 대해 설명하고 직접적으로 시범을 보여주고 있다. 세 번째 단계인 질문하기 단계에서 교사는 학생들이 중심 내용 파악하기를 잘 이해하고 있는지를 확인하기 위해 여러 가지의 질문을 던지고 있다. 그리고 마지막 단계인 활동하기 단계에서 교사는 학생들에게 조금 전에 학습한 중심 내용 파악하기 전략을 독립적으로 적용해 볼 수 있는 기회를 제공하고 있다.

4. 읽기 교육의 평가

가. 읽기 평가의 목표와 원리

1) 읽기 평가의 목표

왜 학생들은 읽기를 배우면서 '지필평가, 요약문 쓰기 수행평가, 읽기 포트폴리오 평가' 등과 같은 다양한 평가에 참여하는가? 왜 학교와 교사는 학생에게 끊임없이 읽기 평가를 부가하는가? 아마도 나름의 목적이 있기 때문일 것이다.

기본적으로 학생들의 읽기 교육에 관여하는 교육 당사자들은 학교에서 이루어지는 읽기 평가가 이들의 읽기 능력을 발달시키는 데 있다고 생각한다. 즉, 학생들을 다양한 읽기 평가에 참여시킴으로써 그들이 성취해야 하는 읽기 교육 목표를 잘 성취했는지, 제대로 성취하지 못했다면 무엇이 부족한지 등에 관한 유용한 정보를 얻을 수 있다고 생각한다. 그리고 이러한 정보는 학생들의 차후 학습 계획을 세우는 데에도 중요한 토대가 된다고 믿는다. 더 나아가, 최근에는 학생들에 대한 읽기 평가가 학생들의 읽기 능력 발달에 적절한 수업을 마련하는 데에도 활용되어야 한다고 생각한다. 왜냐하면 교사의 읽기 수업은 학생들에 대한 읽기 평가가 제공하는 정보에 따라 조정되어야 그들의 발달을 최대한으로 촉진할 수 있다고 믿기 때문이다.

이를 정리하면, 읽기 평가의 목표는 학생들의 학습 과정과 결과에 대한 정보를 수집하여 그들의 읽기 능력을 판단할 뿐만 아니라 학습 과정에 송환하여 읽기 능력을 신장하는 데 있다. 또한 학생들의 학습 과정과 결과에 대한 정보를 토대로 교사의 수업, 교재, 평가도구를 개선하는 데에도 있다.

2) 읽기 평가의 원리

읽기 교육의 목표가 학생들의 창의적이고 비판적인 읽기 능력과 긍정적인 읽기 태도를 발달시키는 데 있다면 교실에서 구현되는 읽기 평가의 모습은 어떠해야 하는가? 아마도 이는 학생들의 읽기 학습 과정과 결과를 온전히 담아낼 수 있는 읽기 평가일 것이다. 그러나 이러한 읽기 평가는 아무것도 없는 상태에서는 일어날 수 없다. 읽기 평가를 보다 역동적으로 이끄는 데 필요한 원리가 필요한데, 이러한 원리들을 제시하면 다음과 같다.

첫째, 읽기 평가는 지속적인 탐구 과정이어야 한다. 읽기 평가는 한 단원이 종료된 후에, 한 학기가 마무리된 시점에 한두 번 이루어지는 분절적인 과정이 아니다. 읽기 평가는 수업이 진행되기 전에, 진행되는 동안에, 그리고 진행된 다음에도 수행되는 지속적인 과정이어야 한다. 특히, 읽기 평가는 학생들의 읽기 행동을 끊임없이 관찰하는 탐구 과정이어야 한다. 그래야지만 학생들의 필요에 민감하게 반응할 수 있다.

둘째, 읽기 평가는 학교 내의 읽기 상황뿐만 아니라 학교 밖의 읽기 상황을 지향하면서 실제적인 문제 상황에서 학생들의 직접적인 읽기 행위를 진정으로 드러내야 한다. 따라서 학생들에게 의미 있는 상황과 과제가 제시되며 그러한 상황과 과제에서 학생들이 실제로 읽기를 사용하는 과정과 결과가 평가된다. 또한 학생 자신의 과제를 포함한 복잡한 지적 도전이 평가되며, 그러한 과정에서 동원되는 다양한 읽기 지식과 기능, 읽기 전략, 초인지, 읽기 태도나 동기 등도 평가된다.

셋째, 읽기 평가에서의 평가 기준은 교사와 학생들 간의 합의에 의해 구성되고 공유되어야 한다. 이것은 과거의 평가 기준이 외부에서 주어져 경직되었던 것에 반하여, 학습자와 학습 공동체의 다른 구성원들에 의해 협상되고 공유되기 때문에 교실의 맥락을 유연하게 반영할 수 있을 뿐만 아니라 책임감과 주인 의식을 불러일으킬 수 있다.

넷째, 자기 평가가 반드시 포함되어야 한다. 평가의 중요한 목적은 학생이 공유된 기준을 토대로 자신의 발달 과정을 객관적으로 바라볼 수 있는 능력을 개발하도록 하는 데 있다. 이러한 점에서, 자기 평가는 자신의 읽기 변화 과정에 대해 책임감과 주인 의식을 갖고 반성적으로 되돌아 볼 수 있는 기회를 제공한다. 이것은 자기 주도적인 학습의 중요한 측면이며 자기 동기화된 학습은 실제 세계의 모든 상황에서 필수적으로 요구되는 것이다.

나. 읽기 평가 방법

교사는 학생들의 읽기 발달 과정을 잘 들여다보기 위하여 평가 목적, 평가 내용, 평가 상황, 평가 대상 등을 고려하여 다양한 평가 방식(예, 양적 평가, 질적 평가, 지필 평가, 수행 평가)과 평가 방법(예, 지필검사, 구술검사, 서술형 평가, 연구 보고서 평가, 중요도 평정법, 빈칸 메우기 검사, 녹화 기록법, 프로토콜 분석법)을 적절하게 활용할 수 있어야 한다. 이 절에서는 읽기 평가에서 두루 활용되고 있는 선다형 검사, 단어 선택형 빈칸 메우기 검사, 수행평가에 대해 살펴보았다.

1) 선다형 검사

선다형 검사는 대체로 질문에 대한 답지를 4~5개 제공하여 응답자가 정답을 선택할 수 있도록 제작된 검사를 말한다. 이것은 읽기 기능(즉, 절차적 지식)보다는 읽기 지식(즉, 명제적 지식)을 강조하는, 읽기 학습의 질적 과정보다는 양적 결과를 중시하는, 그리고 학생의 발달보다는 분류와 선발을 목적으로 하는 평가 관점을 반영하고 있다.

선다형 검사는 문항 형식의 융통성이 커서 기억이나 이해와 같은 낮은 수준의 읽기 능력뿐만 아니라 추론이나 판단과 같은 수준의 읽기 능력도 평가할 수 있다. 또한, 채점이 객관적이며 쉽고, 많은 학생을 대상으로 빠르게 검사하고 채점할 수 있다는 장점을 갖는다. 하지만 이 검사는 높은 수준의 읽기 능력보다는 낮은 수준의 읽기 능력을 평가할 가능성이 높아 독자의 비판적·창의적인 읽기 능력을 평가하기 어렵다. 학생의 학습 과정도 평가하기 힘들어 교사의 교수·학습 방법 및 평가 도구를 개선하는 데 제한적이라는 단점을 갖는다. 다음은 읽기 영역에서 많이 활용되고 있는 선다형 검사의 예인데 학생의 추론 능력을 평가하고 있다.

※ 다음 글을 읽고, 물음에 답하십시오.

(가) 물질이 액체에 녹아 골고루 퍼져 투명하게 되는 현상을 '용해'라고 합니다. 그리고 물질이 액체에 녹아 있는 것을 '용액'이라고 합니다.
　용액을 구성하는 물질 중에, 녹아 있는 물질을 '용질', 녹이고 있는 액체를 '용매'라고 합니다. 용매의 양이 많을수록 용질이 많이 녹습니다. 즉 물에 소금을 녹일 경우, 물이 많아야 많은 소금을 녹일 수 있습니다. 일정한 양의 용매에 녹는 용질의 양은 한정되어 있습니다. 일정한 양의 소금을 녹이려면 일정한 양 이상의 물이 필요합니다.
　또 용액은 온도에 따라 용질의 농도, 즉 용해도가 달라집니다. 어떤 물질이 어떤 온도의 액체에서 녹을 수 있을 때까지 녹은 상태를 '포화용액'이라고 합니다.

(나) 점심때쯤 이르러 당나귀와 주인은 바닷가 마을에 닿았습니다. 주인은 '제일소금'이라는 간판이 붙은 집 앞에 멈췄습니다.

'소금을 사려는 구나!'

당나귀는 조금 들뜬 기분이 되었습니다.

'좋아, 좋아. 오늘은 물에 몽땅 녹여 버릴 거야.'

당나귀는 커다란 소금자루를 네 개나 짊어졌습니다.

'이렇게 많은 소금을 녹이려면 물속에 오래 있어야겠는 걸. 아무리 때려도 안 일어날 거야.'

조금만 참으면 된다는 생각에, 당나귀는 낑낑대면서도 짜증나지 않았습니다. 당나귀는 오직 물을 찾아 두리번거렸습니다. 그때 얕긴 하지만 물이 고여 있는 곳이 눈에 들어왔습니다.

'그래, 저기를 지날 때 슬쩍 넘어져 버리자.'

계획대로 당나귀는 그 곳에서 비틀대며 넘어져 버렸습니다. 그리고 오래오래 뒹굴었습니다. 주인이 어서 일어나라고 발길질을 해도 꾹 참았습니다.

'이제 다 녹았을 거야.'

천천히 몸을 일으키려던 당나귀는 털썩 주저앉고 말았습니다.

'어? 소금이 물에 녹질 않았네!'

주인의 도움으로 겨우 몸을 일으킨 당나귀는, 그제서 '염전'이라고 쓰인 팻말을 보았습니다. 당나귀가 넘어진 곳은 다름 아닌 소금을 만드는 '염전'이었던 것입니다.

[문제] 글 (가)와 (나)를 읽고 난 후, 생각할 수 있는 내용으로 알맞지 <u>않은</u> 것은?

① 당나귀는 포화용액을 잘 모르고 있었을 거야.
② 당나귀는 염전이라는 곳을 잘 알지 못했을 거야.
③ 당나귀는 물이 많은 곳에 넘어졌어야 좋았을 거야.
④ 당나귀가 넘어진 까닭을 주인이 이미 알고 있었을 거야.
⑤ 당나귀가 온도에 따라 녹는 소금의 양이 다름을 알았을 거야.

2) 단어 선택형 빈칸 메우기 검사

어린 학생들의 읽기 유창성과 독해(읽기 이해)를 함께 평가할 수 있는 읽기 평가 방법에는 단어 선택형 빈칸 메우기 검사(Maze test)가 있다. 이것은 어린 학생들에게, 특히 읽기에 어려움을 경험하고 있는 학생들에게 단어가 가진 의미적 정보와 통사적 정보를 활용하여 문맥에 어울리는 단어를 선택하도록 하는 검사이다. 이 검사는 대체로 3분 동안 주어진 글을 읽으면서 일곱 번째 단어마다 제시되어 있는 빈칸과 그 빈칸에 들어 있는 3개의 답지로부터 문맥에 알맞은 답지 1개를 선택하는 읽기 검사이다. 검사 점수는 3분 동안 학생들이 응답한 빈칸의 총 개수에서 틀린 빈칸의 개수를 빼서 얻어진다. 이것은 빈칸 안에 선택형 답지가 주어져 있다는 점을 제외하면 빈칸에 알맞은 단어를 직접 채우는 빈칸 메우기 검사(Cloze test)와 유사하다.

　단어 선택형 빈칸 메우기 검사는 학교 현장에서 어린 학생들의 읽기 유창성과 독해 능력의 발달 과정을 점검할 수 있을 뿐만 아니라 그 결과를 수업 계획에 활용할 수 있다는 장점을 가지고 있다. 또한, 이것은 학생들이 배우고 있는 교과서를 토대로 제작되기 때문에 교사의 안면 타당도가 높고, 손쉽게 만들어 간편하게 사용할 수 있으며, 그리고 컴퓨터를 활용하여 집단으로 검사를 실시할 수 있다는 장점도 지니고 있다. 다음은 어린 학생들의 읽기 발달을 평가하기 위해 널리 사용되고 있는 단어 선택형 빈칸 메우기 검사의 예이다.

이름:	날짜:

어리석은 당나귀

　점심때쯤 이르러 당나귀와 주인은 바닷가 마을에 닿았습니다. 주인은 '제일소금'이라는 간판이 붙은 집 앞에 (**떠났습니다, 멈췄습니다, 도망갔습니다**).
　'소금을 사려는구나!'
　당나귀는 조금 들뜬 (**기분이, 가슴이, 나무가**) 되었습니다.
　'좋아, 좋아. 오늘은 물에 몽땅 (**끓여, 녹여, 심어**) 버릴 거야!'
　당나귀는 커다란 소금자루를 네 (**개나, 가지나, 번이나**) 짊어졌습니다.
　'이렇게 많은 소금을 녹이려면 물속에 (**잠시, 오래, 멀리**) 있어야겠는 걸. 아무리 때려도 안 일어날 거야.'
　(**조금만, 많이, 빨리**) 참으면 된다는 생각에, 당나귀는 끙끙대면서도 짜증나지 (**않았습니다, 좋았습니다, 싫었습니다**). 당나귀는 오직 물을 찾아 두리번거렸습니다. (**그때, 지금, 어때**) 얕긴 하지만 물이 고여 있는 곳이 (**귀에, 눈에, 입에**) 들어왔습니다.

> \# 정확하게 답한 개수 _____
>
> \# 틀리게 답한 개수 _____
>
> \# 총 반응한 개수 _____

3) 수행평가

많은 연구자는 선다형 검사가 학생들의 수준 높은 읽기 능력을 평가하기 힘들뿐만 아니라 학생들의 읽기 수업과 학습에도 부정적인 영향을 준다고 주장한다. 선다형 검사는 학생들을 평가 과정에 능동적으로 참여시키기보다는 평가 대상으로 전락시켜 그들의 선택과 목소리를 제한한다고 지적한다. 또한 단일한 양적 결과로만 학생들의 읽기 성취를 판단하기 때문에 그들의 발달 가능성을 간과할 수 있다고 말한다 (Darling-Hammond, Ancess, & Falk, 1995).

이와 같은 선다형 검사가 가지고 있는 여러 문제점을 극복하기 위하여 많은 교사와 연구자는 학생들의 실제적인 과제 수행 과정을 직접적으로 들여다볼 수 있는 평가 방법을 모색해 왔는데, 그것이 수행평가(performance assessment)이다. 이것은 학생들로 하여금 자신의 지식이나 기능을 행동으로 드러내거나 문제 해결 과정을 직접적으로 나타내도록 요구하는 평가 방법이다. 이 평가 방법은 읽기 지식(즉, 명제적 지식)보다는 읽기 기능(즉, 절차적 지식)을, 학습의 양적 결과보다는 질적 과정을, 학생들의 분류나 선발보다는 발달을 강조하는 평가 관점을 반영하고 있다. 또한, 이 평가 방법은 실제 상황에서 학생들이 직접적으로 과제를 수행하는 과정을 관찰함으로써 평가가 이루어지기 때문에 교사와 학생 간의 의사소통을 가능케 하여 학생들의 읽기 발달과 교사의 읽기 수업 개선에 많은 도움을 준다.

다음은 읽기 영역에서 많이 활용되고 있는 수행평가의 예이다. 이것은 학생의 배경지식에 대한 점검에서부터 읽기 유창성 및 읽기 이해에 이르는 학생의 전반적인 읽기 과정을 여러 검사 방법을 활용하여 종합적으로 평가하고 있다.[*]

---

[*] 이 장은 류덕제 외(2017)의 제8장 '읽기 교육론'을 토대로 내용을 수정·보완한 것임을 밝힌다.

[수준: 1학년, 갈래: 이야기]

배경지식 평가표

1. 사람들은 생쥐에 대해 어떤 기분이 드나요? (3점/2점/1점/0점)
   더럽고 사람에게 해로운 병균을 옮긴다고 생각함 (3점)

2. "오래된 집을 팝니다."란 말은 무슨 말인가? (3점/2점/1점/0점)
   우리도 오래된 집을 판 적이 있음 (1점)

3. "집 안에 생쥐가 있다."는 말은 무슨 뜻인가? (3점/2점/1점/0점)
   집이 깨끗하지 않고 관리가 소홀하다는 말 (3점)

점수 : ____7____ / 9점   = ____78____ %
____✔____ 익숙함   _____ 익숙하지 않음

〈채점 기준〉
3점: 개념에 대해 정확하게 말함.
2점: 개념에 대한 예를 제시함. 구체적인 특성이나 특성의 내용을 말함.
1점: 경험을 말하거나 일반적인 수준으로 반응함.
0점: 엉뚱한 반응을 하거나 모른다고 반응함.

집 안의 생쥐

옛날에 생쥐 한 마리가 있었어요. 생쥐는 오래된 집의 벽장 속에 살고 있었지요. 생쥐는 먹을 것을 찾으러 매일 밤 부엌으로 갔지요. 그 집에 살고 있는 사람은 생쥐가 돌아다니는 소리를 들었지요. 그 사람은 생쥐가 벽장 속에 살고 있다는 것을 알게 되었지요. 그러나 신경 쓰지 않았어요.

그런데 어느 날, 그 사람은 집을 팔기로 결심했어요. 그는 집을 매우 사랑했지만 집이 너무 컸어요. 그래서 신문에 광고를 냈어요. 그 광고에는 "백년 된 집 팝니다."라고 쓰여 있었어요. 많은 사람들이 전화를 했고 집을 찾아오기도 했어요. 일요일에는 두 사람이 왔어요. 그 사람들은 오래된 계단을 밟고 2층으로 올라갔어요. 2층에 올라왔을 때 벽장 속에서 생쥐가 벽장 속을 이리 저리 뛰어 다녔어요. 그 사람들은 생쥐 소리를 들었어요. 그러고는 "우리는 이 집을 사지 않겠어요."라고 말했어요. 생쥐는 무척 기뻤어요. 생쥐는 새로 이사 온 사람들이 자기를 잡지는 않을까 걱정을 했거든요.

매번 사람들이 찾아올 때마다 생쥐는 똑같은 일을 했어요. 생쥐는 벽장 속을 이리저리 뛰어 다녔지요. 매번 사람들은 집을 사지 않겠다고 하면서 그 집을 떠났어요. 그런 다음에, 한 가족이 집을 보러 왔어요. 그 집은 그 가족들에게 딱 알맞은 크기였어요. 가족들이 계단을 타고 2층으로 올라왔을 때 생쥐는 벽장 속을 이리저리 뛰어 다녔지요. 사람들은 생쥐가 뛰어다니는 소리를 들었어요. 그러고는 "오, 생쥐가 살고 있군요. 우리는 이 집이 매우 마음에 듭니다. 우리가 이집을 사겠어요. 생쥐도 함께 말이에요."라고 말했지요. (196개 단어)

읽기 유창성 평가표

◦ 잘못 읽은 단어 수(정확성): _____3_____
◦ 뜻을 바꾸는 잘못 읽은 단어 수(용인성): _____1_____
◦ 채점 기준

〈정확성〉		〈용인성〉	
0 - 6개	✔	독립적 수준 ✔	0-6개
7-26개	_____	지도 수준 _____	7-13개
27개 이상	_____	조절 수준 _____	14개 이상

◦ 1분 동안 읽은 단어 수 : ___70___ 잘못 읽은 단어 수 : ___3___
  1분 동안 정확하게 읽은 단어 수 ___67___

다시 이야기하기(retelling) 평가표

배경
- ✔ 한 마리 생쥐가 있다.
- ✔ 한 사람이 산다.
- ✔ 벽장 속에
- ✔ 집에
- ___ 매일 밤
- ✔ 쥐가 간다.
- ✔ 부엌으로
- ✔ 먹을 것을 찾으러
- ___ 집에 남자가 산다.
- ✔ 생쥐 소리를 들었다.
- ✔ 그는 알았다.
- ✔ 쥐가 살고 있다.
- ___ 그 벽장 속에
- ✔ 그는 신경 쓰지 않았다.

발단
- ✔ 남자는 결심했다.
- ✔ 집을 팔기로

- ✔ 사람들이 왔다.
- ✔ 일요일에
- ✔ 그들은 2층으로 올라갔다.
- ✔ 생쥐가 위로 뛰었다.
- ✔ 아래로
- ✔ 사람들이 생쥐 소리를 들었다.
- ___ 그들은 말했다.
- ✔ "이 집을 사지 않겠어요."
- ✔ 다른 사람들이 집을 보러왔다.
- ✔ 생쥐가 위로 뛰었다.
- ✔ 그리고 아래로

해결
- ✔ 한 가족이 왔다.
- ✔ 집을 보러
- ✔ 그 집은 딱 맞았다.
- ✔ 그들에게
- ✔ 그들은 말했다.
- ✔ "생쥐가 사는군요."

✔ 생쥐는 두려웠다.	
✔ 사람들이 하려고 했다.	✔ 집이 마음에 듭니다.
✔ 생쥐를 없애려고	✔ 집을 사겠어요.
	____ 생쥐도 함께
사건	
✔ 그 남자가 광고를 했다.	**44개 아이디어**
✔ 신문에	◦ 회상한 아이디어 수: ___38___
✔ 광고에 쓰여 있었다.	◦ 추론한 것을 포함하여 회상한 다른 아이디어 수:
____ 전화 224-3414	___6___
✔ 두 사람	

읽기 이해 평가표

1. 생쥐는 어디에 살고 있었나요? (정답: 벽장 속에)
   벽장 속에 살고 있음

2. 그 사람이 결심한 것은 무엇인가요? (정답: 집을 팔기로)
   이사 가기로 함

3. 사람들이 집을 보러 왔을 때, 생쥐는 무엇을 했나요?
   (정답: 벽장 속을 이리저리 뛰어다녔어요)
   벽장 속에서 뛰어다니고 있었음

4. 이 집은 몇 층인가요? (정답: 2층)
   3층

5. 왜 사람들은 집을 사지 않았나요? (정답: 생쥐가 살고 있어서)
   생쥐가 집에 살고 있어서

6. 마지막 가족들은 생쥐가 살고 있는 데에도 집을 왜 샀나요? (정답: 가족들에게 딱 맞아서)
   가족에게 잘 들어맞아서

◦ 정확하게 맞힌 답의 개수: ___4___
◦ 비슷하게 맞힌 답의 개수: ___1___
◦ 맞은 전체 개수: ___5___
   〈학생 수준〉
   ____ 독립 수준: 6개 맞힘
   ✔ 지도 수준: 4-5개
   ____ 좌절 수준: 0-3개

제4장

쓰기 교육론

1. 쓰기의 특성과 쓰기 교육의 동향

가. 쓰기의 특성

쓰기의 개념은 한 마디로 규정하기 어렵다. 전통적으로는 필자의 체험이나 사고를 주제에 맞추어 논리적 문장으로 질서화하는 행위로 보았으나 이는 '문자언어화'에만 초점을 맞춘 설명이다. 실제로 문자언어로 표현하기 위해서는 필자가 새로운 의미를 발견하고 만들어가는 의미 구성의 과정이 필요하며 때로는 더 많은 비중을 차지한다. 근래에 쓰기를 의미 구성 행위로 보는 것은 문자로 정확하게 표현하는 것을 강조하던 관점에서, 필자와 타인의 소통을 강조하는 관점으로의 변화를 의미한다. 이와 같이 의사소통의 관점에서 보았을 때, 쓰기란 '텍스트를 매개로 하는 필자와 독자의 의사소통 행위'라고 할 수 있다.

쓰기는 우리 삶의 모든 영역에서 중요한 의사소통 행위이다. 일상생활에서의 간단한 메모에서부터 일기 쓰기, 편지 쓰기, 과제나 보고서 작성하기 등 타인과의 의사소통을 위한 중요한 도구가 된다. 학교 교육에서 쓰기는 범교과적으로 중요한 학습의 도구이므로, 쓰기 학습의 부진은 심각한 학습 결손을 불러온다. 예를 들어 학습 결과를 가시적으로 나타내는 데 있어 쓰기 능력이 부족하면 의미를 제대로 전달할 수가 없고, 생각한 바를 글로 제대로 표현하지 못해 학업 흥미도가 낮아질 수밖에 없다.

요즘 학교 현장에서는 쓰기에 대해 불안감과 거부 반응을 보이는 학생들이 종종 눈에 띈다. 쓰기를 싫어하는 이유는 주로 어려워서, 부담스러워서, 잘 못 써서 등을 꼽는데, 이는 깊이 생각하기를 싫어하는 세태를 반영한다고 볼 수 있다. 특히 TV, 인터넷 등 매체 환경의 발달은 학생들이 글을 쓰는 것 자체를 싫어하고, 자신의 느낌을 표현하는 것조차 귀찮아하게 만든다. 무조건 쓰기를 싫어하는 학생들을 포용하기 위해서는, 쓰기 행위가 얼마나 중요한지, 어떤 특성을 가지고 있는지 알게 하는 것이 필요하다. 쓰기 행위의 특성을 알아보자.

1) 일상생활에서 필수적인 능력

쓰기 능력이 중요한 이유는 그 자체로서뿐 아니라, 인간이 살아가는데 필수적인 여러 활동들의 도구가 된다는 점이다. 박영목(1994: 116~118)은 쓰기 능력의 중요성을 다음과 같이 설명하고 있다.

첫째, 의사소통의 수단이다. 글을 쓰는 사람은 글을 읽는 사람에게 어떤 영향을 미치기 위하여 글을 쓴다. 즉 필자는 독자의 지적 상태를 변화시키기 위하여 어떤 일을 주장하기도 하며, 어떤 정보를 제공하기 위하여 설명을 하기도 한다. 의사소통 행위로서의 쓰기가 갖는 여러 가지 성질들은 실제로 글을 만들어 가는 과정에서 중요한 역할을 한다.

둘째, 사고력 증진의 도구이다. 쓰기 활동은 학생들로 하여금 사물들 사이의 관계를 바르게 인식하게 하고, 사물들에 대한 이해를 깊게 하며, 여러 가지 다양한 경험들에 대하여 질서를 부여할 수 있도록 한다. 또한, 쓰기 활동을 함으로써 학생들은 창의적이고도 비판적으로 생각하는 힘을 기를 수 있다.

셋째, 의사 결정 능력 신장의 도구이다. 쓰기의 과정에서 필자는 자신이 표현하고자 하는 정확한 의미를 발견하고 그것을 효과적으로 전달하기 위해서 쓰기의 목적, 예상 독자, 쓰기의 내용 등에 관해 끊임없이 의사 결정을 해야 하는데, 이러한 의사 결정의 혼란이 학문을 하거나 사회생활을 영위하는 데 매우 가치있는 경험이 된다.

넷째, 바람직한 정서 형성의 수단이다. 쓰기 활동은 학생들로 하여금 긍정적이고 바람직한 정서를 갖게 하는 데 크게 기여한다. 쓰기 행위가 필자의 정서에 미치는 영향을 실증적으로 연구한 결과에 의하면 부정적인 정서를 가졌던 많은 학생들이 쓰기 경험을 확충함으로써 긍정적 정서를 가진 학생으로 변화하게 된다는 사실이 드러나고 있다.

2) 복잡하고 다양한 요인으로 구성된 능력

글을 쓰는 과정에서 필자는 글씨, 맞춤법, 단어의 선택, 문장 구조, 문장의 연결 관계, 글의 조직, 문체, 글을 쓰는 목적, 예상되는 독자의 반응 등과 같은 여러 가지 문제들을 거의 동시에 해결하면서 글을 써 나가야 한다(박영목, 1994: 119). 글을 잘 쓰는 사람은 이런 여러 가지 문제를 동시에 해결하는 것처럼 보이지만, 사실은 분리된 문제들을 해결하는 하위 기능들이 매우 숙련되어 있어서 마치 동시에 해결하는 것처럼 보이는 것이다.

능숙하게 글을 쓰면서 다양한 문제들을 동시에 처리하기 위하여 필자는 여러 가지 조건을 갖추어야 한다. 박영목(1994: 120)은 성숙한 필자는 적어도 다음 세 가지 조건을 충족시켜야 한다고 주장하였다. 첫째, 필자는 의도적인 주의 집중을 하지 않고서도 쓰기의 여러 가지 하위 과정들을 자동적으로 처리할 수 있어야 한다. 둘째, 필자는 시간을 많이 소비하거나 심한 장애를 받는 일이 없이 쓰기의 하위 과정들을 처리함에 있어서 대단히 숙련된 솜씨로 시간을 적절히 배분할 수 있어야 한다. 셋째, 위의 두 가지 조건을 제대로 충족시키기 위하여 필자는 필요한 만큼의 정보 처리 용량을 필자의 두뇌 속에 갖추고 있어야 한다.

3) 장기간에 걸쳐 점진적으로 발달하는 능력

쓰기 능력은 어느 한 순간 발달하는 것도 아니고, 어느 한 순간에 완성되는 것도 아니다. 쓰기 능력의 발달은 가정, 학교, 개인적인 흥미나 경험으로 나타난 태도 등의 복합적인 상호작용 결과로 획득되는 것으로, 오랜 시간에 걸쳐 계속해서 발달해 간다(조은수, 1997: 388). 쓰기 교육이 매우 중요함에도 불구하고 즉각적인 효과를 볼 수 없어서 외면 받는 경우가 있다. 쓰기 학습자가 자신은 아무리 노력해도 잘 쓸 수 없다고 지레 포기하는 사례가 많기도 하다. 쓰기를 지레 포기하는 학습자를 돕기 위해서는 일반적인 쓰기 능력의 발달 단계를 제대로 알고, 각 단계에서 어떤 특성을 지니는지 파악하는 것이 시급하다.

쓰기 능력의 발달 양상은 기초 문식성으로서의 쓰기 능력과 고등 사고력으로서의 쓰기 능력으로 나누어 볼 수 있다. 기초 문식성으로서의 쓰기 능력은 유아기부터 초등학교 저학년까지로, 문자 쓰기에 관심을 가지고 한글을 해득하고 글쓰기로 간단한 의사소통을 할 수 있는 정도의 수준이다. 고등 사고력으로서의 쓰기 능력은 초등학교 중학년부터 성인기까지로, 쓰기를 통하여 사고를 정교화하거나 높은 수준의 의사소통을 하는 등 보다 진취적인 목표를 위해 쓰기를 할 수 있는 수준을 말한다.

고등 사고력으로서의 쓰기 발달을 단계적으로 설명하기 위해, 베레이터(Bereiter, 1980)의 연구를 예로 들 수 있다. 베레이터(Bereiter)는 성숙한 필자가 갖추어야 할 여섯 가지 요인을 중심으로 해서, 쓰기 능력을 단순연상적 쓰기기능, 언어수행적 쓰기기능, 의사소통적 쓰기기능, 통합적 쓰기기능, 인식적 쓰기기능으로 구분하였다(노명완 외, 1988: 354~359). 그의 연구는 쓰기능력이 점진적으로 향상되며, 쓰기기능은 위계적이며 발달적인 단계들을 가지고 있다는 것을 효과적으로 보여주고 있다.[1]

단순연상적 쓰기기능은 필자가 자신의 머릿속에 떠오르는 생각을 그대로 문자로 옮겨 놓는 쓰기 기능이다. 미숙한 필자들은 대개 이 수준에 머물러 있는데, 이들이 가장 어려워하는 것은 쓸거리를 찾는 일이다. 언어수행적 쓰기기능은 단순연상적 쓰기기능을 가진 필자들이 국어의 어법, 문체, 규칙, 관습에 익숙해짐으로써 도달하는 수준의 기능이다. 의사소통적 쓰기기능은 독자를 고려하여 글을 쓸 수 있는 기능이다. 예상되는 독자에 대하여 의도적으로 일정한 영향을 미치기 위해 필요한 장치를 마련할 수 있는 기능을 말한다. 통합적 쓰기기능은 필자가 쓰기의 과정에서 예상되는 독자의 입장을 고려함과 동시에 필자 자신이 독자가 되어 독자의 입장을 반영할 수 있는 기능이다. 인식적 쓰기기능은 필자의 지식이 쓰기행위로 말미암아 더 다듬어지는 수준으로 창조적 사고의 생산을 가능하게 한다.

나. 쓰기 교육의 동향

쓰기 연구의 역사는 그리 길지 않다. 쓰기 이론의 뿌리를 전통적인 수사학에서 찾을 수 있지만, 본격적으로 쓰기라는 행위가 무엇인지 구체적으로 밝히기 시작한

---

1 일반적인 쓰기 발달 단계를 너무 엄격하게 해석하는 것은 곤란하다. 실제로 학생들은 이들 단계를 넘나들 수 있다. 즉, 앞 단계로 갈 수도 있고 두 단계를 건너뛸 수도 있으며, 어떤 단계가 중첩되어 나타나기도 한다. 또한 이야기글(서사적인 글)의 경우에 특정 단계에 있는 학생이, 설명적인 글의 경우에는 다른 단계에 있는 경우도 있다는 점을 명심해야 한다(이재승, 2004: 257).

것은 채 50년이 안 되었다. 그동안 여러 학문분야에서 행해진 쓰기 연구는, 쓰기 행위란 무엇이며 잘 쓴다는 것은 무엇인지 타당하고 설득력 있게 설명할 수 있는 이론적 기저를 찾으려 애써왔다. 시대의 흐름에 따라 한 가지 쓰기 이론이 다른 이론으로 대체되기도 하고 여러 가지 쓰기 이론이 공존하기도 한다.

1) 형식주의와 쓰기 교육

전통적으로 규범문법의 준수, 어법상의 정확성 등을 강조하였던 쓰기이론의 경향을 '형식주의(Formalism)'라고 한다. 형식주의 쓰기이론은 규범 문법과 수사학적 원칙을 강조한다. 형식주의 쓰기이론가들은 텍스트의 객관성을 중시하여 텍스트의 구성요소 및 그 관계들의 분석을 통해서 의미를 파악할 수 있다고 생각하였다(박영목, 1994: 200).

'형식주의 쓰기이론'은 1940년대부터 1960년대 중반까지 쓰기 연구와 쓰기 교육에 지대한 영향을 끼쳤다. 형식주의에 근거를 둔 쓰기이론은 규범문법의 준수와 모범적 텍스트의 모방, 그리고 어법상의 정확성을 강조하였다. 당시의 쓰기학습은 먼저 단어를 규칙에 따라 결합하여 정확하고 매끄러운 문장을 만들고, 문장을 결합하여 명료하고 효과적으로 잘 조직된 문단을 만들며, 마지막으로 문단을 결합하여 더 큰 단위인 수필·편지·이야기·연구논문 등을 만들게 된다(최현섭 외, 2005: 370).

형식주의(Formalism)에 의하면, 글쓰기를 가르친다는 것은 텍스트 구성요소를 분석하고 구성요소 사이의 관계를 이해시키는 것이며, 이런 경향을 '결과 중심의 쓰기 교육'이라고 한다. 이 관점에서는 글쓰기 능력은 계속적이고 체계적인 모방과 연습을 통하여 신장된다고 보았다. 이러한 형식주의 쓰기이론은 완성된 텍스트 자체의 정확성만 강조한 나머지 능동적으로 의미를 구성하는 필자의 역할이나 그 글이 받아들여지는 사회적 맥락과 같은 쓰기 관련 요인들을 제대로 인식하지 못했다는 점에서 문제점이 지적될 수 있다(이수진, 2010: 174).

2) 인지주의와 쓰기 교육

형식주의 쓰기 이론의 주 관심사는 '글'이었다. 그러나 '글' 요인만 가지고 쓰기 행위를 설명하기에는 한계가 있었으므로 글을 쓰는 주체, 즉 '필자'에게로 관심을 옮기게 되었다. '글'로부터 '필자'에게로 초점이 이동하게 된 배경에는, 심리학 분야의 패러다임 변화가 큰 영향을 미쳤다. 인지심리학은 블랙박스로 생각되었던 인간의 머릿속 인지 과정을 탐구하기 시작하였다. 눈에 보이지 않는 사고 과정의 신비를 밝히는 것은 어려운 일이었으므로, 인지심리학자들은 쓰기와 읽기 행위를 실험 도구로 많이 사용하였다. 이들은 주로 사고 구술법,[2] 프로토콜 분석[3] 등의 실험 기법을 활용하였다. 즉 피실험자들이 쓰기와 읽기 행위를 하는 동안 머릿속에서 떠오르는 생각을 모두 소리 내어 말하게 하고, 이를 기록한 자료를 분석하여 일반적인 사고의 패턴을 밝혀내는 식이었다.

자연히 독서 이론이나 쓰기 이론이 심리학의 영향을 많이 받게 되었다. 이때부터 쓰기 행위란 글을 쓰는 물리적 행위뿐 아니라, 필자의 정신적인 작용까지 포함하는 용어가 되었다. 쓰기나 독서를 일반적으로 '의미 구성 행위'라고 부르게 되었고, 쓰기를 의미 구성 행위로 설명하는 관점을 '인지주의 쓰기 이론'으로 부르게 되었다.

1960년대 후반에 들어오면서, 많은 연구자들이 쓰기의 '과정'을 강조하기 시작하였다. 에믹(Emig, 1971)은 12학년 학생을 대상으로 글쓰는 것을 관찰하고, 글을 잘 쓰는 학생들이 어법의 정확성에 신경을 쓰기보다는 회귀적인 과정을 거치면서 의미 구성에 집중함으로써 좋은 글을 쓸 수 있다는 결론을 내렸다. 따라서 쓰기를 잘 가르치기 위해서는 어법을 정확하게 지키도록 강요할 것이 아니라, 학생들의 쓰기 과정에 주목해야 한다는 것이다.

에믹 이후 과정 중심 쓰기 연구에 대한 논의가 더 활발해지며, 플라워와 헤이즈 (Flower & Hayes, 1981)는 본격적으로 과정 중심 쓰기 연구의 기반을 닦고 교육적 적용 가능성을 제시하였다. 이들은 초보자와 전문가의 쓰기 행위에 대한 관찰을 통해서 글쓰기란 일종의 문제 해결 행위라는 관점을 제시하였다. 글쓰기의 부담을 해결하기 위해서는, 글쓰기라는 크고 복잡한 문제를 작은 하위 문제로 쪼개어 한 번에 한 가지씩만 집중해서 해결해야 한다는 것이다. 이렇게 쓰기를 일련의 의미 구성 과정으

---

2 '사고 구술법(thinking aloud)'이란 어떤 인지 행위를 하는 과정에서 머릿속에서 떠오르는 생각을 모두 소리 내어 말하게 하고 이를 분석하여 머릿속에서 어떤 행위가 이루어졌는지를 파악하는 방법이다.

3 '프로토콜(protocol)'이란 어떤 사건이나 경험, 실험 등을 행하면서, 또는 그 직후에 그 행위와 관련하여 서술해 놓은 기록물로서, 수정을 가하지 않고 있는 그대로의 원 자료를 말한다.

로 보고 가르쳐야 한다는 쓰기 교육의 관점을 '과정중심 쓰기 교육'이라고 한다.

3) 사회구성주의와 쓰기 교육

구성주의에서 사회적 관점을 처음 제안한 비고츠키(Vygotsky, 1978)는 개인의 고유한 사고는 존재하지 않는다고 본다. 표면적으로는 개인이 생각한 것이라도, 이는 그 개인이 속한 사회·문화적 공동체의 공통적 사고가 내면화된 것이다. 비고츠키는 학습이 공동체 구성원과의 언어적 상호작용에 의해 일어난다고 보았다. 개인을 발전시키는 가장 효과적인 방법은 바로 자신보다 우월한 공동체 구성원과의 언어적 상호작용이다.

사회구성주의의 관점에서는 쓰기 행위를 설명할 때 쓰기가 개인만의 행위가 아니며 사회·문화적 공동체와의 상호작용이라고 보았다. 개인은 자신이 속한 사회·문화적 공동체가 언어를 사용하는 방식, 즉 담화 관습에 익숙해져야만 글을 쓸 수 있다. 따라서 쓰기 행위에 영향을 미치는 '사회적 맥락'이 중요하다. 사회구성주의는 쓰기 연구의 시야를 개인의 인지 과정에서 사회 문화적 맥락으로 넓혀서 쓰기가 사회적으로 지니는 복잡한 의미와 작용을 살펴보기 시작했다.

이와 같은 관점은 현장의 쓰기 교육에서 두 가지 모습으로 나타났다. 첫째는, 쓰기 수업에서 토의, 토론, 협의, 작품화하기 등 대화 활동을 강조하게 되었다는 것이다. 글을 쓰기 전에 토의를 하거나, 초고에 대하여 동료와 협의를 하고 고쳐쓰기를 하거나, 다 쓴 글을 작품화하여 발표하는 등의 활동이 다양해졌다. 둘째, 쓰기 행위에 영향을 미치는 상황 맥락의 중요성을 인식하게 되었다. 학습자가 가능한 실제적인 상황 맥락 속에서 글쓰기 경험을 하도록 하기 위해 워크샵 형태의 수업이 강조되었다.

4) 장르중심 이론과 쓰기 교육

최근 쓰기 교육에서는 담화 공동체 구성원들의 의사소통을 실현하는 도구로서 텍스트, 장르를 강조하는 경향이 다시 강해지고 있다. 쓰기의 과정도 중요하지만 쓰기 행위가 실현되는 텍스트 역시 중요한데, 이때 텍스트와 쓰기 행위를 연결할 수 있는 개념이 장르라는 것이다. 이런 경향은 '장르중심 쓰기 교육'이라는 명칭으로 불리기도 하는데, 장르중심 쓰기 교육에서는 장르의 유형, 사회적 기능, 형식과 내용을 강조한다.

전통적 장르관은 폐쇄적, 고정적, 상호 배타적이었고, 주로 문학 분야에서 사용되었던 반면에, 새로운 장르관은 반복적인 사회적 상황에 대한 수사적 반응, 사회 변화의 추이에 따라 지속적으로 변화하는 역동적인 존재로 파악한다. 장르의 역동성이란 장르가 하나의 생명체처럼 진화, 발전, 퇴보하는 과정을 거친다는 인식이다. 이렇게 장르를 역동적으로 보는 관점은 기존에 장르를 거시적으로 분류하던 체계보다 일상생활과 더 가까운 미시적인 분류 체계를 중요시하게 하였다. 예를 들면 기존에는 교육적으로 전형적인 '설명문'만을 가르쳤다면, 이제는 직접 일상생활에서 나타나는 형태의 장르인 '설명서, 초대장, 안내문, 기사문, 요약문' 등을 가르쳐야 한다는 것이다(이수진 외, 2024).

장르중심 쓰기 교육의 관건 중 하나는 그간 탈맥락적으로 가르쳤던 문법 내용을 쓰기의 과정, 맥락과 어떻게 통합하여 가르칠 수 있느냐이다. 화석화되어 암기해야 할 문법이 아니라 필자가 텍스트를 구성할 때 보다 효과적인 표현을 위한 선택과 제약 사항으로서의 문법이 되어야 한다. 따라서 쓰기 교육에서 장르는 맥락과 텍스트를 통합하는 기제로, 또한 쓰기 교육과 문법 교육을 통합하는 기제로 중요한 의미를 지닌다(이수진, 2019).

2. 쓰기 교육의 목표와 내용

가. 쓰기 교육의 목표

쓰기 교육의 목표를 한 마디로 요약하자면 쓰기 능력의 신장이라고 할 수 있다. 그렇다면 구체적인 쓰기 교육의 목표를 세우기 위해 쓰기 능력이란 무엇인지 이해해야 한다. 하위 요인들의 총합이 곧 쓰기 능력의 본질이라고 볼 수는 없지만, 하위 요인들을 분석적으로 살펴보는 것은 쓰기 능력을 이해하는 데 도움이 된다.

언어 능력은 대체로 지식, 기능과 전략, 태도로 삼분하여 설명한다. 쓰기 능력도 마찬가지이다. 쓰기는 의사소통 상대가 부재한 상태에서 과제 상황에 맞게 내용 생성을 위한 기억을 탐색하고 문자 언어로 표현하는 과정으로 이는 결국 필자가 가진 지식과 결부되어 있다. 또한 필자는 적절한 내용을 생성하기 위하여 계획하고 교정하기를 수행한다. 즉, 쓰기 능력이란 아는 것과 아는 것을 직접 수행하는 것의 결합으로 구성되어 있음을 알 수 있다. 아는 것은 지식의 문제이며 수행하는 것은 전략이나 기능의 문제이다. 여기에 태도적인 면, 즉 필자의 쓰기 동기나 습관이 쓰기 능력의 한 요소로 작용할 수 있다. 쓰기 능력의 구성 요소는 쓰기와 관련된 지식, 쓰기 전략 및 기능, 쓰기 태도를 자세하게 살펴봄으로써 보다 명확하게 드러날 수 있다(최현섭 외, 2005: 383).

쓰기 능력과 관련된 지식에 대한 분류는 학자들마다 다양하다. 지식의 수행성과 관련하여 단순히 아는 지식인지 수행할 수 있는 지식인지 나누어서 설명하려는 방식이 있고, 지식의 대상에 따라 언어적 지식, 주변 세계에 대한 지식 등으로 나누어서 설명하려는 방식이 있다. 여기다 지식의 층위를 한 단계 높여서 초인지와 관련한 지식까지 포함하여 범주화하기도 한다.

성숙한 필자와 미숙한 필자의 쓰기 활동을 인지적으로 분석한 것을 보면, 성숙한 필자들은 일반적으로 두 가지 특성을 가지고 있는 것으로 나타났다. 첫째, 전형적으로 관련 문제에 대한 충분한 양의 지식을 가지고 있으며, 둘째, 문제를 해결하는 데 다양한 전략과 기능을 많이 가지고 있다(Flower, 1981). 미숙한 필자는 글을 구성하기 위한 특별한 전략이 없고, 다만 생각나는 것을 써 가는 식이다. 능숙한 필자는 글쓰기라는 문제와 관련한 목표 의식을 가지고 있다. 이들은 보편적으로 적용이 가능한 일반적인 쓰기 전략들을 가지고 있으면서, 구체적인 쓰기의 상황과 관련하여 적절한 전략을 선택하고 변형하여 사용할 수 있다. 전략이 복합적인 사고 과정으로 보다 긴 시간이 소요되는 사고의 조작이라면, 기능은 훈련을 통해서 숙달된 능력으로 자동화 지향성을 지니고 전략에 비하여 미세하고 시간이 덜 걸리는 행위 조작 활동으로 정의해 볼 수 있다(최현섭 외, 2005: 382). 쓰기에 필요한 여러 가지 지식과 하위 기능들을 통합하고 조정하기 위해서는 쓰기 전략이 필요하다.

태도는 지식, 기능과 전략처럼 학습이나 연습에 의해 습득되기 어려우며, 명쾌하게 정의되기도 어렵지만 능력에서 인지적인 면 뿐 아니라 정의적인 면도 중요하다는 점을 고려할 때 중요하다. 오택환(2007)은 일반적인 태도와 마찬가지로 쓰기 태도도 쓰기에 대한 신념이나 의견인 인지적 요소와 쓰기에 대한 감정이나 평가인 정의적 요소, 실질적으로 읽으려는 행동이나 의도를 나타내는 행동적 요소 등의 세 가지 요소를 모두 가지고 있다고 설명한다.

쓰기 교육의 목표는 교육과정에 반영되어 있다. 2022 국어과 교육과정의 경우 영역별로 별도의 목표가 제시되어 있지는 않지만, 영역별 내용 체계표에 핵심 아이디어로 쓰기 교육의 목표를 표현하고 있다. 핵심 아이디어란 "영역을 아우르면서 해당 영역의 학습을 통해 일반화할 수 있는 내용을 핵심적으로 진술한 것(교육부, 2022)"을 말한다. 2022 국어과 교육과정의 쓰기 영역 핵심 아이디어는 다음과 같다.

- 쓰기는 언어를 비롯한 다양한 기호나 매체를 활용하여 인간의 생각과 감정을 글로 표현함으로써 의미를 구성하는 행위이다.
- 필자는 상황 맥락 및 사회·문화적 맥락 속에서 자신의 의사소통 목적을 달성하기 위하여 다양한 유형의 글을 쓴다.
- 필자는 쓰기 과정에서 부딪히는 문제를 해결하기 위하여 적절한 쓰기 전략을 사용하여 글을 쓴다.
- 필자는 쓰기 경험을 통해 언어 공동체의 구성원으로 성장하고, 쓰기 윤리를 갖추어 독자와 소통함으로써 바람직한 의사소통 문화를 만들어 간다.

이 핵심 아이디어들은 쓰기 지식, 기능 및 전략, 태도 등이 어우러져서 학습자가 도달해야 하는 쓰기 목표라고도 볼 수 있다. 이 범주들이 분리되어 있지는 않지만 대체로 '쓰기는 언어를 비롯한 다양한 기호나 매체를 활용하여 인간의 생각과 감정을 글로 표현함으로써 의미를 구성하는 행위이다.'는 학습자가 일반화할 수 있는 쓰기 지식을, '필자는 상황 맥락 및 사회·문화적 맥락 속에서 자신의 의사소통 목적을 달성하기 위하여 다양한 유형의 글을 쓴다.'와 '필자는 쓰기 과정에서 부딪히는 문제를 해결하기 위하여 적절한 쓰기 전략을 사용하여 글을 쓴다.'는 기능과 전략을, '필자는 쓰기 경험을 통해 언어 공동체의 구성원으로 성장하고, 쓰기 윤리를 갖추어 독자와 소통함으로써 바람직한 의사소통 문화를 만들어 간다.'는 태도 중심으로 서술되어 있다.

나. 쓰기 교육의 내용

1) 쓰기 교육의 내용 체계

쓰기 교육의 목표로 제시된 '지식', '기능과 전략', '태도'는 결국 쓰기 교육에서 가르쳐야 할 내용으로 구체화된다. 국어과 교육과정에는 쓰기 교육 내용들을 상위적으로 설명하는 내용 체계가 제시되어 있다. 교육과정 개정시마다 약간의 변화는 있어 왔으나 큰 틀에서 보면 쓰기 지식, 쓰기 기능과 전략, 쓰기 태도가 내용 체계를 가름하는 기준이 되어 왔다. 2022 국어과 교육과정의 쓰기 영역 내용 체계는 다음과 같다.

〈표 1〉 2022 교육과정의 쓰기 영역 내용 체계표(교육부, 2022: 103)

핵심 아이디어		∘ 쓰기는 언어를 비롯한 다양한 기호나 매체를 활용하여 인간의 생각과 감정을 글로 표현함으로써 의미를 구성하는 행위이다. ∘ 필자는 상황 맥락 및 사회·문화적 맥락 속에서 자신의 의사소통 목적을 달성하기 위하여 다양한 유형의 글을 쓴다. ∘ 필자는 쓰기 과정에서 부딪히는 문제를 해결하기 위하여 적절한 쓰기 전략을 사용하여 글을 쓴다. ∘ 필자는 쓰기 경험을 통해 언어 공동체의 구성원으로 성장하고, 쓰기 윤리를 갖추어 독자와 소통함으로써 바람직한 의사소통 문화를 만들어 간다.		
범주		내용 요소		
		초등학교		
		1~2학년	3~4학년	5~6학년
지식·이해	쓰기 맥락		∘ 상황 맥락	∘ 상황 맥락 ∘ 사회·문화적 맥락
	글의 유형	∘ 주변 소재에 대해 소개하는 글 ∘ 겪은 일을 표현하는 글	∘ 절차와 결과를 보고하는 글 ∘ 이유를 들어 의견을 제시하는 글 ∘ 독자에게 마음을 전하는 글	∘ 대상의 특성이 나타나게 설명하는 글 ∘ 적절한 근거를 들어 주장하는 글 ∘ 체험에 대한 감상을 나타내는 글
과정·기능	쓰기의 기초	∘ 글자 쓰기 ∘ 단어 쓰기 ∘ 문장 쓰기	∘ 문단 쓰기	
	계획하기		∘ 목적, 주제 고려하기	∘ 독자, 매체 고려하기

	내용 생성하기	◦일상을 소재로 내용 생성하기	◦목적, 주제에 따라 내용 생성하기	◦독자, 매체를 고려하여 내용 생성하기
	내용 조직하기		◦절차와 결과에 따라 내용 조직하기	◦통일성을 고려하여 내용 조직하기
	표현하기	◦자유롭게 표현하기	◦정확하게 표현하기	◦독자를 고려하여 표현하기
	고쳐쓰기		◦문장, 문단 수준에서 고쳐쓰기	◦글 수준에서 고쳐쓰기
	공유하기	◦쓴 글을 함께 읽고 반응하기		
	점검과 조정		◦쓰기 과정과 전략에 대해 점검·조정하기	
가치·태도		◦쓰기에 대한 흥미	◦쓰기 효능감	◦쓰기에 적극적 참여 ◦쓰기 윤리 준수

2022 교육과정에서는 우선 내용 범주를 '쓰기의 지식·이해', '쓰기의 과정·기능', '쓰기의 가치·태도'로 나누었다. 초등학교 학년군은 1~2학년, 3~4학년, 5~6학년으로 나뉘어 있다. 다음에 범주별, 학년군별로 내용 요소를 선정하고, 이를 통하여 통합적으로 신장하여야 할 쓰기 능력을 '핵심 아이디어'로 제시하였다.

'쓰기의 지식·이해'는 교과목 및 학년군별로 해당 영역에서 알고 이해해야 할 내용, '쓰기의 과정·기능'은 교과 고유의 사고 및 탐구 과정 또는 기능, '쓰기의 가치·태도'는 교과 활동을 통해 기를 수 있는 고유한 가치와 태도(교육부, 2022)를 말한다. 각 범주는 하위 범주로 나뉘는데 '쓰기의 지식·이해'는 쓰기 맥락, 글의 유형으로, '쓰기의 과정·기능'은 쓰기의 기초, 계획하기, 내용 생성하기, 내용 조직하기, 표현하기, 고쳐쓰기, 공유하기, 점검과 조정으로 세분화된다. '쓰기의 가치·태도'는 하위 범주로 나뉘지는 않지만 쓰기 흥미, 쓰기 효능감, 쓰기 윤리 등의 내용을 포함한다.

2) 쓰기 교육과정의 성취기준

쓰기 교육의 내용은 교육과정 성취기준을 살펴보면 자세하게 파악할 수 있다. 2022 국어과 교육과정은 학년군별로 성취기준이 제시되어 있고, 성취기준의 의도를 설명한 '성취기준 해설'과 '성취기준 적용 시 고려 사항'을 제시하고 있다. 구체적인 학년군별 성취기준은 다음과 같다.

〈표 2〉 2022 국어과 교육과정의 쓰기 영역 성취기준

학년군	성취기준
1~2	[2국03-01] 글자와 단어를 바르게 쓴다. [2국03-02] 쓰기에 흥미를 가지며 자신의 생각이나 느낌을 문장으로 표현한다. [2국03-03] 주변 소재에 대해 소개하는 글을 쓴다. [2국03-04] 겪은 일을 표현하는 글을 자유롭게 쓰고, 쓴 글을 함께 읽고 생각이나 느낌을 나눈다.
3~4	[4국03-01] 중심 문장과 뒷받침 문장을 갖추어 문단을 쓰고, 문장과 문단을 중심으로 고쳐 쓴다. [4국03-02] 절차와 결과가 드러나게 정확한 표현으로 보고하는 글을 쓴다. [4국03-03] 대상에 대한 자신의 의견과 그렇게 생각한 이유가 드러나게 글을 쓴다. [4국03-04] 목적과 주제를 고려하여 독자에게 마음을 전하는 글을 쓴다. [4국03-05] 자신의 쓰기 과정을 점검하며 쓰기에 자신감을 갖는다.
5~6	[6국03-01] 알맞은 내용을 선정하여 대상의 특성이 나타나게 설명하는 글을 쓴다. [6국03-02] 적절한 근거를 사용하고 인용의 출처를 밝히며 주장하는 글을 쓴다. [6국03-03] 체험한 일에 대한 감상을 나타내는 글을 쓴다. [6국03-04] 독자와 매체를 고려하여 내용을 생성하고 표현하며 글을 쓴다. [6국03-05] 쓰기 과정을 점검·조정하며 글을 쓰고, 글 전체를 대상으로 통일성 있게 고쳐 쓴다. [6국03-06] 쓰기에 적극적으로 참여하며 자신의 글을 독자와 공유하는 태도를 지닌다.

학년군별 특징을 살펴보면, 초등학교 1~2학년 쓰기 영역 성취기준은 한글을 깨치고 학습자가 학교생활을 하면서 자신의 생각이나 학습 결과를 문자로 표현하는 데 필요한 기초적인 쓰기 능력 신장에 중점을 두어 설정하였다. 글자와 단어, 문장을 바르게 쓰고, 쓰기에 흥미를 갖는 데 주안점을 둔다. 1~2학년 성취기준의 의도와 구체적인 내용 등은 성취기준 해설과 적용 시 고려사항을 참고해 볼 수 있다.[4]

---

4 이하 학년군별 '성취기준 해설'과 '성취기준 적용 시 고려 사항'은 2022 국어과 교육과정에서 제시한 내용을 옮긴 것이다.

(가) 성취기준 해설

- [2국03-02] 이 성취기준은 쓰기에 흥미를 가지고 자신의 생각이나 느낌을 문장으로 표현하는 능력을 기르기 위해 설정하였다. 쓰기에 대한 긍정적인 인식을 가지고 문장 쓰기를 수행하는 것은 필자로 성장하기 위한 출발점에 해당한다. 자신의 생각이나 느낌을 문장으로 구성하는 방법, 꾸며 주는 말을 넣어 자신의 생각이나 느낌을 표현하는 방법 등을 학습한다. 이를 통해 학습자가 자신이 쓰고 싶은 화제나 주제를 찾아 다양한 문장으로 표현하는 즐거움을 경험하도록 한다.
- [2국03-04] 이 성취기준은 자신이 겪은 일을 내용이나 형식에 제한 없이 자유롭게 표현하고, 그 과정과 결과를 독자와 공유하는 데에 필요한 능력과 태도를 기르기 위해 설정하였다. 자신이 겪은 일 중 글로 쓰고 싶은 경험 떠올리기, 경험에 대한 자신의 생각이나 느낌 떠올리기, 자유롭게 표현하기, 쓴 글을 함께 읽고 반응하기 등을 학습한다.

(나) 성취기준 적용 시 고려 사항

- 글자와 단어를 쓰는 것은 쓰기의 기초에 해당한다. 글자를 정확하게 쓰기 위해서 바른 자세로 필순과 글자의 짜임에 맞게 낱자를 쓰게 한다. 글자의 복잡성 정도를 고려하여 처음에는 받침이 없는 간단한 글자부터 시작하여 점차 받침이 있는 복잡한 글자를 쓸 수 있게 한다. 글자를 어느 정도 익히고 난 후에는 단어부터 문장 쓰기까지 경험하도록 한다. 쓰기의 기초에 해당하는 내용은 읽기 영역의 '읽기의 기초'와 문법 영역의 '한글의 기초와 국어 규범'과 연계하여 지도할 수 있다.
- 기초 한글 학습이 부족한 학습자를 위해서 문자 학습에 흥미를 느낄 수 있도록 신체 놀이, 연상 놀이, 질문 놀이 등 놀이 중심으로 교수·학습을 진행한다.
- 학습자가 쓰기 분량에 부담을 갖지 않도록 자신의 생각을 한두 문장으로 자유롭게 구성하도록 지도하며, 맞춤법이나 띄어쓰기와 같은 규범을 강조하기보다 쓰기에 흥미를 가질 수 있도록 지도하는 데 중점을 둔다.
- 학습자가 쉽게 글감을 마련하여 쓸 수 있도록 인상 깊었던 일이나 자신이 경험한 일을 친구에게 이야기하듯이 글로 쓰도록 지도한다. 문자 언어의 관습과 규범에 익숙하지 않은 학습자들이 큰 어려움을 느끼지 않으며 글을 쓸 수 있도록 자신의 경험을 글과 그림으로 함께 표현하도록 지도하는 것도 가능하다. 또한 자신이

쓴 글을 다른 사람들과 나누는 과정을 통해 쓰기에 대해 긍정적인 인식을 갖게 하여 쓰기가 자신을 표현하고 사람들과 소통하는 방법임을 깨닫도록 한다.
• 받아쓰기는 글자를 정확하게 쓰는 데 도움이 될 수 있으나, 학습자가 부담을 갖게 되면 국어 활동에 자신감을 잃을 수도 있으므로 신중하게 활용한다. 학습자의 수준을 넘는 어려운 글자나 복잡한 띄어쓰기가 포함된 문장을 피하도록 한다.

초등학교 3~4학년 쓰기 영역 성취기준은 중심 문장과 뒷받침 문장을 갖추어 문단을 쓰고 다양한 종류의 글을 실제로 써 보면서 쓰기 자신감을 기르는 데 중점을 두어 설정하였다. 3~4학년 성취기준의 의도와 구체적인 내용 등은 성취기준 해설과 적용 시 고려사항을 참고해 볼 수 있다.

(가) 성취기준 해설
• [4국03-01] 이 성취기준은 문단을 짜임새 있게 쓰는 능력을 길러 글을 쓰는 과정에서 이를 적용할 수 있도록 하기 위해 설정하였다. 문단의 개념, 문단의 기능과 역할, 중심 문장과 뒷받침 문장의 관계, 중심 문장과 뒷받침 문장을 쓰는 방법, 중심 문장과 뒷받침 문장을 갖추어 문단을 쓰는 방법, 문장과 문단을 중심으로 글을 고쳐 쓰는 방법 등을 학습한다.
• [4국03-02] 이 성취기준은 교과 학습의 기초가 되는 보고하는 글을 쓰는 능력을 기르기 위해 설정하였다. 보고하는 글의 개념, 보고하는 글에 들어가야 할 내용 요소, 절차와 결과가 드러나게 글의 내용을 조직하는 방법, 절차와 결과를 정확하게 표현해야 하는 이유, 정확한 표현으로 보고하는 글쓰기 등을 학습한다.
• [4국03-03] 이 성취기준은 어떤 대상이나 사실, 문제에 대한 자신의 의견을 구체적이고 명료하게 글로 쓰는 능력을 기르기 위해 설정하였다. 의견의 개념, 의견을 제시하는 것이 필요한 이유와 상황, 주제를 고려하여 자신의 의견을 제시하는 방법, 의견에 대한 이유를 드는 방법 등을 학습한다.

(나) 성취기준 적용 시 고려 사항
• 쓰기는 특정한 상황 안에서 이루어지는 의미 구성 행위이다. 쓰기가 이루어지는 상황 맥락에 대한 이해 없이는 필자의 의도, 전달하고자 하는 바를 효과적으로 표현할 수 없다. 이때의 상황 맥락은 텍스트의 생산·수용 과정에 직접적으로

개입하는 맥락을 의미한다. 쓰기의 상황 맥락 요인으로는 예상 독자, 글의 주제, 글의 목적, 매체 등을 들 수 있다. 다양한 쓰기 과제를 제시하여 상황 맥락 요인에 따라 쓰기 과정과 결과가 달라질 수 있음을 지도한다.

- 쓰기 활동을 위해 쓰기 과제를 설계할 때는 다양한 사회·문화적 배경의 학습자들이 소외되지 않고 쓰기 활동에 적극적으로 참여할 수 있는 상황 맥락을 설정한다. 나아가 이들 학습자들의 사회·문화적 경험을 활용하여 글을 쓸 수 있도록 함으로써 쓰기 학습 과정에서 다양성을 경험할 수 있도록 지도한다.

- 글은 문단들로 구성되며, 하나의 문단은 중심 문장과 이 중심 문장의 내용을 구체적으로 보충하고 뒷받침하는 뒷받침 문장으로 구성된다. 문단을 구성하는 것은 한 편의 글을 구성하는 과정에서 필요한 능력이다. 문단 쓰기를 지도할 때에는 다양한 예시 글을 활용하여 중심 문장과 뒷받침 문장의 개념을 이해한 후 학습자가 글을 쓰는 과정에서 이를 실제로 적용할 수 있도록 지도한다.

- 학습에 필요한 기본적인 쓰기 능력과 태도를 갖출 수 있도록, 교과 학습의 토대가 되는 쓰기 활동이 이루어지도록 한다. 특히 국어과 내 타 영역의 성취기준, 타 교과의 성취기준, 범교과 학습 주제와 관련된 쓰기 활동을 계획하여 쓰기 활동이 학습자의 교과 학습에 실제적으로 기여할 수 있도록 지도한다.

- 보고하는 글쓰기를 지도할 때는 체험 학습 보고서, 과학 실험 보고서, 조사 보고서 등의 글을 다루도록 한다. 보고하는 목적과 주제에 맞게 보고서에 들어갈 핵심 내용을 구성하고 형식을 갖추어 간결하고 정확하게 보고하는 글을 쓰도록 지도한다. 또한 보고하는 글이 내용적으로 사실에 기반해야 함을 이해하고, 과장되거나 왜곡된 내용을 경계하여 정확하게 표현하는 글을 쓸 수 있도록 지도한다.

- 자신의 의견을 밝히는 글쓰기를 지도할 때는 학급, 학교, 이웃과 관련하여 쟁점이 되는 사안을 화제로 선정하고, 자신의 배경지식과 경험을 기초로 의견을 뒷받침하는 이유를 들어 글을 쓰도록 지도한다. 글을 쓰는 과정에서 자신의 의견을 명료화, 구체화함으로써 논리적으로 글을 쓰는 기초 능력을 기르는 데에 중점을 둔다.

- 고쳐쓰기를 지도할 때는 학습자들이 자신의 글을 점검하는 데에 익숙하지 않을 수 있으므로, 동료 학습자를 통해 실제 독자의 반응을 접하고 이를 반영하여 자신의 글을 점검하고 수정할 수 있도록 격려한다. 고쳐쓰기는 글을 쓰는 전 과정에서 이루어져야 하지만, 초고 쓰기 이후에 집중적으로 지도하는 것도 가능

하다.

- 예상 독자에 대한 인식이 형성되기 시작하는 시기이므로 학습자에게 자신의 글을 읽을 예상 독자를 생각하며 글을 쓰도록 안내하고 실제 독자와 소통하는 기회를 제공할 필요가 있다. 실제 독자를 고려하여 편지의 형식을 갖추어 글을 쓰거나 사회 관계망 서비스(SNS) 등의 인터넷 매체를 활용하여 글을 쓸 수 있도록 지도한다. 쓴 글을 상대에게 전달하고 독자의 반응을 접함으로써 글이 소통의 매개가 됨을 이해하고 독자를 고려한 글쓰기의 필요성을 인식하며 필자로서의 효능감을 느낄 수 있도록 하는 데에 중점을 둔다.

초등학교 5~6학년 쓰기 영역 성취기준은 쓰기의 특성을 이해하고 목적과 내용에 맞게 다양한 종류의 글을 쓰는 능력을 갖추는 데 중점을 두어 설정하였다. 글의 내용과 형식에 관심을 갖고 독자를 존중하고 배려하면서 쓰는 능력과 태도를 기르는 데 주안점을 둔다. 5~6학년 성취기준의 의도와 구체적인 내용 등은 성취기준 해설과 적용 시 고려사항을 참고해 볼 수 있다.

(가) 성취기준 해설

- [6국03-01] 이 성취기준은 설명하는 글을 쓰는 데에 필요한 능력을 기르기 위해 설정하였다. 설명하고자 하는 대상의 특성을 드러낼 수 있는 내용을 선정하는 방법, 개념 정의, 부연 상술, 예시, 열거, 인용, 비교와 대조 등을 활용하여 독자가 대상의 특성을 이해하기 쉽게 내용을 구성하고 표현하는 방법, 설명 대상과 설명 방법의 관련성 등을 학습한다. 설명 대상은 인문, 사회, 과학, 예술, 체육 등 교과 내용에서 선정한다.
- [6국03-02] 이 성취기준은 주장하는 글을 쓰는 데에 필요한 능력과 쓰기 윤리를 준수하며 글을 쓰는 태도를 기르기 위해 설정하였다. 주장하는 글쓰기의 중요성과 특성, 주장과 이유 및 근거의 개념과 관계, 주장하는 글에 적절한 근거가 필요한 까닭, 역사적 사실, 실험 및 조사 결과, 통계 수치, 전문가의 견해 등을 활용하여 근거 생성하기, 이유와 근거를 활용하여 주장하는 글쓰기, 인용의 출처를 밝혀야 하는 이유와 기본적인 인용 방법 등을 학습한다.
- [6국03-04] 이 성취기준은 글을 쓰는 과정에서 쓰기 목적, 독자와 매체 등과 같은 상황 맥락을 고려하여 내용을 생성하고 표현하는 능력을 기르기 위해 설정

하였다. 예상 독자의 개념 이해하기, 독자 고려의 필요성 인식하기, 온라인 대화, 인터넷 게시판 댓글, 전자 우편, 블로그, 휴대전화 문자 메시지 등 다양한 매체의 특성 이해하기, 글의 목적이나 주제에 따라 알맞은 매체와 예상 독자 선정하기, 독자와 매체의 특성을 고려하여 계획 및 내용 생성하기, 독자와 매체의 특성을 고려하여 표현하기 등을 학습한다.

- [6국03-05] 이 성취기준은 필자가 자신의 쓰기 과정을 점검·조정하고 그 결과를 바탕으로 글을 고쳐 쓰는 능력을 기르기 위해 설정하였다. 글쓰기에서 통일성의 개념과 중요성, 쓰기 과정에 대한 점검과 조정의 필요성, 쓰기 과정의 회귀적 특성, 글에 대한 독자의 반응을 생각하며 고쳐쓰기, 글의 주제와 목적, 예상 독자 등을 고려하여 글의 통일성 점검하기 등을 학습한다.

(나) 성취기준 적용 시 고려 사항

- 설명하는 글쓰기는 학습에 필요한 쓰기 능력을 갖출 수 있도록 교과 학습과 연계하여 지도하는 것이 효율적이다. 각 교과의 관찰, 조사 등의 학습 활동과 연계하여 대상의 특성이 나타나게 설명하는 글을 쓰도록 지도한다.
- 쓰기 과정에서 자료 수집이 필요할 경우, 다양한 매체를 활용하여 표현하고자 하는 내용에 알맞은 사진이나 삽화, 도표, 동영상 등의 자료를 찾을 수 있도록 지도한다. 또한 글을 쓸 때에도 글의 목적이나 주제에 따라 필자의 의도를 효과적으로 전달할 수 있는 다양한 매체를 선정하고, 선정한 매체의 특성을 고려하여 글을 쓸 수 있도록 지도한다. 동일한 목적의 글이라 하더라도 매체가 달라지면 글의 내용과 형식이 영향을 받게 됨을 이해하도록 하는 것에 중점을 두되, 다양한 예시 글을 제시하고 학습자가 스스로 글을 분석하여 내용 선정 시 고려해야 할 점, 내용 선정 방법 등을 찾을 수 있도록 안내한다. 이때 제시한 글이 단순히 모방을 위한 예가 되지 않도록 유의한다.
- 설득을 목적으로 하는 글쓰기는 주장하는 바가 뚜렷하게 드러나고 근거가 적절해야 독자를 효과적으로 설득할 수 있음을 지도한다. 제시한 근거가 주장과 관련이 있는지, 주장을 뒷받침하는 데에 적절한지에 중점을 둔다.
- 체험을 바탕으로 감상을 나타내는 글을 쓰는 과정을 지도할 때는 학습자의 삶의 맥락에서 접하는 다양한 체험을 소재로 솔직하고 진솔하게 글을 쓰게 하되, 특별한 경험이 아닌 일상의 경험에서 의미 있는 글의 소재를 찾을 수 있도록 지도

한다.

- 쓰기 과정을 지도할 때는 계획하기, 내용 생성하기, 내용 조직하기, 초고 쓰기, 고쳐쓰기와 같은 일련의 과정을 거침으로써 효율적인 글쓰기가 가능해진다는 점을 이해시키되, 이러한 일련의 쓰기 과정이 엄격하게 구별되거나 분절적인 것이 아니며 쓰기 과정에 대한 점검 및 조정을 통해 회귀할 수 있는 특성을 가졌다는 점에 유의하여 지도한다. 내용 생성하기 과정에서는 독자와 매체를 고려하여 내용 생성하기를 지도하되, 브레인스토밍, 마인드맵 등의 방법을 통해 글을 쓰기 위한 내용 생성 전략이나 기능을 익히도록 한다. 고쳐쓰기 과정에서는 띄어쓰기와 맞춤법을 포함하여 지도하되, 본래 의도한 의미가 독자에게 전달될 수 있도록 표현되었는지, 글 전체의 통일성이 확보되었는지 등에 중점을 두어 지도한다.

- 쓰기 윤리는 필자가 글을 쓰는 과정에서 준수해야 할 윤리적 규범으로, 학습자가 글을 쓰는 과정 전반에서 이를 고려하도록 지도한다. 다른 사람의 글이나 자료를 인용하여 글을 쓸 때는 그 출처를 밝히도록 지도하는 데에 중점을 두며, 자신의 의견과 다른 사람의 의견을 구분하여 표시하고 지나치게 많은 부분을 인용하지 않도록 지도한다. 디지털 의사소통 환경 속에서 글을 쓰고 소통할 때에도 쓰기 윤리를 지키고 독자를 존중하고 배려하는 태도를 지녀야 한다는 점에 유의하도록 지도한다.

- 진로연계교육과 관련하여 자신의 흥미나 관심사가 무엇인지 생각해 보고, 관련된 직업에 대해 다양한 매체를 활용하여 글을 쓸 수 있도록 지도한다.

- 쓰기는 사회·문화적 맥락을 고려한 사회적 행위이며, 필자는 쓰기 경험을 통해 언어 공동체의 구성원으로 성장할 수 있어야 한다. 쓰기 과정에서 필자가 고려해야 하는 사회·문화적 맥락으로는 자신이 속한 언어 공동체의 문화, 신념, 가치관 등을 들 수 있다. 자신이 속한 언어 공동체의 구성원이 공유하는 사회·문화적 맥락에 대해 이해하고 필자로서 언어 공동체에 적극적으로 참여하는 경험을 통해 독자와 효과적으로 소통하는 필자로 성장할 수 있도록 지도한다.

3. 쓰기 교수·학습 방법

쓰기 능력을 기르기 위해서는 다양한 쓰기 지식과 기능, 전략을 갖추고 필자가 이를 점검·조정할 수 있어야 한다. 현재 쓰기 교육에서 보편적으로 활용하는 과정중심의 관점은 능숙한 필자가 글을 쓰기 위해 일련의 과정을 거치고 전략을 활용하는 것에 주목한다. 그러나 필자 중심의 과정이나 전략뿐 아니라, 글 유형과 맥락에 따른 글쓰기 교육 등도 균형있게 반영하는 것이 바람직하다.

쓰기 능력을 신장시키기 위한 다양한 관점들을 고려하려면 쓰기의 과정과 전략을 익히고 다양한 맥락을 파악하고 반영하도록 유도하는 과정중심 쓰기 교육, 학생이 써야할 텍스트의 특징을 알려주고 이를 고려하여 쓰도록 하는 장르중심 쓰기 교육이 충분히 이루어져야 한다. 쓰기 교수·학습 방법은 다양하지만 여기서는 대표적으로 과정중심 쓰기 교육과 장르중심 쓰기 교육으로 나누어 살펴보고자 한다.

가. 과정중심 쓰기 교수·학습 방법

1) 과정중심 쓰기 교육

1980년대에 들어서면서 쓰기는 역동적인 의미 구성 과정이라는 인식이 쓰기연구자들 사이에서 확산되었다(박영목, 1994). 과정 중심 쓰기연구의 발전을 이끈 플라워와 헤이즈(1981)는 쓰기의 인지적 과정이 계획하기(planning), 변환하기(translating), 검토하기(reviewing)의 세 부분으로 이루어진다고 설명하였다. 그리고 각 과정들은 위계적이며 회귀적 특성을 갖는다고 하면서 쓰기를 문제해결의 과정으로 파악하였다. 그들은 전문작가의 글쓰기 과정을 분석한 결과, 글쓰기라는 문제를 해결하는 필자의 사고 과정을 모형화하여 제시하였는데, 이것이 '문제 해결 모형'이다.

플라워와 헤이즈(1981)는 조정하기라는 개념을 추가하여 쓰기의 회귀성을 주장했다. 필자의 장기기억과 과제환경은 조정하기를 통해서 회귀적으로 작용을 한다. 회귀적이라는 말의 의미는 쓰기의 과정이 계획하기, 작성하기, 고쳐쓰기의 순차적인 단계로 이루어진다는 것이 아니라, 실제 쓰기 과정에서는 그 단계를 왔다갔다 한다는 것을 뜻한다(최현섭 외, 2005: 379).

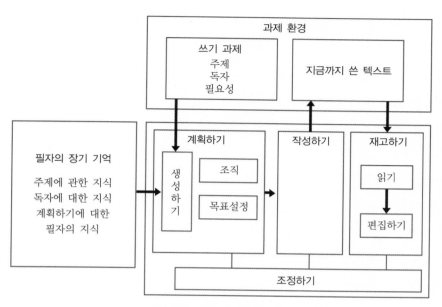

〈그림 1〉 문제 해결 모형(Flower & Hayes, 1981)

쓰기의 의미 구성을 문제 해결 과정으로 파악하기 시작한 것은 교육적으로 어떻게 가르칠까에 관심을 집중시켰다. 문제 해결 모형에 근거한 수업 방식은 학생들이 흥미를 가질만한 활동지를 활용하고, 글쓰기를 어려워하는 학생들이라도 쉽게 할 수 있는 활동 위주로 단계적인 접근을 시도하였다. 교사는 쓰기 과정과 전략을 설명하고, 시범을 보여주고, 활동지 작성을 도와주는 등 학생의 글쓰기와 직결되는 도움을 주었다.

과정중심의 관점은 쓰기를 가르치는 방법을 획기적으로 변화시켰다. 이재승(2002)은 '과정중심 쓰기 교육은 쓰기를 역동적인 의미 구성 행위로 파악하면서, 내용을 생성하고 조직, 표현, 수정하는 일련의 쓰기 과정에서 교사가 역동적으로 개입하여 학생들의 쓰기 능력과 문제 해결 능력을 촉진하고자 하는 쓰기 교육의 방법에 대한 하나의 관점이자 접근 방식'이라고 조작적으로 정의하였다.

그런데 이 문제 해결 모형은 쓰기 행위에서 개인의 인지 과정만을 강조하고, 쓰기가 사회 속에서 이루어진다는 것을 간과하였다는 한계를 지적받았다. 사회구성주의의 영향은 쓰기 행위에서 개인의 인지 못지않게 사회 문화적 맥락이 중요하다는 인식을 확산시켰다. 인지주의에서도 기존의 인지적 관점에 사회적 요소를 보완하여 쓰기 모형을 설명하였다. 헤이즈(2000)가 초기의 쓰기 과정 모형을 수정하여 제안한 '사회적 관점을 반영한 문제 해결 모형'이 대표적인 예이다.

쓰기 행위를 통하여 구성되는 의미는 필자와 독자와의 사회적 상호작용을 통해서 생성된다. 이때 가장 적절한 의미를 생성하고 효과적으로 전달하는 기준이 되는 것이 바로 담화 공동체 안에서의 합의이므로, 사회구성주의 관점의 쓰기는 담화 공동체 구성원들 간의 대화를 중요시한다.

국어과 교육과정과 교과서 구성에서는 1980년대 후반 5차 교육과정부터 과정중심의 관점이 반영되기 시작하였고 지금도 영향력을 발휘하고 있다. 초등학교의 쓰기 교과서도 기본적으로 '계획-내용 생성-내용 조직-표현-수정'의 과정중심 접근법을 취하고 있는 것이 많다.

2) 과정중심 쓰기 교수·학습의 전략

쓰기 능력은 쓰기 과정과 전략을 학습자 스스로 통제하고 조절하는 것이라고 생각하면, 교사의 중요한 역할 중 하나는 과정이나 전략을 충분히 파악하고 활용하는 모습의 시범을 보여주는 것이다. 현재 수업에 반영되는 전형적인 쓰기의 과정을 '계획하기-내용 생성하기-내용 조직하기-표현하기-고쳐쓰기-작품화하기'로 보고 각 과정의 특징과 대표적인 전략을 살펴보겠다.

가) 계획하기

'계획하기'는 글을 쓰기 전에 글을 쓸 준비를 하는 과정이다. 글의 주제 정하기, 글을 쓰는 목적 정하기, 독자 및 글쓰기 과제의 조건 분석하기 등이 중요한 활동이다. 특히 글의 주제를 정하는 것은 쓰기의 성패를 좌우하기도 한다. 아무리 글을 잘 쓰더라도 참신하고 쓸 만한 가치가 있는 주제가 아니라면 매력적인 글이 되지 못한다.

그렇다면 글 쓸 준비는 어떻게 갖추어질까? 일상생활 속에서 지속적으로 생각할 거리를 찾고, 기록하고, 사유하는 것이 도움이 된다. 친구나 선생님, 부모님과의 대화에서 발생한 의문점, 책이나 영화를 보면서 생각한 의문점 등은 탐구심을 불러일으키고 나중에 쓰기의 좋은 소재가 된다. 순간적인 의문이나 사고는 망각되기 쉬우므로, 학습 일지나 글감 공책을 만들어서 꾸준히 기록해 두도록 하는 것이 좋다. 학생들이 자기 주변에서 쓰기의 소재가 될 수 있는 것에 대해 관심을 기울이도록 하고 생각날 때마다 자신만의 기록장에 기록해 두도록 해야 한다.

주제가 정해지면 글쓰기의 목적과 독자를 결정해야 한다. 목적과 독자는 글의 방향, 내용, 표현까지 결정하는 중요한 요인이다. 계획 활동이 왕성하게 이루어지기 위해서는 주제, 목적, 독자, 상황이 뚜렷이 나타난 쓰기 과제를 제시한다. 예를 들어 과제를 제공할 때, '실의에 빠져 있는 친구를 위로하는 글을 써보자'라고 하면, 여기에는 글을 쓰는 목적과 독자, 그리고 이 글을 써야 하는 상황이 있게 된다. 이 경우에 독자에 대한 분석이 필요한데, 무엇 때문에 실의에 빠졌는지, 평소 이 친구는 어떤 것을 좋아하는지 등을 분석하는 활동이 있을 수 있다(신헌재 외, 2005: 336). 다음은 글을 쓰기 전 '계획하기'를 할 수 있는 활동지의 예시이다.

〈표 3〉 계획하기 활동지 예시(신헌재 외, 2005: 336)

내용	표시
◦이 글을 쓰는 목적이 무엇인지 생각해 보았나요? ◦이 글의 주제는 무엇인지 생각해 보았나요? ◦이 글은 어떤 상황에서 써야 하는지 생각해 보았나요? ◦내가 쓴 글을 읽을 독자를 떠올려 보았나요? ◦어떤 형태의 글을 쓰는 것이 좋을지 생각해 보았나요?	
했으면 ○표　　　하지 않았으면 ×　　　잘 모르겠으면 △	

나) 내용 생성하기

'내용 생성하기'는 글을 쓰기 위해 아이디어를 떠올리고 수집하는 과정이다. 아이디어를 생성하기 위해서는 창의적인 사고 활동이 필수적이다. 주어진 주제나 문제에 대하여 어느 정도 창의적인 내용이나 해결 방법을 이끌어내느냐가 관건이기 때문이다. 내용 생성하기에서 효과적이라고 생각되는 전략에는 브레인스토밍, 생각그물 만들기(mind mapping), 이야기 나누기, 관련 자료 읽기, 면담하기 등이 있다.

'브레인스토밍'은 풍부한 사고를 생성하기 위한 전형적인 창의성 기법으로, 오스

본(A. Osborn)에 의해서 개발되었다. 이 방법의 기본 전제는 사고의 양이 질을 결정한다는 것이며, 양으로 축적된 아이디어를 목록별로 정리하고, 발산시켜서 목적한 바를 얻는다는 것이다. 그러나 '브레인스토밍'은 목표지향적인 사고 활동이므로 생각이 문제의 핵심을 벗어나서는 안되는 단점이 있다.

'생각그물 만들기(mind mapping)'는 부잔(T. Buzan)에 의해서 연구된 것으로 도형과 패턴을 강조한다. 머릿속에 들어 있는 생각들을 눈으로 볼 수 있도록 하는 장점을 가지고 있다. 특정 주제에 대한 자신의 생각을 몇 마디 정보나 단어, 문장 등으로 회상하고 표현할 수 있도록 하는데 도움을 주므로 전통적인 전략들이 안고 있는 정보의 선조적인 특성을 극복할 수 있다(박태호, 1996: 84). '생각그물 만들기'는 가운데에 주제를 쓰고 주제에 대하여 학습자가 알고 있는 것, 연상되는 것, 평소 생각하는 것들을 선과 도형을 사용하여 사방으로 자유롭게 표기해가는 것이다. 도형과 패턴을 이용하므로, 브레인스토밍에 비하여 아이디어 간의 관계를 표현하기에 쉽다. 다음은 '생각그물 만들기'의 예시이다.

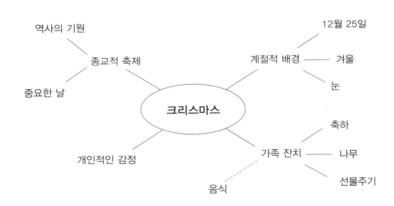

〈그림 2〉 생각그물 만들기의 예시(박태호, 1996: 80)

'이야기 나누기' 전략은 글을 쓰기 전에 주어진 주제나 문제에 대하여 소집단별로 또는 대집단에서 이야기를 나누어보는 것이다. 개인이 가지고 있는 배경지식은 한계가 있다. 타인과의 언어적 상호작용은 주제에 대한 배경지식을 풍부하게 해줄 뿐 아니라, 필자가 지니고 있으나 미처 떠올리지 못했던 배경지식이나 경험을 활성화하는데도 도움이 된다. 또한 이야기를 나눌 때 동료 학생이나 교사는 독자의 역할을 하므로, 이야기 나누기 전략은 쓰기의 과정 요인뿐 아니라 맥락 요인도 고려하는 전략이라고 볼 수 있다.

'관련 자료 읽기'도 내용 생성에 매우 유용한 전략이다. 특히 정보적인 글이나 설득적인 글의 경우, 아무리 필자가 열심히 글을 쓰려고 해도 객관적인 사실이 뒷받침되지 않는 한 좋은 글이 나오기 어렵다. 쓰기는 종이와 연필만으로 하는 행위가 아니다. 쓰기를 의미 구성 행위로 보았을 때, 주제와 관련된 자료를 읽으면서 사고하는 행위야말로 쓰기의 내용 생성과 직결되는 활동이다.

'면담하기'는 쓰기의 대상에 대하여 더 알고 싶거나 궁금한 사항을 직접 알아보는 전략이다. 쓰기의 대상이 인물인 경우 효과적이며, 학습자가 직접 알아보고 싶은 질문의 목록을 만들고, 면담에 임하기 때문에 적극적으로 참여할 수 있다. '이야기 나누기'에 비하면 미리 질문 목록을 작성하므로 더 체계적으로 내용을 생성할 수 있고, '관련 자료 읽기'에 비하면 더 역동적, 실제적으로 활동할 수 있다.

다) 내용 조직하기

'내용 조직하기'는 생성된 아이디어들 간의 관계를 파악하여 적절히 조절하고 순서를 정하는 과정이다. 이때 학생들은 내용, 목적, 청자 등을 생각하면서 글을 써야 하므로 생성된 아이디어들을 구조화시켜서 하나의 조직으로 인식하게 된다.

내용 조직하기 과정에서는 우선 확산된 아이디어를 묶는 연습이 필요하다. 즉, 관련된 아이디어를 범주화하고 명칭을 부여하여 글이 산만하지 않게 일정한 주제로 생각을 모아야 한다. 또한 내용 조직에서는 글 구조에 관한 지식과 담화 지식이 중요하게 작용한다. 이러한 지식들은 관련된 아이디어를 고르고 조직하는 데 주요한 역할을 하기 때문이다.

내용 조직하기 과정의 지도 내용은 크게 두 유형으로 나눌 수 있다. 첫째, '범주화하기'로 내용 생성에서 방사형으로 이루어졌던 아이디어들을 비슷한 내용끼리 묶는 것이다. 둘째, '글 구조 만들기'로 학생들이 쓰고자 하는 글 구조에 맞게 아이디어들을 조직·배열하는 것이다. 이때 글 구조의 유형에는 이야기 글 구조, 비교·대조의 글 구조, 설명하는 글 구조, 문제 해결의 글 구조 등이 있다(최현섭 외, 2001: 121).

내용 조직하기 전략은 방법에 의한 전략과 내용에 의한 전략으로 나누어 생각할 수 있다(최현섭 외, 2001: 121). 방법에 의한 전략으로는 대표적으로 '개요짜기' 전략과 '다발짓기(clustering)' 전략이 있다. 써야 할 글의 차례를 정하는 개요짜기는 전통적인 정보 조직 방법으로 잘 알려져 있다. 같은 목적의 '다발짓기'는 원래 'clustering'이라는 전략을 우리말로 바꾸어 표현한 것이다. 'cluster'는 '송이, 덩어리'라는 뜻으로, 'clustering'은 '브레인스토밍'이나 'mind mapping'에서 생성된 아이디어들 중 관련된 것들을 한데 묶는다는 의미이다. 다발짓기와 개요짜기의 목적은 둘 다 아이디어를 정리, 분류, 체계화하는 것이다.

내용에 의한 전략은 글의 구조나 성격에 따라서 글을 조직하는 방법을 말한다. 글을 조직할 때에는 작품의 구조에 대한 지식과 이야기 전개 방법에 대한 지식이 필요하다. 글을 조직하는 방법에는 정태적 범주와 동태적 범주가 있다. 정태적 범주에는 분석, 묘사, 분류, 비교와 대조가 있으며, 동태적 범주에는 서사, 과정, 원인과 결과 등이 해당된다(최현섭 외, 2001: 121).

다발짓기의 유형은 글의 구조나 성격에 따라 여러 가지 변형이 가능하다. 이야기글을 쓰기 위한 다발짓기와 논술문을 쓰기 위한 다발짓기, 설명문을 쓰기 위한 다발짓기가 같을 수 없다. 이는 이야기글은 서사 구조, 논술문은 인과 구조, 또는 문제 해결 구조의 글이기 때문이다. 또한 설명문은 비교·대조, 분석, 분류 등의 구조를 즐겨 사용한다. 따라서 다발짓기의 다양한 변형은 내용에 의한 전략까지 아우를 수 있다. 다음은 다양한 다발짓기 모양의 예시이다.

① 일반적인 다발짓기

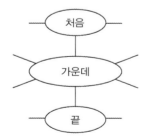

② 비교·대조에 유용한 다발 짓기

대상	대상 1	대상 2
공통점		
차이점		

③ 분류·분석에 유용한 다발 짓기

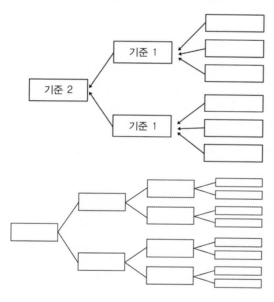

④ 문제 해결에 유용한 다발 짓기

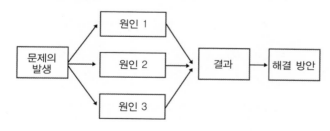

⑤ 시간 순서, 장소 이동에 유용한 다발 짓기

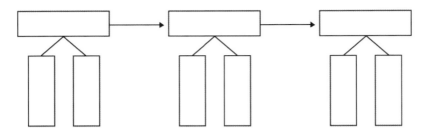

〈그림 3〉 다양한 다발짓기의 예

라) 표현하기

  '표현하기'는 앞에서 아이디어를 생성하고 조직한 것을 바탕으로 초고를 쓰는 과정이다. 아이디어 생성과 조직 단계에서 만들어진 내용을 문자언어로 표현하는 단계이며, 어디까지나 초고를 쓰는 것이므로, 완결된 글쓰기를 목표로 하지 않는다. 초고는 끊임없는 협의와 다듬기를 통하여 보다 나은 글로 발전된다. 즉 글쓰기는 일회적으로 끝나는 것이 아니라, 반복 순환되는 과정이다. 초고를 쓸 때는 맞춤법을 정확히 지켜야 한다거나, 글씨를 보기 좋게 써야 한다는 의무감을 의도적으로라도 잊어버리게 해야한다. 맞춤법이나 글씨쓰기에 신경을 쓰다보면, 정작 쓰기의 본질인 의미 구성에는 소홀해질 수 있다. 초고를 쓴 다음에는 교정이나 편집을 통해 얼마든지 수정할 수 있다는 점을 학생들에게 인식시켜야 한다.

  '표현하기' 과정의 대표적인 전략으로는 '빨리쓰기(speed writing)', '말로 쓰기(oral composition)' 등이 있다. '빨리쓰기'는 학생들이 쓰기의 형식에 구애받지 않고 글을 빨리 쓰도록 구안된 전략이다. 빨리쓰기는 다음 단계인 협의하여 고치기와 밀접한 관련을 맺는다. 그런데 대부분의 학습자들은 완성된 글쓰기를 초고쓰기의 목적으로 삼는다. 그래서 초고쓰기에 지나치게 힘을 들이게 되므로 글쓰기에 부담을 느끼게 될 뿐 아니라, 그 다음 단계인 협의하여 다듬는 활동에 지장을 주는 경우가 있다. 따라서 지나치게 많은 양의 글을 쓰지 않도록 시간을 제한해서 지도하는 것이 중요하다. 특히 쓰기 능력이 떨어지는 아동의 경우, 생성된 아이디어를 조직하는 데 어려움을 겪을 뿐만 아니라 초고쓰기에서도 자신이 아는 것만 아주 간단히 쓰는 경향이 있다(최현섭 외, 2005: 350). 다음은 '빨리쓰기' 활동지의 예시이다.

♣ 내가 좋아하는 것들에 대하여 글로 써 봅시다.
1. 평상시에 내가 좋아하는 것들에 대하여 생각해 봅시다.

◎ 나는 언제 행복한가요?
◎ 내가 소중하게 아끼는 물건들은 무엇인가요?
◎ 내가 좋아하는 사람들은 누구인가요?

2. '나의 보물'이라는 주제로 글을 쓰려고 합니다. 생각이 떠오르는대로 생각그물을 만들어 봅시다.

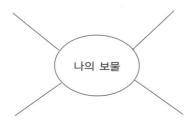

나의 보물

3. 떠올린 생각을 바탕으로 내가 좋아하는 것들에 대하여 최대한 빨리 글로 옮겨 써 봅시다.

〈주의사항〉
◎ 10분 안에 끝까지 써야 합니다.
◎ 생각이 멈추지 않도록 최대한 빨리 씁니다.
◎ 잘 안 써지는 부분은 비워놓거나 물음표 표시를 해 놓습니다.
◎ 나중에 고치면 되므로, 글씨를 예쁘고 정확하게 쓸 필요가 없습니다.

〈그림 4〉 빨리쓰기 활동지 예시

'말로 쓰기'는 초고를 글로 쓰는 대신 음성언어로 표현해보는 것이다. 내용 조직한 것을 보고 초고를 어떤 식으로 전개할지를 동료 학습자나 교사에게 말로 설명한다. 쉽게 말해서 메모한 것을 보며 발표하는 식이다. 구두 쓰기의 방식은 글로 쓰는 것에 비해 맞춤법, 글씨 쓰기를 신경쓰지 않아도 되므로 인지적 부담이 한결 덜하다. 또 수정도 쉽기 때문에, 한번 말한 것이 마음에 들지 않으면 곧바로 수정이 가능하면서 마음에 드는 초고를 구상할 수 있다.

마) 고쳐쓰기

'고쳐쓰기'는 초고의 내용과 형식을 고쳐쓰고 작품으로 완성하는 과정이다. 과거에는 수정하기를 기계적 오류, 즉 맞춤법이나 문장 부호 사용의 오류를 교정하는 정도로 생각하였다. 그러나 쓰기 행위에서 수정하기의 중요성은 점점 더 강조되고 있다.[5] 초고와 완성된 글이 완전히 다를 정도로 전면적으로 수정한 글일수록 완성도가 높다고 볼 수 있다. 어떤 의미에서는 '다시쓰기(rewriting)'라는 용어가 더 적절할 수도 있다.

최근에는 쓰기 과정에서 고쳐쓰기의 중요성이 점점 증대되고 있다. 수정하기에서는 내용을 첨가하거나 삭제하는 것뿐 아니라, 글 전체의 순서를 바꾸거나 세부 내용을 덧붙이거나, 글 전체의 문체를 고려하여 일관성 있게 수정할 수도 있다. 심지어 필자는 초고를 써 보고 나서야 진정으로 표현하고 싶어 하는 주제나 형식을 발견할 수도 있다. 따라서 글의 주제나 형식을 바꾸는 것도 수정하기 과정에서 이루어진다. 자신의 글과 자신이 표현하고 싶어 하는 것 사이에 어떤 차이가 있는지 숙고해보고 다시 글을 쓰는 활동인 것이다.

수정은 필자 스스로 하기도 하지만, 독자의 힘을 빌리는 것이 더 효과적이다. 독자의 중요성을 강조한 대표적인 수정하기 전략으로는 '돌려읽기(RAG : Reading Around Group)'가 있다. '돌려읽기'란 몇 명의 학습자가 소집단을 구성하여 서로의 글을 읽어주고, 협의하는 것으로, 협의하기 활동을 수정하기 전략으로 적용한 것이다.[6] 수정을 잘 하기 위해서는 동료 간이나 교사와 협의를 많이 해 보는 것이 좋다.

돌려읽기가 글의 내용을 강조하는 데 비하여, '편집하기'는 글의 형식적인 측면, 즉 맞춤법이나 글자체, 문장 부호의 사용 등을 주로 수정하는 전략이다. 수정하기 과정에서는 초고를 다시 쓰게 되는데, 유사한 내용의 글을 반복해서 쓰는 것이 학습

---

5 고쳐쓰기 과정은 교정하기(revising), 편집하기(editing)로 세분화하여 접근하기도 한다. 교정하기는 글의 내용을 고쳐 쓰는 것이라면, 편집하기는 관습적인 규칙을 포함한 글의 형식을 고쳐 쓰는 것이다. 그만큼 쓰기 행위에서 수정하기가 차지하는 비중이 크고 중요하다는 의미이다. 이 책에서는 교정·편집을 모두 포괄하는 의미로 고쳐쓰기를 사용하였다.

6 '협의하기'는 고쳐쓰기 과정에만 필요한 것은 아니다. 협의하기는 쓰기과정 전체에 걸쳐 적용되는 활동이다. 필자는 쓰기의 목적을 정하고, 내용을 생성하고 조직하면서도 끊임없이 독자와 협의를 한다. 다만 협의하기가 가장 위력을 발휘하는 것은 초고를 쓴 이후의 과정이리라고 예상할 수 있다.

자들에게 쓰기를 지루하고 힘든 것으로 인식시키는 원인이 되기도 한다. 최근에는 워드 프로세서를 활용하여 수정의 어려움을 해결하기도 한다. 워드 프로세서를 활용한 쓰기가 보편화되면서, 편집의 범위도 넓어졌다. 전에는 맞춤법이나 글자체, 문장 부호의 사용 등을 주로 수정하였다면, 이제는 가시적인 효과를 고려한 편집까지 포함시킬 수 있다. 다양한 글자체와 크기를 사용하거나, 그림, 삽화, 도표 등을 적절히 배치하는 것도 편집하기 전략이라고 볼 수 있다.

'점검·조정하기' 역시 고쳐쓰기에서 매우 중요한 전략이다. 고쳐쓰기에서는 자신의 글을 읽고 스스로 평가해보는 것은 물론, 자신이 글을 쓰는 행위나 태도, 자신이 선택한 글쓰기 전략에 대해서도 점검해야 한다. 미숙한 필자들은 자신의 쓰기 행위를 점검하고 조정하는 데 능숙하지 못할 뿐 아니라, 필요성도 잘 느끼지 못하는 경향이 있다. 교사가 지속적으로 시범을 보여주어서 글쓰기를 점검·조정하는 방법을 알려주어야 한다. 또한 적절한 체크리스트를 제시해서 학생들이 글을 쓴 후 체크리스트를 중심으로 협의를 하거나 스스로 점검해보게 하는 것도 중요하다. 다음은 '고쳐쓰기' 활동지의 예시이다.

♣ 글을 쓰는 과정을 고려하면서 고쳐쓰기를 해 봅시다.

1. 다음은 주장하는 글을 위한 생각 그물입니다. 주어진 생각그물을 보고 고칠 내용을 이야기하여 봅시다.

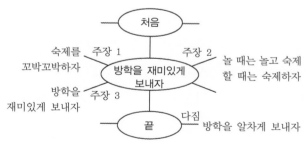

> ♥ 이것만은 알아둡시다. ♥
> 글쓰기를 할 때는 일정한 과정을 거치게 됩니다. 이때 글을 쓰기 위한 첫 단계인 생각 그물에서 어떤 생각을 꺼냈는가에 따라 글의 내용이 결정됩니다. 따라서 주제와 관련 없는 생각을 꺼냈다면 이 단계에서 미리 고치는 것이 중요합니다.

2. 다음은 생각그물에 따라 쓴 글입니다. 새로 바꾸어 본 생각 그물에 따라 글을 다듬어 봅시다.

> 제가 이걸 쓴 동기는 숙제여서고, 또 이젠 방학이 가까이 와서 어떻게 지낼 것인지

> 생각해 보기 위해서입니다.

> 첫째, 숙제를 꼬박꼬박하자. 왜냐하면 숙제를 거르면 숙제를 하기 싫어지고 놀고만 싶

> 어진다.

> 둘째, 놀 때는 놀고 숙제할 때는 숙제하자. 왜냐하면 놀 때는 재미있게 놀면 재미있고

> 숙제를 할 때는 숙제를 해야 마음이 편해지기 때문입니다.

> 셋째, 방학을 재미있게 보내자. 왜냐하면 숙제를 따 끝내고 마음껏 놀 수 있어서 남은

> 시간동안 재밌게 보내면 방학을 재미있게 보낼 수 있습니다.

> 이제 방학 때는 숙제를 열심히 하고, 알차게 보낼 것입니다.

◎ 주제에 맞는 주장으로 썼나요?
◎ 주장에 맞는 타당한 근거를 제시하였나요?
◎ 전체적으로 내용이 매끄럽게 제시되었나요?

〈그림 5〉 고쳐쓰기 활동지 예시(최현섭 외, 2001: 324~325)

바) 작품화하기

'작품화하기'는 토론이나 출판을 통해 다른 사람들에게 자신의 글을 발표하는 과정이다. 물론 정식 출판이 아니라 학급 문집, 학교 신문, 홈페이지, 교실 게시판 등을 활용하는 경우가 대부분이지만, 작품화하기는 실제 글쓰기 맥락을 형성하고 실제적 독자를 제공한다는 점에서 큰 위력을 가진다. 과거 교실에서의 글쓰기가 지루하고 거부감을 일으켰던 이유는 자신이 쓴 글의 유일한 독자가 교사이며, 교사로부터 평가받기 위하여 글을 쓴다는 인식 때문이었다. 작품화하기는 이 문제를 해결해 줄 수 있는 과정이다.

과정 중심의 쓰기를 강조하는 교실에서는 학생들이 쓴 글을 최대한 실제의 독자들과 나누는 것을 강조한다. 시를 썼으면 시 선집에 모아두고 수시로 다른 사람이 읽어

볼 수 있게 하고, 이야기글을 썼으면 '이야기집'에 모아 두게 한다. 논술이나 보고서를 썼으면 학급에서 함께 나누게 하고 교실이나 학교 게시판에 게시해 두게 한다. 극복은 썼으면 드라마로 꾸며 보게 한다. 학교나 학급 문집 형태로 만들기도 하고 학급이나 개인 홈페이지에 올려두게 한다. 작품화하기의 대표적 전략으로는 '발표하기', '게시하기', '책 만들기' 등을 들 수 있다.

'발표하기'는 학습자가 쓴 글을 어떤 형태로든 실제 독자들에게 읽히는 방식이다. 간단하게는 교실 내에서 다른 동료 학습자들에게 읽어주는 것도 한 방법이다. 교실 앞에 '작가 의자'를 마련해두고, 학습자가 동료들 앞에서 자기 글을 읽게 하는 것이다. 이때만은 학습자가 전문 작가의 입장이 되어 독자의 질문을 받기도 하고, 자기 작품에 대한 해석을 하기도 한다. 완성한 글을 교실을 벗어난 독자, 즉 가족이나 이웃, 지역 사회 구성원들에게 보내는 것도 한 방법이다. 문집이나 신문에 투고하거나, 교외의 백일장에 출품할 수도 있다.

'게시하기'는 학습자가 쓴 글을 여러 사람이 볼 수 있는 곳에 전시하는 전략이다. 학교 도서관, 학급의 게시판, 홈페이지 등을 활용할 수 있다. 예를 들면, 학생들이 직접 만든 이야기를 그림책의 형태로 만들어서 도서관에서 그림책 전시회를 할 수 있다. 또는 학생들이 지은 시를 엽서에 시화로 꾸미며서, 교실에서 시화전을 열거나, 학생들 각자가 나뭇잎 모양의 예쁜 색지에 편지를 써서 교실 뒷면에 커다란 편지 나무를 꾸밀 수도 있다.

최근에는 학습자가 쓴 글을 여러 가지 형태의 책으로 만드는 '책 만들기' 전략이 활발하게 사용되고 있다. 학습자가 직접 출판을 한다는 점, 미술 활동과 통합된다는 점, 평면적인 글쓰기가 입체화된다는 점에서 상당히 효과적으로 글쓰기의 동기 유발이 된다. 또한 다양한 책 만들기를 활용함으로써, 글의 내용이나 형식에 가장 적합한 형태를 선택해보는 경험도 할 수 있다.

나. 장르중심 쓰기 교수·학습 방법

1) 장르중심 쓰기 교육

장르중심의 접근법은 글을 잘 쓰기 위해 여러 가지 유형의 장르 특성과 새로운 관점의 문법을 가르쳐야 한다는 관점을 말한다. 장르중심 쓰기 교육의 중요성은 널리 알려졌으나 구체적인 실천 방법에 대한 연구는 아직 미흡한 편이다. 일반적인 장르중심 쓰기 교수·학습 모형으로는 Callaghan & Rothery(1988)가 개발한 '3단계 교육과정 모형'을 들 수 있다. 이 모형은 장르의 교수·학습을 위한 절차를 '모형화하기(medeling)', '교사와 학생이 같이 쓰기(joint negatiation of text)', '학생이 혼자 쓰기(independent construction of text)'의 3단계로 나누어 설명하고 있다. 즉 모범글을 분석해보고, 교사와 함께 연습하며 익숙해지면 독립적으로 쓰는 필자가 된다는 것이다.

그러나 이 모형의 문제점에 대하여 여러 학자들이 우려를 표명하기도 하였는데, 이런 방식으로 텍스트를 가르치는 것이 학생들에게 텍스트 유형을 단순히 반복 재생산하도록 조장할 수 있다는 것이다. 3단계 교육과정 모델에서 마지막 단계인 혼자 쓰기 단계는 장르를 창조적으로 활용할 것을 권장하지만 실제로 학습자가 장르를 창조적으로 활용하기는 매우 어렵고, 교육과정상에 제시된 텍스트 유형을 그대로 답습하고 익히는 수준에 머무르기 쉽다. 모델링, 즉 모범글을 제시한다는 것은 항상 학습자의 모방을 유도할 위험성을 내포하는데, 이는 창의적인 글쓰기 능력의 신장을 저해할 수도 있다(박영민 외, 2016: 263).

교육과정에 반영된 장르중심 쓰기 교육을 보면 이미 7차 교육과정 시기부터 국어과 내용 체계에 거시장르 유형이 나타났고, 2007 국어과 교육과정 시기에는 국어과 교육과정의 개정 중점을 '담화와 글의 수용, 생산 중심의 국어교육 지향'으로 두고 본격적으로 장르중심 접근법을 수용하였다. 그러나 그 이후 중요성이 약화되었는데, 그 이유는 학년별 교육 내용으로서의 텍스트 위계에 대한 정당성이 확보되지 않은 것, 학년별로 텍스트 유형을 정해놓음으로써 교과서 개발이나 수업에 한계를 부여한 것, 모범문을 제시하며 학습자의 창의성을 저해할 우려가 있다는 것(박영민 외, 2016: 264) 등이었다.

교육과정에 반영된 장르중심 접근의 변화 경향을 살펴보면 문서화된 교육과정에 명시적으로 장르를 제시하는 방식에서, 점차 학교나 교실 수준의 교육과정에 선택권을 부여하는 방식으로 가고 있다. 이는 교육과정의 유연성을 지향하는 교육 패러다임과도 일맥상통하여 앞으로도 이와 같은 경향이 지속되리라 예측할 수 있다.

2) 장르중심 쓰기 교수·학습의 전략

거시장르를 구분하는 기준은 일반적으로 언어 목적에 따라 정보 전달, 설득, 표현의 세 가지를 따른다. 교육과정 개정시마다 장르 구분이 다소 변화하였으나 언어 목적에 따라 거시장르를 구분하는 대원칙은 유지되었다. 교육과정 시기에 따라 장르 유형이 변화하기는 하나 대체로 정보전달의 글쓰기, 설득의 글쓰기, 표현적 글쓰기의 세 가지로 나누어지므로 여기서도 이 세 가지 장르의 글쓰기를 살펴보기로 한다.

가) 정보 전달 글쓰기

정보 전달의 글쓰기는 자신이 알고 있는 정보를 독자에게 설명하고 전달하기 위한 글쓰기로 설명문, 기사문, 보고서 등의 장르가 대표적이다. 대표적인 장르의 특징과 쓰기 교육에서 강조해야 할 사항을 이수진 외(2024: 195~196)에서는 다음과 같이 설명하고 있다.

설명문은 필자가 특정 사항에 관한 독자의 이해를 돕기 위해 객관적, 논리적, 체계적으로 쓴 글이다. 필자는 설명하고자 하는 정보나 지식을 충분히 갖추어야 하고, 부족하다면 다양한 자료를 통해 수집해야 한다. 설명문을 쓰기 위한 정보나 지식은 사실성, 객관성, 신뢰성, 정확성 등으로 검토하고 선정한다.

설명문에서 내용을 논리적이고 체계적으로 전달하기 위해서는 의미 전개 방식과 글 구조를 이해해야 한다. 설명을 위한 의미 전개 방식에는 비교, 대조, 분류, 분석, 정의, 예시, 열거, 인용 등이 있다. 이러한 의미 전개 방식은 필자가 설명 내용을 명료하게 정리할 수 있도록 하고, 독자가 설명하고자 하는 정보를 쉽게 이해할 수 있도록 돕는다. 설명을 위한 글 구조는 일반적으로 '처음-가운데-끝'의 삼단 구조를 사용한다. '처음' 부분에서는 설명 대상과 대상을 설명할 이유 등을 제시한다. '가운데' 부분에서는 설명 대상에 관한 주요한 설명 내용을 쓴다. '끝' 부분에서는 설명 내용을 요약하고 전망한다. 독자에게 객관적이고 정확한 정보를 전달하는 설명문은 표현이 객관적이고 정확해야 한다. 어법에 맞는 표현과 문장을 사용해 독자가 신뢰할 수 있도록 해야 한다.

기사문은 신문이나 방송 등 대중매체를 통해 어떠한 사실이나 사건을 전달하는 글이다. 기사문은 전달할 매체의 특성을 고려해 객관적, 논리적으로 쓴 글이다. 필자는 기사를 쓰기 위한 정보나 자료를 충분히 탐색해야 하고, 각 매체에 맞는 자료 유형을 선택한다. 기사문은 보도할 가치가 있는 문제를 신속하고 정확하게 전달해야 한다. 필자는 객관적인 입장에서 내용을 선택하고 조직해야 한다. 기사문의 구조는 대체로 '표제', '전문', '본문'으로 구성한다. 표제 부분에서는 기사문의 제목을 제시한다. 그리고 전문 부분에서는 기사문의 주요 내용을 요약하여 서술한다. 또, 본문 부분에서는 기사문의 내용을 자료와 함께 제시한다. 독자에게 사건이나 사실에 관한 정보를 신속하고 정확하게 전달해야 하는 기사문의 표현은 객관적이고 정확하며 간결해야 한다.

보고서는 어떠한 일의 진행 내용이나 결과를 독자에게 보고하는 글이다. 예를 들어, 조사 보고서는 대상을 면밀하게 살펴 조사한 내용과 결과를 독자에게 알리기 위해 쓴 것이고, 연구 보고서는 어떤 일이나 사물을 연구한 과정과 결과를 독자에게 전달하기 위해 쓴 것이다. 보고서의 주요 내용은 연구의 필요성이나 목적, 연구 대상, 연구 방법, 연구 절차, 연구 결과, 연구 결론 등으로 구성된다. 보고서는 내용이나 자료가 정확하고 객관적이어야 하며 논리적이어야 한다. 다른 보고서나 책의 내용을 제시할 때에는 인용을 위한 출처 표기를 명확히 하는 등 쓰기 윤리를 준수해야 한다.

나) 설득하는 글쓰기

설득하는 글쓰기는 어떤 주제에 관한 자신의 의견이나 주장으로 상대방의 입장이 변화하도록 하는 글쓰기로 논설문, 연설문, 비평문, 광고, 논문 등의 장르가 대표적이다. 교실에서 학생이 쓰는 제안서, 건의문, 호소문 등도 설득하는 글이다. 설득하는 글쓰기를 지도할 때 중요한 사항을 이수진 외(2024: 208~210)에서는 다음과 같이 설명하고 있다.

① 주장과 근거의 설정

설득하는 글의 핵심인 주장은 자기의 의견을 명백히 내세우는 것이다. 논쟁이 될 만한 수사적 상황에서 필자는 자기의 주장을 설정한다. 필자는 주장을 통해 논쟁 상황에서 독자의 행동이나 태도 변화를 요구한다.

설득하는 글쓰기에서 주장을 효과적으로 하기 위해서는 명제에 관한 이해가 있어야 한다. 명제는 어떤 문제나 상황에 관한 발화자나 필자의 주장이나 의견을 언어적 표현으로 나타낸 것을 말한다. 명제의 종류에는 사실 명제, 정책 명제, 가치 명제가 있다.

사실 명제는 주장이 참임을 입증할 수 있는 객관적인 증거로 사실을 증명하는 명제이다. 누구나 알고 있는 사실, 객관적인 자료 등이 사실 명제에 필요하다. 정책 명제는 필자가 어떤 문제에 관한 해결 방법을 제안하고 독자의 특정 행위를 유도하는 명제이다. '자연을 보호하자, 자연을 개발하자, 학교 폭력 예방을 위해 인성 교육을 강화하자' 등이 해당한다. 가치 명제는 필자와 독자가 어떤 대상이나 상황에 관해 가치 판단이나 평가를 하는 명제이다. 특정 상황이나 개념 등에 관해 옳고 그름, 좋고 나쁨 등을 판단할 때 사용한다.

명제 등을 통해 자신의 주장을 설정하였으면 이를 뒷받침하는 근거가 있어야 한다. 필자의 주장에 관한 구체적이고 분명한 근거를 제시하지 못하면 설득력이 떨어진다. 따라서 주장의 타당성과 당위성을 뒷받침해 주는 구체적이고 효과적인 근거가 필요하다.

근거의 종류에는 사실 논거, 소견 논거가 있다. 사실 논거는 보편적인 지식, 일반화된 정보나 역사적인 사실, 객관적인 자료를 활용해 사실을 제시하는 방법이다. 소견 논거는 해당 문제와 관련한 전문가 등 신뢰할 수 있는 제 삼자의 의견, 증언 등을 근거로 삼는 방법이다. 주장을 뒷받침하는 근거가 설득력을 얻기 위해서는 타당하고 신뢰할 수 있는 자료를 풍부하게 제시해야 한다.

② 글의 구조와 논증 방식

설득하는 글의 기본 구조는 '서론-본론-결론'의 짜임이다. 서론에서는 논의의 주제를 파악하고 관련한 문제점을 구체적으로 밝혀 진술한다. 서론의 내용은 필자가 주장을 선택한 까닭을 나타내기도 한다. 본론에서는 논제에 관한 필자의 의견이나 주장을 근거와 함께 진술한다. 필자의 주장은 명료하게 제시하되 감성적인 강요보다는 논리적인 설득을 하도록 서술한다. 결론에서는 필자가 이 글에서 밝힌 주장을 요약하고 필자의 입장을 다시 한번 강조하며 글을 마무리한다.

독자를 설득하기 위한 다양한 논증 방식이 있는데 연역법과 귀납법, 유추 등이 있다. 연역법은 기본적이고 일반적 법칙이나 이론에서 특수한 의견이나 주장을 추론하는 방법이다. 귀납법은 개별적인 구체적인 사실이나 원리에서 일반적인 명제를 도출하는 방법이다. 유추는 서로 다른 대상이 유사성이 있을 때 그 유사성을 토대로 다른 측면에서도 유사성이 생길 수 있음을 추론하는 것이다.

③ 명료하고 설득력 있는 표현

설득하는 글에서 필자의 주장은 명료해야 하고 주장을 뒷받침하는 근거는 설득력이 있는 표현이어야 한다. 필자의 주관적 표현이나 단정적인 표현, 모호한 표현은 설득력을 떨어뜨릴 수 있다. 자기의 주장을 명료하게 표현한다고 해서 지나치게 강압적인 어조보다는 상대방을 존중하면서 논리적으로 이해시켜야 한다.

다) 표현적 글쓰기

표현적 글쓰기는 필자의 생각이나 느낌을 자유롭게 표현하는 글쓰기로 독자보다는 필자의 내면에 초점을 둔다. 표현적 글쓰기에는 일기, 감상문, 자서전, 기행문 등이 있다. 대표적인 장르의 특징과 쓰기 교육에서 강조해야 할 사항을 이수진 외(2024: 212~213)에서는 다음과 같이 설명하고 있다.

학령 초기부터 초등 전 학년에 걸쳐 많이 쓰는 일기는 형식이 비교적 자유롭게 자신에게 있었던 일과 생각이나 느낌을 기록하여 쓴다는 점에서 표현적 글쓰기의 대표적인 양식으로 볼 수 있다. 일기는 필자가 자신의 내면을 표현하고 되돌아보는 과정에서 쓰기 능력 함양과 자기 성찰의 기회를 제공한다. 또 내용 생성이나 조직에 관한 인지적 부담이 비교적 적다는 점에서 한 편의 글쓰기 수준의 쓰기 교육을 할 때 유용하다. 감상문이나 자서전, 기행문의 경우 정보 전달적 글쓰기의 영향도 동시에 받는다. 따라서 감상문, 자서전, 기행문이 갖추어야 할 규범과 양식을 시대에 따라 달리 적용할 수 있다.

표현적 글쓰기를 할 때 유의할 점은 다음과 같다. 첫째, 어떤 상황이나 대상에 대한 자기 생각, 느낌, 감정 등을 떠올릴 수 있어야 한다. 표현적 글쓰기는 필자가 상황이나 대상에 관해 가지게 된 인상을 글로 표현하는 것이다. 따라서 상황이나 대상을 민감하게 관찰하고 기억, 이해, 분석하는 인지 능력이 필요하다.

둘째, 자기의 생각, 느낌, 감정을 진솔하게 표현할 수 있어야 한다. 필자가 자기 내면을 효율적으로 표현하기 위해서는 적절한 낱말, 문장, 문단 등을 떠올려 쓸 수 있는 표현 능력이 필요하다. 필자의 낱말 쓰기, 문장 쓰기, 문단 쓰기 능력은 효과적인 표현적인 글쓰기에 중요한 영향을 미친다.

셋째, 글의 형식보다는 자기 표현에 집중해야 한다. 표현적인 글쓰기는 필자가 수사적 구조, 기능, 전략 지식을 정확히 알고 있는가보다 개인 경험을 얼마나 진솔하게 표현하는가가 중요하다. 필자가 상황이나 대상에 관한 자기의 생각을 구체화하고 적절하게 표현하며 자신의 내면에 집중한다. 자기에 관한 이러한 인지, 표현 작용은 필자가 자아 성찰과 자아 탐구 경험을 할 수 있도록 한다.

4. 쓰기 교육의 평가

표현 영역인 쓰기 평가에서는 다음과 같은 점을 유의해야 한다. 첫째, 쓰기 평가는 직접 평가를 지향해야 한다. 쓰기 능력은 수행성을 전제로 하기 때문에, 직접 평가되어야 의미 있다. 선다형 평가로 대표되는 간접 평가 방식은 평가의 편의성 때문에 채택되는 경우가 많지만, 언어 수행이 제대로 이루어졌는지 평가하기가 어렵다.

둘째, 쓰기 평가는 실제 맥락에서의 쓰기 수행력을 평가해야 한다. 쓰기 행위는 항상 실제 맥락 속에서 일어나므로, 평가 역시 실제적 독자와 목적, 상황을 제시하는 등 맥락 속에서 이루어져야 한다. 그런데 간접 평가는 탈맥락적으로 이루어지면서 종종 기능, 전략, 태도를 지식으로 변환시켜 평가하는 오류를 범하기도 한다.

셋째, 쓰기의 결과와 과정을 균형 있게 평가해야 한다. 전통적 형식주의 관점에서는 학습자가 결과적으로 쓴 텍스트만을 평가의 대상으로 삼았다. 이에 대한 대안 평가는 쓰기의 과정 전체를 평가하도록 강조하고 있다. 쓰기 행위에서 과정과 결과는 모두 중요하므로 복합적으로 이루어져야 한다. 과정과 결과평가의 방식이 함께 이루어질 때 쓰기 능력을 균형 있게 평가할 수 있다.

넷째, 쓰기 평가는 지속적으로 연계되어 이루어져야 한다. 쓰기 능력은 단편적인 지식이나 기능으로 판단할 수 없으며, 한 편의 글쓰기에 대해 일회적으로 평가하기도 어렵다. 쓰기 능력은 장기간에 걸쳐 발달하며 개인별 편차가 크기 때문에 지속적인 평가 관점이 필요하다. 장기적인 계획에 의해 학습자의 쓰기 행위를 관찰하고 학습자가 쓴 글들을 누적하여 해석하려는 관점이 필요하다.

평가를 나누는 방식은 평가 시기, 방법, 목적, 주체 등 상황에 따라 다양하지만, 쓰기 평가의 특성을 이해하기 위해서는 평가 방법에 의한 분류가 적절하다. 일반적인 쓰기 평가 방법은 대체로 결과 평가, 과정 평가로 나누어서 설명된다(임천택, 2002). 결과 평가는 학생들이 완성한 결과물로서의 글을 대상으로 평가하는 방식이다. 이에 반해 과정 평가는 그 글이 어떤 과정을 거쳐 쓰였는지를 평가하는 방식이다. 결과 평가로는 텍스트 분석법이 대표적이고, 과정 평가로는 관찰법, 면담, 포트폴리오, 자기 점검법 등이 있다.

가. 쓰기 결과 평가

1) 쓰기 결과 평가의 유형

'텍스트 분석 평가'의 대표적인 예는 총체적 평가 방법, 주요 특질 평가 방법, 분석적 평가 방법이 있다(배향란, 1995; 임천택, 2002). 이는 텍스트를 분리할 수 없는 전체로 보느냐, 여러 구성 요소가 합쳐진 구성물로 보느냐의 차이이다.

'총체적 평가법'은 텍스트를 통일되고 일관성을 갖춘 전체로 간주하고 평가하는 방법으로, 주로 텍스트의 전체적 유창성과 조화를 평가한다. 총체적으로 하나의 글을 평가하므로 시간과 비용을 최소화할 수 있어 경제적이며, 하나의 평가 척도를 다른 유형의 텍스트에서도 그대로 활용할 수 있다는 점이 유리하다(임천택, 2002: 252).

총체적 평가는 글을 읽었을 때의 직관적 느낌이 중요하므로 인상 평가에 가깝다. 글 전체의 아우라를 존중한다는 장점이 있으나, 평가자의 주관적 느낌에 의존하므로 신뢰도를 확보하기가 가장 어렵다(박영목 외, 1988: 379). 또한 학생의 글이 왜 그렇게 평가받았는지에 대한 구체적 정보를 제공하지 못한다는 문제가 있다.

'분석 평가법'은 텍스트를 하나하나의 구성 요소가 합쳐진 전체로 보고, 이 요소를 따로 분리하여 분절 척도로 평가하는 방법이다. 분석 평가법의 개발자인 디드리히(Diederich, 1974) 등은 300여 편의 쓰기를 몇 명의 평가자가 무작위로 나누어 1점에서 9점의 범위 내에서 평가하도록 하고, 그러한 점수를 산출한 기준을 평가자마다 기술하게 하였다. 이렇게 하여 최종적으로 텍스트를 평가하는 데 고려된 기준 요소들이 내용, 조직, 어휘 사용, 표현력, 맞춤법 등으로 나타났다(임천택, 2002: 254). 디드리히의 연구 이후 여러 학자들이 분석 평가법에서 사용할 수 있는 쓰기의 평가 범주를 제시하였는데, 대체로 공통적인 요소들이 '내용, 조직, 표현, 어법'으로 압축된다.

분석적 평가는 쓰기의 질을 각 요소로 나누어 세밀하게 평가함으로써 총체적 평가의 포괄적 해석의 한계를 극복할 수 있으며, 평가 정보를 교수·학습에 송환할 수 있다는 장점이 있다. 그러나 실제로 텍스트는 각 요소별로 분리되어 존재하는 것이 아니라는 점에서 분리된 평가 자체가 자칫하면 고립적인 기능 평가로 전락할 수 있다는 우려가 있다. 또한 각 평가 요소 간의 경계를 명확히 구분하여 평가하기가 어렵고, 많은 시간이 소요된다는 약점이 있다(박영목 외, 1988: 379).

'주요 특질 평가법'은 과제 지향적 평가로서, 평가 요소가 과제에 따라 달라지며, 그 과제에서 요구하고 있는 핵심 요소를 중심으로 평가한다. 주요 특질 평가의 장점은 교사가 기대한 교수·학습 결과를 정확하게 기술할 수 있으므로 학생이 특정 과제에서 할 수 있는 것과 없는 것을 분명히 구분해 줄 수 있다는 점이다. 유의해야 할 점은 과제 수행 능력을 주요 특질 요소의 성취기준에 두기 때문에 과제 제시 단계에서 텍스트의 주요 특질을 구성하는 진술이 명확해야 하고, 사전에 언어 발달 수준이나 특정 단계의 도달 수준에 대한 합의가 있어야 한다(임천택, 2002: 255~256).

예를 들어 '묘사하는 글쓰기' 과제라면, 핵심적으로 평가해야 할 요소는 '묘사의 능력'이다. 학생의 글이 맞춤법이 많이 틀리거나 구조화가 덜 되었더라도 묘사가 뛰어나다면 좋은 점수를 받을 수 있다. 반대로 내용이 좋고 문장력이 뛰어나더라도 묘사의 표현이 없으면 좋은 점수를 받을 수 없다.

2) 쓰기 결과 평가의 실제

앞서 설명한 세 가지의 텍스트 분석법은 평가 상황과 목표에 따라 달리 사용할 수 있다. 교사는 각각의 장점과 단점을 파악하고 상황에 맞는 평가 방법을 선택할 수 있어야 한다. 여기서는 학생 글을 대상으로 각 평가 방식을 연습해보기로 하자. 다음은 초등학교 5학년 학생이 교통사고에 대하여 쓴 설득 텍스트이다.[7] 글 (가), (나), (다)를 읽고 여러 가지 방법으로 텍스트 분석을 해 보자.

(가)

제목: 어린이 교통사고

요즘에 어린이 교통사고가 자주 일어납니다. 그 이유는 운전자나 보행자 모두 교통법을 잘 지키지 않아서 인 것 같습니다. 운전자는 신호를 무시하고 규정속도를 잘 지키지 않는 등 그런걸 때문인 것 같고, 우리 보행자는 횡단보도로 건너지 않고 막 건너고 찻길에서 장난을 하는 등 그런것 때문이라고 생각합니다. 이런 사고를 예방하기 위해서는 서로가 조심해야 한다고 생각합니다. 보행자는 길을 건널 때 횡단보도를 이용해서 건너고 찻길에서 장난을 하지 말아야 하고 운전자는 규정속도를 잘 지키고 음주 운전을 하지 말고 신호를 잘 지켜 줘야 합니다.
이런 것들만 우리 모두가 잘 지킨다면 교통사고는 일어나지 않을 것입니다. 그럼 우리 모두 교통법을 잘 지켜서 교통사고를 예방하기 위해 노력합시다.

---

7 박태호(2006)에서 발췌한 학생 글이다.

(나)

제목 : 과속은 교통 사고의 지름길 😊

오늘은 여러 운전 자들이 과속을 하고있어
문제가 되고 있다.
한 사람의 잘못된 행동으로 여러사람들이
피해가 되고 있다.
한사람의 잘못된선택을 고쳐야 한다.
나 한사람쯤이야라는 선택이 운명을 좌우한다.
그 한 사람 때문에 사람의 운명이 달려있을수도
있다. 그러다 가는 우리나라의 사람들이
점점 더 없어질 수도 있다.
또 과속을 하게되면 신호등이 갑자기
바뀌면 제대로 서지를못 하기 때문이다.
사람들이 음주운전, 과속, 신호위반, 졸음 때
문에 죽어가고 있다.
과속을하면 골목길이나 좁은길에서 도
빨리 다니게 되고 갑자기 사람이 나 와도
서지못 하기때문에 나는 과속을 하지말았
으면 좋겠다.

(다)

제목 : 교통사고를 예방하자.
우리나라는 교통 사고로인해 사망과 부상을 당하는 사람
이 증가하고 있다.
우리는 예방법을 알면서도 지키지 않는다.
보행자 들의 잘못. 운전자들의 잘못. 그 두가지가 교통사고를
발생시킨다
우리나라 사람들이 원인과 예방법을알고 여 방법을 지키면
교통사고는 조금씩 조금씩 사라져갈 것이다.
우리는 원인 부터 알아야 한다.
첫번째, 전문가 들이 원인 제공을 한다.
위험한 곳에서 놀고 무단 횡단을 하고 신호를 무시하는 등등

원인이 있고 두번째, 운전자가 있다.
규정속도를 무시 하고 음주운전을하며 신호를 무시한다.
예방법에도 여러가지가있다.
보행자들이 지켜야 할 예방법이 있다.
안전한곳에서 놀도록 하며 무단횡단을 하지 않으며, 육교, 지하도,
횡단 보도로 다니려고 노력해야한다.
운전자 들이 지켜야 할 예방법도 있다.
술을 마시지 않으며 신호를 지키고 규정속도를시키며
사람이 있는지 확인하며 운전해야 한다.
예방법과 원인을 알고 예방 법을 지키면 교통사고를
예방 할 수 있을 것이다.

1. 총체적 평가법

→ 글 (가), (나), (다)를 상, 중, 하로 평가해보고 그 이유를 간단히 쓰시오.

(가) : 상, 중, 하＿＿＿＿＿＿＿＿＿＿＿＿＿＿＿＿＿＿＿＿

(나) : 상, 중, 하＿＿＿＿＿＿＿＿＿＿＿＿＿＿＿＿＿＿＿＿

(다) : 상, 중, 하＿＿＿＿＿＿＿＿＿＿＿＿＿＿＿＿＿＿＿＿

2. 분석적 평가법

→ 글 (가), (나), (다)에 대하여 항목별로 1~5점을 부여하여 평가하시오.

평가 영역		평가 기준	(가)	(나)	(다)
내용		주제나 중심 내용이 잘 드러나는가?			
		내용이 풍부한가?			
조직		글 내용이 처음, 가운데, 끝으로 짜임새 있게 구성되었는가?			
		글의 흐름이 자연스럽고 문단 구분이 잘 되었는가?			
표현		사실이나 느낌에 대하여 자세하게 설명하거나 묘사하였는가?			
		적절한 어휘와 표현을 사용하였는가?			
어법		맞춤법이나 어법에 맞는가?			
		글씨를 바르게 썼는가?			
합산 점수					

3. 주요 특질 평가법

→ 글 (가), (나), (다)는 교통질서를 지킬 것을 설득하기 위해 쓴 글입니다. 효과적인 설득을 위해서는 명확한 주장, 적절한 근거가 가장 중요합니다. 2에서 가장 높은 점수를 받은 글에 대하여 다음의 주요 특질들을 서술해 봅시다.

[주장이 명확한가?]

[근거가 풍부한가?]

[주장에 대하여 근거가 적절한가?]

나. 쓰기 과정 평가

1) 쓰기 과정 평가의 유형

쓰기 과정 평가는 학생들이 한편의 글을 쓰기까지의 과정을 이해할 수 있는 자료를 수집하고 판단할 수 있는 평가 방식이다. 대표적으로 포트폴리오, 관찰법과 면담, 자기 점검법 등을 들 수 있다.

쓰기 포트폴리오란 특정 기간에 일정한 목적을 가지고 선택적으로 학생의 쓰기 활동을 표집하고 구조화한 자료철로, 여러 가지 형식이나 주제의 글, 각종 기록지, 내용목록표, 자기평가지 등을 포함한다. 포트폴리오 평가는 일정 기간 동안 이루어진 활동들이 모두 포함되기 때문에 쓰기의 과정뿐 아니라 다양한 영역에 걸친 학생의 성장과 발달과정을 한 눈에 볼 수 있는 자료가 된다(임천택, 1998).

일정 기간 동안 학생들이 쓴 글과 글을 산출하기까지의 자료를 꾸준히 모아 평가하기 때문에, 학생의 쓰기 능력을 전체적인 관점으로 평가할 수 있다는 장점이 있다. 박인기 외(1999: 286)에서는 포트폴리오가 평가 방법으로 기능하기 위해 갖추어야 할 요소를 세 가지로 정리하였다. 첫째, '왜 평가를 하는가'에 대한 평가 목적이 있어야 한다. 둘째, '정해진 목적에 따라 포함시켜야 할 것과 포함시키지 않아도 될 것, 작품 수집을 누가 할 것이고, 기한은 언제까지 할 것인가' 등을 결정해야 한다. 셋째, 포트폴리오에 수집한 학생의 쓰기 수행에 대한 자료들을 평가할 수 있는 준거를 포함해야 한다.

학생의 쓰기 과정을 평가할 수 있는 또 다른 방법으로는 관찰법과 면접이 있다. 관찰법은 학생들이 쓰기 과정에서 어떤 사고를 하며 어떤 어려움을 겪는지 파악하기 위한 수행 평가의 한 방법이다. 관찰법은 일정한 시간과 장소에서만 행해지는 것이 아니라, 국어 수업과 일상생활 등 모든 상황에서 이루어질 수 있으므로 비형식적인 평가라고 할 수 있다. 면접은 교사가 학생과 면담이나 협의를 실시하면서 학생의 쓰기 수행을 판단하는 방법이다. 예를 들어 학생이 쓴 글을 이해하기 위하여 학생이 어떻게 글의 주제를 정하였으며, 독자는 누구로 선정했는지 등의 질문을 할 수 있다.

관찰법에 비해서는 교사가 의도한 평가의 목적이나 내용이 반영되어 있으나 역시 비형식적인 평가로 활용된다.

자기 점검법은 주어진 항목을 준거로 하여 쓰기 수행이 적절하게 이루어졌는지를 점검하는 방식이다. 대개 점검해야 할 여러 가지 항목을 체크리스트로 작성하고, 자신의 쓰기 수행 과정을 되돌아보며 하나씩 체크하는 방법을 취한다. 학생의 쓰기 과정을 가장 잘 아는 것은 자기 자신임을 고려할 때 유용하다. 그러나 자기 자신의 평가에 대해 주관성을 배제하기 힘들다는 한계가 있다. 자기 점검뿐 아니라 동료에 의한 상호 평가나 교사에 의한 평가를 병행하여 다양한 관점에서 평가 자료를 수집할 필요가 있다.

2) 쓰기 과정 평가의 실제

임천택(2002: 313)은 기존의 연구들을 참조하여 쓰기 포트폴리오에 일반적으로 포함되는 자료들을 다음과 같이 제시하였다.

○ 내용 차례표
○ 목표 탐구 기록
○ 언어 사용(읽기/쓰기/말하기/듣기) 목록표
○ 정기적인 분석 및 협의 기록
○ 자기 평가 보고서
○ 다양한 주제와 형식의 언어 사용 결과물 및 관련 자료(분석지, 체크리스트 등)
○ 포트폴리오에 대한 동료, 교사, 학부모의 기록이나 논평

그는 초등학교 3학년 학생 33명을 대상으로 약 16주간 쓰기 포트폴리오 평가를 적용한 사례를 보여주면서, 학생들에게 포트폴리오 평가 자료의 구성 방법 및 절차에 관한 기본적인 지침을 자세히 설명하고 있다(임천택, 2002: 313).

쓰기 면담은 학생들에게 면담 내용과 방법을 사전에 안내하고, 주요 질문지를 미리 작성하는 것이 좋다. 실제 면담 상황에서는 자연스러운 면담의 흐름에 따라 질문을 수정하거나 대체할 수도 있다. 면담은 교사와 학생이 일대일의 상황에서 할 수도

있고, 교사와 학생 몇 명이 집단으로 할 수도 있다. 다음은 쓰기 면담을 위한 질문지의 예시이다.

<표 4> 쓰기 면담 질문지(임천택, 2002: 270)

1. 쓰기를 좋아하는가? (왜 그런가?)
2. 글을 쓸 때 잘한다고 생각하는 것은 무엇인가?
3. 글을 쓸 때 고쳐야 할 점은 무엇이라고 생각하는가?
4. 글을 쓸 때 제일 어려운 점은 무엇인가?
5. 쓰기를 할 때 제목은 내가 직접 골라서 쓰는가? (누가 고르는가?)
6. 글을 쓸 때 읽을 사람을 생각하는가? (누구인가?)
   * 전혀 생각하지 않는다, 가끔씩 생각한다, 자주 생각한다.
7. 글을 쓰면서 앞에 쓴 내용을 다시 읽어보는가?
   * 전혀 읽지 않는다, 가끔씩 읽는다, 자주 읽어본다.
8. 글을 쓰면서 다른 사람의 도움을 받는가? (왜 그런가?)
   * 전혀 받지 않는다, 가끔씩 받는다, 자주 받는 편이다.
9. 다 쓴 글을 다시 훑어보고 고쳐 쓰거나 내용을 변화시키는가?
   * 전혀 그렇지 않다, 가끔씩 그럴 때가 있다, 자주 그렇게 한다.

자기 점검법은 <표 5>와 같이 체크리스트의 형식으로 이루어질 수 있다. 자기 점검법은 특히 태도나 동기 등 쓰기의 정서적 측면을 평가하기 위해 많이 활용된다. 정서적 측면은 다른 평가 방식으로 정보를 수집하기 어렵기 때문이다.*

....
* 이 장은 류덕제 외(2017)의 제9장 '쓰기 교육론'을 토대로 수정·보완한 것임을 밝힌다.

〈표 5〉 쓰기 태도 자기 점검표(임천택, 2002: 263)

쓰기에 대한 나의 생각

이름 :

이 문항에는 맞거나 틀린 답이 없습니다. 또 누가 잘하고 못하는가를 가리는 것도 아닙니다. 이 평가에서 가장 중요한 것은 각 문제를 잘 읽고 여러분 자신의 생각이나 습관을 솔직하게 나타내는 것입니다. 한 문제에는 한 번만 표시를 해야 하며, 해당되는 빈칸에 V표를 하시오.

번호	점검 내용	그렇다	중간이다	아니다
1	쓰기 시간에는 선생님 말씀을 열심히 듣는다.			
2	쓰기를 오래하는 것은 시간 낭비다.			
3	나는 쓰려고 마음만 먹으면 쓰기를 잘 할 수 있다.			
4	쓰기는 생활에 별로 도움이 되지 않는 과목이다.			
5	누가 시키지 않아도 스스로 글을 쓴다.			
6	쓰기 시간이 되면 지루함을 느낀다.			
7	쓰기 시간이 기다려진다.			
8	일기 쓰기가 싫다.			
9	쓰기는 앞으로 살아가는 데 꼭 필요한 공부이다.			
10	쓰기 공부는 귀찮고 하기 싫은 공부이다.			
11	나는 커서 쓰기를 잘 할 자신이 있다.			
12	나는 쓰기 시간에는 낙서나 다른 장난을 많이 한다.			
13	쓰기는 내가 좋아하는 과목이다.			
14	남이 내 글을 보고 있으면 창피하게 느껴진다.			
15	나는 쓰기를 오랫동안 싫증내지 않고 할 수 있다.			
16	쓰기를 할 때는 정신 집중이 잘 안 된다.			
17	나는 노력하면 글을 더 잘 쓸 수 있다.			
18	친구들에 비해서 나는 쓰기를 못하는 편이다.			
19	쓰기 시간을 더 늘렸으면 좋겠다.			
20	쓰기는 다른 과목에 비하여 어렵다.			

◇ 제5장 ◇

문법 교육론

1. 문법의 특성과 문법 교육의 동향

가. 문법의 특성과 문법 교육

'문법(文法)'이라고 하면 우리는 흔히 맞춤법이나 띄어쓰기 등의 언어 규범을 떠올린다. 그래서 '쉿, 조용이!'라는 표현을 두고, '조용이'가 아니라 '조용히'라고 고쳐서 쓰는 것이 문법에 맞는 표현이라고 말한다. 그러나 다음과 같은 사전의 풀이를 보면 '문법'은 이보다 더 뜻넓이가 넓음을 알 수 있다.

> ※ '문법'의 뜻풀이
> ・표준국어대사전 : 말의 구성 및 운용상의 규칙
> ・우리말 큰사전 : 말의 조직에 관한 법칙

이러한 정의를 통해 '문법'이 말, 즉 언어를 대상으로 그것의 소리, 형태, 문장 등이 어떻게 구성되어 있으며, 그들을 운용하는 규칙은 어떠한지를 포괄적으로 일컫는 것임을 알 수 있다. 2022 교육과정 문법 영역에서 핵심 아이디어를 제시하면서 "문법은 국어의 형식과 내용을 이루는 틀로서 규칙과 원리로 구성·운영"된다고 규정한 데도 이러한 의미가 함의되어 있다.

언어(국어과 교육에 한정하면 '국어')의 틀과 그 틀을 구성하고 운영하는 규칙과 원리를 연구하는 문법 연구(언어학)는 그 뿌리가 깊어 고대 그리스까지 거슬러 올라간다.[1] 그러나 언어 교육에서 언어학이 중요한 요소로 인식되기 시작한 것은 20세기 초반,

구조주의 언어학에서부터이다. 이후, 변형생성이론, 화용론, 담화 분석, 텍스트언어학 등은 문법 교육의 내용과 방법에 영향을 끼치고 있다. 이들 언어학의 여러 이론들은 제 나름의 관점과 설명력이 있는데, 문법 교육의 측면에서 보면 크게 두 부류로 나누어 볼 수 있다. 하나는 구조적 접근법이고 다른 하나는 의사소통적(또는 기능적) 접근법이다.

구조적 접근이란 언어를 정적인 구조물로 보고 내적 구조 분석에 초점을 두는 입장을 말한다. 이들은 음운이나 단어, 문장을 분석의 대상으로 삼으며, 음운의 체계나 단어와 문장의 짜임 등을 분석하여 체계화한다. 가령, '꽃이 피었다.'는 다음과 같은 구조를 지니는 것으로 분석된다. '꽃이'는 주어부, '피었다'는 서술부이고, 주어부 '꽃이'는 다시 명사 '꽃'과 조사 '이'로 분석되고, 서술부 '피었다'는 동사 어간 '피-'와 어미 '-었다'로, 어미 '-었다'는 다시 선어말 어미 '-었-'과 어말 어미 '-다'로 분석된다.

꽃이 피었다.　　→ [[꽃이] [피었다]]
　　　　　　　　→ [[[꽃][이]] [[피][[었][다]]]]

이러한 접근법에 따르면 문법 교육은 언어의 내적 구조를 분석하여 얻은 결과적 지식을 학습하고, 모범적인 구조를 모방하여 연습하는 것을 격려한다.

의사소통적 접근은 언어를 사용의 관점에서 보는 것이다. 따라서 연구의 대상도 문장에 그치지 않고 우리가 실제로 언어적 상호작용에서 교환하는 언어 단위인 담화(말)나 텍스트(글)로 확대된다. 예를 들어 화용론은 특정한 발화가 어떤 조건 아래에서 수용 가능하고 또 적절한가를 탐색하는 것을 목적으로 한다. '바람이 차다.'는 구조적으로 접근하면 주어부 '바람이'와 서술부 '차다'로 분석되는 평서문이지만 의사소통의 관점에서 보면 바람이 차니 창문을 닫으라는 명령의 의미나 바람이 차니 옷을 따뜻하게 입고 가자는 청유의 의미로도 해석될 수 있다. 이런 접근법을 따르면

---

1 지금까지 알려진 문법 책 중 최초의 것은 BC 100년경 디오니시우스(Dionysius Thrax)가 쓴 「문법의 기술」인데 이는 지금까지도 언어 연구에 지대한 영향을 끼치고 있다(이관규 외 역, 2015).

실제 언어 생활에서 적절하고 효과적으로 의사소통할 수 있는 문법 능력을 강조하게 된다.

그런데 대표적인 문법 연구의 두 가지 접근법은 서로 배타적인 성격의 것이 아니라 무엇을 강조하느냐의 차이로 이해하는 것이 바람직하다. 어느 것도 그것 한 가지만으로는 언어 현상을 온전하게 밝히기 어렵기 때문이다. 국어과 '문법' 영역도 이른 시기에는 구조주의의 연구결과인 국어 문법 규칙을 정선하여 학습 내용으로 삼았지만 최근 교육과정에서는 그러한 지식과 더불어 의사소통 맥락에서의 적절한 사용까지를 학습 내용으로 제시하고 있다.

여타의 교과 교육이 그러하듯이 문법 교육도 그 기반이 되는 이러한 언어 연구의 관점과 연구 결과를 일정하게 수용하고 있지만, 교육의 내용 구성은 더 나아간다. 가령, 2022 교육과정의 내용 체계에서는, 내용 요소로 언어 단위 관찰하고 분석하기와 같은 탐구 기능, 한글에 대한 호기심, 국어의 소중함 인식 등의 태도도 내용 요소로 제시되어 있다.[2]

문법 교육의 내용, 즉 교육 문법이 학문 문법과 다른 까닭은 무엇보다 그것이 '교육'의 내용이기 때문이다. 언어학이나 국어학은 현상을 설명하고 예측할 수 있는 이론의 구축이 목적이어서 그 방향이나 연구의 내용에 제한이 없다. 그러나 문법 교육의 내용을 구성할 때는 교육의 목적, 당위성, 규범성, 처방적 효과 등에 대한 고려가 필수적이다. 따라서 문법 교육의 내용은 국어학의 연구 결과를 바탕으로 하겠지만 그보다 외연이 확대되기도 하고, 교육적 필요에 의해 재구성되는 것이다.

나. 문법 교육의 동향

문법 영역은 여러 차례 교육과정이 개정되는 과정에서 '언어', '국어 지식', '문법' 등으로 영역명이 달라졌다. 이는 그만큼 문법 영역의 정체성이 흔들렸음을 의미하는데, 문법 영역을 보는 기존의 관점들을 살펴보면 다음과 같이 크게 넷으로 나뉜다.

---

2 문법 교육의 내용이 이처럼 학문 문법에서 다루는 내용과 다르기 때문에 이를 '교육 문법' 또는 '학교 문법'이라고 구분하여 부르기도 한다.

※ 문법 교육을 보는 관점[3]

ㄱ) 부정적 입장 : 문법 지식은 가르칠 만한 가치가 없다는 입장
ㄴ) 독자적 입장 : 문법 지식은 그 자체로 가르칠 만한 가치가 있다는 입장
ㄷ) 통합적 입장 : 국어과 교육의 목표인 국어 사용 기능의 신장에 도움을 주는 범위 안에서 가르쳐야 한다는 입장
ㄹ) 포괄적 입장 : 문법 교육을 통하여 국어에 대한 체계적인 지식을 기를 뿐만 아니라 국어 사용 능력 및 사고력 신장에도 바람직하다는 입장

부정적 입장과 독자적 입장은 양극단에 있지만 이 둘은 공통적으로 문법 교육을 문법 지식(국어학 연구의 결과물)을 전달하는 영역으로 간주하고 있다. 부정적 입장은 국어과 교육의 목적이 의사소통 능력의 신장임을 전제로 문법 학습이 이러한 목적에 기여하는 바가 미미하다고 보는 것이다. 이러한 입장의 단초가 된 것은 영어권에서 이루어진 연구들인데, 이후 문법 교육 그 자체가 무용한 것이 아니라 교육의 목적이나 내용 선정, 방법 등이 잘못되었기 때문이라는 또 다른 논의가 설득력을 얻으면서 현재에는 더 이상 고려되지 않는 관점이다.[4] 국어과 교육에서 이런 관점에 따라 교육과정에서 문법 교육이 배제된 시기는 없다. 독자적 입장은 문법 지식 그 자체로 학습할 만한 충분한 가치를 지닌다는 입장이다. 이런 관점에 따르면 문법 교육의 내용은 전적으로 중요하다고 간주되는 문법 지식으로 구성되게 된다. 교육과정의 측면에서 보면 학문 중심 교육과정으로 일컬어지는 시기, 특히 제4차 교육과정은 독자적 입장을 취하며, 이때에는 구조주의 언어학의 연구 결과가 중요한 문법 교육의 내용으로 구성되었다.

통합적 입장은 문법 교육에서 배우는 내용들이 국어 사용 능력의 기반 지식이라는 것인데, 이 입장은 문법 교육의 내용을 지나치게 제한하여, 이에 따르면 문법 영역을 굳이 따로 둘 필요가 없어진다. 포괄적 입장은 문법 지식의 가치와 국어 사용 능력의 신장, 사고력 신장을 두루 긍정하는 입장이다. 국어 사용 기능을 강조한 제5차 교육과정과 제6차 교육과정은 통합적 입장을 취한다고 볼 수 있다. 이에 비해 제7차 교육

---

3 이러한 입장의 차이에 대한 구체적 설명은 김광해(1997: 25~34)를 참조할 수 있다.
4 영어권에서 이루어진 문법 교육 논쟁은 이관규 외 역(2017: 78~88)에 잘 소개되어 있다.

과정은 지적 기반으로 문법 지식을 강조하면서, 동시에 국어 사용 능력의 향상과 태도 함양, 국어 문화의 이해와 창조에 기여한다고 규정함으로써 포괄적 입장을 취한다. 제7차 이후 현재의 2022 교육과정은 모두 포괄적 입장을 취하고 있다.

2. 문법 교육의 목표와 내용

가. 문법 교육의 목표

문법 교육의 목표는 궁극적으로 문법 능력의 신장이다. 읽기나 쓰기 등이 처음부터 행위로 인식된 것과는 달리 문법은 오랫동안 지식으로 인식되어 온 까닭에 '문법 능력'이라는 개념 자체가 다소 낯설기도 하다. 읽기 능력이나 쓰기 능력의 정의에 기대어 보면 문법 능력은 국어의 음운이나 형태, 문장, 담화 또는 글의 체계에 대하여 이해하고(지식) 일상의 의사소통에서 그것을 활용할 수 있는 능력(기능)으로 정의할 수 있다.

가령, '나는 비빔밥이다.'라는 표현에 대해 학습자가 다음과 같이 이해하고 판단할 수 있다면 그는 문법 능력이 있다고 말할 수 있다. 학습자는 국어 단어의 짜임(㉠)과 종류(㉡)를 알고 있고, 국어 문장의 구조(㉢)와 문장 성분의 호응(㉣)을 이해하고 있으며, 실제로 어떤 맥락에서 사용되는지(㉤), 말하는 이와 듣는 이의 관계는 어떠한지(㉥)도 이해하고 있다.

㉠ '비빔밥'은 동사 '비비다'와 명사 '밥'을 합성하여 만든 말이다.
㉡ '나'는 대명사, '비빔밥'은 명사, '는'과 '이다'는 조사이다.
㉢ '나는 비빔밥이다.'는 주어와 서술어로 이루어진 문장이다.
㉣ 이 문장은 문법적으로는 적격하지만 의미로 보면 주어와 서술어의 호응이 적절하지 않은 문장이다.
㉤ 적절한 맥락을 부여하면 의미상으로도 적절한 표현이 될 수 있다. 점심시간에 식당에서 음식을 주문할 때는 '나는 비빔밥을 주문한다.'라는 의미로 해석될

수 있으므로 쓸 수 있는 표현이다.

⊞ '저는 비빔밥입니다.'라고 하지 않고 '나는 비빔밥이다.'라고 하는 것을 보니 말하는 이와 듣는 이가 격식을 차리지 않아도 되는 관계이다.

그런데 모국어가 단지 의사소통의 도구이기만 하다면 문법 교육의 목표는 문법 능력의 신장으로 족하다. 그러나 모국어는 단순한 도구가 아니다. 무엇보다 말이라는 것이 그 말을 쓰는 사람들의 삶과 가치를 고스란히 담고 있는 그릇이기 때문에 국어에는 우리의 삶과 문화가 그대로 담겨 있다. 그러므로 문법 교육은 문법 능력의 신장과 더불어 국어 문화의 창조적 계승에 이바지할 수 있는 태도의 함양도 꾀할 수 있어야 한다.

모국어의 다른 가치는 그것이 사고의 도구라는 점이다. 사고가 언어에 영향을 끼치기도 하지만 언어가 사고에 영향을 끼치기도 한다는 것은 널리 알려진 바이다. 그런데 이때 언어란 다름 아닌 모국어인 것이다. 다음을 비교해 보자.

㉠ 사냥꾼이 토끼를 잡았다.
㉡ 토끼가 사냥꾼에게 잡혔다.

㉠과 ㉡은 객관적으로 동일한 사태의 진술이다. 그러나 사태에 대한 말하는 이의 인식(사고)은 매우 다르다. 앞의 능동 표현을 활용하는 경우는 사냥꾼을 사태의 주체로 인식하지만 뒤의 피동 표현은 토끼를 주체로 인식하는 것이다. 이는 청자에게도 마찬가지이다. ㉠을 들은 청자의 머릿속에는 사냥꾼이 주인공으로 등장하겠지만 ㉡을 들은 청자에게는 토끼가 주인공으로 등장할 것이다. 그런데 화자와 청자가 국어의 능동 표현과 피동 표현을 알지 못한다면 이처럼 섬세하게 사태를 분별하여 인식하기는 어렵다.

아울러 문법 교육에서는 문법 현상에 대한 탐구를 강조하는데 이를 통해서도 사고력을 신장하는 효과를 얻을 수 있다. 탐구 활동은 대상을 자세하게 관찰하고, 수집한 자료를 비교·대조하며, 분석하고, 분류하고, 종합하고 추론하는 등 사고 활동을 필요로 하기 때문이다.

2022 교육과정의 '국어' 과목에도 문법 교육의 이러한 목표가 잘 반영되어 있다. '국어' 과목의 성격 진술에서는 "국어를 정확하고 효과적으로 사용하는 능력"은 물론이고, "비판적이고 창의적인 사고와 활동을 바탕으로 국어문화를 향유하도록 하는 교과"임을 명시하고 있는데, 이는 다름 아닌 문법 능력과 사고 능력, 국어 문화의 계승과 창조인 것이다. 2022 교육과정은 이전의 교육과정과는 달리 역량 중심으로 '목표'를 진술하고 있어 문법 영역의 목표가 명시적으로 드러나지는 않는다. 그러나 그 속내를 들여다보면 이러한 내용이 함의되어 있음을 알 수 있다. 다음은 2022 교육과정에 제시된 '국어' 과목의 목표이다.

※ 2022 교육과정 '국어' 과목 '1.나. 목표'의 전문
㉠ 국어 의사소통의 맥락과 요소를 이해하고 다양한 의사소통의 과정에 협력적으로 참여하면서 ㉡ 언어생활을 성찰하고 ㉢ 국어문화를 향유함으로써 미래 사회에서 요구되는 높은 수준의 국어 능력을 기른다.

2022 교육과정에서 추구하는 '국어'의 궁극적 목표는 '미래 사회에서 요구되는 높은 수준의 국어 능력'을 기르는 것이다. 그런데 이때 국어 능력의 함양을 가능하게 하는 ㉠ ~ ㉢은 문법 지식의 이해와 사용, 사고력, 국어 문화(태도)와 불가분의 관계에 있다. 요컨대, 문법 교육의 목표는 문법 능력의 신장뿐만 아니라 국어 문화의 창조적 계승, 사고력 함양에 있음을 함의하고 있는 것이다.

나. 문법 교육의 내용

1) 2022 교육과정의 '내용 체계'와 '성취기준'[5]

문법 교육의 목표를 이렇듯 뚜렷이 잡더라도 그에 이르기 위한 내용을 구성하는 일은 쉽지 않다. 국어과 교육과정에서는 제6차 교육과정부터 먼저 내용 영역과 수준을 파악할 수 있도록 '내용 체계'를 제시하고 이로부터 구체적인 교육 내용을 연역하

---

5   이하 교육과정의 내용과 그에 대한 설명은 교육부(2022), 노은희 외(2022ㄱ,ㄴ) 등을 인용·참조하였다.

여 제시하였다.

　2022 국어과 교육과정의 내용 체계는 '핵심 아이디어'와 '내용 요소'를 상위 범주로 하고 있다. '핵심 아이디어'는 해당 영역의 학습을 통해 학습자에게 내면화되기를 기대하는 앎의 양태를 진술한 것이며, '내용 요소'는 핵심 아이디어를 성취하기 하기 위한 필수 학습 내용이다. '내용 요소'는 크게 '지식·이해', '과정·기능', '가치·태도'로 하위 범주화하여 제시하였다. 문법 영역도 이러한 범주 구성을 따르고 있다.

　2022 교육과정 문법 영역의 '핵심 아이디어'는 문법 영역을 학습한 후 학생들이 무엇을 알아야 하고, 할 수 있어야 하는지를 제시하였다. 모두 4가지 항목으로 구성되어 있는데, 각각 문법, 언어, 국어 자료, 국어 사용자에 대하여 학습자가 최종적으로 구성하기를 기대하는 앎의 내용을 기술하고 있다. 그들 중 가장 눈여겨볼 부분은 '문법'을 국어의 형식과 내용을 이루는 틀이며, 이는 규칙과 원리로 구성·운영된다고 명시적으로 규정한 점이다. 이는 전통적으로 문법 교육의 주요 내용으로 간주하였던 국어의 구조적 체계에 대한 지식뿐만 그 체계를 운영하는 규칙과 원리까지 문법 교육의 내용으로 포섭되어야 함을 명시한 것이다. 물론 그간의 문법 교육에서도 지식의 사용 측면을 도외시하지는 않았지만 이로써 비로소 사용이 지식과 마찬가지로 중요한 문법 교육의 내용으로 다루어지게 되었다.

　내용 요소 중 '지식·이해' 범주에는 '언어 단위'를 비롯하여 '언어의 본질과 맥락', '한글의 기초와 국어 규범'을 하위 범주로 설정하였다. '언어의 본질과 맥락'은 언어가 실제로 사용되는 다양한 맥락에서 문법이 어떻게 작동되는지를 탐구하도록 함을 의도한 것이고, '한글의 기초와 국어 규범'은 기초 문식성 교육의 강화를 염두에 둔 것이다.

　'과정·기능' 범주는 '국어의 분석과 활용', '국어 실천의 성찰과 비판'을 하위 범주로 설정하였다. 이는 국어에 대하여 음운, 단어, 문장 등의 언어 단위를 대상으로 한 분석적 탐구뿐만 아니라 다양한 맥락에서 사용되는 국어에 대하여 비판적으로 또는 창의적으로 탐구해 보는 경험을 문법 교육의 내용으로 포함하고자 하였음을 나타낸다.

　'가치·태도' 범주는 따로 하위 범주를 설정하지는 않았고, 학년성에 따라 국어 생활 주체로서의 정체성과 국어 의식 형성을 내용 요소로 제시였다.

〈표 1〉 2022 국어과 교육과정 문법 영역 내용 체계

핵심 아이디어	◦ 문법은 국어의 형식과 내용을 이루는 틀로서 규칙과 원리로 구성·운영되며, 문법 탐구는 문법에 대해 사고하는 활동으로 국어에 대한 총체적 앎을 이끈다. ◦ 국어는 체계와 구조를 갖춘 의미 생성 자원이자, 사회적으로 구성된 관습적 규약이며, 공동체의 사고와 가치를 표상하는 문화적 산물이다. ◦ 국어 자료는 다양한 맥락에서 만들어지는 의사소통의 결과물로서, 국어 현상을 파악하고 국어 문제를 발견할 수 있는 문법 탐구의 대상이다. ◦ 국어 사용자는 일상생활에서 국어 현상과 국어 문제를 탐구하고 성찰하면서 언어 주체로서의 정체성과 국어 의식을 형성한다.		

범주		내용 요소		
		1~2학년	3~4학년	5~6학년
지식·이해	언어의 본질과 맥락		◦ 의사소통과 관계 형성 수단으로서의 언어 ◦ 참여자 간 관계 및 장면에 따른 언어	◦ 음성 언어 및 문자 언어의 특성과 매체 ◦ 지역에 따른 언어와 표준어
	언어 단위	◦ 글자·단어·문장	◦ 단어의 의미와 단어 간의 의미 관계 ◦ 단어의 분류 ◦ 문장의 기본 구조 ◦ 글과 담화의 높임 표현과 지시·접속 표현	◦ 어휘 체계와 고유어 ◦ 관용 표현 ◦ 문장 성분과 호응 ◦ 글과 담화의 시간 표현
	한글의 기초와 국어 규범	◦ 한글 자모의 이름과 소리 ◦ 단어의 발음과 표기 ◦ 문장과 문장 부호	◦ 단어의 정확한 발음과 표기	◦ 단어와 문장의 정확한 표기와 사용
과정·기능	국어의 분석과 활용	◦ 언어 단위 관찰하기	◦ 언어 단위 관찰하고 분석하기 ◦ 국어사전 활용하여 문제 해결하기 ◦ 글과 담화에 적절한 표현 사용하기	◦ 언어 표현의 특징 분석하기 ◦ 글과 담화에 적절한 표현 사용하기
	국어 실천의 성찰과 비판	◦ 소리와 표기의 차이 인식하기	◦ 국어 규범 인지하고 수용하기	◦ 국어생활 점검하고 실천하기 ◦ 언어 표현의 효과 평가하기
가치·태도		◦ 한글에 대한 호기심	◦ 국어의 소중함 인식	◦ 국어생활에 대한 민감성 ◦ 집단·사회의 언어와 나의 언어의 관계 인식

실제로 교재를 집필하거나 수업 계획을 세울 때 기준이 되는 성취기준은 내용 체계표에 제시된 둘 이상의 내용 요소를 결합하여 구성된다. 그런데 문법 교육이 문법 연구의 내용을 그대로 이식하는 것이 아니며, 동일한 내용도 학년성에 따라 교육의 범위와 수준을 달리해야 한다. 예를 들어, 성취기준 '소리와 표기가 다를 수 있음을 알고 단어를 바르게 읽고 쓴다.'를 생각해 보자. 이 성취기준은 학년성에 따라 소리와 표기의 다름을 유발하는 국어의 음운 현상을 모두 학습 내용으로 삼을 수도 있고, 전형적인 사례를 중심으로 소리와 표기가 다를 수 있음을 인식하도록 하는 정도에서 그칠 수도 있다. 이때에는 '성취기준 해설' 및 '성취기준 적용 시 고려 사항'의 도움을 받을 수도 있다.[6]

2022 교육과정의 문법 영역 성취기준은 다음과 같다.

〈표 2〉 2022 국어과 교육과정 문법 영역 성취기준

학년군	성취기준
1~2	[2국04-01] 한글 자모의 이름과 소릿값을 알고 정확하게 발음하고 쓴다. [2국04-02] 소리와 표기가 다를 수 있음을 알고 단어를 바르게 읽고 쓴다. [2국04-03] 문장과 문장 부호를 알맞게 쓰고 한글에 호기심을 가진다.
3~4	[4국04-01] 단어와 단어 간의 의미 관계를 파악한다. [4국04-02] 단어를 분류하고 국어사전을 활용하여 능동적인 국어활동을 한다. [4국04-03] 기본적인 문장의 짜임을 이해하고 적절하게 사용한다. [4국04-04] 글과 담화에 쓰인 높임 표현과 지시·접속 표현을 이해하고 상황에 맞게 표현한다. [4국04-05] 언어가 의사소통과 관계 형성의 수단임을 이해하고 국어를 소중히 여기는 태도를 지닌다.
5~6	[6국04-01] 음성 언어 및 문자 언어의 특성을 이해하고 다양한 매체 자료에서 표현 효과를 평가한다. [6국04-02] 표준어와 방언의 기능을 파악하고 언어 공동체와 국어생활과의 관계를 이해한다. [6국04-03] 고유어와 관용 표현의 쓰임과 가치를 이해하고 상황에 맞게 표현한다. [6국04-04] 문장 성분을 이해하고 호응 관계가 올바른 문장을 구성한다. [6국04-05] 글과 담화에 쓰인 시간 표현을 이해하고 상황에 맞게 표현한다. [6국04-06] 글과 담화에 쓰인 단어 및 문장, 띄어쓰기를 민감하게 살펴 바르게 고치는 태도를 지닌다.

---

6 2015 교육과정에서는 각 학년의 영역별 성취기준 아래 '학습 요소, 성취기준 해설, 교수·학습 방법 및 유의 사항, 평가 방법 및 유의 사항'을 제시하였지만 2022 교육과정에서는 '성취기준 해설, 성취기준 적용 시 고려 사항'으로 간략화 되었다.

2022 교육과정의 학년군별 성취기준의 수를 2015 교육과정과 비교해 보면 1~2학년군에서 하나가 감소하였으므로 학습 부담이 다소 줄어든 듯하다. 그러나 성취기준의 세부 내용을 보면 학습 부담이 이전 시기보다 늘어났음을 알 수 있다. 1~2학년군도 실상은 학습 부담이 줄어든 것이 아니다. '[2국04-03] 문장과 문장 부호를 알맞게 쓰고 한글에 호기심을 가진다.'는 2015 교육과정의 두 성취기준, '문장에 따라 알맞은 문장 부호를 사용한다.'와 '글자, 낱말, 문장을 관심 있게 살펴보고 흥미를 가진다.'를 통합한 것이다. 2015 교육과정과 비교해 보면 [4국04-02], [6국04-03]도 통합 성취기준이다.

2022 교육과정에서 추가되거나 신설된 내용도 눈에 띈다. 먼저, 3~4학년군의 '글과 담화에 쓰인 높임 표현과 지시·접속 표현'은 이전 시기에 있던 높임법에 지시·접속 표현을 추가하여 재구성한 것이다. 신설은 5~6학년군에 집중되어 있다. 음성 언어 및 문자 언어의 특성, 표준어와 방언의 기능, 글과 담화에 쓰인 시간 표현 등이 그러하다.

초등학교 문법 교육에서 교사가 경험하는 어려움 중 하나는 문법 개념을 학생들이 이해할 수 있도록 충분히 풀어서 설명해야 한다는 것이다. 이는 추상적 개념을 그대로 전달하는 것보다 훨씬 어려운 일이어서, 교사가 문법 개념을 충분하고 정확하게 이해할 때 가능하다. 그래서 아래에서 성취기준과 관련된 문법 개념을 간략하게 제시한다.

2) 문법 교육 내용으로서의 문법 지식

가) 언어 분석의 단위

우리의 일상적인 대화(담화)나 글은 살펴보면 그것들은 하나 이상의 문장으로 이루어져 있고, 문장은 또 그보다 더 작은 단위들로 이루어져 있음을 알 수 있다. 구나 절, 형태소, 단어, 음운 등이 그것이다. 문법 성취기준에 대해 구체적으로 이야기하려면 이러한 언어 단위에 대한 이해가 먼저 필요하다.

먼저 '음운'이란 의미를 구분하는 기능이 있는 가장 작은 언어 단위이다. 이는 '음소'와 '운소'가 합하여진 용어로, 음소는 자음과 모음을 일컫는 것이고, 운소는 소리의 장단, 고저, 강약, 억양 등을 일컫는다. 언어마다 제각기 음소 체계가 다르고, 유의미하게 작용하는 운소도 다르다. '형태소'는 그 자체로 의미를 지닌 가장 작은 언어 단위이며, '단어'는 의미를 지니면서 독립적으로 사용될 수 있는 언어 단위이다. '문장'은 한 마디로 정의하기 어렵기는 하나, 일반적으로 완결된 의미를 표현하는 최소의 언어 단위로, 서술어와 주어를 갖추고 있으면서 마침의 기능을 하는 구두점이 있어야 한다. '담화(입말)'와 '글'은 각기 의사소통의 목적을 위하여 완결된 의미를 전달하는 언어 단위로 둘 이상의 문장으로 구성된다.[7]

나) 1~2학년군 성취기준과 문법 지식

1~2학년군의 성취기준은 기초문식성의 신장에 초점을 두고 있으며, 한글 자·모음자의 이름과 소릿값, 단어를 바르게 읽기, 문장 및 문장 부호를 알고 활용하기를 주요 내용으로 하고 있다. 이들에 대해 차례로 알아보자.

(1) 한글 자·모음자의 이름

한글은 음소 문자로, 각각의 자음과 모음을 하나의 문자로 표기한다. 따라서 기초 문식성을 기르기 위해서는 가장 먼저 자음자와 모음자를 익히고 각각의 소릿값을 알아야 한다. 다음은 한글의 기본 자음자와 모음자이다.

> ○자음자 : ㄱ, ㄲ, ㄴ, ㄷ, ㄸ, ㄹ, ㅁ, ㅂ, ㅃ, ㅅ, ㅆ, ㅇ, ㅈ, ㅉ, ㅊ, ㅋ, ㅌ, ㅍ, ㅎ
> ○모음자: ㅏ, ㅐ, ㅑ, ㅒ, ㅓ, ㅔ, ㅕ, ㅖ, ㅗ, ㅘ, ㅙ, ㅚ, ㅛ, ㅜ, ㅝ, ㅞ, ㅟ, ㅠ, ㅡ, ㅢ, ㅣ[8]

모음자는 소릿값이 곧 이름이지만[9] 자음자는 이름이 따로 있다. 기본 자음자의

---

7 '절'은 서술어와 주어를 갖추기는 하였으나 문장의 일부분으로 쓰이는 언어 단위이며, '구'는 하나의 의미 단위이기는 하나 주어와 서술어를 가지지 못한 언어 단위이다. 그러므로 언어 단위를 차례로 배열하면 '음운 → 형태소 → 단어 → (구, 절) → 문장 → 담화, 텍스트'가 된다.
8 자음자와 모음자의 순서는 사전에 올리는 순서이다. 자음자는 받침 자리에만 쓰이는 겹글자가 더 있는데, 이들을 모두 포함하면 사전에는 'ㄱ, ㄲ, ㄳ, ㄴ, ㄵ, ㄶ, ㄷ, ㄸ, ㄹ, ㄺ, ㄻ, ㄼ, ㄽ, ㄾ, ㄿ, ㅀ, ㅁ, ㅂ, ㅃ, ㅄ, ㅅ, ㅆ, ㅇ, ㅈ, ㅉ, ㅊ, ㅋ, ㅌ, ㅍ, ㅎ'의 순서로 올린다.

이름은 각기 '기역, 니은, 디귿, 리을, 미음, 비읍, 시옷, 이응, 지읒, 치읓, 키읔, 티읕, 피읖, 히읗'이며, 된소리 글자는 '쌍기역'처럼 접사 '쌍-'을 붙여 부른다.

(2) 모음자의 소릿값

모음은 그 소릿값에 따라 단모음과 이중모음으로 나눌 수 있다. 단모음은 혀나 입술 등의 모양을 바꾸지 않고 일정하게 유지하면서 내는 소리인데, 'ㅏ, ㅐ, ㅓ, ㅔ, ㅗ, ㅚ, ㅜ, ㅟ, ㅡ, ㅣ'가 이에 속한다.[10] 이중모음이란 소리를 내는 동안 입술 모양이 바뀌거나 혀를 움직이는 소리로, 단모음을 제외한 나머지 모음은 이중모음이다.

우리말의 단모음은 다음 세 가지 요소에 의해 소릿값이 결정된다.

> ○ 혀의 전후 위치 – 전설 모음, 후설 모음
> ○ 혀의 높낮이 – 고모음, 중모음, 저모음[11]
> ○ 입술 모양 – 원순모음, 평순모음

아래의 표는 이들 세 요소에 의해 소릿값이 결정된 우리말 단모음의 체계이다. 예를 들어 'ㅏ'는 혀의 위치가 낮도록 입을 크게 벌리고, 입술을 평평하게 하여, 혀의 뒤쪽에서 내는 소리(저모음, 평순모음, 후설모음)이다.

〈표 3〉 국어의 단모음 체계

고저 \ 전후 원평	전설		후설	
	평순	원순	평순	원순
고모음	ㅣ	ㅟ	ㅡ	ㅜ
중모음	ㅔ	ㅚ	ㅓ	ㅗ
저모음	ㅐ		ㅏ	

---

9 'ㅏ'는 소릿값이 [아]이고, 이름도 '아'이다.

10 표준 발음법에 의하면 'ㅚ, ㅟ'는 이중모음으로 발음할 수도 있다.

11 입을 많이 벌릴수록 혀의 위치가 낮아지기 때문에 입을 벌리는 정도를 기준으로 '폐모음, 반개모음, 개모음'으로 구분하기도 한다.

〈표 3〉에 제시된 단모음 체계는 방언에 따라 다소 차이가 있다. 가령, 경상도 방언에서는 'ㅓ'와 'ㅡ'의 구분이 명확하지 않고, 'ㅐ'와 'ㅔ' 역시 선명하게 구분되지 않는다. 그러므로 모음의 발음을 지도할 때는 지역적 특성을 고려하여 지도 계획을 세우고, 언어 자료를 수집해야 한다.

자음자와 모음자의 소릿값을 지도할 때 한 가지 더 염두에 두어야 할 내용은 모음자의 길이[12]이다. 이 역시 뜻을 구분하는 구실을 하기 때문이다. 예를 들어 '동생은 눈(眼)이 크다.'에서 '눈(眼)'은 짧은 소리로 읽어야 하지만 '밤에 눈(雪)이 많이 내렸다.'에서 '눈(雪)'은 긴소리로 읽어야 한다.[13] 국어에는 길이에 따라 뜻이 달라지는 낱말의 쌍이 여럿 있으므로 다양한 사용의 맥락에서 이들을 익혀야 한다.

눈(眼)/눈:(雪)	밤(夜)/밤:(栗)	굴(石花)/굴:(窟)
묻다(埋)/묻:다(問)	굽다(曲)/굽:다(炙)	말다(捲)/말:다(勿)
사료(飼料)/사:료(史料)	가정(家庭), 가:정(假定)	

(3) 자음자의 소릿값

자음은 목청을 통과한 날숨 공기가 입 안의 어느 곳에서 흐름이 막히거나 통로가 좁아져 방해를 받아 나는 소리이다. 그래서 자음은 방해를 받는 자리가 어디인지(조음 위치), 또 어떤 방법으로 방해를 받았는지(조음 방법)에 따라 소릿값이 달라진다.

조음 위치를 기준으로 하면, 두 입술에서 나는 입술소리, 혀끝이 윗잇몸에 닿아 나는 잇몸소리, 혓바닥과 센입천장 사이에서 나는 센입천장소리, 혀의 뒷부분과 여린입천장 사이에서 나는 여린입천장소리, 목청에서 나는 목청소리가 있다.[14] 조음 방법을 기준으로 하면, 파열음, 파찰음, 마찰음, 비음, 유음으로 소릿값을 나눈다.

---

12 운소 중에서 단어에 작용하는 것은 장단, 강약, 고저인데, 국어의 표준발음법에서는 길이(장단)만을 인정한다.

13 '눈:(雪)', '밤:(栗)' 등의 긴소리는 첫음절에서만 나타난다. 만일 '첫눈', '군밤'처럼 둘째 음절이 되면 더 이상 긴소리로 발음되지 않는다.

14 이들을 각각 한자어 이름인 양순음, 치조음, 연구개음, 경구개음, 후음으로 부르기도 한다.

○파열음 : 공기의 흐름을 입 안이나 입술 어느 부분에서 완전히 막았다가 한꺼번에 터뜨리면서 내는 소리
○마찰음 : 입 안 어느 부분을 좁혀서 그 좁은 틈으로 공기를 마찰시켜 내보내면서 내는 소리
○파찰음 : 파열과 마찰 두 가지 성질을 다 가진 소리, 즉 공기를 막았다가 서서히 터뜨리면서 마찰을 일으켜 내는 소리
○유   음 : 혀끝으로 공깃길을 살짝 막아 공기를 흘려 내보내면서 내는 소리
○비   음 : 코로 공기를 내보내면서 내는 소리

파열음, 마찰음, 파찰음은 다시 예사소리, 된소리, 거센소리로 구분된다. 자연스럽게 터뜨리거나 마찰이 일어나면 예사소리, 힘을 주어 성문을 긴장시키면 된소리(ㄲ, ㄸ, ㅃ, ㅆ, ㅉ), 'ㅎ' 소리를 낼 때와 비슷하게 강하게 공기를 내뿜으며 마찰시키면 거센소리(ㅋ, ㅌ, ㅍ, ㅊ)가 된다.

조음 위치와 조음 방법에 따라 국어 자음자의 소릿값을 나타내면 다음과 같다.

〈표 4〉 국어의 자음 체계

방법＼위치	입술소리	잇몸소리	센입천장소리	여린입천장소리	목청소리
파열음	ㅂ,ㅃ,ㅍ	ㄷ,ㄸ,ㅌ		ㄱ,ㄲ,ㅋ	
파찰음			ㅈ,ㅉ,ㅊ		
마찰음		ㅅ,ㅆ			ㅎ
비음	ㅁ	ㄴ		ㅇ	
유음		ㄹ			

(4) 국어의 음절

형태소가 의미 단위인데 비해 음절은 소리의 단위이다. 음절이란 '발음 할 수 있는 최소의 소리 마디'이다. 국어는 한 음절을 하나의 글자로 모아서 쓰므로 '은수가 밥을 먹었다.'는 글자 수도 여덟이고 음절의 수도 여덟이다. 일반적으로 자음은 단독으로 음절을 구성할 수 없고, 모음은 그 자체로 하나의 음절이 될 수 있다. 국어의 음절은 크게 다음 네 가지 꼴로 구분할 수 있다. 기초 문식성 단계에서는 말소리와 글자의

대응을 익혀야 하므로 국어의 음절 유형에 대한 이해가 필요하다.

- 모음 하나 : 아, 야, 오, 와, ……
- 자음 + 모음 : 가, 코, 깨, 모, ……
- 모음 + 자음 : 울, 옷, 입, 역, ……
- 자음 + 모음 + 자음 : 강, 춤, 팔, 손, 목, ……

'자음 + 모음 + 자음'의 음절에서 중심이 되는 모음을 가운뎃소리(중성)라 하고, 그 앞의 자음과 뒤의 자음은 각각 첫소리(초성), 끝소리(종성)라고 한다.

(5) 음운의 변동[15]

국어는 기본적으로 글자와 소리가 일대일로 대응하지만 환경에 따라 일시적으로 소리가 변하는 현상이 있는데 이를 음운 변동이라고 한다. 예를 들어, '국[국]'은 뒤에 어떤 소리가 오는지에 따라 '국물[궁-]'처럼 소리가 나기도 하는 것이다. 기초 문식성 단계에서 단음절 글자를 익히고 난 다음 다음절어를 익히게 되는데, 이때 음운 변동 현상이 일어나는 단어도 접하게 되므로 이를 바르게 소리 내어 읽을 수 있어야 한다.

음운의 변동은 여러 부류가 있지만, 전통적으로 학교 문법에서는 음절의 끝소리 규칙, 자음동화, 구개음화, 사잇소리 현상을 주요하게 다루었다. 다음은 이들에 대한 간략한 설명이다.

① 음절의 끝소리 규칙

국어에서 받침자리에 올 수 있는 표기는 여럿이지만 제 소릿값대로 발음되는 것은 'ㄱ, ㄴ, ㄷ, ㄹ, ㅁ, ㅂ, ㅇ' 일곱[16]뿐이다. 이 일곱 외의 자음이 받침자리에 쓰이면

---

15 이하 음운의 변동에 대한 설명은 '표준어 규정'의 내용을 따른다. 음운의 변동은 표기와 소리가 다름을 지도할 때 교사가 지녀야 할 문법 지식이다. 음운의 변동과 관련된 표준발음법은 국립국어원 누리집을 참조하면 자세한 내용을 알 수 있다. (http://www.korean.go.kr/09_new/dic/rule/rule02.jsp)

16 이 일곱 소리를 '대표음'이라고 한다.

이들 중 하나로 바뀌어 발음된다.

  ◦ 낚시[낙-], 부엌[-억], 앉다[안-], 낫[낟], 낮[낟], 꽃[꼳], 솥[솓],
    여덟[-덜],¹⁷ 삶[삼], 잎[입], 값[갑], 앞[압], 읊다[읍-]

② 자음동화

두 개의 자음이 연이어 올 때 한 쪽이 다른 쪽을 닮아 조음 위치나 조음 방법이 비슷한 소리로 바뀌기도 하고, 둘이 서로 닮아 바뀌기도 하는데 이를 '자음동화'라고 한다. 대표적인 자음동화 현상으로는 '비음화'와 '유음화'가 있다.

비음화는 다음과 같이 비음이 아닌 자음이 비음(ㄴ, ㅁ, ㅇ)을 닮는 현상을 말한다.

  ◦ 받침 'ㄱ(ㄲ, ㄳ, ㄺ, ㅋ), ㄷ(ㅅ, ㅆ, ㅈ, ㅊ, ㅌ, ㅎ), ㅂ(ㅄ, ㄼ, ㄿ, ㅄ)'은
    'ㄴ, ㅁ' 앞에서 [ㅇ, ㄴ, ㅁ]으로 소리가 바뀐다.

먹는[멍는]	흙만[흥만]	닫는[단는]	꽃망울[꼰망울]
밥물[밤물]	값만[감만]	읊는[음는]	밟는[밤ː는]

  ◦ 'ㄹ'이 다른 자음 뒤에서 [ㄴ]으로 발음된다.

담력[담녁]	강릉[강능]	백리[뱅니]¹⁸	협력[혐녁]

유음화는 받침 'ㄴ'이 유음 'ㄹ'의 앞이나 뒤에서 [ㄹ]로 발음되는 현상을 말한다.

난로[날로]	신라[실라]	달나라[달라라]	대관령[대괄령]

③ 구개음화

구개음화는 'ㄷ, ㅌ'이 모음 'ㅣ' 앞에서 구개음인 [ㅈ, ㅊ]으로 발음되는 현상이다.

---

17 '밟-'의 'ㄼ'은 예외적으로 [ㄹ]로 발음하지 않고 [ㅂ]으로 발음한다. 그래서 '밟다[밥ː따]', '밟고[밥ː꼬]로 발음한다. '넓-'도 '넓죽하다', '넓둥글다'에서는 예외로 [넙-]으로 발음한다.
18 '백리'는 먼저 [백니]로 바뀌고 다시 [뱅니]로 바뀌어 발음되는 것이다.

굳이[구지]　　　　같이[가치]　　　　묻히다[무치다]　　붙이다[부치다]

④ 사잇소리 현상

국어에는 이미 있는 말을 둘 합쳐 새 말을 만들 때 원래 말에는 없던 소리가 덧붙어 발음되는 경우가 있다. 예를 들면 '코'와 '날'을 합쳐 새말을 만들면 '코'에 'ㄴ' 소리가 덧붙어 [콘날]로 발음되는데, 이런 경우 'ㅅ(사이시옷)'을 넣어 새말을 '콧날'로 적는다.

사이시옷은 고유어와 고유어, 또는 고유어와 한자어가 결합할 때에 한하여 앞 말의 받침자리에 적는데, 예를 들면 다음과 같다.

　◦ 뒷말의 첫소리가 예사소리에서 된소리로 변하여 발음될 때
　　나룻배　　　　냇가　　　　　귓밥　　　　　햇볕
　◦ 뒷말의 첫소리 'ㄴ, ㅁ' 앞에서 'ㄴ' 소리가 덧나는 경우
　　잇몸　　　　아랫니　　　　콧날　　　　　빗물
　◦ 뒷말의 첫소리 모음 앞에서 'ㄴㄴ' 소리가 덧나는 경우
　　댓잎[댄닙]　　　나뭇잎[나문닙]　　　베갯잇[베갠닏]　　　뒷일[뒨닐]

한자어와 한자어가 결합하여 만들어진 새말에는 사잇소리를 적지 않는 것이 원칙이다. 그러므로 '국어과(國語科), 내과(內科)' 등은 사이시옷을 덧붙이지 않는다. 다만 다음 여섯은 예외로 사이시옷을 적는다.

　　곳간(庫間)　　　셋방(貰房)　　　숫자(數字)
　　찻간(車間)　　　툇간(退間)　　　횟수(回數)

(6) 문장과 문장 부호

국어는 문법적 기능을 하는 말인 조사나 어미 등이 첨가되는 언어여서 문장의 의미도 문장 끝에 붙는 종결 표현에 의해 결정된다. 국어의 문장은 일반적으로 종결

표현에 따라 평서문, 의문문, 명령문, 청유문, 감탄문으로 나눈다.

평서문은 말하는 이가 하고 싶은 말을 단순하게 진술하는 문장이고, 의문문은 듣는 이에게 질문하면서 대답을 요구하는 문장이며, 명령문은 말하는 이가 듣는 이에게 어떤 일을 하라고 명령하는 문장이다. 청유문은 말하는 이가 듣는 이에게 무엇인가를 함께 하자고 부탁하는 문장이고, 감탄문은 말하는 이가 자신의 느낌을 표현하는 문장으로 듣는 이와는 크게 관계가 없다.

각 유형의 문장은 약속된 문장 부호를 쓰는데, 평서문, 명령문, 청유문에는 마침표(.), 의문문에는 물음표(?), 감탄문은 느낌표(!)를 쓴다.

> 민수가 자전거를 탄다. - 평서문
> 민수가 자전거를 타니? - 의문문
> 민수야, 자전거를 타라. - 명령문
> 민수야, 자전거를 타자. - 청유문
> 민수가 자전거를 참 잘 타는구나! - 감탄문

초등 저학년은 담화와 글의 차이를 아직 분명하게 인식하지 못하는 까닭에 글을 쓸 때 문장 부호를 알맞게 활용하지 못할 수도 있다. 그러므로 다양한 실제 문장을 수집하여 문장 부호의 쓰임을 이해할 수 있도록 하여야 한다.

그리고 실제 우리의 언어생활을 살펴보면 같은 문장인데도 담화 상황에 따라 다른 의도를 표현할 때도 있고, 반대로 같은 의도인데도 상황에 따라 다른 문장으로 표현할 때도 있다. 예를 들어 '지금 몇 시니?'라는 의문문은 대개는 실제 시간을 알기 위해 묻는 의미로 사용된다. 그러나 수업 시작 종이 울린 후에도 소란한 교실에서 교사가 하는 질문이라면 수업을 시작하자는 청유의 의미를 전달할 수도 있다. 때로는 이처럼 간접적으로 표현하는 것이 더 효과적이기도 하지만 또 때로는 말하는 이의 의도가 정확하게 전달되지 않을 수도 있으므로 상황에 따라 잘 가려 써야 한다.

요컨대, 문장의 종류를 지도할 때는 먼저 자신의 의도에 알맞은 종결 표현을 정확하게 사용하는 힘을 기르고, 그 다음으로 의사소통의 상황에 적절한 문장 표현을 써 보는 활동에까지 나아갈 수 있어야 한다.

다) 3~4학년군 성취기준과 문법 지식

3~4학년군에서는 단어와 문장으로 학습 범위가 확대되면서 다양한 의사소통 맥락에서의 활용도 아울러 강조된다. 단어와 단어 간의 의미 관계, 단어의 분류와 국어사전의 활용, 기본적인 문장의 짜임, 높임 표현과 지시·접속 표현, 언어의 기능 등을 학습한다.

(1) 단어와 단어 간의 의미 관계

국어에는 수많은 단어가 있는데 이들 중에는 의미상으로 서로 일정한 관계를 맺고 있는 것도 있다. 또한 하나의 단어가 하나의 뜻만 지니는 것이 아니라 의사소통 상황에 따라 의미가 확장되기도 한다. 단어와 단어 간의 의미 관계에는 유의 관계, 반의 관계, 상·하의 관계가 있으며, 의미 확장에는 다의적 확장과 비유적 확장[19]이 있다. 단어의 의미 관계와 의미 확장을 이해하면 어휘력을 높이는 데 크게 도움이 되고, 따라서 문식성 향상에도 기여하게 된다.

① 유의 관계

단어들 중에는 의미가 서로 비슷한 부류들이 있는데 이러한 단어들을 유의어라 하고 이런 의미 관계를 유의 관계라고 한다. 예를 들면 '가끔, 더러, 간간이, 간혹' 등은 서로 의미가 비슷한 유의어들이다. 국어는 '집 : 주택(住宅)', '닮다 : 유사(類似)하다'처럼 고유어와 한자어가 겹으로 존재하면서 유의 관계를 맺고 있는 경우가 많다.

유의어들은 의미가 비슷하기 때문에 어느 정도는 서로 바꾸어 쓸 수 있다. '거기는 집이 다섯 채뿐이다.'를 '집' 대신 '주택'을 써서 '거기는 주택이 다섯 채뿐이다.'로 표현해도 의미에는 별 차이가 없다. 그렇지만 의미가 비슷하기는 해도 각 단어는 고유한 의미가 있기 때문에 바꾸어 쓸 수 없을 때도 많다. '그 집은 온기가 돈다.'에서는 '집'을 '주택'으로 바꾸어 쓰면 어색한 문장이 된다.

유의어의 의미를 판단할 때는 각기 다른 단어로 바꾸어 보기, 반의어를 떠올려

---

19 의미 관계와 의미 확장은 전문적인 이론서에서는 항을 달리 하여 다루지만 여기에서는 이 둘을 구분하지 않고 함께 차례로 다룬다.

보기, 계열로 늘어놓아 보기 등을 활용할 수 있다.

② 반의 관계

반의 관계는 서로 대립되는 의미를 지닌 단어들의 관계를 말한다. '참/거짓', '길다/짧다', '앞/뒤' 등의 단어 쌍이 이런 의미 관계를 드러내는 반의어이다. 반의 관계를 더 세분하면 '참/거짓'처럼 의미가 서로 배타적인 반의어, '길다/짧다'처럼 정도가 대립되는 반의어, '앞/뒤'처럼 방향이 대립되는 반의어로 구분할 수도 있다. 때로는 하나의 단어가 여러 단어와 반의 관계를 이루기도 한다. '벗다'는 '쓰다, 입다, 신다, 끼다' 등과 반의 관계에 있다.

반의어를 적절하게 사용하면 표현의 묘미를 살릴 수 있다. '낮말은 새가 듣고, 밤말은 쥐가 듣는다.', '먼 사촌보다 가까운 이웃이 낫다.', '인생은 짧고 예술은 길다.' 등은 반의어를 효과적으로 사용한 예이다.

③ 상·하의 관계

단어의 의미 관계에는 한 단어가 다른 단어를 포함하거나 다른 단어에 포함되는 계층적 관계도 있다. '꽃'은 의미상 한편으로는 '민들레, 국화, 장미' 등을 포함하고, 다른 한편으로는 '식물'에 포함된다. '꽃'은 '민들레, 국화, 장미' 등에 대해서는 상위어이지만, '식물'에 대해서는 하위어인 것이다.

상하 관계(上下 關係)를 이루는 단어의 쌍에서 하위어는 상위어의 의미 특질을 그대로 지닌다. 상위어일수록 의미가 일반적, 포괄적이며, 하위어일수록 의미가 개별적, 한정적이기 때문이다. '생물-동물-포유류-개-진돗개'처럼 하위 계층으로 내려갈수록 개체에 가까워진다.

④ 다의적 확장

하나의 단어가 둘 이상의 관련된 의미를 지닐 때 이를 '다의어(多義語)'라 한다. 다의어의 의미는 중심 의미와 주변 의미로 이루어져 있다.

손으로 잡다. (신체의 일부)

손에 반지를 끼다. (손가락)

손이 달리다. (일손)

그 일은 손이 많이 간다. (노력이나 기술)

일의 성패는 네 손에 달렸다. (영향력이나 권한이 미치는 범위)

위의 예에서 보듯이 '손'은 다양한 의미를 지니고 있다. 이 중 신체의 일부를 의미하는 '손으로 잡다.'의 '손'이 기본적이고 핵심적인 의미이고 다른 의미들은 이로부터 확장된 의미이다. 앞의 것이 중심 의미이고 그를 제외한 다른 확장된 의미가 주변 의미이다.

다의어와 구분되어야 할 것으로 동형이의어(同形異議語)가 있다. 동형이의어란 모양은 같지만 의미는 다른 단어이다. '차가 많이 다닌다.'의 '차(車)'와 '차 맛이 은근하다.'의 '차(茶)'는 소리는 같지만 의미는 전혀 다르다. 고유어와 한자어가 동형이의 관계를 이루기도 한다. '해가 중천에 떴다.'의 '해'와 '다른 사람에게 해(害)를 끼치지 마라.'의 '해(害)'가 그 예이다. 다의어와 동형이의어는 실제 문맥에서 의미가 구체적으로 드러나므로 다양한 언어 자료를 수집하여 학습하는 것이 효과적이다.

(2) 단어의 분류와 국어사전의 활용
① 단어의 분류

국어에는 무수히 많은 단어가 있는데, 이들을 몇 가지 기준[20]에 따라 분류해 놓은 것을 품사(品詞)라고 한다. 품사의 분류 내용은 언어마다 다른데, 국어는 아홉 품사(명사, 대명사, 수사, 조사, 동사, 형용사, 관형사, 부사, 감탄사)로 분류한다.

○ 체언: 명사, 대명사, 수사

문장에서 주로 주어 자리(문장의 몸)에 오는 단어들을 체언(體言)이라고 하는데, 명사, 대명사, 수사가 이에 속한다. 명사는 사람이나 사물의 이름을 나타내는 단어이고,

---

[20] 문장 내에서의 기능, 형태의 변화 유무, 의미적 특성이 품사를 분류하는 기준이다. 초등학교 수준에서는 사전 찾기와 관련이 있는 형태 변화의 유무에 따라 체언류와 용언류를 구분하는 것이 성취기준의 주요 내용이지만 여기에서는 학교 문법에서 다루는 아홉 품사에 대하여 간략하게 서술한다.

대명사는 명사를 대신하여 쓰이는 단어이며, 수사는 사물의 수량이나 순서를 나타내는 단어이다. 이들 부류는 쓰이는 자리가 달라지더라도 형태가 변하지 않으며, 문장속에 격조사와 결합하면 여러 자리에 두루 쓰일 수 있다.

명사 중에는 자립할 수 없어 반드시 꾸미는 말이 있어야 하는 것도 있다. '것', '데', '바', '줄', '따름', '뿐', '지' 등[21]이 그 예인데 이런 명사를 의존 명사라고 한다. '(열) 개', '(책 다섯) 권', '(학생 한) 명', '(종이 한) 장' 등 우리말에 다양하게 발달되어 있는 단위를 나타내는 말도 의존 명사이다. 의존 명사 역시 독립된 단어이므로 띄어쓰도록 지도해야 한다.

○ 관계언

문장 안에서 단어들의 구실을 표시해 주는 단어를 관계언이라고 하는데, 조사가이에 속한다. 조사는 주로 체언 뒤에 붙어 문장 성분을 표시하지만, 동사나 형용사또는 부사 뒤에도 붙을 때도 있다. 조사는 기능과 의미에 따라 다시 격조사, 보조사, 접속 조사로 나누어진다.[22]

격조사는 체언이 문장 안에서 하는 구실을 나타내는 조사이다. 주격 조사, 목적격조사, 서술격 조사, 보격 조사, 관형격 조사, 부사격 조사, 호격 조사가 그 예이다.

> 나무꾼의 지게를 지고 산으로 갔다. (주격, 목적격, 부사격)
> 물이 얼음이 되었다. (주격, 보격)
> 영민아, 오늘의 한글날이다. (호격, 주격, 서술격)

보조사는 문법적 기능을 나타내지는 않고 의미를 보태는 구실을 한다.[23] 국어에는보조사가 매우 다양하게 발달해 있는 까닭에 이들을 고루 익히면 의미를 풍부하고

---

21 의존 명사 중에는 '하다'와 결합하여 서술어로 쓰이는 것이 있는데, '듯하다, 뻔하다, 만하다' 등이 그예이다.

22 초등학교 수준에서는 조사의 하위 부류까지 자세하게 지도하지 않아도 무방하다. 다양한 조사를 알고효과적으로 사용할 수 있도록 하는 것이 중요하다.

23 흔히 조사 '은/는'을 주격 조사라고 생각하는데, 이는 보조사이다. '민수가 사과는 좋아해요.'에서 보듯이목적어 자리에도 쓰일 수 있다.

정확하게 전달하고 이해할 수 있다. 보조사 '만'의 의미를 알아야 "민수가 사과만 좋아해요."라고 말하는 이의 의도를 정확하게 파악할 수 있다.

접속 조사는 두 말덩이를 같은 자격으로 이어주는 조사이다. '이 고장 특산물은 사과와 감이다.'에서 '와'는 '사과'와 '감'을 이어주는 접속 조사이다. 접속 조사는 5~6학년군의 호응 관계 학습을 위해서도 이해가 필요하다.

○ 용언 : 동사, 형용사

문장 안에서 주어의 행위나 모양, 상태 등을 서술하는 구실을 하는 단어를 '용언(用言)'이라고 한다. '뛰다, 놀다, 잡다, 피다'처럼 움직임을 나타내는 동사와 '예쁘다, 조용하다, 씩씩하다, 즐겁다'처럼 모양이나 상태를 나타내는 형용사가 이에 속한다.

용언은 문장 속에서 모양이 변화하면서 여러 가지 기능을 하는데 이를 '활용'이라고 한다. 예를 들면 '읽다'는 문장 속에서 다음과 같이 그 형태가 변화한다. 어간에 어미 '-다'가 붙은 형태를 기본형이라고 한다.[24] 용언은 사전에 기본형이 올라가므로 용언을 지도할 때는 이 점을 함께 지도해야 한다.

영주가 조용히 책을 <u>읽는다</u>.
영주가 책을 <u>읽으면서</u> 혼자서 온갖 표정을 지었다.
영주가 벌써 두 번이나 <u>읽은</u> 책을 또 <u>읽고</u> 있다.

국어에는 조사 못지않게 어미가 풍부하게 발달해 있다. 초등학교에서는 어미의 종류나 이름을 지식으로 강조하기보다는 언어 자료를 통해 다양한 어미에 낯익도록 하고, 어미를 적절하게 사용하여 표현을 정확하게 할 수 있도록 지도해야 한다.

○ 수식언 : 관형사, 부사

관형사와 부사는 문장 안에서 다른 말을 꾸며주는 구실을 하여 이들을 수식언이라

---

24 '읽-'처럼 동사나 형용사가 활용할 때 변하지 않는 부분을 어간(語幹), 뒤에 붙는 부분을 어미(語尾)라고 한다.

고 한다. 관형사는 주로 체언을 꾸미고, 모양이 변하지 않으며, 조사도 붙지 않는다.[25] 부사는 주로 용언을 꾸미지만, 관형사나 체언이나 다른 부사를 꾸미기도 하고, 문장을 꾸미기도 한다. '그러나, 그리고' 등의 접속 표현, 부정 표현 '아니(안), 못'도 부사이며, 의태어나 의성어 역시 부사이다.

> ※ 관형사의 예
> 이/그/저 사람, 어떤 일, 무슨 색, 새 책, 헌 옷, 세 명, 두어 가지
>
> ※ 부사의 예
> 애가 우리 반에서 키가 가장 [크다].
> 아주 [새] 옷은 아니지만 그래도 입을 만하다.
> 비밀을 밝혀낸 사람이 바로 [나다].
> 올해는 사과가 참 [많이] 열렸다.
> 다행히 [비는 오지 않았다].

○ 독립언 : 감탄사

독립언은 말 그대로 문장의 다른 성분들과는 관련됨이 없이 독립하여 쓰이는 말이다. 가령, '아, 벌써 겨울이구나.'에서 '아'는 그 뒤의 다른 부분과 특별한 관계를 맺지 않고 있다. 느낌을 나타내는 말, 부르는 말, 대답 등이 이러한데 이들을 감탄사라고 한다.

② 사전의 활용

글을 읽거나 쓰면서 의미가 정확하게 이해되지 않는 단어를 만나면 사전을 활용할 수 있어야 한다. 그런데 사전 활용을 위해서는 용언의 활용형에 대한 이해가 필요하다. 체언이나 그 외 품사의 단어와는 달리 용언은 활용을 하여 모양이 변하는 까닭에 기본형이 사전에 실린다. 그래서 학생들이 제 아무리 샅샅이 살펴도 사전에서 '엇나

---

25 '예쁜, 아름다운, 푸른' 등을 흔히 관형사라고 알고 있는데 이들은 각기 형용사 '예쁘다, 아름답다, 푸르다'의 활용형이지 관형사가 아니다.

간'을 발견할 수 없다. 그러므로 용언의 기본형을 탐구하는 활동을 경험하도록 해야 한다.

또한 이와 더불어 다의어와 동형이의어가 사전에 실리는 방식도 학습해야 한다. 다의어는 의미는 여럿이지만 하나의 단어이므로 하나의 표제어 아래 중심 의미를 먼저 풀이하고 주변 의미를 열거하는 방식으로 등재된다. 이에 비해 동형이의어는 모양은 같아도 실상은 제각기 독립적인 단어이므로 각 단어가 독립적으로 등재된다. 그러므로 사전을 효과적으로 활용하려면 이러한 차이를 알고 있어야 한다.

(3) 문장의 짜임

문장은 생각이나 감정을 완결된 형태로 표현한 최소의 언어 단위이다. 따라서 '내가 어제는 저녁 무렵에 밖에 나갔더니 비가'는 길이가 길지만 완결되지 않았으므로 문장이라고 할 수 없다. 문장은 일반적으로 주어와 서술어를 갖추어야 하며 끝맺음 한다는 형식적 표지인 마침표, 물음표 등이 있어야 한다. 기본적으로 문장은 하나의 서술어와 그 서술어가 요구하는 하나 이상의 성분으로 짜여진다. 문장 성분에 대한 구체적 학습은 5~6학년에서 이루어지므로 3~4학년에서 문장의 짜임을 지도할 때는 서술어를 중심으로 문장이 되려면 어떤 내용이 반드시 필요한지를 학습하는 데 중점을 두도록 한다.

(4) 높임 표현과 지시·접속 표현

① 높임 표현

국어의 특징 중 하나는 높임법의 발달이다. 국어의 높임법은 상대 높임법, 주체 높임법, 객체 높임법으로 구분되는데 의사소통의 상황에 따라 이들 높임법을 적절하게 가려 쓸 수 있어야 한다.

상대 높임법은 말을 듣는 상대방, 곧 듣는 이를 높이는 것으로 종결 어미를 통해 표현된다.[26] 듣는 이가 친구이면 '날씨가 덥다.'라고 하지만, 듣는 이가 윗사람이면 '날씨가 덥습니다.', '날씨가 덥네요.' 등으로 표현해야 한다. 국어의 높임법 중 가장

---

26 현재 학교 문법에서는 상대 높임법을 다음과 같이 구분한다. 요즘은 대개 비격식체를 사용한다.

발달한 것이 상대 높임법이다.

주체 높임법은 서술의 주체(대개 문장의 주어)를 높이는 방법이다. 문장의 주체가 말하는 이보다 나이가 많거나 사회적 지위가 높거나 또는 존경을 받을 만한 사람인 경우에 서술어에는 '-시-'를 붙이고, 주어에는 주격 조사 '-이/가' 대신에 '-께서'를 붙여 표현한다.

주체 높임법은 다음 예처럼 주체가 사람은 아니지만 높임을 받아야 하는 주어와 밀접한 관계가 있는 대상일 때도 사용되는데, 이를 간접 높임이라고도 일컫기도 한다.

할아버지의 <u>말씀</u>이 있<u>으시</u>겠습니다.
할머니께서는 아직 <u>귀</u>가 밝<u>으십</u>니다.

객체 높임법은 문장의 객체, 즉 목적어나 부사어를 높이는 방법이다. '나는 친구를 데리고 학교에 갔다.'에서 '친구'를 '부모님'으로 바꾸면 객체 높임을 적용하여 '나는 부모님을 모시고 학교에 갔다.'로 표현해야 한다. 부사어가 객체 높임의 대상이 되면 '나는 부모님께 노래를 불러 드렸다.'처럼 부사격 조사 '-에게' 대신에 '-께'를 쓴다. '모시다, 드리다, 여쭈다' 등 객체 높임에 사용되는 동사도 있다.

② 지시 표현

지시 표현이란 말 그대로 무엇인가를 가리키는 기능을 하는 표현이다. 지시 표현을 잘 활용하면 간략하게 표현할 수 있다는 이점이 있다. '책상 위에 있는 안경 이리 다오.'라고 말하는 대신 '그것 이리 다오.'라고 줄여서 말할 수 있다. 만약 지시 표현이 없다면 우리는 담화나 글에서 무수히 같은 내용을 반복하여야 하므로 말이나 글

		종결표현의 예
격식체	하십시오체	합니다, 하십니다. 하십니까? 등
	하오체	하오, 하시오?, 하는구려 등
	하게체	하게, 하네, 하는가?, 하는구면, 등
	해라체	한다, 하니?, 해라, 하렴 등
비격식체	해요체	해요, 해요?, 할게요 등
	해체(반말)	해, 하지, 해?, 할게 등

이 끝없이 길어질 것이다.

지시 표현이 가리키는 대상은 '너 벌써 <u>거기</u> 도착했니?'처럼 언어 외적 장면에 존재할 수도 있고, '우리는 어제 박물관에 견학을 갔다. <u>거기</u>에는 많은 고대 유물이 전시되어 있었다.'에서처럼 담화나 글 내에 존재할 수도 있다.

문법 교육에서 좀 더 강조되어야 하는 것은 후자이다. 지시 표현이 단순히 지시의 기능만을 하는 것이 아니라, 지시라는 수단을 통하여 둘 이상의 문장들을 서로 연결하여 줌으로써 그들을 한 편의 담화나 글로 덩어리지우는 역할을 하기 때문이다. 다음 예에서 '그것'이 '빈 책상'을 가리키는 경우와 그렇지 않은 경우를 대비하여 보자. 앞의 경우는 아래 두 문장이 자연스럽게 의미상으로 연결되어 하나의 글을 이룬다. 그러나 뒤의 경우라면 두 문장의 관련성을 찾기 어렵고 따라서 하나의 글을 이룬다고 볼 수 없다.

교실 한 켠에 빈 책상이 덩그렇게 놓여 있다. <u>그것</u>은 어제 전학을 간 민국이가 사용하던 것이다.

담화나 글에서 지시 표현의 내용을 정확하게 이해하는 것은 매우 중요하다. 때로는 지시 표현이 하나의 대상이나 문장이 아니라 여러 문장으로 이루어진 복합적인 정보를 가리키기도 하기 때문에 더욱 그러하다. 아래 글에서 밑줄 친 지시 표현 '이것'이 가리키는 내용을 파악하지 못하면 글의 내용을 제대로 이해했다고 말하기 어렵다.

일상생활에서 규칙과 질서를 잘 지키는 일이 중요한 것처럼, 글을 쓸 때에도 다른 사람에게 피해를 주지 않으려면 규범을 지켜야 한다. 글을 쓸 때 남의 글을 베껴 자신이 쓴 글인 양 속이는 사람이 있다. 진실이 아닌 내용을 진실인 것처럼 거짓으로 글을 꾸며 쓰는 사람도 있다. 또 읽는 사람이 크게 상처를 받을 수 있는 내용의 글을 함부로 쓰는 사람도 있다. <u>이것</u>은 모두 글쓰기 과정에서 지켜야 하는 규범과 예의를 지키지 않은 경우이다.

지시 표현은 언어마다 다를 수 있는데, 국어에는 다음과 같은 지시 표현이 있다.

※ 국어의 지시 표현

ㄱ. 지시 대명사 : 이/그/저, 이이/그이/저이, 이것/그것/저것, 여기/거기/저기 등
ㄴ. 지시 용언 : 이리하다/그리하다/저리하다, 이러하다/그러하다/저러하다 등
ㄷ. 지시 관형사 : 이/그/저, 이런/그런/저런 등
ㄹ. 지시 부사 : 이렇게/그렇게/저렇게 등

③ 접속 표현

접속 표현은 문장과 문장을 이어주는 기능을 한다. 국어에는 '그리고, 그러나, 그런데, 그러므로, 왜냐하면, 또, 요컨대 …' 와 같은 다양한 접속 표현이 있다. 접속 표현이 없어도 물론 문장과 문장이 의미 관계에 의해 연결될 수 있다. 그러나 접속 표현을 사용하여 의미 관계를 구체적으로 한정해 주어야 담화나 글의 내용이 분명하게 드러나는 경우도 있다. 아래 'ㄱ'은 문장과 문장의 연결이 매우 부자연스럽다. 그러나 'ㄴ'처럼 '그러나'로 두 문장을 연결하면 의미가 자연스럽게 구성된다.

ㄱ. 어제는 비가 많이 왔다. 우리는 소풍을 갔다.
ㄴ. 어제는 비가 많이 왔다. 그러나 우리는 소풍을 갔다.

접속 표현도 지시 표현처럼 문장과 문장 간의 접속에만 활용되는 것이 아니다. 여러 문장 간의 접속, 문단과 문단의 접속 등을 이끌기도 한다. 아래 '또'와 '그러므로'가 그러하다.

학교 안에서 스마트폰 사용을 법으로 금지해야 한다고 주장하는 사람들은 다음과 같은 근거를 듭니다.
"학교 안에서 스마트폰을 사용하면 학생들이 수업에 집중하지 못해 학업에 방해가 됩니다. 만약 학교 안에서 스마트폰을 사용하는 것을 법으로 금지한다면 학생들이 스마트폰에 정신을 빼앗기지 않아 수업에 더 집중할 수 있을 것입니다. 아무리 학교에서 사용하지 않겠다고 다짐해도 스마트폰이 있으면 손이 가기 마련입니다. 또 학교에서까지 스마트폰을 사용하면, 난청, 시각 장애, 거북목 증후군 같은 여러 가지 병에 걸릴 수 있습니다. 그러므로 학생이 스마트폰을 학교에서 사용하는 것을 막는 장치가 있어야 합니다."[27]

위 인용문에서 사용된 '또'와 '그러므로'가 접속하는 대상을 바르게 이해하는 학생과 그렇지 못한 학생은 글의 내용을 이해하는 정도에 차이가 있을 수밖에 없다. '그러므로'가 직접 이어지는 앞뒤의 두 문장을 접속한다고 생각하는 학생은 주장의 논리적 근거를 제대로 찾지 못할 것이다. 요컨대 접속 표현에 대한 지식 또한 담화나 글의 의미를 이해하거나 구성할 때 반드시 필요한 자산이다.

라) 5~6학년군 성취기준과 문법 지식

5~6학년군에서는 음성 언어와 문자 언어의 특성, 표준어와 방언, 고유어와 관용 표현, 문장 성분과 호응, 시간 표현 등이 성취기준으로 설정되어 있다.[28] 이들을 아래 간략히 살핀다.

(1) 음성 언어와 문자 언어

문자 언어는 인간 사회가 음성 언어만으로는 충족될 수 없는 복잡한 구조로 발전하면서 거리나 시간의 제약을 뛰어넘는 의사소통 매개체가 필요하게 되면서 생겨났다. 따라서 음성 언어와 문자 언어는 둘 모두 언어로서의 본질적 속성을 공유한다. 그러나 음성 언어로 이루어지는 의사소통에서는 참여자가 의사소통의 맥락을 공유하지만 문자 언어에서는 그렇지 못한 까닭에 이 둘은 몇몇 차이점도 지닌다.

음성 언어와 문자 언어의 차이점은 둘 이상의 참여자 : 한 사람의 필자, 비명시적 : 명시적, 반복적 : 비반복적, 불완전하고 단편적인 언어 표현 : 완전한 문장, 단순한 구조 : 정교한 구조, 구체적이고 흔한 어휘 : 추상적이고 덜 흔한 어휘 등을 들 수 있다(Aitchison, 1999/ 황미향 외, 2020: 48에서 재인용).

이러한 차이로 인해 의사소통의 목적이나 전달하고자 하는 내용이 같더라도 의미 구성이나 표현이 달라질 수 있다. 그러므로 음성 언어와 문자 언어의 특성을 고려하여 맥락과 의도에 따라 효과적으로 활용할 수 있어야 한다.[29] 덧붙여, 특히 초등 저학

---

27 이 예문과 앞의 지시 표현 예문은 2015 초등학교 5학년 1학기 국어 교과서의 것을 일부 수정하여 활용하였다.

28 단어와 문장의 정확한 표기도 성취기준으로 제시되지만 이는 어문규범을 참조할 수 있을 뿐만 아니라 다른 성취기준을 잘 학습하면 상당한 정도로 길러질 수 있는 능력이므로 여기에서는 살피지 않는다.

년에서는 문자 언어는 맥락의 도움을 받을 수 없으므로 그 자체로 온전하게 의미를 담고 있어야 한다는 점을 이해할 수 있도록 지도해야 한다.

(2) 어휘의 체계 및 양상

어휘란 단어의 집합이다. 집합의 원소는 기준이 무엇이냐에 따라 달라진다. 단어도 기준에 따라 다양한 집합을 만들 수 있다. 예를 들면, 가족 관계를 표현하는 단어를 모아 하나의 집합으로 만들 수도 있고, 15세기 문헌에 나오는 단어들을 모아 하나의 집합으로 만들 수도 있다.

초등학교 문법 교육과정에서는 '표준어와 방언', '고유어', '관용 표현'을 교육 내용으로 제시하고 있다. 따라서 여기에서는 이들에 한하여 살핀다.

① 표준어와 방언

국어과 교육에서 '국어'라고 하면 일반적으로 공용어인 표준어를 일컫는다. 어문 규범[30]의 하나인 '표준어 규정'에서는 표준어를 '교양 있는 사람들이 두루 쓰는 현대 서울말'로 규정하고 있다. 문법 교육에서 지도의 지침이 되는 발음이나 표기법 등은 모두 표준어가 주요 내용이다.

방언은 지역에 따라 다르게 발달한 언어 체계를 말한다.[31] 큰 산이나 강 등 지리적으로 단절을 초래하는 요인이 있으면 그를 경계로 말이 다르게 발달하는 경우가 많다. 제주도 방언이 가장 독특하게 발달한 것은 오랫동안 육지와의 왕래가 지극히 제한되어 있었기 때문이기도 한다. 현재 국어의 방언은 '동북 방언, 서북 방언, 중부 방언, 동남 방언, 서남 방언, 제주 방언'[32]으로 크게 나눌 수 있다.

표준어와 방언은 우열의 관계가 아니라 각기 제 나름의 가치가 있다. 표준어는

---

29 가령, 아이가 어머니에게 용돈을 올려줄 것을 요청한다고 가정해 보자. 이때에는 대화보다 용돈 인상이 필요한 이유를 자세히 설명하는 편지가 더 효과적일 수 있다.

30 우리나라의 어문 규범은 '한글 맞춤법', '표준어 규정', '외래어 표기법', 국어의 '로마자 표기법'이 있다.

31 방언은 지역 방언과 연령이나 계층, 성별 등의 요인에 의해 분화되는 사회 방언이 있는데, 초등학교 문법 교육에서는 지역 방언만을 다룬다.

32 대략적으로 보면 동북 방언은 함경도 지역, 서북 방언은 평안도 지역, 중부 방언은 서울, 경기도, 충청도, 강원도 지역, 동남 방언은 경상도 지역, 서남 방언은 전라도 지역, 제주 방언은 제주도 지역에 해당한다.

지역에 따라 다른 언어를 하나의 한국어로 묶어주는 구실을 한다. 방언은 국어 어휘를 다양하고 풍성하게 해 주는 곳간이며, 해당 지역의 자연 환경이나 생활상 등을 잘 보여주는 자료이기도 하다. 또한 같은 방언을 쓰는 사람끼리는 더 빨리 친밀감이나 유대감을 느끼게 된다. 그래서 일반적으로 공적인 자리에서는 표준어를, 사적인 자리에서는 방언을 쓴다. 그런데 때로는 공적 모임이라고 하더라도 적절하게 방언을 사용하는 것이 효과적일 수 있고, 사적인 자리라고 하더라도 상대방과 심리적으로 거리를 유지하고 싶다면 표준어를 사용하는 것이 효과적일 수 있다. 요컨대, 표준어와 방언은 의사소통의 상황에 따라 적절하게 가려서 쓰는 것이 중요하다.

② 고유어와 관용 표현

고유어는 순우리말(토박이말)이다. 흔히 고유어는 한자어에 비해 덜 전문적으로 분화되어 있다고 생각하지만 고유어가 더 분화되어 있는 경우도 있다. 예를 들어 옷과 모자, 신발은 한자어로는 모두 '착용하다'와 호응하지만 고유어로는 제각각 '입다, 쓰다, 신다'와 호응한다. 또, '이슬비, 가랑비, 보슬비, 여우비, 소나기, 안개비' 등 비를 가리키는 말이 다양하며 같은 색이라도 느낌에 따라 '발갛다, 빨갛다, 새빨갛다, 발그레하다, 발그스름하다, 벌겋다, 뻘겋다, 시뻘겋다, 불그레하다, 불그스름하다' 등으로 다르게 나타낸다. 비록, 한자어나 외래어를 전혀 사용하지 않고는 의사소통을 하기 어렵고, 장차도 외래어 유입을 막을 수는 없지만 고유어의 가치를 인식하고 소중하게 계승하려는 태도를 교육하는 것은 문법 교육의 주요한 책무이다.

관용 표현이란 둘 이상의 단어가 결합하여 특수한 의미를 나타내는 표현을 일컫다.[33] 관용 표현은 '발이 넓다', '파리를 날리다' 등과 같이 대부분 고유어로 구성되어 있다. 또한 일상생활의 지혜나 교훈을 비유적으로 표현한 짧은 경구인 속담도 고유어로 표현된 것이 많다. 그러므로 관용 표현에 대한 이해는 효과적인 의사소통을 위해서 필요할 뿐만 아니라 고유어에 대한 관심과 우리말을 소중하게 여기는 태도를 고양하는 데도 도움이 된다.

---

[33] 관용 표현은 그 자체로 하나의 언어 단위이다. 따라서 특정 관용 표현에서 한 요소를 다른 요소로 교체할 수 없다. 예를 들어, '발이 넓다'에서 '발'이나 '넓다'를 다른 단어로 바꾸어 쓸 수 없다.

(3) 시간 표현

국어의 담화나 글에서 시간은 '어제', '지금', '내년' 등과 같이 시간을 나타내는 어휘를 활용하여 나타낼 수도 있고, '먹었다'에서 '-었-'처럼 문법 형태소를 활용하는 방법(시제)도 있다. 시제는 '과거 : 현재 : 미래'의 대립을 이루는데, 이들은 각각 '-았/었-', '-는/ㄴ-', '-겠-, -(으)ㄹ 것-' 등으로 실현된다.

그런데 시제의 사용은 좀 더 복잡하다. 과거, 현재 등이라고 할 때 판단의 기준이 무엇인가 하는 점이다. '나는 동생을 도와 주었다.'에서 '-었-'이 과거라고 하는 것은 말하고 있는 현재 시점(발화시)을 기준으로 한 것이다. 그렇다면 '나는 어제 동생이 숙제를 하는 것을 도와주었다.'에서 '-는'의 시제는 무엇인가? 동생의 숙제를 도와 준 것은 어제이므로 동생이 숙제를 한 시점도 어제이다. 그런데도 현재 시제를 나타내는 '-는'의 사용이 자연스럽다. 이것은 동생이 숙제를 한 것이 내가 도와준 시간을 기준으로 하면 현재가 되기 때문이다.[34]

모국어에서 시간 표현을 잘못 사용하는 경우는 드물기는 하다. 그러나 문장의 짜임이 복잡해지면 시간 표현을 정확하게 사용하지 못할 수도 있다. 그러므로 다양한 상황 맥락에서 시간 표현을 활용해 보는 경험을 통해 그것의 활용 능력을 길러 주어야 한다.

(4) 문장 성분과 호응 관계

문장을 구성하는 성분은 주성분(주어, 서술어, 목적어, 보어)과 주성분을 수식하는 부속 성분(관형어, 부사어), 다른 문장 성분과는 직접 관련이 없는 독립 성분으로 구분된다. 호응 관계를 바르게 쓰려면 문장 성분을 이해하고 성분 간의 호응이 잘 이루어지도록 쓰는 능력이 필요하다. 독립 성분은 말 그대로 독립적이므로 여기에서는 호응 관계와 관련이 있는 주성분과 부속 성분에 대해서 살핀다.

① 주성분

국어의 기본적인 문장의 형태는 '무엇이 무엇이다', '무엇이 어찌하다', '무엇이 어

---

[34] 이를 상대 시제라고 하고, 발화시를 기준으로 하는 것을 절대 시제라고 한다.

떠하다'이다. 여기에서 서술어는 '무엇이다', '어찌하다', '어떠하다'에 해당하는 문장 성분이고, 주어는 '무엇이'에 해당하는 문장 성분이다. 목적어와 보어는 주성분이기는 하지만 그것의 실현 여부는 서술어에 의해 결정된다. 동사 서술어 '되다'와 형용사 서술어 '아니다'는 보어를, 타동사 서술어는 목적어를 필수적으로 요구한다.[35]

> 무엇이 무엇이다 : 이것은 책이다. 이것은 책이 아니다.
> 무엇이 어떠하다 : 하늘이 맑다.
> 무엇이 어찌하다 : 바람이 분다, 아이들이 편지를 쓴다, 물이 얼음이 된다.

국어는 담화나 글에서 주어가 무엇인지 분명하게 알 수 있거나 동일한 주어가 여러 번 반복될 때 주어를 생략할 수 있다. 그런데 이런 국어의 특징으로 말미암아 학생들이 생략해서는 안 되는 주어를 생략하는 오류를 범하는 것을 종종 볼 수 있다. 따라서 주어의 적절한 사용에 대한 학습이 필요하다.

② 부속 성분
관형어와 부사어는 주로 다른 성분을 수식하는 까닭에 문장 구성에 반드시 필요한 성분은 아니다. '그는 새 옷을 입고 활짝 웃었다.'에서 '옷'을 수식하는 '새'는 관형어이고, '웃었다'를 수식하는 '활짝'은 부사어이다.

그런데 일부 부사어는 서술어에 의해 필수적으로 요구되기도 한다. 예를 들어 서술어 '주다'는 의미를 온전히 구성하려면 '지혜가 동생에게 선물을 주었다.'처럼 부사어인 '_에게'가 반드시 필요하다. 이 경우 부사어를 생략하면 의미가 옹글게 구성되지 않으므로 반드시 채워 넣어야 한다.

부사어 중에는 문장 전체를 수식하는 것도 있다. '다행히 오늘은 비가 그쳤다.'에서 '다행히'는 '오늘은 비가 그쳤다'를 수식한다. 이런 부사는 문장 속에서의 자리가 비

---

35 서술어의 의미에 따라 필수적으로 요구하는 성분이 다른데 이를 '서술어의 자릿수'라고 이른다. '맑다'는 주어 하나만 필요로 하므로 한 자리 서술어, '쓰다'는 두 자리 서술어(주어, 목적어), '주다'는 '_이/가 _에게 _을/를 주다.'의 의미 구조를 지니므로 세 자리 서술어이다. 문장 성분을 이런 관점으로 설명하면 세 자리 서술어의 '_에게'는 부사어이지만 필수적인 성분에 해당한다.

교적 자유롭다.

③ 문장 성분의 호응

호응이란 앞에 어떤 말이 오면 거기의 응하는 말이 뒤따르는 것이다. 주어와 서술어, 목적어와 서술어, 부사어와 서술어 등을 호응 관계에 맞게 쓰는 것은 바른 국어 생활을 위해 필요한 능력이다. 아래는 호응 관계에 어긋나는 사례를 바르게 고쳐 본 것이다.

바람과 비가 많이 내린다.
　→ 바람이 많이 불고 비가 많이 내린다.
민지는 그림과 축구를 잘 한다.
　→ 민지를 그림을 잘 그리고 축구를 잘 한다.
할아버지께서 동생에게 선물을 주었다.
　→ 할아버지께서 동생에게 선물을 주셨다.
만약 동생이 오겠지만, 나는 도서관에 갈 것이다.
　→ 만약 동생이 오면, 나는 도서관에 갈 것이다.
어제 대한이가 서울로 떠난다.
　→ 어제 대한이가 서울로 떠났다.

3. 문법 교수·학습 방법

가. 문법 교수·학습 원리

2022 국어과 교육과정에서는 영역별 교수·학습 원리를 안내하면서 '문법' 영역의 교수·학습에 대해 다음과 같이 진술한다.

'문법' 영역에서는 우리 주변에서 쉽게 접할 수 있는 국어 자료에 나타난 다양한 국어 현상과 국어 문제를 탐구하여 언어 지식을 구성하고 언어의 힘과 가치를 인식하는 활동을 강조한다. 또한 문법 교육 내용이 위계적으로 반복·심화될 수 있도록 지도하되, 학습한 내용을 국어생활의 개선에 능동적으로 활용할 수 있도록 안내함으로써, 학습자가 자신과 주변의 국어생활을 민감하게 주시하고 성찰하는 언어 주체로 성장할 수 있도록 지도한다.

이로부터 문법 교수 학습의 원리를 추출해 보면 다음과 같다.

첫째, 탐구 중심 원리이다. 문법 교육이 단순하게 지식을 전달하는 데 머물 것이 아니라 다양한 국어 자료를 활용하여 국어 현상과 문제를 탐구하는 과정을 경험하도록 하고, 이를 통해 문법 지식을 스스로 구성할 수 있도록 해야 한다는 것이다. 비판적이고 창의적인 문법 능력은 기존의 문법 지식을 수동적으로 전수받는 것으로는 길러질 수 없다.

다음으로 실제 중심 원리이다. 이는 탐구 중심의 원리와 밀접하게 관련이 있다. 학습자가 직접 또는 간접적으로 경험하는 실제 국어 생활로부터 탐구가 시작될 때 그 과정이 학습자에게 더욱 유의미하기 때문이다. 실제 중심 원리의 다른 측면은 탐구하여 얻은 문법 지식을 실제 자신의 국어생활에 적용할 수 있도록 지도해야 한다는 것이다. 자전거를 타 보아야 자전거 타는 능력을 기를 수 있듯이 문법 능력도 실제 국어 생활에서 문법 지식을 부려서 써 봄으로써 길러질 수 있다.

실제 중심의 원리는 영역 통합의 원리로 닿는다. 문법 지식이 사용되는 실제란 다름 아닌 말하고, 듣고, 읽고, 쓰는 것이다. 그러므로 탈맥락적으로 문법 교수·학습이 이루어지기보다는 다양한 언어 자료를 수집하고 활용할 수 있는 말하기, 듣기, 읽기, 쓰기 맥락에서 이루어지는 것이 바람직하다.

마지막으로 반복·심화의 원리이다. 모국어의 문법 능력은 명시적 지식으로 학습하지 않아도 일정한 나이가 되면 어느 정도 깨친다. 그러나 국어를 깊고 풍부하게 부려 쓰려면 이것만으로는 부족하다. 또한 언어 그 자체가 끊임없이 변화하는 역동적인 존재이니 문법 능력 역시도 한 번의 학습으로 완성된다고 하기 어렵다. 그러므로 문법 영역은 교육과정의 성취기준에 지나치게 얽매이지 말고 이전 시기에 학습한 내용이라고 하더라도 중요한 내용은 거듭 학습함으로써 앎이 더욱 깊어질 수 있도록 하여야 한다.

나. 문법 교수·학습 방법

오랫동안 '문법' 영역에서는 문법 지식의 전달과 이해가 중심이 되는 교수·학습이 주를 이루었다. 그러나 문법 교육의 내용과 교수·학습에 대한 성찰의 시기를 지나면서 2007 교육과정 이후 현재의 2022 교육과정에 이르기까지 문법 현상을 통하여 언어 사용의 규칙과 원리를 발견하도록 이끄는 '탐구 학습'이 문법 영역의 대표적인 교수·학습 방법으로 강조된다.

탐구 학습이 무엇인지, 또 어떤 과정으로 수행되는지에 대해서는 연구자에 따라 세부적으로 차이가 있지만 그 출발은 김광해(1997)이다. 그는 탐구 학습의 구성 요소로 지식, 태도, 과정의 셋을 들고 그 절차는 '문제의 정의-가설 설정-가설의 검증-결론 도출-결론의 적용 및 일반화'로 제시하였다. 초등 문법 교육에서는 가설 설정이 초등학교 시기에는 인지적으로 부담이 됨을 고려하여 아래와 같이 재구성하여 적용하고 있다.

〈표 5〉 탐구 학습의 절차

단 계	주 요 활 동
문제 확인하기	◦ 동기 유발 ◦ 학습 문제 확인 ◦ 학습의 필요성 또는 중요성 확인
자료 탐색하기	◦ 기본 자료 또는 사례 탐구 ◦ 추가 자료 또는 사례 탐구
지식 발견하기	◦ 자료 또는 사례 비교 ◦ 지식의 발견 및 정리
지식 적용하기	◦ 지식의 적용 ◦ 지식의 일반화

문제 확인하기 단계에서 핵심적인 활동은 학습 문제가 무엇인지 확인하거나 탐구해야 할 문제 그 자체를 발견하는 활동이다. 문제의 성격에 따라 다음 단계에서 탐색해야 할 자료가 달라지므로 문제를 충분히 인지하고 배경 지식을 활성화할 수 있어야 한다. 자료 탐색하기 단계는 문제를 해결하기 위해 사례를 검토하는 단계이다. 이때 검토하는 자료는 지식 발견의 토대가 되므로 편향되거나 예외적인 것보다는

일반적이고, 일관성 있는 것이어야 한다. 이때 교사는 다양하고 일관성 있는 자료를 수집하고 검토할 수 있도록 도움을 주어야 한다. 지식 발견하기 단계는 자료나 사례들을 비교하고 대조하는 등의 활동을 통해 일반화할 수 있는 문법 지식이나 규칙을 발견하는 단계이고 지식 적용하기 단계는 발견한 개념을 실제 국어 생활에 적용하는 단계이다. 물론 최종적인 규칙이나 개념을 발견하기까지 이들 단계를 회귀적으로 반복할 수 있다.

탐구 학습의 장점 중 하나는 어렵고 지루하다고 여겨지기 쉬운 문법 학습 장면에 학습자의 실제 언어생활에서 학습 자료를 가져옴으로써 흥미를 유발할 수 있다는 것이다. 추상적인 지식을 교사의 강의를 통해 전달받는 것은 지루하고 힘들지만 자신의 언어생활을 요모조모 뜯어보고, 다른 자료와 비교하고 검토하면서 학습자는 자연스럽게 학습에 몰입할 수 있다. 부수적으로 언어 자료를 비교하고 대조하는 등의 활동을 통해 사고력도 기를 수 있다. 그러나 이러한 장점에도 불구하고 탐구 그자체가 어린 학습자들에게 인지적 부담을 무겁게 지울 수 있기 때문에 교사는 탐구학습의 전 과정을 한꺼번에 학습자에게 내맡기지 말고 단계적으로 이양하도록 하고, 학습 과제의 난이도에 따라서 융통성 있게 절차를 적용하는 것이 좋다. 또한 학습자가 어려워할 때는 교사가 학습 자료를 제공하거나 단서를 떠올릴 수 있는 질문을 하는 등 적절하게 비계를 제공하거나 모둠활동을 통해 협동 학습을 유도하는 등의 기회를 제공해야 한다.

4. 문법 교육의 평가

가. 문법 평가의 목표와 방법

문법 교육의 목표는 언어 현상을 탐구하여 스스로 문법 규칙을 발견하고, 그러한 지식을 실제로 적용하는 능력을 기르고, 국어에 대한 바람직한 태도를 기르는 것이다. 그러므로 문법 영역의 평가는 이러한 문법 교육 목표를 중심으로 평가 목표와 평가 내용을 선정하고, 평가 방법을 선택하여야 한다. 2022 교육과정에서 '문법' 영역 평가와 관련된 안내를 분석해 보면 다음을 '문법' 영역의 평가 내용으로 추출할 수 있다.

> ※ 문법 평가의 내용
> ∘ 지식 : 지식의 이해 여부나 이해 정도
> ∘ 기능과 경험 : 문법 지식의 탐구 능력, 탐구한 지식을 활용하는 능력
> ∘ 태도 : 바르고 정확한 국어 생활을 실천하는 능력, 국어 문화를 창의적으로 계승하는 능력

문법 영역의 평가 내용이 이와 같다면, 문법 영역에서도 지금껏 선호된 평가 방법인 선다형 지필 평가 외에 과정 평가, 질적 평가, 수행평가가 요구된다. 물론 선다형 지필 평가도 평가 문항을 적절하게 구성하면 문법 지식의 적용 능력을 간접적으로 평가할 수는 있다. 그렇지만 사용 능력이나 실천 태도, 탐구 능력 등을 온전하게 평가하는 데는 한계가 있으므로 수행의 내용을 직접 평가할 수 있는 다양한 평가 방법을 적용하여야 한다.

문법 지식의 적용 능력은 실제 의사소통 장면에서 드러나므로 영역 통합적 평가 또한 요구된다. 예를 들어 쓰기 평가를 하면서 어휘나 문장 등 문법 요소를 한정하면 학습자가 문법 지식을 적절하게 활용하는지를 평가할 수 있다. 문법 영역을 읽기나 쓰기 등과 통합 문항으로 구성하면 문법 평가만을 위하여 실제와 유사한 의사소통 상황을 만드는 데 드는 힘과 시간을 줄이는 효과도 얻는다.

활용 능력이나 태도 등의 평가를 위해서는 교사의 학생 평가에만 의존하지 말고 학생들 간의 상호 평가나 학습자의 자기 평가를 적극 활용해야 한다. 동료의 조언이나 자기 평가를 통한 반성은 교사의 평가보다 더 유의미한 피드백을 제공하기도 한다.

나. 문법 평가의 실제

문법 영역은 지필 평가를 주로 하였던 까닭에 평가 방법이 다양하게 개발되지 못하였다. 국어과의 다른 영역에서 사용되고 있는 평가 방법에 준하여 문항 유형을

탐색할 수 있다. 관찰에 의한 누가 기록, 설문지법, 면접법 등은 문법 지식의 활용 능력이나 태도를 직접 평가하기에 적합하다.

○ 선택형 또는 완성형 지필 평가

선택형 지필 평가나 완성형 지필 평가는 지식의 습득 여부를 평가하는 데 주로 활용되지만 문항 구성에 따라 적용 능력을 간접적으로 평가할 수도 있다. 다음 문항은 문장의 종류에 대한 지식을 직접 묻는 것이 아니라 상황에 적절한 문장의 종류를 사용할 수 있는지를 묻는다.

※ 다음 ㉠에 알맞은 말은 무엇입니까?

> 민국이와 만세가 여름 방학에 무엇을 할 것인지 이야기하고 있습니다.
>
> 민국: 이번 여름 방학에 무엇을 (㉠)
> 만세: 재미있는 책을 마음껏 읽고 싶어.

① 하자.　　　② 할 거니?　　　③ 하는구나!　　　④ 해라.

○ 빈칸 메우기 검사

빈칸 메우기 검사는 글의 특정한 부분을 빈칸으로 남겨 두고 채우게 하는 검사로 읽기 영역에서 많이 사용되는 평가 방법의 하나이다. 문법 평가에서도 이 검사를 활용할 수 있다. 평가하고자 하는 문법 항목을 빈칸으로 두고, 알맞게 채워 넣도록 문항을 구성하면 문법 지식이나 활용 능력을 평가할 수 있다.

※ 다음 글의 ㉠, ㉡은 이어주는 말이 들어갈 자리이다. 알맞은 이어주는 말을 쓰시오.

> 한 번도 거짓말을 해 보지 않은 사람이 있을까? 어떤 상황이든지 누구나 한 번쯤은 거짓말을 할 때가 있다. (㉠) 거짓말은 하면 할수록 눈덩이처럼 커져서 어느 순간에는 나를 끌고 다니게 된다. (㉡) 사람들은 거짓말을 한 사실을 괴롭고 부끄럽게 생각한다.

㉠: (_____)　　　㉡: (_____)

○ 영역 통합 평가

이전에 활용된 문법 영역의 평가 방법 중, 지필 평가를 통하여 읽기 능력을 간접 평가하면서 읽기 텍스트의 특정 부분을 표시하고 이에 대해 단편적으로 문법 지식을 묻는 방법이 있었다. 이는 형식만 보면 읽기와 문법을 통합한 듯하나 실제로는 통합형 문항이 아니다. 텍스트의 해당 부분만 따로 떼어 문법 문항으로 다시 구성하여도 원래의 문제와 다를 바가 없다.

영역 통합 평가란 문법 지식의 적용 능력을 평가하기 위해 쓰기나 읽기를 실제 맥락으로 가져오는 것을 말한다. 가령, 읽기에서 오독 분석을 위해 소리 내어 읽기를 하면서 소리와 글자가 다른 단어를 바르게 발음하는지를 함께 평가하는 것이다. 다음은 쓰기와 문법을 통합하여 하나의 문항으로 구성해 본 예이다.

※ 알맞은 근거를 들어 '물을 아껴 쓰자'라는 제목으로 주장하는 글을 〈조건〉에 맞게 쓰시오.

〈조건〉
1. 자신이 실제로 겪은 일을 예로 드시오.
2. 이어주는 말을 알맞게 넣어 쓰시오.
3. 약 200자 길이로 쓰시오.

○ 자기 점검표

자기 점검은 준거가 되는 항목을 제시하고 학습자가 스스로 자신의 수행을 평가하는 방법으로 국어 사용 영역에서 흔히 사용된다. 문법 관련 태도도 이 방법을 준용할 수 있다. 문법 영역과 관련 태도가 어떤 것이 있는지를 추출한 후 이를 각 항목으로 나열하고 스스로 하나씩 점검하도록 하면 될 것이다. 태도는 일상의 삶에서 자연스럽게 드러나는 것이어서 자신의 태도는 자신이 가장 잘 판단할 수 있다.

※ 자신의 하루 동안 사용한 말을 돌아보고, 다음 표에 표시해 봅시다.

	외국어를 썼나요?		사용한 외국어	고유어로 고치기
	아니오	예		
5월 4일				
5월 5일				
5월 6일				
……				

이 밖에 탐구 과정을 담은 포트폴리오, 문법 지식을 적용하거나 탐구를 수행하는 과정에서 어떤 어려움을 겪는지를 관찰하여 기록하는 관찰법 등 평가 목표, 평가 상황 등을 고려하여 다양한 평가 방법을 적용할 수 있다.[*]

* 이 장은 류덕제 외(2017)의 제7장 '문법 교육론'을 토대로 수정·보완하였다.

제6장

문학 교육론

1. 문학과 문학 교육의 특성

가. 문학의 특성

문학을 흔히 '언어를 매재로 하는 예술'로 일컫는다. 이 관점에서 바라보는 문학은 예술의 한 하위 범주로 음악, 미술, 무용, 연극 등과 대등하게 놓인다. 또 문학의 언어 사용 양태를 들어 문학을 설명하기도 한다. 즉 시적 언어와 과학적·분석적 언어의 사용으로 크게 범주화하여 문학이 시적 언어를 사용한다는 점을 그 속성으로 내세우기도 한다.

언어는 실재가 아니라 실재를 대신하는 기호이다. 기호와 실재의 관계는 자의적이고 임의적이므로 언어는 세계에 존재하는 실제적 사상(事象)이나 진리를 그대로 드러내지는 못한다. 인간은 실재(實在)를 표현하고 소통하기 위해 언어를 사용하지만, 언어를 사용할 때마다 언어를 통해 끊임없이 실재를 구성해야만 한다. 그런데 오랫동안 사고와 소통에서 실재·진리를 표현하기 위한 기호인 언어를 사용하는 인간은 점차 구체적 실재의 감각을 잃어버리게 된다. 즉 언어의 틀로만 세계를 바라보고 사고하며, 실재를 보지도 느끼지도 못한 채 언어적 상투성의 감옥에 갇히게 된다. 언어의 감옥에 갇힌 사람은 세계를 피상적이고 상투적 틀 속에서만 바라보게 되어 소통의 한계에 직면하게 된다.

문학의 언어, 곧 시적 언어는 이러한 언어의 한계를 언어로 극복하고자 하는 역설적 언어 사용이다. 언어의 틀로 실재를 바라보게 되면 그 언어의 틀로 볼 수 있는 것만 보게 된다. 실재나 진리를 볼 수 있기 위해서는 언어의 틀을 깨고 새로운 눈으로 세계를 낯설게 보아야만 한다. 여기서 '새로운'이라는 말은 일상적인 언어의 틀로 바라보는 세계가 아니라 '창의적인', '낯선' 눈으로 세계를 보는 것을 의미한다. 그렇지만 그렇게 새로운 눈으로 바라본 실재를 소통하기 위해서 인간은 또다시 언어를 사용해야만 한다. 생성·변화하는 실재와 언어의 관계는 가고정적이며 끊임없이 미끄러진다. 이런 관계에 대하여 데리다는 '차연(differance)'으로 표현하기도 하였다. 이렇듯 인간이 언어의 틀을 깨고서라도 실재나 진리를 제대로 인식하고 표현하기 위한 언어 사용의 대표적인 형태가 '시적 언어 사용'이다. 이는 곧 문학적 언어 사용의 가장 큰 특징이다. 여기서 '시적'이라는 말은 문학적이라는 말과 다르지 않다. 아리스토텔레스의 '시학'에서 그 예를 볼 수 있듯이 '시'는 오랜 옛날부터 문학을 대표하고 통칭하는 말로 쓰였다.

시적 언어 사용은 언어의 일상적 틀을 벗어나 세계를 새롭게 바라봄으로써 세계의 실재에 더 근접한 이해와 표현을 하고자 하는 노력의 한 형태이다. 시의 언어는 언어이지만 언어의 정확성이나 기호성에 집중하기보다 언어를 매개로 한 실제적 감각에 더 주목한다. 시의 언어에서 실재의 향취와 촉감과 색깔과 분위기와 진실한 감성을 느껴야 하는 살아있는 자연물로서 언어이어야 한다.

또 다른 한 방향의 언어 사용인 분석적 과학적 언어 사용은 기호로서의 소통성 혹은 실재와 언어 대응의 정확성을 강조한다. 언어의 설명적 기능을 확대하는 언어 사용이다. 이는 과학주의적 방법에 따른 것으로 이 세계에 대한 관찰과 분석에 상응하는 언어의 분석적 사용이다. 더 잘게 나누거나 더 세밀하게 분석하여 기호화하고 세계를 논리적으로 설명하고자 하는 언어 사용을 의미한다.

문학은 언어를 사용한다는 점에서 과학적 언어 기능이나 시적 언어 기능을 모두 활용한다. 그러나 문학은 시적 언어 기능을 더 중요하게 여기며 본질적으로 활용한다는 점을 그 특징으로 한다. 문학이 추구하는 삶의 총체성을 바탕으로 하는 실재의 구현은 시적 언어 특질에 기반하고 있다. 이러한 시적 언어 특질을 바탕으로 할 때라야만 문학의 예술적 특질을 구현할 수 있기도 하다.

한편, 문학을 학문의 한 분야로 정의하기도 한다. 이는 문학·역사·철학(文史哲)의 전통적 인문 학문으로서 가치를 중시하는 관점이다. 또한 인간 삶의 문화적 양식으로서 문학을 정의하기도 한다.

문학을 무엇으로 볼 것인지 그 관점 또한 다양하다. 문학을 작품이나 작가 중심 혹은 결과 중심의 구조주의적 관점으로 바라보는 텍스트 중심의 문학관이 있다. 그리고 문학의 행위 중심, 독자 중심, 과정 중심의 수행적 혹은 구성주의적 관점으로 바라보는 활동 중심 문학관이 있으며, 문학적 관습 문화 소통을 중시하는 대화주의적 관점으로 문학을 바라보는 문화주의적 관점이 있다.

최근 문학 교육에서는 문학을 '현상(現象)'으로 바라본다. 문학을 '책'의 형태로 존재하는 객관적 물적 대상으로 보는 것이 아니라, 문학을 작가와 독자라는 문학 행위 주체들이 삶의 맥락 속에서 텍스트를 생산하고 수용하면서 삶의 경험을 소통하고 확장해 나가는 '작용태로서의 문학 현상'으로 보는 관점이다. 이 관점은 특히 그간의 문학 교육이 텍스트 중심의 문학관을 바탕으로 문학을 대상화하여 학습자에게 전달하였던 것에서 벗어나도록 하였다. 학습자로 하여금 문학 소통 현상에 참여하여 체험하고 그 깊이와 폭을 넓혀 나가도록 한다. 또한 문학 교육이 학습자를 문학 현상의 주체로서 그 능력을 길러 가도록 하는 데에 초점을 둘 수 있게 하였다.

나. 문학 이론과 문학 교육

문학(학)의 이론은 문학 교육의 내용이나 방법에 많은 영향을 주고 있다. 한때는 문학 이론을 전달하는 것을 문학 교육으로 오인하기도 하였다. 여기서는 문학의 이론으로 문학 비평의 네 가지 범주를 간략히 살펴보고 그것이 문학 교육과 어떤 영향 관계에 놓이는지 정리한다.

문학의 생산 이론은 작가의 문학 작품 생산에 초점을 두어 설명하는 문학 이론이다. 문학 작품의 생산은 '창조(creation)'와 '제작(production)'의 두 관점에서 바라볼 수 있다. 낭만주의적 문학관의 생산 이론은 작가는 특별한 재능을 가진 존재로서 그 영감(inspiration) 혹은 천재성을 표현한 것을 예술 작품으로 보는데 이를 일컬어 창조론이라고 부른다. '제작'의 관점으로 보는 생산 이론은 작가를 개인을 초월한 사회적 존재로 본다. 문학 작품은 순수한 영감이나 상상력으로 세계를 창조하는 것이 아니라 집단에 의해 구성된 것으로 보는 관점이다. 이는 곧 예술 작품의 '제작론'

의 근거가 된다.

구조 이론은 문학 작품 자체의 구조에 초점을 두고 문학을 설명하는 이론이다. 문학의 예술적 아름다움이 텍스트 자체에 존재한다고 보기에 작품의 미적 특질을 텍스트 자체에서 찾아내어 설명하려 한다. 개별 문학 작품이 작품일 수 있게 하는 진술 방식상의 특징을 해명하고자 하며, 그리하여 문학성을 설명하기 위해서 문학 텍스트의 장치들을 분석적으로 설명하게 된다. 문학의 기법과 낯설게 하기, 전경화와 배경화, 장치로서의 예술 등의 개념을 사용한다. 주로 문학의 내용이나 주제보다는 형식이나 기법에 초점을 두어 설명하기 쉽다. 텍스트 자체에 담긴 문학의 보편적 특성으로서의 기법을 분석적으로 해명하고 설명함으로써 문학성을 설명하려고 하기 때문이다. 주로 작품의 내부 구조나 언어적 표현을 분석하여 설명하는 데에 주력하는 형식주의 비평이론, 신비평 이론 등이 대표적인 예이다.

문학 작품은 작가가 살아가는 사회문화적 현실과 관련이 있다고 보는 이론이 반영 이론이다. 문학에는 현실의 문제가 반영되어 있다는 점을 강조한다. 반영 이론에서 문학 작품은 현실을 이해하고 수용하기 위한 한 과정이다. 반영 이론의 입장은 작품과 현실의 연결 문제에 관심의 초점을 두기 때문에 사회나 역사가 문학 작품 속에 어떻게 반영되어 작품화되었는지를 중심으로 작품을 설명한다. 문학사회학, 역사주의 비평, 마르크스주의 비평, 리얼리즘 이론 등이 이 이론과 관련된다.

수용 이론은 기존의 다른 이론에서 비교적 소홀이 취급되었던 문학의 독자에 주목한다. 여기서는 문학의 텍스트와 작품을 분리하여 바라본다. 문학 작품의 완성에 작용하는 독자의 역할을 강조하며, 텍스트로부터 작품으로 완성되도록 하는 독자 요인을 중심으로 작품을 설명한다. 독자의 기대 지평에 따라 텍스트에 대한 해석은 달라진다. 문학 텍스트는 독자에 따라 그 해석을 달리할 뿐만 아니라, 한 사람의 독자가 텍스트와 상호작용하는 시점에 따라 그 해석은 달라진다고 본다. 텍스트에는 독자가 메워야 할 '빈자리'를 이미 포함하고 있으며 그 빈자리를 메워 작품으로 완성하는 것은 독자의 몫이라고 설명한다.

문학 교육에서는 이러한 여러 관점의 문학 이론의 입장이 다양하게 반영된 교육과정을 수립해 왔다. 문학 교육과정의 역사를 개괄적으로 살펴보아도 생산 이론과 반영 이론, 구조 이론, 수용 이론의 순으로 점차 그 영향력을 확대해 왔다고 볼 수 있다. 그러나 이러한 다양한 관점들은 문학 교육에서 골고루 적절한 상황에 알맞게 활용될 수 있어야 한다. 특정 이론에 지나치게 경도되는 것은 바람직하지 않다.

이를테면 구조 이론에 경도된 교육과정은 문학 교사가 학습자에게 가르쳐야 할 내용이 작품 자체에 대한 설명이나 문학적 기법의 분석이라는 오해를 낳기도 하였다. 이러한 편협한 관점은 극복하는 데에 오랜 시간이 걸렸다.

가장 최근의 문학 이론인 수용 이론은 독자의 역할을 중요하게 여긴다는 점에서 문학 교육에서 중요하게 여기지 않을 수 없다. 문학 교육에서 기르고자 하며 변화시키고자 하는 학습자는 곧 문학 현상 속의 독자이기 때문이다. 이는 문학 학습자의 주체적이고 적극적인 문학체험을 강조하는 점과 맞닿아 있다. 그렇지만 어느 한 가지 이론으로 문학체험을 제대로 설명하기는 어렵다. 수용 이론이 문학 교육에서 강조되고 있는 중요한 이유 중의 하나는 기존의 문학 교육과정이 구조 이론을 중심으로 한 텍스트 분석 교육에 지나치게 치우쳐 설계되고 실행된 문제점을 극복할 가능성을 드러내어 보여주기 때문이기도 하다.

2. 문학 교육의 목표와 내용

국어과 교육과정의 문학 영역 교육 내용은 전통적으로 문학 작품을 이해하고 문학적으로 표현하기 위하여 필요한 내용을 설정하였다. 제1차 교육과정 이후 현재에 이르기까지 각 시대에 따라 그 지향점이나 도달 목표를 달리해 왔지만 문학 작품을 바탕으로 하는 이해와 표현에 초점을 두어왔다.

제1차 교육과정에서 제3차 교육과정의 국어과 교육과정에서 문학은 영역으로 설정되지 않았지만 민족 문화의 계승과 발전이라는 관점에서 문학 작품을 교육 내용으로 삼았다. 제4차 교육과정에서부터 '문학'을 국어과 교육의 교육 내용 영역으로 구별하여 설정하기 시작하였다. 이때는 문학을 배경 학문으로 설정함으로써 문학 지식이 중요한 교육 내용으로 설정되었다. 5차 교육과정과 제6차 교육과정에서는 작품에 대한 이해와 감상 활동에만 집중하였으며 텍스트 중심의 교육이 이루어졌다. 제7차 교육과정에서 최초로 국민공통교육과정임에도 '창작' 교육을 도입하였다. 그 이전에는 초중등 교육과정은 기초적 시민교육이므로 창작은 작가를 비롯한 특정한 전문가에게 필요한 교육으로 보기도하였다. 그러나 이때부터 창작은 모든 인간의 기본적 표현 욕구와 능력을 기르는 것으로 보아서 문학 교육의 중요한 목표와 내용을 이루게 되었다. 이때의 '창작'의 개념은 본격적인 문예 창작이 아닌 다양한 개작이나 모작을 포함한 감상의 표현까지 포함하여, '이해와 창작'으로 교육 내용의 범주를 확장하였다. 2007년 개정 교육과정에서 수용과 생산의 유기적 결합을 강조하며 문학의 수용과 생산 맥락으로 '주체', '문학사적 맥락', '사회문화적 맥락'이 부각되었다. 2009년 개정 교육과정에 따른 2011 국어과 교육과정의 문학 영역 교육과정은 문학 수용 및 생산의 주체인 학습자들에게 온전한 '문학 경험'을 제공하는 교육을 강조하였다. 2011년 국어과 교육과정 문학 영역에서 중요하게 고려한 내용은 주체적인 문학 향유 능력에 대한 요구, 문학 생활화의 실천, 문학의 수용과 생산에 대한 요구, 문학 경험의 통합 및 실제화에 대한 요구, 문학의 성찰적·윤리적 기능에 대한 요구, 공동체 발전과 관련된 요구, 환경의 변화에 능동적으로 대처하는 문학 교육에 대한 요구 등(민현식 외, 2011: 143~147)이다. 2022 개정 국어과 교육과정 문학 영역 또한 우리 사회의 다양성을 이해하고 문학의 수용과 생산을 통한 소통, 자아 성찰·계발과 타자 이해, 공동체의 일원으로서의 문화 향유 및 창의적 사고를 강조하고 있다.

가. 문학 교육의 목표

문학 교육의 의의는 흔히 크게 세 가지로 정리된다. 첫째는 학습자의 심미적 정서를 함양하고 상상력을 세련시킨다는 점이다. 두 번째는 학습자로 하여금 삶의 총체성을 체험하게 한다는 목표이다. 또 학습자로 하여금 문학적 문화를 경험하고 참여함으로써 문학적 문화를 고양하도록 한다는 점이다. 이러한 문학 교육의 의의는 그대로 문학 교육의 목표에 반영된다.

2009 개정 국어과 교육과정의 문학 영역 목표는 '문학에 대한 기본적인 지식을 바탕으로 문학 작품을 수용하거나 생산하면서 인간의 다양한 삶을 총체적으로 이해하는 능력을 기르고 심미적 정서를 함양한다.'이다. 2015 개정 국어과 교육과정에서

추구하는 문학 영역 설정의 주안점도 문학에 친밀감과 흥미를 가지고, 문학 작품으로 형상화된 세계를 이해하고 감상하며 다양하게 표현하는 능력을 기르되, 그 과정에서 자아를 성찰함으로써 문학이 개인의 성장을 돕는 자양분이 됨을 경험토록 하였다.

2022 개정 국어과 교육과정에서는 문학 영역의 목표를 분리하여 제시하고 있지는 않으나, 우리 사회의 다양성에 대한 이해를 강조하며 문학이 주는 즐거움과 깨달음, 문학을 통한 타자와의 소통과 자아 성찰 및 공동체의 일원으로서 역량을 강조한다.

국어과 교육과정에서 추구하는 문학 교육의 목표는 '인간의 다양한 삶에 대한 총체적 이해 및 체험'을 중요하게 다룬다. 이는 문학의 본질적 특성에 따른 것이기도 하다. 문학 작품을 읽으면서 독자는 삶의 총체성을 체험할 수 있다. 이때 '총체성'은 경험 범위의 총체성, 경험의 유기체적 총체성, 사회·역사적 총체성을 함의한다(구인환 외, 2007: 56~68).

일상생활의 실제적 경험들은 서로 아무런 연관 없이 흩어져 존재하는 고립적인 경험이고 삶으로 인식된다. 그와는 달리 문학을 통한 경험은 삶의 내적 법칙과 질서에 알맞게 유기적·체계적으로 구성된 총체적 삶이다. 일상의 경험들이 아무렇게나 흩어져 있어 그 의미의 관계가 없는 것으로 여겨지는 데 비해 문학적 경험은 그 경험 속의 사건이나 인물들을 관계 지으며 이름을 부여하고 의미 있는 이야기로 구성한 구성체로 경험된다.

특히 합리주의나 과학주의적 가치관에 의한 분화와 전문화로 인한 단절된 시각으로 요소들의 관계에 대한 의식이나 총체적 시각이 사라진 오늘날에는 문학이 주는 경험의 총체성은 더욱 중요한 가치를 지닌다. 서구 중심의 과학 문명은 과학주의적·합리주의적 사고를 바탕으로 하는 분업화 혹은 전문화 과정을 추구해 왔다. 이것은 인간의 삶에 편리함을 가져온 것이 사실이지만, 그에 못지않은 문제점을 드러내고 있다. 즉 인간의 시야를 좁게 만들어왔거나 편향되게 해왔다. 현대 과학 문명 속의 인간은 삶과 우주의 전일체(全一體)적 특성을 제대로 파악하지 못하고 부분에만 매달려 맹목적으로 욕망을 추구하며 살아가고 있다. 이러한 문명은 결국 인간을 도구화하거나 인간을 소외시켰으며 인간과 인간, 인간과 자연 등 모든 관계 질서와 조화를 무너뜨렸다. 그리하여 마침내 인간은 스스로 삶의 의미조차 알지 못한 채 맹목적인 욕망을 향한 질주 속에서 살아가고 있다. 이러한 삶의 총체성 상실 시대에 문학 교육은 삶을 총체적으로 체험하고 이해하는 데에 그 목표를 두고 있다는 점에서 그 중요성이 크다고 하겠다.

이와 더불어 문학 교육이 추구하는바 중요한 목표는 '심미적 정서와 상상력의 함양'이다. 이 또한 이성 중심의 현대 문명 속에서 살아가는 우리 삶에 생명을 부여하는 역할을 문학이 담당하고 있음을 말해준다.

또 문학 교육의 중요한 목표는 '자기성찰과 타자 이해' 능력 함양이다. 문학의 자기성찰적 기능은 오랜 옛날부터 중요하게 여겨져 왔다. 문학 작품 읽기는 어두워져 가는 저녁 무렵 기차를 타고 창밖을 내다보는 것과 유사하다. 어둡기 전 유리창 밖으로 보이던 풍경들 위로 어둠이 내려오면서 자신의 모습이 겹쳐지기 때문이다. 문학 작품 속 인물과 사건을 바라보면서 타자를 관찰하는 듯하지만, 결국 그 모습에서 독자 자신의 삶을 볼 수밖에 없기 때문이다. 흔히 문학을 '거울과 유리창(mirror and window)'에 비유하는 것은 바로 이러한 '자기성찰과 타자 이해'의 깨달음과 즐거움을 잘 드러내어 주기 때문이다. 이러한 문학 교육의 목표는 특히 오늘날 다양성의 시대를 살아가는 개인과 사회에 꼭 필요한 능력을 길러주는 일과 관련된다.

이를 2022 개정 국어과 교육과정의 목표를 전문과 다섯 개의 항으로 정리하면 다음과 같다.

문학적 의사소통의 맥락과 요소를 이해하고 다양한 문학 소통의 과정에 참여하면서 자신의 삶을 성찰하고 문학을 향유함으로써 미래사회에서 요구되는 높은 수준의 문학 능력을 기른다.

(1) 다양한 유형의 문학 작품을 이해하고 자신의 생각을 창의적으로 표현한다.
(2) 다양성에 대한 이해를 바탕으로 타인의 의견과 감정, 가치관을 존중하는 문학 소통 능력을 기른다.
(3) 민주시민으로서 문학 소통에 적극적으로 참여하여 개인과 공동체의 문제를 해결한다.
(4) 공동체의 언어 문화를 탐구하고 자신의 삶을 성찰한다.
(5) 다양한 사상과 정서가 반영된 문학 작품을 감상하고 향유한다.

나. 문학 교육의 내용

1) 문학 영역의 내용 체계

국어과 교육과정에서 문학 교육의 내용은 문학 영역의 학년군별 성취기준으로 구분하여 제시된다. 그러나 그 항목 간의 관계 혹은 성취기준 항목의 전체적 체계를 제대로 파악하지 않고는 각 항목의 의미를 제대로 파악하기 어렵다. 문학 교육이 실제로 길러줄 능력은 각 내용 항목 간의 관계가 없는 분절적 능력이 아니라, 내용 항목 간의 유기성을 지닌 실제적 능력으로서 문학 능력이기 때문이다. 2022 개정 국어과 교육과정에서 제시한 문학 교육의 내용 체계는 다음과 같다.

〈표 1〉 2022개정 국어과 교육과정 문학 영역 내용 체계

핵심 아이디어	◦ 문학은 인간의 삶을 언어로 형상화한 작품을 통해 즐거움과 깨달음을 얻고 타자와 소통하는 행위이다. ◦ 문학 작품을 통한 소통은 작품 갈래, 작가와 독자, 사회와 문화, 문학사의 영향 등을 고려하며 이루어진다. ◦ 문학 수용·생산 능력은 문학의 해석, 감상, 비평, 창작 활동을 통해 향상된다. ◦ 인간은 문학을 향유 하면서 자아를 성찰하고 타자를 이해하며 공동체의 일원으로 성장한다.			
범주	내용 요소			
		초등학교		중학교
		1~2학년	3~4학년	5~6학년	1~3학년

범주		1~2학년	3~4학년	5~6학년	1~3학년
지식·이해	갈래	◦ 시, 노래 ◦ 이야기, 그림책	◦ 시 ◦ 이야기 ◦ 극	◦ 시 ◦ 소설 ◦ 극 ◦ 수필	◦ 서정 ◦ 서사 ◦ 극 ◦ 교술
	맥락		◦ 독자 맥락	◦ 작가맥락 ◦ 독자맥락	◦ 작가 맥락 ◦ 독자 맥락 ◦ 사회·문화적 맥락
과정·기능	작품 읽기와 이해	◦ 낭송하기, 말놀이하기 ◦ 말의 재미 느끼기	◦ 자신의 경험을 바탕으로 읽기 ◦ 사실과 허구의 차이 이해하기	◦ 작가의 의도를 생각하며 읽기 ◦ 갈래의 기본 특성 이해하기	◦ 사회·문화적 상황을 생각하며 읽기 ◦ 연관된 작품들과의 관계 이해하기

	해석과 감상	◦ 작품 속 인물 상상하기 ◦ 작품 읽고 느낀 점 말하기	◦ 인물의 성격과 역할 파악하기 ◦ 이야기의 흐름 생각하며 감상하기	◦ 인물, 사건, 배경 파악하기 ◦ 비유적 표현에 유의하며 감상하기	◦ 근거를 바탕으로 작품 해석하기 ◦ 갈등의 진행과 해결 과정 파악하기 ◦ 보는 이, 말하는 이의 효과 파악하기 ◦ 은유, 비유, 상징의 특성과 효과를 생각하며 감상하기
	비평		◦ 마음에 드는 작품 소개하기	◦ 인상적인 부분을 중심으로 작품에 대해 의견 나누기	◦ 다양한 해석 ◦ 비교·평가하기
	창작	◦ 시, 노래, 이야기, 그림 등 다양한 형식으로 표현하기	◦ 감각적 표현 활용하여 표현하기	◦ 갈래 특성에 따라 표현하기	◦ 개성적 발상과 표현으로 형상화하기
가치·태도		◦ 문학에 대한 흥미	◦ 작품 감상의 즐거움	◦ 문학을 통한 자아 성찰 ◦ 문학 소통의 즐거움	◦ 문학을 통한 타자 이해 ◦ 문학을 통한 공동체 문제에의 참여 ◦ 문학의 가치 내면화

〈표 1〉에서 보듯이, 문학의 핵심 아이디어로부터 도출된 '지식·이해', '과정·기능', '가치·태도' 범주로 정리된다. 각 범주의 학년군별 학교급별 문학 교육 내용 요소가 체계표에 제시되었다.

'지식·이해' 범주는 문학의 갈래와 문학 소통의 맥락에 대한 지식을 이해하는 교육 내용 범주이다. 초등학교 1~2학년 군에서 시나 노래, 이야기나 그림책을 다루되 맥락에 대한 교육 내용을 포함하고 있지 않다. 3~4학년군에서는 시와 이야기와 극을 독자 맥락에서 이해하도록 한다. 5~6학년군에서는 문학의 4대 장르인 시, 소설, 극, 수필을 모두 다루며 독자 맥락과 작가 맥락을 고려하도록 한다.

'과정·기능' 범주의 교육 내용은 작품 읽기와 이해, 해석과 감상, 비평, 창작의 하위 범주로 나뉜다. 이러한 세부 하위 범주의 교육 내용은 분리되어 제시되고 있긴 하지만, 한편의 문학 작품을 수용하거나 생산할 때 총체적으로 작용하는 능력이며 통합적으로 길러지는 문학 능력이다.

1~2학년군에서는 작품 읽기와 이해 활동으로서 낭송하기, 말놀이하기, 말의 재미 느끼기를 하면서 작품 속 인물을 상상하고 느낀 점을 말할 수 있어야 한다. 또한 시, 노래, 이야기, 그림 등 다양한 형식으로 감상을 표현하거나 문학 향유의 결과를 표현하는 창작 활동을 내용으로 담고 있다.

3~4학년군은 경험을 바탕으로 작품을 읽고 허구적 문학 작품이지만 현실의 모습을 담고 있다는 점을 이해하도록 한다. 더불어 인물의 성격과 역할을 파악하고 이야기의 흐름을 생각하며 감상한 후 자신의 마음에 드는 작품을 소개하는 비평 활동을 하도록 한다. 또 감각적 표현을 이해하고 활용하여 마음을 표현하는 창작 활동을 교육 내용으로 담고 있다.

5~6학년군은 작품을 읽을 때 작가의 맥락을 고려하며 의도를 생각하고, 갈래의 기본 특성을 이해하며 읽도록 한다. 작품의 인물, 사건, 배경을 파악하고 비유적 표현에 유의하며 감상하도록 하며, 인상적인 부분을 중심으로 작품에 대해 다양한 의견을 나누는 비평 활동을 하도록 한다. 창작 활동으로 갈래의 특성을 이해하고 어울리는 표현활동을 하는 것을 교육 내용으로 담고 있다.

'가치·태도' 범주의 교육 내용은 1~2학년에서 문학에 대한 흥미를 갖도록 하며, 3~4학년에서는 작품 감상이 주는 즐거움을 누리도록 한다. 5~6학년군에서는 문학을 통한 자아 성찰과 문학 소통을 통한 즐거움을 알도록 하는 교육 내용을 담고 있다.

2) 문학 영역 성취기준과 적용

2022 개정 국어과 교육과정의 문학 영역은 문학 영역 내용 체계표를 제시하고, 학년군별 성취기준과 성취기준에 대한 해설, 성취기준 적용 시 고려 사항을 제시한다. 이때 모든 성취기준을 해설하고 있지는 않으나 교사의 이해를 돕는 해설을 제시하며, 학년군별로 성취기준 설정의 의도를 '성취기준 적용 시 고려사항'에 기술하고 있다.

<表 2> 초등 문학 영역 학년군별 성취기준

학년군	성취기준
1~2	[2국05-01] 말놀이, 낭송 등을 통해 말의 재미와 즐거움을 느낀다. [2국05-02] 작품을 듣거나 읽으면서 느끼거나 생각한 점을 말한다. [2국05-03] 작품 속 인물의 모습, 행동, 마음을 상상하여 시, 노래, 이야기, 그림 등으로 표현한다. [2국05-04] 시나 노래, 이야기에 흥미를 가진다.
3~4	[4국05-01] 인물과 이야기의 흐름을 중심으로 작품을 감상한다. [4국05-02] 자신의 경험을 바탕으로 작품 속 세계와 현실 세계를 비교하여 작품을 감상한다. [4국05-03] 작품을 듣거나 읽고 마음에 드는 작품을 소개한다. [4국05-04] 감각적 표현에 유의하여 작품을 감상하고, 감각적 표현을 활용하여 자신의 생각이나 감정을 표현한다. [4국05-05] 재미나 감동을 느끼며 작품을 즐겨 감상하는 태도를 지닌다.
5~6	[6국05-01] 작가의 의도를 생각하며 작품을 읽는다. [6국05-02] 비유적 표현의 효과에 유의하여 작품을 감상한다. [6국05-03] 소설이나 극을 읽고 인물, 사건, 배경을 파악한다. [6국05-04] 인상적인 부분을 중심으로 작품에 대한 의견을 나눈다. [6국05-05] 자신의 경험을 시, 소설, 극, 수필 등 적절한 갈래로 표현한다. [6국05-06] 작품을 읽고 자신의 삶과 연관 지어 성찰하는 태도를 지닌다.

1~2학년군 성취기준은 학습자가 문학의 흥미를 느끼고 친밀감을 갖게 하는 데에 주안점을 두고 있다. 언어의 놀이적 성격을 경험하며 반복, 언어유희, 문답 등 말놀이와 낭송을 통한 느낌의 다양성을 경험하도록 강조하고 있다. 또 발달 수준에 맞는 다양한 갈래의 작품 향유를 통해 학습자의 생각을 표현하고 소통하며 문학의 즐거움을 느낄 수 있도록 설계하였다.

이들 성취기준의 적용에서 고려할 사항으로는 재미있는 발상과 표현이 담긴 작품을 선정해야 한다는 점과 학습자가 그 작품을 향유 하며 다양하고 쉬운 표현 활동을 하도록 한 점, 다른 영역의 성취기준과 통합하여 통합적 국어 능력을 기르도록 하는 점이 있다. 또 다문화 배경 학습자나 느린 학습자를 배려하여 충분한 말놀이 활동이 이루어지도록 하고, 낭독이나 낭송에서 허용적 분위기 속에서 다양한 사람의 낭송이 갖는 개성을 느낄 수 있도록 한다는 점, 교과 외 시간에 작품을 더 읽기, 함께 읽기 등 문학을 즐기며 생활화할 것을 강조한다.

3~4학년 성취기준은 작품 속 인물의 특성이나 서사의 기본 구조를 파악하여 인물이나 이야기의 흐름을 생각하며 작품을 향유하도록 하고, 문학 작품 속 세계는 현실 세계와 밀접한 관련이 있음을 생각하며 작품 속 인물, 정서, 상황, 배경, 분위기, 사건 등을 이해할 때 자신의 경험과 관련지어 봄으로써 사실과 허구를 비교하며 작품을 감상하도록 하는 교육 내용을 담고 있다. 또한 창작 활동으로서 감각적 표현을 바탕으로 형상화된 작품을 감상하며 즐거움을 느끼고 같은 방법으로 표현 활동을 함으로써 감각적 표현의 효과를 느끼도록 하고 있다.

이러한 성취기준 적용에서 고려할 사항으로는 작품 세계와 현실 세계를 비교하며 감상하고 다양하고 능동적으로 그 결과를 표현하는 능력을 기르도록 해야 한다. 또 작품을 선정할 때 다양한 매체 즉 애니메이션, 영화, 연극 등 다양한 구현 방식을 고려하고, 학습자의 지식 이해뿐만 아니라 작품을 감상하는 과정과 결과를 표현하는 방법, 소개하는 자세와 즐기는 태도 등을 종합적으로 평가하도록 하고 있다.

5~6학년군 성취기준은 문학 작품을 감상할 때 독자 맥락뿐만 아니라 작가 맥락을 고려하여 그 의도를 파악하게 하며, 비유적 표현과 인물, 사건, 배경 등 작품을 이루는 주요 요소에 대한 이해와 이를 바탕으로 한 작품 감상을 강조한다. 또 학습자의 작품에 대한 생각을 타인과 소통함으로써 보다 주체적인 문학 수용 능력을 기르도록 하며 문학 작품 감상이 자신과 자신이 속한 공동체의 삶에 대해 생각할 수 있음을 알고 경험하도록 하여 자신과 공동체의 삶을 살피며 구성원으로서의 바람직한 자세나 태도를 고민하도록 하였다.

이 성취기준의 적용에서 고려할 사항은 작품 읽기에서 삶의 성찰과 다양한 갈래로의 표현과 능동적 소통이 가능하도록 해야 함이다. 타인과의 소통에서 다른 영역과 통합적 지도로 총체적 국어능력 향상을 꾀하고, 비유에 대한 지도에서는 비유가 사용되었을 때의 효과를 알도록 하며, 경험을 문학으로 표현할 때는 새로운 시각으로 관찰하여 생활 주변에서부터 점차 경험의 폭을 넓혀 가며 표현하도록 지도한다. 또 문학 작품의 요소에 대한 지식을 익히되 단순히 기억에 머물 것이 아니라 그 지식을 바탕으로 더욱 적극적으로 수준 높은 문학 활동을 하도록 하여야 한다.

3. 문학 교수·학습 방법

2022 개정 국어과 교육과정의 문학 영역 교수·학습 방법은 성취기준 적용의 고려할 점을 비롯하여 교육과정의 '교수·학습 및 평가'에서 그 주안점을 간단히 다루고 있다. 여기서는 2022 개정 국어과 교육과정의 문학 영역 교수·학습 방법에 바탕을 두되 일반적으로 문학 교수·학습에서 유의해야 할 원리와 방향을 살펴보고, 문학 교수·학습에서 자주 활용되는 대표적 교수·학습 모형과 활동의 사례들을 살펴보기로 한다.

가. 문학 교수·학습의 원리

문학은 가르칠 수 있는가에 대한 회의적 논의가 있기도 했다. 문학은 예술이므로 예술은 말로 설명되어질 수 없다는 것이 그들의 논지이다. 실제로 문학 작품을 말로 설명하여 가르칠 수 없음도 분명한 사실이다. 넓은 의미의 예술에 대한 이해는 말로 가르치는 것이 아니라 우선 예술 문화 활동에 즐겁게 참여하는 데서 비롯되기 때문이다.

그런데 문학의 매재가 다른 예술과 달리 의미전달력이 높은 언어라는 점은 문학교육의 가능성을 높여준다. 다른 예술 장르에 비해 높은 의미전달력은 문학을 가르칠 수 있는 것으로 만든다. 문학에 대한 이해를 높이는 것도 우선은 문학적 문화나 활동에 참여하여 향유하는 체험을 전제로 한다. 또 문학은 인간의 삶을 다룬다는 점에서 교육의 가능성뿐만 아니라 문학교육만의 고유성을 갖는다. 추상적인 설명이 아니라 구체적인 삶의 모습을 문제 삼으면서 실제 인간의 삶을 있는 그대로 대상화하는 것이 아니라 개연성을 바탕으로 한 허구의 세계에서 인간 삶을 다룬다. 이런 상상력은 개인의 독자성과 더불어 시대적·사회적 보편성을 지닌다. 상상력은 말로 설명하여 가르칠 수 없지만, 상상력이 뛰어난 작품을 읽으며 체험하도록 함으로써 상상하는 경험을 통해 그 방법을 가르칠 수 있다.

문학을 어떻게 가르칠 것인가의 문제는 문학을 어떻게 체험토록 할 것인가의 문제로 구체화된다. 문학을 가르친다는 것은 결국 문학을 체험토록 하는 데서 비롯되기 때문이다. 구체적 학습자에게 문학의 수용과 생산 체험을 어떻게 하게 할 것인가에 대한 깊은 성찰만이 해결책을 안겨줄 수 있다.

여기서는 문학체험에 작용하는 다양한 요인들 가운데 문학체험의 주체인 독자로서 학습자 요인, 텍스트 요인, 그리고 교수·학습을 이끌어가는 교사 요인을 중심으로 간략히 살피면서 문학 교수·학습의 원리를 탐색한다.

1) 문학체험의 주체로서 학습자

문학을 작가와 독자, 문학 텍스트, 그리고 사회와 문화 간의 작용태로서의 현상으로 본다면, 문학체험은 그 문학 현상에 참여하여 상호작용하는 주체의 경험을 의미하게 된다. 문학 텍스트를 수용하거나 생산한다는 것은 본질적으로 독자나 작가의 인지적, 정서적, 심미적 경험 세계를 포함하게 된다. 문학 수용과 생산 주체의 현재 경험 세계뿐만 아니라 과거나 미래의 경험 세계가 문학 텍스트 수용과 생산에 작용하게 된다.

이는 문학 교수·학습에서 이루어지는 문학체험 속에는 반드시 문학체험 주체인 학습자의 경험과 삶의 맥락이 작용해야만 함을 의미한다. 문학 교수·학습에서 학습자의 경험과 그에 따른 주체적 문학 수용 및 생산이 적극 권장되어야 한다. 2022 개정 국어과 교육과정의 교수·학습 방법 항목에서도 문학체험의 주체를 강조하며 문학 영역의 교수·학습에 대해 다음과 같이 안내하고 있다.

문학 영역에서는 학습자가 적극적이고 능동적으로 문학을 향유하는 주체로 성장할 수 있게 하는 활동을 강조한다. 학습자의 수준에 맞는 작품들을 다양하게 접하는 가운데 문학의 즐거움을 경험하게 하며, 학습자들이 작품을 접한 후에 각자 가지는 생각과 감정을 자유롭고 적극적으로 다른 학습자들과 공유하며 소통할 수 있게 한다. 나아가 학습자가 자신을 창의적이고 효과적으로 표현할 수 있는 능력을 기를 수 있도록 문학 창작의 경험을 충분히 쌓을 수 있게 한다. (2022 개정 국어과 교육과정)

문학체험 주체의 적극적이고 능동적 향유와 즐거움의 경험 및 자유로운 표현과 공유를 강조하고 있다. 또한 초등학생 학습자 수준에서 문학 교수·학습은 특히 문학의 즐거움을 경험하는 것을 강조해야 한다. 이는 문학 주체의 문학에 대한 태도 형성을 통한 평생 문학 독자로 나아가는 것과 관련이 된다. 문학체험의 주체가 문학 활동을 통해 스스로 삶과 문학을 조회하면서 주체적으로 체험하고 성찰할 수 있는 문학 교수·학습을 지향해야 한다. 학습자의 삶이나 경험과 분리된 수동적 지식의 학습이 아니라, 즐거운 문학체험을 통해 스스로를 살펴보고 그 결과가 삶에 반영되고 내면화되는, 자율적 주체적이면서 즐거운 문학 경험을 제공하는 교수·학습이 되도록 설계해야 한다.

2) 문학 텍스트

문학체험에 작용하는 요인으로서 텍스트를 중요하게 다루어야 한다. 독자의 주체적 문학체험을 강조하더라도 문학 텍스트 '자세히 읽기'를 소홀히 할 수 없다. 결국 문학 텍스트와 독자의 상호작용(transaction)작품을 완성하는 것이고, 텍스트를 배제한 독자란 존재할 수 없기 때문이다.

문학 텍스트는 단순히 문학의 고착화된 지식의 기억이나 분석만으로 설명될 수 없다. 문학의 가장 큰 생명력 가운데 하나는 문학적 관습을 형성하면서 동시에 파괴하는 과정을 수반하며 그 가치를 발휘하기 때문이다. 문학 교수·학습은 학습자로 하여금 문학체험을 통해 문학적 문법을 학습하게 하면서 그 효과 또한 체험하게 해야 한다. 문학이 스스로 문학적 문법을 허물면서 새로운 관점과 세상을 형상화함도 다양한 문학 작품을 체험하면서 그 축적을 통해 알아가도록 해야 한다.

이를 위하여 문학교육은 다양한 문학 텍스트 가운데 교육적으로 가치 있는 텍스트를 선정하게 된다. 그런데 좋은 문학 텍스트란 무엇인가? 정전의 개념은 점차 그 경계를 허물고 있다. 실질적으로 독자에게 더 좋은 문학 텍스트란 독자 개개인의 특성이나 상황에 따라 달라질 수 있다. 문학으로서의 예술성과 학습자와 교육과정을 고려하는 텍스트 선정 및 제시 방식은 문학 교사의 전문성이 발휘되어야 하는 부분이다.

문학 텍스트의 범주 또한 문자 언어로 쓰인 것에 한정되지 않는다. 문학 매체의 다양성이 문학 텍스트의 범주를 넓히고 있다. 애니메이션, 만화, 그림책, 영화 등 다양한 매체가 문학 텍스트의 범주에 포함될 수 있다.

더불어 교수·학습의 한정된 시간으로 온전히 텍스트를 다루지 못하는 한계와 관련하여 2022 개정 국어과 교육과정의 문학 영역 교수·학습 항에서는 다음과 같이 안내하고 있다.

> 이와 함께 온전한 작품 한 편, 또는 작품이 수록된 시집이나 작품집 한 권 등 긴 호흡으로 작품을 충분히 즐길 수 있는 기회와 여건을 제공하도록 한다. 제한된 분량의 교재, 한정된 시수 등으로 인해 수업 시간에는 작품의 일부만 발췌하여 읽는다 하더라도, 책 한 권 읽기나 작품 전체 읽기 활동 등을 통해 불완전한 문학 수업의 한계를 최소화할 수 있게 한다. (2022 개정 국어과 교육과정)

3) 문학 교사의 역할

문학 교수·학습에서 문학 교사의 역할은 문학체험 주체인 학습자와 텍스트의 상호작용을 극대화하도록 하는 데에 있다. 이를 위해 교사가 해야 할 역할을 몇 가지로 정리하면 다음과 같다.

첫째, 문학 교사는 문학체험의 모델로서 역할을 수행해야 한다. 문학체험의 모델로서 가장 큰 역할은 교사가 문학을 향유 하며 즐기고 문학의 수용과 생산 체험을 통해 삶을 성찰하는 모습을 보이는 일이다. 교사가 제대로 즐기지 못하는 문학 교수·학습은 학습자의 문학체험에 도움을 주지 못한다.

모델로서 교사는 문학체험의 권위자이기보다 문학체험에 참여하는 여러 구성원과 동등한 한 사람의 독자로서 모델의 역할을 해야 한다. 그리하여 문학 교수·학습에 참여하는 모든 학습자나 교사는 동등한 자격으로 문학체험을 표현하고 소통하며 공유하는 상호작용을 통해 각자 문학체험의 깊이를 더할 수 있어야 한다.

두 번째로 문학교사는 학습자의 문학체험에 적절한 반응을 보여주어야 한다. 학습자의 문학체험의 질이나 깊이는 다양하다. 피상적인 문학체험에 머무른 학습자에게 좀 더 깊이 있는 문학 읽기를 권할 수 있고, 문학 텍스트와 독자의 삶의 균형과 상호 조회가 없이 단순한 읽기에 머무른 독자에게 스스로의 삶과 조회하며 읽을 수 있도록 기회를 마련하는 활동을 설계하여야 하는 등 다양한 반응을 보여야 한다. 여러 가지 발문이나 표정, 활동 설계 등으로 가능한데 교사의 직접 혹은 간접적 반응으로서 역할이 요구된다.

셋째, 문학교사는 학습자가 문학을 주체적으로 체험하고 자유롭게 표현할 수 있도록 인도하는 허용적 분위기를 조성하여야 한다. 문학 교수·학습에서 학습자의 다양성만큼 학습자 반응의 다양성이 드러나도록 허용하되 스스로의 문학 반응에 대해 세심하게 성찰할 수 있는 기회를 주어야 한다. 이를 위해서 상호주관적으로 학습자 간 혹은 교사와 학습자 간 상호작용이 이루어지도록 할 필요가 있다.

넷째, 문학체험은 다양한 공유 활동을 통해 그 깊이가 더해진다. 문학교사는 다양한 관점과 상황 속에서 문학을 체험하는 학습자의 반응을 공유하고 상호주관적 대화를 주고받을 수 있는 기회를 설계하고 여건을 마련하여야 한다.

다섯째, 문학교사는 문학 문화로의 안내자 역할을 담당해야 한다. 문학 교수·학습 내에서 뿐만 아니라 문학 문화의 다양한 세계를 학습자에게 소개하고 안내할 수 있어야 한다. 이를 위해 문학교사는 다양한 매체나 형태의 문학 문화를 향유하고 그것을 통해 삶을 성찰하며 문학적 문화를 고양할 수 있는 능력을 갖추어야 한다.

나. 문학 교수·학습 모형

문학 교수·학습은 학습자의 문학체험의 질과 양을 확산하는 방향으로 이루어진다. 일반적인 국어과 교수·학습 모형 대부분이 상황에 따라 문학 영역의 교수·학습에 활용될 수도 있다. 국어과 교수·학습 모형 가운데에서 문학 영역에서 가장 자주 활용되는 대표적인 교수·학습 모형은 '반응 중심 문학 교수·학습 모형'이다. 이는 독자 반응 중심 문학 이론가인 로젠블렛(Rosenblatt)의 이론을 바탕으로 경규진(1993)이 모형화한 것이다.

로젠블렛은 '탐구로서의 문학'이라는 책을 통해 문학 교육에서 텍스트 중심의 분석적 문학 교수·학습의 문제를 지적하였다. 그는 문학 텍스트와 독자의 상호작용 (transaction)- 혹은 '거래'라고 표현하기도 한다. -을 강조하였다. 그는 문학 텍스트 읽기는 단순히 '정보추출적 읽기'만을 사용하도록 지도해선 안 되며 '심미적 읽기'가 이루어져야 함을 주장하였다.

여기서 '정보추출적 읽기(원심적 읽기)'란 사전이나 상품 사용 설명서, 약 처방문 등을 읽을 때처럼 정확한 한 가지 의미를 추구하는 설명적 언어 기능에 초점을 두는 읽기를 말한다. 심미적 읽기는 독자 개개인의 경험, 심미적 특성을 활용하는 읽기이다. 즉 심미적 읽기는 개인의 경험, 정서, 취향, 개인의 즐거움이나 감동 요인에 주목하는 읽기이다. 그런데 실제 텍스트 읽기에서는 정보추출적 읽기와 심미적 읽기의 극단이 따로 존재하는 것은 아니다. 오히려 이 두 가지 읽기는 동시에 이루어지되 그 중요도나 비중이 텍스트의 종류나 읽기 상황에 따라 달라진다. 텍스트의 종류나 읽기 목적 등 상황 맥락에 따라 두 가지 읽기 중 어느 한 가지의 비중이 높아지거나 낮아질 수 있다. 이를테면 대개 시 읽기는 동화 읽기에 비하여 심미적 읽기의 비중이 더 높으며, 약 처방문이나 기계 사용 설명서 읽기는 소설 읽기보다 정보추출적 읽기의 비중이 높기 마련이다. 로젠블렛의 주장을 바탕으로 마련된 반응 중심 문학 수업 모형은 다음과 같다.

1단계 : 반응의 형성 – 텍스트와 학생의 거래
◦ 작품 읽기 - 심미적 독서 자세의 격려 - 텍스트와의 거래 촉진

↓

2단계: 반응의 명료화 – 학생과 학생의 거래
◦ 반응의 기록 - 짝과 반응의 교환 ◦ 반응에 대한 질문 - 반응을 명료히 하기 위한 탐사 질문 - 거래를 입증하는 질문 - 반응의 반성적 질문 - 반응의 오류에 대한 질문 ◦ 반응에 대한 토의(또는 역할놀이) - 짝과의 의견 교환 　 소그룹 토의　/　전체 토의 ◦ 반응의 반성적 쓰기 　반응의 자유 쓰기(또는 단서를 놓은 쓰기) 　자발적인 발표

↓

3단계: 반응의 심화 – 텍스트와 텍스트의 상호 관련
◦ 두 작품의 연결 ◦ 텍스트 상호성의 확대 * 태도 측정

1단계인 반응의 형성 단계에서 교사가 해야 할 역할 중 가장 중요한 점은 독자와 텍스트의 거래(transaction)- 상호작용으로 번역하기도 한다. -를 돕기 위해 학생이 문학 작품에 몰입할 수 있게 돕는 것이다. 독자가 텍스트에 몰입하되, 문학 텍스트에 지나치게 분석적이거나 정보추출적 읽기만을 하지 않도록 해야 한다. 문학적 언어의 특징을 제대로 향유 하도록 해야 하며, 자신의 경험이나 정서를 환기하며 심미적으로 접근하도록 안내할 필요가 있다. 작품 자세히 읽기도 필요하지만 경직된 자세히 읽기가 아니라 개인의 경험을 자유롭게 활용하면서 독자 스스로 정서나 상상력을 발휘하며 텍스트와 상호작용하는 데에 몰입할 수 있도록 하는 것이 필요하다.

2단계인 반응의 명료화-학생과 학생의 거래 단계에서는 텍스트와 독자의 상호작용 단계에서 막연하게 혹은 다양하게 형성된 문학적 감흥이나 반응을 다양한 방법으로 표현함으로써 명료하게 하도록 하는 것이 교사의 중요한 역할이다. 이때는 독자 자신의 문학 반응을 말이나 글로 표현하되, 그것을 다른 독자와 공유하는 활동을 반드시 함으로써 자신의 반응에 대해 성찰하도록 해야 한다. 문학 작품에 대한 개개인의 반응은 그 질적 수준면에서 차이가 있다. 여러 독자의 반응을 서로 조회하고 토의하는 과정에서 자신의 반응을 더 명료하게 파악하거나 질적 깊이를 더할 수 있게 된다.

3단계인 반응의 심화-텍스트와 텍스트의 상호 관련 단계에서는 앞의 반응의 명료화 단계에서 다른 독자와의 소통 결과를 바탕으로 자신의 반응이 질적으로 확장되는 경험을 하도록 하는 것이 좋다. 문학 텍스트를 다시 읽으며 완성된 비평문을 작성한다든지 문학 텍스트와 주제나 소재, 작가 등으로 관련된 다른 텍스트를 찾아 읽고 이야기를 하는 등의 활동을 통해 문학 반응의 내면화와 생활화에 한 걸음 더 나아가도록 해야 한다.

다. 문학 교수·학습 활동

문학 교수·학습은 텍스트 분석 중심에서 독자의 행위나 생산 활동 중심으로 옮겨지고 있다. 문학 교수·학습에서 문학 텍스트의 구조적 장치들을 낱낱이 분석하여 텍스트 속에 숨겨진 미적 가치를 찾아내는 방식은 매우 추상적 또는 기계적 분석

활동으로 치우쳐 실제로 문학 작품 감상에 크게 기여하지 못한 면이 있다. 문학 독자로 하여금 문학의 즐거움을 체험하고 향유 하게 하여야 한다는 반성에서 독자 중심의 문학교육의 중요성을 강조하게 되었다.

수용미학 이론이 크게 부각되면서 잉가르덴(R. Ingarden)의 '미확정성의 자리'와 이저(W. Iser)의 '빈자리' 개념이 시사하듯이, 문학 독서 과정에서 독자의 능동적 역할을 강조하는 이론이 문학 교육에도 큰 영향을 미쳤다. 이러한 이론들에 따르면 문학교육은 교사로부터의 일방적 정보전달이 아니라 텍스트와 학생 독자 사이의 의사소통을 강조해야 하며, 문학교육의 중심이 텍스트가 아니라 독자라는 점을 강조하지 않을 수 없다.

로젠블렛은 텍스트의 심미적 읽기를 위해서 독자의 심미적 체험 활동을 강조하였다. 그는 어린이들이 먼저 텍스트를 인지적, 원심적으로 이해하고 심미적으로 반응하게 된다는 생각은 거부되어야 하며 심미적 자세 즉 이해하고, 인지적 정의적으로, 지시적이거나 감정적인, 외연적이거나 내포적인 의미를 생산하는 것은 모두 혼합되어 있다고 보고 있다. 학생들은 시를 들을 수 있고, 설명적 "목소리"의 톤을 느낄 수 있고, 인물과 행동을 환기하고, 사건을 느끼는데, 이런 것은 분석하거나 그것에 이름을 붙임으로써 이루어지는 것이 아니라는 것이다. 교사는 어린 독자들이 반복하고, 회상하고, 음미하고, 경험하도록 도와주어야 하는데 무엇을 보았고, 들었고, 느꼈는지에 대한 초점을 계속 맞추면서 다양한 비언어적 표현과 반응 활동: 그리기, 그림, 행동놀이(Play acting), 춤 등을 할 수 있는 기회를 성공적으로 제시하여야 하며, 이러한 재미있는 활동(interesting activity) 속에서 원심적 읽기가 자연스럽게 포함된다고 설명한다(Rosenblatt, 1982: 18~20).

레싱(Lessing), 아나 크뢰거 등 독일 문학교육자들 또한 행위 및 생산 지향적인 문학교육 방법을 제시하였다(김정용, 2011: 157~164). 세계적인 흐름에 따라 우리나라의 문학교육 현장에서도 독자 중심의 활동이 문학 교수·학습의 방법으로 다양하게 구안되어 활용되고 있다. 이러한 활동 중심의 문학 교육 방법이 갖는 의의는 다음과 같다(김규선·진선희, 2004: 5~37).

첫째, 학습자의 심미적 읽기를 더 잘 격려할 수 있고, 문학 텍스트를 통한 경험을 깊게 해 줄 수 있다. 둘째, 심미적 읽기 과정을 방해하지 않는 정보추출적 읽기를 할 수 있도록 안내할 수 있다. 셋째, 학생들은 다양한 언어적·비언어적 표현과 반응 활동을 통하여 더 즐겁게 문학 학습에 참여할 수 있다. 심미적 읽기는 본질적으로 즐거움을 추구하며 개개인의 흥미로운 경험을 떠올리는 것을 추구하기 때문이다. 넷째, 문학 교수·학습에서 활동을 중심으로 한 텍스트 읽기는 학습독자의 다양한 반응을 자유롭게 도출할 수 있도록 해 준다. 학생의 문학 텍스트에 대한 반응은 설명이나 분석으로 표현되지 않고 다양한 언어적 비언어적 형태로 표현된다. 그리기, 행동놀이(Play Acting), 춤 등의 비언어적 형태와 더불어 지껄이고 대화하는 등의 언어적 형태로 표현된다. 그러므로 활동 중심의 문학 교수·학습은 학습자의 반응을 형성하고 표현하는데 적절한 분위기와 기회를 제공해 줄 수 있다.

그렇지만 자칫 지나치게 활동에만 매몰되어 문학 텍스트를 잊거나 제대로 상호작용하지 못하는 경우가 있다. 이때는 활동으로 인하여 오히려 문학의 체험이 제대로 이루어지지 못하는 문학 교수·학습이 될 수 있으므로 교사의 주의가 필요하다.

1) 시 감상 교수·학습 활동 사례

가) 시 읽어주기

시는 음악적 사운드, 리듬, 언어로 인하여 소리 내어 읽을 때 가장 잘 즐길 수 있다. 학습자가 시를 경험하고 즐길 수 있도록 하기 위해서는 문자 텍스트로 제시하기 전에 소리 내어 읽어주는 게 좋다. 시에 대한 정보를 길게 소개하는 것을 피하고, 다양한 방법으로 여러 번 읽게 하는 것이 좋다. 들려준 후 학습자 스스로 소리 내어 읽어보도록 하거나 짝끼리 서로 돌아가며 읽도록 하는 것도 좋다. 또 시를 읽으며 하는 다양한 활동들은 지나치게 길게 하지 않는 것이 좋다.

나) 합창독으로 시 읽기

학급 구성원 전체 혹은 모둠원이 함께 합창을 하듯 시를 읽는 활동이다. 행별로 혼자 읽기와 함께 읽기, 높은 소리와 낮은 소리 내어 읽기, 부드러운 소리와 낮은 소리, 무거운 소리 내어 읽기 등 시의 분위기에 알맞은 소리를 내어 읽는 활동이다.

이 활동을 통해 학습자는 시어가 주는 어감이나 리듬, 시의 분위기나 장면을 자세히 상상하고 음미할 수 있다. 응답 낭독, 돌림 시 읽기, 울림의 효과 넣어 읽기, 점층적 시 읽기, 시의 음절 바꾸어 읽기, 음향 효과 넣으며 몸짓하며 읽기, 장면을 그리며 시 읽기 등의 방법이 있다. 시 읽기 퍼포먼스 자체를 즐길 수 있게 하면서 동시의 가락이나 짜임, 장면이나 분위기를 음미할 수 있도록 활동을 설계하는 것이 관건이다.

◦ 응답 낭독

시의 특징에 따라 묻거나 답하는 내용별로 서로 다른 모둠이나 학생이 맡아 번갈아 가며 함께 낭독한다.

그냥	
문삼석	
엄만 내가 왜 좋아?	A모둠
그냥…	B모둠
넌 왜 엄마가 좋아?	A모둠
그냥…	B모둠

◦ 음절 바꾸어 합창독으로 읽기

눈 윤석중	눈	
눈 눈 눈 받아먹자 입으로	눈 눈 눈 눈눈눈눈 눈눈눈	* 원 동시에서 주요한 한 음절을 선택하여 반복하며 읽으며 장면을 상상한다.
아 아 아 코로 자꾸 떨어진다	아 아 아 아아 아아 아아아아	* 원문과 바꾼 동시를 동시에 읽어 장면 속의 효과음이 들리는 듯한 느낌을 불러일으킬 수 있다.
호 호 호 이게 코지 입이냐	호 호 호 호호 호호 호호호	* 원 동시와 바꾼 동시를 함께 읽는다.

◦ 몸짓하며 시 읽기

시의 리듬이나 장면에 대한 교사의 설명은 학습자에게 진정으로 시의 음악성이나 회화성을 체험하게 하지 못한다. 학습자는 설명에 의해 시의 특성을 이해하거나 체험하는 것이 아니라, 시의 특성을 들숨과 날숨, 손발이나 몸의 흔들림 등으로 체험하며 장면을 상상하며, 시를 체험한다. 특히 초등 학습자는 글자 읽기에 부담을 많이 느껴서 글자를 읽으면서도 내용을 파악하지 못하거나 장면을 상상하지 못하는 경우가 많다. 이들에게 몸짓을 하거나 흉내를 내는 행위는 장면을 상상하고 리듬을 느끼는 체험의 기회를 제공한다.

이를 위해서 시의 리듬이나 장면에 알맞은 몸짓이나 음향 효과를 첨가하면서 시를 읽는 활동이 효과적이다. 손뼉치기, 발 구르기, 몸 흔들기 등의 움직임을 곁들이면서 시를 읽는 행위 활동을 함으로써 시가 주는 리듬감이나 이미지를 상상하며 체험할 수 있다.

◦ 시어를 의성어나 의태어로 바꿔 낭독하기

원래의 동시 속 장면을 상상하도록 독려하기 위하여 원래의 동시와 함께 시 속의 내용에서 유추할 수 있는 소리나 모양을 흉내 내는 의성의태어를 리듬에 맞추어 함께 낭독하는 것이 시의 장면을 상상하는 데에 도움이 되기도 한다.

까치 윤동주	까치	까치	
까치가 울었다 산울림	깍깍깍 깍깍깍 산울림	까치가 깍깍깍 깍깍깍	
아무도 못들은 산울림	깍깍깍 깍깍깍 산울림	깍깍깍 깍깍깍 산울림	* 시의 일부분을 의성어로 바꿔 원래의 시와 바꾼 시를 동시에 여러 모둠이 낭송하면 까치소리 효과음이 들리는 듯한 효과가 있다.
까치가 울었다 산울림	깍깍깍 깍깍깍 산울림	까치가 울었다 깍깍깍	
제혼자 들었다 산울림	깍깍깍 깍깍깍 산울림	제혼자 들었다 깍깍깍	

다) 장면을 그리며 시 읽기

시를 읽을 때 글자 읽기에서 자유롭지 못한 학습자는 시를 소리 내어 읽으면서도 장면을 상상하지 못하는 경우가 많다. 시를 읽으면서 읽은 내용을 상상하며 장면을 그리는 활동은 시 속의 장면을 상상하도록 돕는 활동이다. 그림의 기법보다는 장면을 상상하는 데에 의미를 두어 글자로 나타내는 등 간략히 그리도록 한다.

연못 속 윤석중 연못 속으로 사람이 거꾸로 걸어간다 소가 거꾸로 따라간다 나무가 거꾸로 쳐다본다 연못 속에는 새들이 고기처럼 헤엄쳐 다닌다 구름이 방석처럼 깔려 있다 해님이 모닥불처럼 피어오른다	 시 〈연못 속〉을 읽고 아동이 그린 장면

라) 극화하기

시의 내용에 따라 극화가 어려운 것도 있겠지만, 대부분의 동시는 학습자가 나름 대로 상상하여 그 장면을 극화해서 표현할 수 있다. 모둠별로 모여 극화하는 활동을 함으로써 시의 내용을 행동으로 표현하며 체험하게 될 뿐만 아니라 시에 대한 개별 생각이나 느낌을 자연스럽게 공유할 수 있는 기회를 가지게 된다.

마) 감상 나누기

학습자 상호 간 혹은 교사와 학습자 간의 반응 공유는 매우 중요하다. 시 감상의 나눔 활동은 시에 대한 느낌이나 감상문을 모둠별로 서로 돌아가며 발표하거나 학급 전체에 발표하는 활동의 축적으로 그 효과가 점차 커질 수 있다.

학습자는 텍스트에 대한 이해 부족 또는 잘못된 선입견에서 생긴 반응 등 질이 낮은 반응을 보일 수 있다. 이때 공유 활동을 함으로써 다른 사람의 감상을 수용하면서 자신의 반응에 대해 성찰하게 됨으로써 감상의 깊이를 더하거나 관점을 달리하게 되면서 감상의 폭을 넓힐 수 있다.

바) 감상문(비평문) 쓰기

시와 독자의 상호작용 활동이 창조적인 생산 활동으로 이어지도록 하는 경우이다.

시를 읽은 생각이나 느낌을 한편의 완성된 글로 완성하여 발표하는 기회를 주는 것이다. 반드시 여러 사람이 볼 수 있는 장을 마련하여 발표하는 기회를 주는 것이 필요하다. 이를테면 신문, 잡지 등에 투고하거나 문집이나 개인 시 비평집을 책으로 만들어보게 하는 것도 좋다.

2) 이야기 교수·학습 활동의 사례

이야기 교수·학습 활동에서도 활동은 여러 가지 목적으로 구안될 수 있다. 주로 설명이나 분석에 의한 이야기 이해 및 감상 활동이 학습자의 이야기 체험을 바탕으로 한 향유와 즐거움을 누리지 못하도록 할 수 있는 문제를 극복하기 위해서 여러 가지 활동이 활용된다. 학습자가 다양한 활동에 참여함으로써 이야기의 구조나 세부 내용을 파악하도록 하기 위한 목적이 있다. 또 이야기를 활용한 활동 자체가 목적이 될 수도 있다. 활동의 목적에 따라 교사의 도움이나 안내의 방향이 달라질 수 있어야 한다.

가) 소리 내어 읽기 혹은 읽어주기

학년에 따라 이야기의 길이에 따라 다양한 방법이 있을 수 있다. 교사가 소리 내어 읽어 줄 수도 있고, 학습자 스스로 소리 내어 읽을 수 있다. 또 학습자 모둠 별로 소리 내어 읽고 녹음하여 들으면서 평가하는 방법도 있다.

성우처럼 읽어 녹음하기는 이야기를 읽고 모둠별로 역할을 정하여 읽고 녹음을 하도록 하는 활동이다. 이야기 전체를 한 모둠에서 다 녹음할 수도 있고, 긴 이야기는 크게 몇 부분으로 나누어 모둠별로 맡은 부분을 녹음하게 하여 전체가 함께 들어볼 수 있다.

녹음 활동을 하기 전에 인물의 성격에 알맞은 대사 읽기, 목소리 내기, 효과음이나 배경음 등을 선정하거나 협의하는 과정에서 이야기의 구조나 내용을 파악하고 분위기도 익히며 인물의 성격을 파악하도록 하는 효과가 있다.

소리 내어 읽기나 소리 내어 읽어 주기 활동은 저학년이나 고학년에서 모두 즉각적인 반응을 공유할 수 있다는 점에서 유용하다. 교사가 읽어주기를 할 때는 반응을 공유하며 문학 감상의 질을 높일 수 있는 공간을 창조하여야 한다. 즉 소리 내어 읽어주기를 하면서 학습자들에게서 이야기와 관련된 개인적 경험을 끌어내어 나눌 수 있어야 하며, 다양한 해석을 나눌 수 있는 공간을 만들어야 한다. 또한 개인적 해석뿐만 아니라 학습자들의 사회적 의미 구성이 가능하게 하여야 한다.

나) 이야기 제목이나 배경 바꾸어 말하거나 쓰기

이야기의 제목이나 배경을 바꾸어 표현할 수 있는 기회를 가짐으로써 사건이나 인물과의 관계를 재설정할 수밖에 없음을 파악하도록 한다. 이를테면 같은 이야기라도 제목이 '흥부전'일 때와 '놀부전'일 때는 분명 이야기 화자가 전하고자 하는 내용의 미세한 부분에서 혹은 주제 면에서 차이가 있을 수 있음을 이해할 수 있게 해야 한다. 혹은 '토끼와 거북이' 이야기의 배경이 우리나라의 숲속일 때와 남극의 바닷가일 때는 배경의 변화에 따라 인물과 사건이 다소 다르게 전개될 수 있음을 스스로 파악하게 할 수 있다. 또 '선녀와 나무꾼' 이야기의 배경이 오늘날 도심지에서 일어난다면 어떻게 인물의 특성이나 구체적인 시공간이 달라져야 할지 곰곰이 생각하고 표현하는 기회를 주어야 한다.

이러한 활동을 통해 이야기의 구조나 요소 간의 관계를 이해하게 할 수 있을 뿐 아니라, 모작이나 개작 활동을 통한 창작의 단계로 나아갈 수 있다.

다) 작가나 등장인물에게 편지 쓰기

독자와 작가의 소통 활동 및 텍스트와 독자의 소통 활동이다. 학습자가 이야기를 읽고 작가에 대해 생각해 보거나 작가가 살았던 시대 및 공간적 상황을 고려할 수 있게 해 준다.

또한 이야기 속 인물에게 편지를 쓰는 활동을 통해서 텍스트에 대한 독자 나름의 의미 구성과 판단, 그리고 동일시나 감정이입 등 다양한 상호작용을 하지 않을 수 없게 한다. 작가에게 편지 쓰기를 하기 위해서는 텍스트의 내용이나 주제, 구성이나 특징을 충분히 파악하지 않을 수 없다. 특히 작가가 어떤 시대적 사회적, 개인적 상황 속에서 텍스트를 생산하였는지 구체적으로 상상할 수 있는 기회를 가진 후에 편지쓰기를 하는 것이 바람직하다. 혹은 그러한 기회를 갖는 과정으로서 편지 쓰기와 답장 쓰기를 아울러 해볼 수도 있다.

등장인물에게 편지쓰기 활동에서는 특히 작품 속 인물의 성격이나 행동 특성, 그리고 인물과 인물의 관계, 인물과 사건의 관계에 대한 자세한 이해가 선행될 필요가 있다. 그 결과를 바탕으로 독자가 작품 속 인물에게 자신이 그 인물이었다면 어떻게 하였을지, 등장인물의 행동이나 성격에 대한 독자의 생각은 어떠한지 등을 사고하며 글로 표현할 수 있게 한다. 흔히 이러한 활동이 문학 교실에서 많이 이루어지긴 하지만, 구체적으로 어떤 과정을 밟게 하면서 지도하느냐에 따라서 그 효율성의 정도는 차이가 크다. 특히 교사가 의도적으로 다양한 편지의 내용이나 특성을 선정하여 사례를 보이거나, 텍스트 이해의 깊이를 더하는 활동을 한 후에 편지 쓰기 활동을 하는 것이 바람직하다.

라) 작가나 등장인물의 모습 상상하여 그리기

초등학생 학습자가 이야기를 읽으며 상상한 내용은 매우 다양하다. 그 가운데 인물의 성격을 파악하는 활동으로 등장인물의 모습을 상상하여 그림으로 표현하는 활동을 할 수 있다. 이때 반드시 자신이 상상한 그림과 더불어 인물의 성격을 어떻게 파악하였고, 왜 그 모습으로 상상하였는지를 생각하거나 발표하는 기회를 주는 것이 필요하다. 무턱대고 그림으로 표현하기만 하는 것은 활동의 의미를 실현하지 못한다.

특히 유의할 점은 인물의 성격에 대한 간단한 그림그리기와 자신의 그림에 대한 설명의 기회 및 공유의 기회를 주는 것에 초점을 두어야 한다는 것이다. 그림그리기에 지나치게 많은 시간을 할애하고 그렇게 표현한 이유를 설명하거나 공유하는 기회를 갖지 않는다면 활동의 의미는 퇴색된다. 그래서 간략화로 그리기를 하거나, 자유롭게 간단히 그리되 자신의 그림에 대한 설명과 그에 대한 친구와 교사의 반응을 들을 수 있도록 할 필요가 있다.

마) 인상적인 장면 상상하여 그리기

이야기에서 감동 받은 인상적인 장면을 그림으로 표현하는 것은 주로 반응의 명료화 단계, 혹은 이야기 읽기 후 단계에 자주 활용되는 활동이다. 인상적인 장면을 그림으로 표현하여 설명하는 과정에서 자신의 감동이나 생각이 무엇인지 정리하고 명료화하게 된다. 이때 그림의 표현 기법이나 완성도보다는 학습자가 상상한 내용을 다양하고 창의적으로 표현하도록 하는 데에 주안점을 두어야 한다.

그 방법 또한 장면, 인물, 사건 등에 대한 엽서꾸미기, 만화, 감상화, 이야기 장면 숨은 그림 찾기 등 다양하게 활용할 수 있다. 이때도 역시 학습자가 표현한 것을 선생님과 친구에게 설명할 기회를 충분히 줄 필요가 있다. 그와 더불어 다른 친구의 표현을 유의하여 듣거나 볼 수 있도록 하여 문학 경험과 반응을 공유할 수 있도록 설계하여야 한다.

바) 비슷한 성격의 인물이 나오는 이야기 찾아 비교하기

여러 이야기 간의 상호텍스트성을 확인하고 그 즐거움을 향유하게 하는 것이 좋다. 현대 창작 동화나 옛이야기, 혹은 옛이야기들 사이에서, 그리고 창작 동화나 옛이야기와 그림동화 간에도 유사한 성격의 인물이 등장하는 경우가 많다. 이들의 공통점과 차이점을 생각하면서 다양한 이야기를 찾아 읽고 인물의 성격을 상상하고 그들이 만들어낸 사건들의 공통점이나 차이점을 생각해보도록 함으로써 이야기의 구성요소나 내용을 즐기며 알아가게 할 수 있다.

이를테면 '개미와 베짱이' 이야기에 등장하는 개미들과 그림동화 '프레드릭'에 등장하는 들쥐들 간의 성격이나 행동을 비교할 수 있다. 이들의 행동이나 성격에서 같은 점이 무엇이고 다른 점은 무엇이라고 생각하는지, 그러한 각각의 인물의 성격이 이야기에서 어떻게 다른 사건이나 같은 사건을 유발하였는지, 어떻게 삶을 다르게 볼 수 있게 되었는지 등에 대한 사고의 기회를 줄 필요가 있다.

또 '아기 돼지 세 마리'의 다양한 패러디 동화들도 상호텍스트성을 드러낼 수 있는 교재로 활용될 수 있다. 이야기 화자의 차이에 따른 이야기 속 사건에 대한 관점의 차이를 느끼게 한다든가, 등장인물의 성격 차이에 따라 사건이 어떻게 달라지는지, 그리고 우리 삶에 주는 교훈이 어떻게 다른지 등을 체험할 기회를 줄 수 있다.

사) 이야기 퍼즐

이야기의 여러 가지 화소들을 섞어 놓고 새로운 이야기를 구성하거나 원래 이야기에 맞게 완성하도록 한다. 학년에 맞게 다양한 형태가 가능하다. 한 가지 이야기의 여러 조각을 따로 떼어 제시하고 그것을 맞추어 전체 이야기를 완성하거나, 여러 가지 이야기의 조각들을 제시하고 하나 혹은 여러 개의 이야기를 완성하도록 할 수 있다.

여러 가지 이야기 조각을 맞추어 완성할 때는 학년에 따라서 이야기의 미세한 부분을 보충하여 더 구체적이고 재미있게 만들어 말하거나 글로 표현하도록 할 수 있다. 실제로 여러 이야기의 화소를 섞어서 다양한 이야기로 완성하기 위해서는 제시된 조각들은 이야기의 줄거리만 제시하지 않을 수 없다. 제시된 이야기 조각들을 이어나갈 때 세부 내용을 보충하거나 자세히 설명하거나 묘사할 수 있게 하는 것이 좋다.

〈예 1〉 한 가지 이야기의 여러 조각

삼 형제가 과거를 보러 가는데 형들이 반쪽이랑 같이 가기 싫어했다.

옛날 어느 부부가 늙도록 자식이 없어 걱정하였다.

아주머니가 우물가에 가서 잉어 세 마리를 잡아 구워먹고 있었다. 그중 마지막 한 마리의 반쪽을 고양이에게 뺏기고 말았다.

삼형제가 잘 자라고 있었는데 막내 반쪽이는 힘이 장사였다.

아주머니는 세 아들은 낳았는데 막내아들은 반쪽이었다.

형들은 반쪽이를 바위에 묶어두고 갔지만 반쪽이는 바위를 번쩍 들어 어머니께 가져다 두고 형들을 쫓아갔다.

형들이 반쪽이를 큰 나무에 묶어두고 갔지만 반쪽이는 나무를 쑤욱 뽑아 집 마당에 내려놓고 형들을 쫓아갔다.

호랑이 가죽을 들고 가다가 부잣집 영감을 만나 내기에서 이기면 딸과 혼인시켜주겠고, 지면 호랑이 가죽을 달라는 말을 듣는다.

삼형제가 과거를 보러 가는데 형들이 반쪽이랑 같이 가기 싫어했다.

신령님께 빌고 빌었더니 꿈에 신령님이 나타나 좋은 방법을 가르쳐 주었다.

반쪽이는 장기 세 판을 내리 이겨 부잣집 딸과 혼인하게 되었다. 반쪽이는 오래오래 행복하게 잘 살았다.

형들이 반쪽이를 깊은 산 속에 묶어두고 갔지만 반쪽이는 호랑이를 물리치고 형들을 쫓아갔다.

<h2>〈예 2〉 여러 이야기의 조각들</h2>

주인공은 마음씨가 착하고 정직하며 힘이 세고 슬기롭다.

산신령께 기도하여 세 가지 보물을 받는다.

어느 날 어머니가 돌아가시고 계모와 계모가 데리고 온 동생과 함께 산다.

수수께끼를 풀기 위해 보물을 모두 다 사용한다.

길을 가다가 만난 사람과 내기를 해서 보물 중 한 가지를 주고 콩을 얻는다.

주인공은 "누구 덕에 사느냐?"는 아버지의 물음에 정직하게 답하여 집에서 쫓겨난다.

길을 가다가 만난 사람과 내기를 해서 보물 중 한 가지를 주고 도끼를 얻는다.

멋진 배우자를 만나 행복하게 살았는지 아무도 모른다고 한다.

주인공은 금은보화와 마술 지팡이를 가지고 콩나무를 타고 내려온다. 이때 도끼로 콩나무를 찍어 괴물이 따라오지 못하게 한다.

수수께끼를 풀었으나 계모의 마법에 걸린 괴물 때문에 하늘에서 내려오지 못한다.

콩나무를 타고 하늘에 올라가 수수께끼를 풀면 보물을 가지고 돌아가게 하고 못 풀면 집으로 돌아갈 수 없게 된다.

아) 극화하기(모의재판, 인터뷰, 무언극 등)

이야기의 일부 혹은 전부를 극화하거나 이야기를 바탕으로 모의재판이나 인터뷰 등의 활동을 할 수 있다. 교수·학습의 목표에 따라 다양한 활동 구성이 가능하다. 즉, 극화 활동이 이야기의 세부 내용을 파악하기 위한 것인지, 이야기의 인물이나 사건을 알아보기 위한 것인지, 이야기에 대한 나의 생각을 표현하는 것인지 등에 따라 활동의 주안점을 달리 설계하여야 한다.

모둠별로 극화 활동을 한 후에는 반드시 자신들의 극화 활동에 대한 점검 및 반성이 필요하다. 이를테면 인물의 성격에 알맞게 표현하였는지, 중요한 내용을 자유롭게 질문하거나 다양하게 사고하며 활동하였는지 점검할 필요가 있다. 자칫하면 단순하게 극놀이에만 함몰하여 극화 활동을 통해 얻고자 하는 문학체험의 기회를 제대로 누리지 못할 수 있다.

자) 상상하여 짓기

상상하여 짓기는 이야기의 내용 및 구조 파악이 바탕이 되어야 한다. 이 활동은 창의적인 이야기 짓기 경험뿐만 아니라 이야기의 내용 및 구조를 파악하기 위한 활동으로도 효과가 있다.

흔히 뒷이야기 이어쓰기, 중간 이야기 이어 쓰기, 인생극장식 이야기 짓기 등 다양하게 활용될 수 있다. 뒷이야기 이어쓰기는 제시된 앞부분의 내용을 충분히 읽고 음미하여 인물의 성격 및 사건과 배경에 대한 이해가 이루어지도록 한 후에 앞부분과 유기적으로 관련되는 이야기로 완성할 수 있도록 지도한다. 프랑스에는 유명 작가가 앞부분을 쓰고 뒷부분을 어린이들이 쓰게 하는 문예 콩쿠르가 있다. 이 대회의 입상작을 모은 책이 우리말로 번역되어 나와 있다.[1]

중간 이야기 이어쓰기는 이야기가 어느 정도 진행되다가 특정 사건 부분을 비워두고 이야기의 결말이 제시된다. 이때는 앞부분과 뒷부분을 모두 고려하여 유기성이 드러나면서도 재미있게 이야기를 지을 수 있어야 한다. 인생극장식 이야기 쓰기는 이야기의 절정 부분에서 등장인물의 행동에 따라 이어질 이야기는 어떻게 달라질지 상상하여 이야기를 짓는 활동이다. 이때도 인물의 성격이나 행동과 사건과의 관계에 유의하여야 한다.

차) 책 만들기

이야기의 수용 및 생산은 책 만들기 활동을 수행하면서 이루어질 수 있다. 개개인이 읽은 이야기를 여러 장의 그림으로 표현하고 그림책을 만들거나, 모둠별로 빅북을 만들어 발표 및 전시할 수 있다. 또 이야기를 한 권의 책으로 만듦으로서 이야기의 특징을 파악하여 책표지를 구성하거나 광고 만들기도 함께 할 수 있다.

---

1 다니엘 페낙·미셸 투르니에 외, 박언주·박희원 역(2004), 『상상력 먹고 이야기 똥 싸기』, 낮은산.

카) 문학 독서 토의

문학 작품 속 인물의 성격이나 사건에 대해 모둠별·학급별로 토의 활동을 할 수 있다. 모둠원이 서로 토의 진행자, 기록자, 발표자 등의 역할을 나누어 맡아 토의를 진행할 수 있다. 또 자유롭게 토의를 할 수도 있다.

문학 텍스트에 대한 해석은 독자마다 다양할 수 있으나 그 질적 차이가 클 수도 있다. 토의 활동을 함으로써 해석의 다양성을 인정할 수 있을 뿐 아니라, 해석의 깊이가 다름을 알 수 있고, 해석의 질적 확장을 통해 개인의 해석 문제를 확인할 수도 있다. 문학 텍스트에 대한 해석 및 반응의 질적 확장을 위해서는 여러 해석이나 반응을 공유하고 재해석하는 활동을 하는 것이 필요하다.

4. 문학 교육의 평가

가. 교육과정 성취기준 관련 평가 방법 및 유의점

2022 개정 국어과 교육과정에서는 학년군별 성취기준과 그 해설 및 성취기준 적용 시 고려할 점을 제시하였으나 평가 방법을 성취기준과 관련지어 제시하지는 않았다. 하지만, 모든 평가는 목표를 중심으로 평가하는 것이 일반적인 원리이므로 문학 영역의 평가 내용은 각 학년군별 성취기준을 그 평가 내용으로 삼을 수밖에 없다.

교육과정 성취기준에 따르면 1~2학년군 문학 영역의 평가 내용은 말놀이나 낭송을 통한 말의 재미 느끼기, 작품 속 인물의 모습, 행동, 마음을 상상하여 시, 노래, 이야기, 그림 등으로 표현하기, 문학 작품을 듣거나 읽으며 느끼거나 생각한 점 말하기, 문학에 흥미 가지기이다.

3~4학년군 문학 영역의 평가 내용은 인물과 이야기의 흐름을 중심으로 작품 감상하기, 경험을 바탕으로 작품과 현실을 비교하기, 작품을 듣거나 읽고 마음에 드는 작품 소개하기, 감각적 표현을 이해하며 작품을 감상하고 감각적 표현을 활용하여 감정을 표현하기, 재미나 감동을 느끼며 작품을 즐겨 감상하기이다.

5~6학년은 작가의 의도나 비유적 표현에 유의하며 작품 읽고 자신의 삶 성찰하기,

소설을 읽고 인물, 사건, 배경 파악하기, 작품에서 인상적인 부분에 대해 의견 나누기, 자신의 경험을 여러 갈래로 표현하기이다.

2022 개정 국어과 교육과정에서 문학 영역만을 분리한 평가의 방향이나 방법에 대한 언급은 매우 소략하다. 초중등을 아우르는 문학 영역 평가에 대한 안내는 (2) 평가 방법 항에서 다음과 같이 제시하는 것이 전부이다.

> '문학' 영역의 평가는 문학 영역의 지식을 이해하고 문학 작품을 해석, 감상, 비평하며 문학 작품을 창작할 수 있는 능력에 중점을 두어 평가한다. 단편적인 개념이나 작품의 부분에 대한 이해를 확인하기보다는 상상력을 발휘하여 작품의 부분과 전체를 주체적으로 수용할 수 있는 능력의 수준을 확인하는 한편, 학습자의 문학 능력 가운데 부족한 부분을 정확히 진단할 수 있는 평가를 설계한다. 또한 작품에 대한 감상이나 비평, 작품 창작 활동을 누적적으로 기록해나갈 수 있는 평가 방법을 개발하여 작품의 수용과 생산의 결과뿐 아니라 과정을 함께 평가할 수 있게 한다. 이와 함께 교과서에 일부만 수록된 작품에 한정하지 않고 책 한 권 읽기나 작품 전체 읽기에 바탕을 둔 평가 활동을 통해 긴 호흡으로 작품을 즐겨 읽는 태도를 형성하는 데 도움이 되는 평가를 기획한다.[2]

문학 능력을 평가하되 단편적이고 분절적인 지식이나 부분에 대한 이해 평가가 아닌 전체와 부분을 아우르는 주체적 수용 능력을 평가할 것을 강조한다. 학습자의 부족한 문학 능력을 진단하고 피드백할 수 있어야 하며 긴 호흡으로 누적적 기록의 방법을 활용하는 평가, 결과와 과정을 함께 평가할 것을 요구한다. 평가가 실제적으로 문학 능력을 기르며 작품을 즐겨 읽는 태도를 형성하는 데에 도움이 되어야 함을 강조한다.

이는 평가의 방향이나 방법이 학습자의 문학 향유의 방향이나 태도에 영향을 주고, 학습자의 문학 능력 및 평생 독자로서 문학에 대한 태도 형성이 평가의 방법에 따라 달라질 수 있음을 의미한다. 이를테면, 문학의 분석적 분절적 지식 중심의 평가는 학습자에게 문학 작품의 자유로운 수용보다는 문학적 지식 중심의 학습 활동에

---

2 교육부 고시 제2022-33호 국어과 교육과정, 67.

서 벗어나지 못하게 하며 이로 인하여 평생 문학 독자로서 가져야 할 태도를 형성하지 못하게 한다.

2015 개정 국어과 교육과정에서 문학 영역의 학년군별 평가 방법 및 유의점은 여전히 시사하는 바가 크며 현장 교실에서 유효한 안내이므로 간단히 정리한다. 저학년은 허용적 분위기에서 학습자의 문학 감상 표현을 관찰하여 평가하되 교과 외 시간에도 즐기도록 하며 누적적으로 관찰 기록하여 평가할 것을 권한다. 작품에 대한 반응의 옳고 그름이 아닌 반응 공유 과정에서의 자기성찰적 점검 기회 제공을 강조한다.

중학년인 3~4학년군도 작품 감상 후 느낌이나 생각을 공유하는 과정에서 문학의 요소를 이해하고 있는지 확인하며, 단편적 문학 지식을 확인하기보다 작품 감상 결과를 다양하게 표현하는 과정 및 작품에 대한 발산적 감상 능력의 정도를 평가하도록 요구한다. 또한 문학 지식을 단편적으로 확인하는 것이 아니라, 여러 가지 문학 활동 속에서 학습자의 문학 지식 활용 및 능력을 평가하는 것이 중요하다. 이를테면 작품을 읽고 느낌이나 생각을 공유하는 과정에서, 감상의 결과를 다양하게 표현하는 과정에서, 여러 문학 작품에 대한 대화나 활동 과정에서 학습자의 표현을 보며 문학 능력을 평가한다는 점이다.

5~6학년군 문학 영역의 평가 방법 및 유의점에서는 평가를 위한 별도의 상황을 마련하지 말고 자연스러운 교수·학습 상황에서 평가가 이루어지는 것을 권장한다. 특히 개념적 지식보다는 문학 활동에 적극적으로 참여하고 창의적 사고를 발휘하도록 하여 문학 능력을 측정하여야 함이 중요하다.

이상에서 보듯 문학 교육의 평가도 일반 교육의 평가 원리를 따르지 않을 수 없다. 교육이라는 면에서 교육의 목표나 내용에 일관된 평가를 하지 않을 수 없기 때문이다. 평가의 목적이나 수업의 과정에 따라서 진단, 형성, 성취도, 총괄 평가의 유형이나 원리 및 방법을 거의 그대로 시행할 수 있다. 그리고 평가 방법에 따라서 지필 평가, 수행 평가, 관찰 평가 등의 방법이 활용되며, 평가 요소에 따라 지식, 기능, 태도 평가가 이루어질 수 있다. 또한 평가 주체에 따라서 교사 평가, 자기 평가, 상호 평가의 방법이 활용될 수 있다. 그러나 문학 능력을 평가한다는 점에서 일반적인 지식이나 기능 중심의 영역에서 이루어지는 평가와는 다른 특성이 강조되어야 한다.

국어교육, 특히 그 가운데에서도 심미적 정서 교육을 강조하는 문학 영역의 평가에 대한 연구 성과는 매우 미흡하다. 여기서는 목표에 따른 평가의 방향이나 원리를 제시하는 수준에서만 정리한다.

나. 문학 영역 평가 목표와 내용

문학 교육의 목표는 문학에 대한 지식 및 수용과 생산 활동을 통한 삶에 대한 총체적 이해 및 심미적 정서를 함양하는 것이다. 평가의 목표는 학습자의 문학 활동을 통한 삶에 대한 총체적 이해 정도 및 심미적 정서의 함양의 정도를 파악하는 것으로 설정할 수 있겠다. 이를 위해서 교육과정 성취기준 별로 그 능력을 평가할 수 있겠으나 그 내용은 그리 간단하지 않다.

문학 능력을 무엇으로 보느냐에 따라서 문학 영역 평가는 달라질 수밖에 없다. 사실 그동안 관행처럼 시행되어온 문학에 대한 지식 및 기능 위주의 객관식 평가는 문학 능력을 제대로 평가하지 못한다는 지적이 많다. 단순한 문학 지식의 기억을 문학 능력으로 보아서는 곤란하기 때문이다. 오히려 문학 능력은 '문학 작품을 통한 미적 감수성의 세련과 인간 삶의 총체성을 문학의 방식으로 이해하고 내면화할 수 있는 능력(김창원, 2011: 260)이기 때문에 다분히 문학체험의 양과 질에 대한 평가에 초점을 맞추어야 한다.

문학 영역 평가에서는 지식이나 분절적 기능 위주의 객관식 평가가 지양되고 '문학체험' 혹은 '문학 경험'을 평가 내용으로 보아야 한다는 점은 어느 정도 학계의 일치된 합의를 이루고 있는 부분이다. 이에 대한 김창원(2011)의 견해를 인용하면 다음과 같다.

> 지식·수행(기능)·태도와 함께 경험을 문학교육의 기분 영역으로 설정한 김대행(2002)의 주장, 문학 능력은 체험 속에서 길러진다는 견해(우한용 2009: 30), 나아가 문학 행위 자체를 경험으로 보는 입장 등에서 얼마든지 끌어올 수 있다. …(중략)… 문학 교육에서 경험 요소에 주목해야 하는 이유는 20세기 후반의 문학 교육을 지배한 지식중심주의와 (순수)문학주의, 의사소통 기능적 접근이 지니는 한계를 경험 요

소로 보완할 수 있기 때문이다. 지식과 경험의 전일성, 심미 체험을 통한 정서의 고양, 언어 활동과 문학의 통합 등이 바탕이 될 때 문학 교육의 총체성을 확보할 수 있다. 교육을 개인의 능력이나 사회적 요구와 같은 기능적 관점이 아니라 생태적이고 상생적(相生的)인 관점에서 바라보고자 하는 시도(최현섭, 1994; 박인기, 2003)도 문학 경험에 대한 관심을 촉구한다(김창원, 2011: 273~274).

그렇다면 문학 경험은 무엇이고 문학 경험 혹은 체험을 평가의 내용으로 한다는 것은 무엇을 의미하는가? 문학 경험에 대한 연구와 논의는 아직은 그리 뚜렷한 합의에 도달하지는 못한 상태[3]이다. 우선 학습자의 문학 경험 혹은 문학체험이란 학습자가 문학 텍스트를 수용하거나 생산하면서 겪는 인지적·정서적·심미적 경험의 총체를 의미한다. 문학체험을 평가 내용으로 한다는 것은 학습자가 문학 텍스트와 상호작용하면서 겪는 지적·정서적·심미적 체험의 양과 질을 평가한다는 의미이다. 그리고 문학 경험의 요소들이 총체적으로 혹은 위계적으로 문학 교육 내용으로 제시되고 그에 따라 평가가 이루어져야 함을 의미한다.

다. 문학 평가 방법

국어과 교육과정에 제시되는 문학 평가의 방법에 대한 설명이나 안내는 매우 간략하다. 더욱이 문학 영역만이 아닌 국어과 다른 영역의 평가와 일괄적으로 제시한 것이어서 문학 영역 평가에 크게 도움이 되지는 못한다.

일반적으로 문학 교육 평가의 지향점(구인환 외: 2007, 300)은 첫째, 한 개인에게 내재 되어 있는 잠재 가능성으로서 문학 수용 및 생산 역량, 개발될 수 있는 문학적 감수성, 문학에 대한 태도, 사물과 세계에 대한 문학적 인식의 습관 등을 현실적 지식 요소보다 더욱 중시하는 평가관이 필요하다. 둘째, 문학 교육의 평가에서는 평가의 자료와 대상 평가에 투입되는 시간 개념 등을 가급적 확대하여야 한다. 셋째, 평가의

---

3 김중신(1994), 최지현(1997), 진선희(2006), 김남희(2007) 등이 문학체험 혹은 문학 경험에 대한 논의를 한 연구 성과들이다.

과정이 계속적이고 종합적인 것이 되어야 한다.

여기서는 이러한 지향점에 바탕을 둔 문학 평가의 개괄적인 방향을 몇 가지로 정리한다.

첫째, 문학 영역의 평가는 문학 교수·학습의 맥락 속에서 평가 및 피드백이 이루어지는 것이 실제적이고 효율적이다. 학습자의 문학 경험이 이루어지는 문학 교수·학습 상황에서의 활동 과정 및 결과물을 평가하며 피드백하는 것이 바람직하다. 이는 수업이 곧 평가 과정이고 피드백 과정이 된다는 점에서 학습자 개개인에게 실질적인 도움을 줄 수 있는 문학 영역의 평가가 될 수 있다.

그렇지만 자칫 차시 단위의 수업 내에서 지나치게 미시적 지식이나 기능에만 초점을 두어서는 곤란하다. 그러한 지식이나 기능이 문학을 해석하고 향유하고 내면화하는 데에 기여하는 정도를 함께 평가하는 것이 필요하다. 교수·학습 상황 속에서의 평가는 교사의 관찰 평가, 학습자의 자기 평가와 동료 평가 등을 활용할 수 있다.

둘째, 문학 영역의 평가는 지속적이고 종합적인 경험을 평가하는 것이 바람직하다. 문학 경험에 대한 태도나 내면화의 정도는 한순간의 평가로 판단해 내기는 어렵다. 비교적 긴 시간 속에서 문학을 해석하고 향유하며 스스로의 삶으로 내면화하는 과정과 태도를 평가하는 것이 바람직하다. 이를 위해서는 문학 감상 포트폴리오, 반응 일지 쓰기 등의 방법이 활용될 수 있다.

셋째, 문학 영역의 평가는 학습자의 문학에 대한 지식이나 미시적 기능보다도 문학에 대한 태도 및 문학 환경 등 정의적인 면과 문학의 내면화 및 생활화 등을 더 중요하게 고려하여야 한다. 문학의 내면화나 생활화의 정도에 대한 평가는 단순히 수업 시간 내에만 판단하기 어려운 면이다. 문학 교수·학습과 일상생활을 연계하여 활동하는 과정과 결과를 평가할 필요가 있다.

이를 위해서는 평가의 주체를 다양화할 필요가 있다. 특히 학습자 스스로 자신의 문학 경험이나 능력을 평가할 수 있는 다양한 방법을 활용할 필요가 있다. 문학 내면화나 생활화의 정도를 평가할 수 있는 체크리스트 등을 활용하여 스스로 문학 경험 및 능력을 점검할 수 있도록 해야 한다.

라. 문학 평가 활동 사례

1) 작품 속 인물에게 편지 쓰기

○ 평가 준거

- 인물의 성격 파악이 잘 되었는가?
- 작품 속 사건이나 인물의 행동에 대해 타당하게 평가하고 판단하는가?
- 작품 속 인물을 자신의 삶과 연관 지어 바라보거나 해석하는가?

○ 평가 방법

- 작품을 읽고 학습하는 과정에서 인물에게 편지쓰기의 관점을 제시한다.
- 인물에게 편지를 쓰는 과정에서 작품과 자신의 삶을 관련지어 생각하게 한다.
- 문학 경험을 내면화하고 자신의 삶과 관련지어 해석하고 적용할 수 있도록 안내한다.

2) 문학 독서 포트폴리오

○ 평가 관점

- 문학 독서에 얼마나 흥미와 열정을 가지고 참여하였는가?
- 문학 작품 읽고 자신의 생각이나 느낌을 잘 표현하였는가?
- 문학 작품을 읽고 자신의 경험을 확장하여 창의적인 표현활동을 하였는가?

○ 평가 방법

- 일정한 기간을 정해서 문학 교수·학습 활동 결과물이나 문학 독서 결과물을 포트폴리오로 정리하게 한다.
- 포트폴리오 제작 시 주요한 활동 계획이나 정리의 주안점을 스스로 설계하게 한다. 혹은 교사와 함께 설계할 수도 있다.
- 일정한 기간(4주에서 8주) 지난 후에 결과물을 소개하고 자신의 문학 독서 활동에 대해 반성하도록 한다.
- 교사 평가, 동료 평가, 자기 평가를 모두 활용할 수 있다.*

---

* 이 장은 류덕제 외(2017)의 제10장 '문학 교육론'을 토대로 수정·보완한 것임을 밝힌다.

제7장

매체 문식성 교육론

1. 매체언어와 매체 문식성 교육

가. 매체언어의 특성

오늘날 매체는 일상에 깊숙이 자리 잡고 있어 마치 물과 공기처럼 인간 생태의 일부로 우리의 삶에 막대한 영향을 미친다. 매체는 단순한 소통의 매개물이나 수단이 아니라 삶의 본질적 차원에서 우리 생활에 깊이 관여하기 때문에 삶의 일부라고 할 수 있다. 따라서 오늘날 매체를 배제하고 인간의 삶이나 문화를 논의하기 어려운 현실이다.

일반적으로 매체(媒體, media)[1]는 '무엇을 한쪽에서 다른 쪽으로 전달하거나 퍼뜨리는 역할을 하는 것' 또는 '어떤 사실이나 정보를 담아서 수용자들에게 보내는 역할을 하는 매개체'라고 정의된다. 이러한 정의는 매체를 정보를 전달하는 수단이나 도구로서 보는 관점이다. 반면에 의사소통적 관점에서 매체는 사람들이 직접 만나지 않고 간접적으로 정보와 지식, 생각이나 느낌을, 즉 의미와 소통을 중재하는 매개체(mediator)라고 본다. 즉, 넓은 의미에서 볼 때 매체는 사람의 생각이나 정서 그리고 다양한 정보와 지식을 전달하고 공유할 수 있도록 매개하는 역할을 한다. 이와 같이 매체의 개념을 폭넓게 설정하면 인간의 모든 언어활동은 매체를 매개로 한 행위로 볼 수 있으며, 음성언어와 문자언어도 모두 매체에 포함된다.

---

1 이 글에서는 용어 사용의 일관성을 기하기 위해 인용하는 참고 문헌에서의 '미디어'를 '매체'로 수정하여 사용하였다.

그러나 오늘날 우리가 매체라고 할 때는 이보다 더 제한적인 의미로 쓰인다. 생각이나 정서, 정보와 지식 등을 다수의 사람들과 더불어 공유하고 즐기고 전파하는 매개 역할을 하되, '신문, 잡지, 라디오, 사진, 비디오, 영화, 텔레비전, 광고, 인터넷' 등과 같이 다양한 기술 수단에 의해 메시지와 텍스트를 전달하는 현대적 소통 매체를 뜻한다(윤여탁 외, 2009).

이러한 매체 환경은 오늘날 우리 삶의 전반에 걸쳐 막대한 영향을 미치고 더욱 다양해지고 빠르게 변화하기 때문에 이에 대한 효과적인 대처와 교육적 필요성도 점점 더 증대되고 있는 실정이다. 하지만 다양한 매체의 끊임없는 변화와 발달은 교육적 접근을 어렵게 만든다. 따라서 매체 교육의 장에서는 전체적이고 전문적이기보다 특정한 교육환경 내에서 어떤 범위에서, 어떻게 수용할 것인지 구체적인 대응 전략을 마련해야 한다. 국어교육에서 매체는 의미를 드러내고 전달하며 나아가 해석을 필요로 한다는 점에서 이해와 표현 방식 측면에서 볼 때 '언어의 측면'에서 초점화하여 접근할 수 있다. 이러한 관점을 초점화하기 위해 국어교육에서는 '매체언어'라는 용어[2]를 통해 논의를 구체화시켜 왔다(김대행, 1998).

이후 매체의 발달로 인해 소통의 환경이 바뀌면서 국어교육의 내용 변화가 필요하다는 공감대가 형성되면서 인터넷을 비롯한 다양한 매체가 우리의 언어생활 전반을 규정하게 되면서 변화하는 언어의 양상을 매체언어에 초점을 두고 수용하려는 노력이 계속적으로 이어져 왔다(정현선 외, 2015). 이러한 매체언어 관련 연구와 국어교육에서 매체 교육을 위한 노력은 2007 국어과 교육과정에 이르러 고등학교 선택과목으로 〈매체언어〉가 신설되면서 본격적인 매체 교육의 전기를 마련하였다. 이후 2009 국어과 교육과정 선택과목에서 배제되기도 했다. 하지만 2015 국어과 교육과정에서는 〈언어와 매체〉라는 과목으로 부활했고, 2022 국어과 교육과정에서는 공통 교육과정 국어교과의 하위 영역에 '매체' 영역이 신설됨으로 초등학교 때부터 체계적이고

---

2 매체를 넓은 개념으로 보면 언어도 매체의 일종이기 때문에 '매체언어'라는 용어는 '인간남자'와 같은 동어반복이며 의미의 과잉이다(김승종 외, 2010: 13). 하지만 국어교육에서 사용하는 '매체언어'라는 용어에서 '매체'는 현대적 소통 매체를 뜻하며, '언어'는 음성언어, 문자언어는 물론이고 이미지와 동영상, 청각적 음향과 음악 등의 모든 기호를 대표하는 개념으로 보아야 한다. 즉, '매체언어'는 '현대적 소통 매체에 내재해 있는 의미를 표상하고 전달하는 일련의 기호들'이라고 그 개념을 규정할 수 있다.

실질적인 매체 교육이 가능하게 되었다.

'매체언어(media language)'는 매체 교육의 핵심 개념 중 하나이다.[3] 미디어 텍스트의 의미는 여러 가지 기호와 관습을 바탕으로 구성된다. 예를 들어 카메라 샷(shot)이 주는 의미(클로즈업 샷이 주는 긴장감, 롱 샷이 주는 맥락 및 정보 전달 등)나 영상의 편집, 소리나 색감의 사용, 내러티브의 사용 및 구조 등 다양한 제작 기법이나 미디어 텍스트를 구성하는 요소들과 배합을 가리키는 개념이다(Wall, 2007). 이와 같은 매체언어는 특정 매체 텍스트나 콘텐츠를 분석해 봄으로써 학습할 수도 있고, 스스로 매체 텍스트 제작을 통해 어떤 효과를 주기 위해 어떠한 기법을 사용하는지 경험해 보면서 익힐 수도 있다.

국어교육에서 매체언어는 매체 텍스트의 언어적 특성과 의사소통 맥락에서 발생하는 의미 작용을 국어교육의 내용에 포함하는 새로운 접근을 활성화하는 데 있어서 중심 개념이라 할 수 있다. 매체언어는 다양한 매체 텍스트에 실현되는 언어의 특성과 텍스트의 의미 구성에 주목한 것이다. 기존의 텍스트가 주로 음성언어와 문자언어로 이루어진 것이라면, 최근에는 음성, 문자, 소리, 이미지, 동영상 등이 복합적으로 작용하여 의미를 형성하는 텍스트가 폭발적으로 증가하고 있다. 말과 글을 포함하여 영상 이미지나 소리와 같은 또 다른 차원의 '언어들(modes)'이 결합하여 의미를 생성하는데 이러한 매체 텍스트의 의미 구성에 영향을 미치는 각종 기호들이 매체언어이다. 매체언어는 음성, 문자, 소리, 이미지, 동영상 등 다양한 언어가 통합되어 의미를 구성하기 때문에 음성이나 문자가 의미를 구성하는 방식과 의사소통 맥락이 다르다.

---

3 다음과 같은 질문을 통해 '매체언어'를 학습할 수 있다(Buckingham, 2004).
- 매체는 의미를 전달하기 위해 어떤 형식의 언어를 사용하는가?
- 이와 같은 언어를 선택할 때 발생하는 효과는 무엇인가?
- 이와 같은 매체언어는 서로 다른 종류의 미디어 텍스트(예를 들어 뉴스 혹은 공포영화)에서 어떻게 구현되고 어떤 역할을 하는가?

의미 언어	수용	생산
음성언어	듣기	말하기
문자언어	읽기	쓰기
매체언어	보기	만들기 / 제시하기

국어교육에서 매체언어에 주목하는 것은 현대 언어생활에 결정적 영향을 미치는 매체를 언어의 관점에서 접근할 필요가 있다는 문제의식을 반영한 것이다. 이때 간과해서는 안 되는 것은 매체의 언어적 특성에서 나아가 매체언어는 결국 의미를 구성하기 위해 사용된다는 점이다. 따라서 매체 교육에서는 〈표 1〉에서처럼 듣기, 말하기, 읽기, 쓰기와 같은 인간의 언어활동이 구체적인 상황맥락이나 사회·문화적 맥락 속에서 의미를 주고받는 것처럼 매체언어도 의미의 생산자와 수용자가 특정한 맥락 속에서 매체언어를 사용하여 매체 텍스트의 의미를 생산, 공유, 수용하는 소통의 과정에 주목해야 한다. 정리하자면, 국어교육에서 언어의 측면 초점을 두어 매체언어라고 지칭하는데 매체언어의 개념을 기호의 의미작용을 넘어 매체를 매개로 한 의미 구성으로 확장하면, 이는 곧 매체를 읽고 쓸 수 있는 능력을 뜻하는 '매체 문식성(media literacy)'의 개념과 연결된다.

나. 매체 문식성 교육의 동향

오늘날 매체는 우리의 일상생활에서 매우 큰 비중을 차지하고 있기 때문에 현대 사회에서는 다양한 소통 매체를 읽고 쓸 수 있는 능력이 끊임없이 요구되고 있다. 매체 문식성에 대한 국내외 연구들을 살펴보면 정보화 사회라는 맥락에서 매체 문식성은 21세기를 살아가기 위한 필수적인 핵심역량으로 주목받고 있으며, 동시에 변화하고 있는 사회문화적, 교육적 환경에 대응하기 위해 매체 문식성의 개념과 범위도 계속적으로 수정, 확장되고 있다.[4]

---

4 1980년대 등장한 신문식성(new literacies)은 문식성을 단일한 개념으로 정의할 수 없으며, 복합적인

대중이 글을 읽고 쓰는 문식성을 설명하기 위해 등장한 '문식성(literacy)'이라는 개념은 새로운 매체가 등장할 때마다 각 매체를 사용하고 이해할 수 있는 능력을 나타내기 위해 차용되어 왔다. 매체 사용 능력을 표현하기 위해 '문식성'이라는 용어를 차용했다는 것은 각각의 매체가 서로 다른 언어적 요소로 이루어져 있고 서로 다른 문법 시스템을 기반으로 구성된다고 이해하며, 특정한 매체의 영역에서 성공적으로 의사소통하기 위해서 그 매체의 언어와 문법을 알아야 한다고 생각하는 일반적인 인식을 드러낸 것이다(Buckingham, 2007).

그러나 매체 문식성의 개념은 책과 같은 문자 매체에서 영화, 텔레비전, 인터넷 등과 같은 매체가 등장하면서 새로운 능력과 문식성 개념이 단순히 부가되어 온 것이 아니다. 매체 발달과 더불어 등장한 다양한 문식성 개념은 표면적으로 지향하는 바나 내용이 유사해 보이지만, 각각의 문식성 개념이 파생된 맥락이나 강조점에 차이를 두고 있다. 따라서 이러한 문식성 개념에 기반을 둔 매체 문식성 교육의 방향도 달라질 수밖에 없다.

1) 복합양식 문식성과 매체 문식성 교육

다양한 기호 체계를 아우르는 소통의 원리들을 수립하려는 사회기호학 이론(social semiotics)에서는 다양한 언어와 기호가 어우러져 의미를 구성하는 매체언어의 특성을 복합양식 문식성(multimodal literacies)이라는 이름으로 연구하여 왔다(Jewitt & Kress, 2003). 복합양식 문식성은 영국의 언어학자이자 교육학자인 크레스(Gunter Kress)가 제시한 개념으로 텍스트의 복합적인 양식에 초점을 맞춘다. 문자 위주로

접근에 따라 정의해야 한다는 인식의 전환을 바탕으로 한 것이다. 신문식성 연구자들에 따르면 이들은 문식성을 사회문화적 맥락에서 독립된 기능으로 보는 시각에서 반대하며, 문식성에 대한 사회문화적 관점을 견지하고 일상 삶 속에서 실천으로서 문식성을 강조한다(Collins & Blot, 2003). 1990년대 이후 문식성은 단순히 읽고 쓰는 능력을 넘어 변화하는 커뮤니케이션 기술과 매체를 다루는 문식성에 의해 보완되어 왔으며, 매체의 발달과 더불어 매체 문식성, 컴퓨터 문식성, 정보 문식성, 디지털 문식성, ICT 문식성과 같은 개념이 등장했다. 또한 단순히 문식성의 개념의 확대에만 머무르지 않고 다양한 개념들과 결합해 그 의미 영역이 복합해지고 있다. 예를 들어 사회적 문식성, 정치적 문식성, 건강 문식성, 문화적 문식성 등 수많은 문식성 개념이 등장하고 있고 광범위하게 사용되고 있는 상황이다. 이처럼 신문식성 개념은 여러 학문 분야에서 문식성 개념이 차용되고, 다양한 관점에서 문식성이 정의되고 활용될 수 있는 기반이 되었다(Bawden, 2001).

이루어져 왔던 기존의 텍스트가 아닌 여러 가지 양식(mode)이 결합되어 이루어진 매체 텍스트를 읽기 위해서는 문자에만 집중하는 것이 아니라 다른 양식에서 전달하고 있는 정보를 복합적으로 받아들이고 이해하는 능력이 필요하다(Jewitt, 2008). 즉, 복합양식 문식성에서는 다양한 소통 행위에서 다른 양식과 매체가 사용되고 있다는 점에 주목한다. 예를 들어 책이나 신문, 잡지는 미디어의 종류로 볼 때 인쇄매체에 해당하는데, 그 의미 작용에 관여하는 양식은 문자언어와 시각언어(그림, 사진, 도표 등)이다. 라디오의 경우에는 음성언어와 음향, 음악 등의 양식이 관여하며, 텔레비전의 경우 에는 문자언어(자막 등), 음성언어, 음향, 음악, 영상 등 다양한 양식들(modes)이 복합적으로 관여한다.

이와 같이 매체 텍스트는 다양한 양식과 매체가 함께 작용하며, 매체의 특성에 따라 여러 가지 양식들이 특정 방식으로 통합된다. 따라서 매체 텍스트 생산자와 수용자들은 개별적인 양식(문자언어, 시각언어, 음악, 영상 등)을 읽을 수 있어야 할 뿐만 아니라 이것들을 통합된 형식으로도 읽을 수 있어야 한다. 특히 영상은 서로 다른 언어 양식들인 말, 이미지, 몸짓, 음악 등을 촬영과 편집의 문법을 통해 조합하고 통합시키는 복합양식 텍스트의 대표적인 예이다(Burn & Leach, 2004).

따라서 매체 문식성 교육에서는 다양한 매체 텍스트에서 매체언어가 하나 이상의 양식 혹은 의미화 기제가 복합적으로 작용하여 의미를 표상한다는 것을 이해하고, 매체 사용자가 자신이 원하는 메시지를 만들 때 다양한 양식과 의미화 기제를 활용하여 그 특성이 드러나게 매체 텍스트를 구성할 수 있도록 지도해야 한다. 즉, 언어와 기호의 의미 작용을 통한 텍스트의 생산과 해석 방식에 관여하는 핵심 개념인 매체언어의 복합양식성(multimodality)이 주된 교육 내용으로 다루어져야 한다.

2) 비판적 문식성과 매체 문식성 교육

비판적 문식성(critical literacy)은 기존의 비판적 읽기에서 개인의 심리적 능력이라는 의미가 강한 '읽기'는 사회적이고 실천적인 속성이 강한 문식 활동을 담보해 내기 어렵기 때문에 '문식성'이라는 용어로 대체되며 그 의미가 확장된 것이다. 이러한 비판적 문식성은 지식이 자연스럽고 중립적인 것이 아니라 특정 사회에서 작용하는 광범위한 규칙과 이데올로기라고 보는 시각에 근거한 것이다. 그렇기 때문에 비판적 문식성은 세계와 권력구조, 다양한 현실에 대해 어떤 관점을 갖는 것이고, 매체와 문화를 분석하고, 사회적 정의를 추구하는 행위로 규정한다(Barbara, 2002).

전통적인 매체에 대한 비판적 문식성은 과도한 텔레비전 시청 및 상업적 광고의 무비판적 수용과 같은 매체의 부정적인 영향력으로부터 어린이와 청소년을 보호하기 위한 목적으로 강조되었다. 이러한 노력은 대중매체와 대중문화의 상업적 의도를 비판적으로 바라보는 시각을 함양하기 위한 교육의 일환이었다(전경란, 2015). 이러한 보호주의적 패러다임[5]에서는 어린이와 청소년을 매체에 강하게 영향을 받을 위험에 처해 있는 수동적 수용자로 상정하고, 매체의 왜곡을 보여 주며 매체의 올바른 사용법을 알려 주는 등 그들이 매체의 메시지를 무분별하게 받아들이지 않도록 식별 능력을 기를 수 있도록 한다(김아미, 2015).

일찍이 영국의 미디어 교육학자 마스터먼(Masterman, 1985)은 현대사회의 어린이와 청소년들이 이전 세대와는 달리 매체가 포화 상태인 환경 속에서 성장하고 있음을 지적하면서, 이들에게 매체에 대한 비판적인 이해와 인식을 길러 주는 일이 중요하다고 강조하였다. 따라서 매체 문식성 교육의 핵심 목표는 '매체가 세상에 대한 객관적이고 중립적인 정보를 제공하는 것이 아니라 특정한 관점과 이해관계에 따라 구성된 정보를 제공하며, 이를 통해 우리의 의식과 사고에 영향을 준다는 점을 비판적으로 인식하고 분석하도록 하는 것'이라고 주장하였다. 이러한 주장은 1980년대 텔레비전이 지배적인 매체로 등장한 시대에 제시된 것이지만, 디지털 매체 환경에서 비판적인 정보 수용이 중요해지고 있을 뿐만 아니라 정보격차가 커지고 있는 현재와 같은 상황에서도 매체 문식성 교육의 중요한 부분을 차지하고 있다(전경란, 2015: 23).

매체 문식성 교육에서 비판적 문식성이 필요한 까닭은 매체의 이미지와 영상은 사실 그대로 반영하는 것이 아니라 특정한 방식으로 재현되기 때문이다. 재현은 매체가 현실을 특정한 시선을 가지고 특정한 기술을 이용해 드러내는데, 이는 객관적

---

5 보호주의적 매체 문식성 교육 패러다임은 새로운 매체의 등장과 함께 다시 강조되는 경향이 있다. 텔레비전이 등장할 때는 텔레비전의 악영향으로부터 어린이를 보호하려는 움직임이 일어나고, 인터넷이나 스마트폰이 등장하고 나서는 어린이를 인터넷이나 스마트폰 남용이나 중독을 막기 위해 매체 문식성 교육이 필요하다는 사회적 담론이 등장한다.

인 반영이 아닌 매체 제작자나 기관의 의도가 투영된 형식으로 다시 표현하고 있다는 것이다. 예를 들어 같은 내용의 사건을 신문이라는 인쇄매체를 통해 기사화할 되느냐, 텔레비전이나 인터넷에 뉴스 형태로 보도되느냐, 또 다큐멘터리나 영화로 제작되느냐에 따라 서로 다르게 재현될 수 있다.

이렇게 현실을 재현하는 매체는 사람들이 어떻게 생각하고 느끼는지 그리고 그들이 어떻게 정체성을 구성하는지에 영향을 미친다. 따라서 미디어 재현을 이해한다는 것은 매체 텍스트, 장르, 이데올로기와 맥락적 특징들이 어떠한 현상의 재현에 미치는 영향을 이해하고 매체의 재현이 현실과 얼마나 같거나 다른지를 스스로가 판단할 수 있어야 한다(Buckingham, 2003). 매체의 재현은 다음과 같은 질문을 통해 탐구할 수 있다. 이 텍스트에서 재현되는 세계에는 무엇이 포함되고 무엇이 배제되었는가? 누구의 목소리가 들리고 누가 침묵하고 있는가? 미디어는 특정 집단을 어떻게 재현하고 있는가? 전형화된 재현인가? 아니면 진실에 가까운 재현인가?

매체 문식성 교육에서는 비판적 문식성을 기르기 위해 매체에 재현되는 내용을 비판적으로 인식하고 수용하는 능력을 키워야 한다. 즉, 복합적으로 매개되는 다양한 정보 양식을 통해 전달되는 매체의 내용과 의미를 개인적인 경험과 사회·문화적 맥락에 비춰 비판적으로 인식하고 판단하는 과정에서 나아가 매체 중심의 변화된 소통 환경에서 실천적, 해방적 주체로서의 역할에 초점을 두어야 한다.

3) 문화적 문식성과 매체 문식성 교육

문식성 개념의 확장되면서 다른 영역의 개념들과 결합하여 그 의미 영역을 넓히는 과정에서 사회문화적 측면에 대한 강조가 문식성과 연결되면서 문화적 문식성이라는 개념이 등장하게 되었다. 이러한 문화적 문식성(cultural literacy)은 개인이 사회문화적 소통에 기본적으로 필요로 하는 문화 지식으로서, 개인의 전통에 대한 인식, 문화적 유산과 그 가치에 대한 인식, 전통으로부터 무엇인가를 배울 수 있는 능력, 어떤 문화의 장단점을 이해할 수 있는 능력 등으로 구체화된다(Purves, Papa & Jordan, 1994). 이와 같은 문화적 문식성 개념은 문화를 전통이라는 수직적 관점과 지식 차원에 규정하는 것이다.

매체와 관련된 문화적 문식성은 전통이나 유산 혹은 공인된 가치와 같은 수직적 문화 개념이 아니라 일상적인 삶의 양식이나 소통 과정에서 발생하는 의미에 대한 해석 측면에서 문화를 바라보는 수평적 관점과 관련된다(박인기, 2002: 27). 매체 문화에 대한 접근은 전통 문화의 계승 차원에서 문화교육이 아니라 당대의 매체 문화에 대한 비판적 수용이라는 차원에서 문화교육이라는 것이다. 문화는 1990년대에 들어 문화론적 접근과 함께 인문사회과학 연구 영역에서 중요한 개념으로 부상하였다. 문화에 대한 관심은 특정한 상황과 맥락에서 형성되는 모든 삶의 방식으로서 문화를 논의의 장으로 끌어들였다. 그 결과 사회과학 분야에서는 대중매체와 대중문화에 대한 논의가 부상했고, 문학 연구에서는 문학작품을 문화라는 관점에서 새롭게 파악하려는 노력이 이루어졌다. 이러한 맥락은 문화적 문식성과 매체 문식성이 좀 더 분명하게 관련성을 갖는 계기가 되었다. 문식성이 단순히 언어활동에 초점을 맞추는 것이 아니라 사회·문화적 맥락에 대한 관심으로 확장되고, 문식성 교육에서도 언어문화, 대중문화, 매체문화 등 문화에 대한 논의가 이루어지면 문화적 문식성이 강조되고 있다(전경란, 2015: 31~32).

이처럼 문화적 문식성은 문화 지식에 한정되지 않고 문화의 경험이나 실천 능력으로 재개념화되며 나아가 비판적 인식 능력까지 포함하는 것으로 그 개념이 확장되었다(박창균, 2019: 121). 확장된 문화적 문식성 개념에서 매체를 이해한다는 것은 매체 그 자체에 대한 지식을 학습한다거나 매체가 전달하는 내용을 이해하는 것이라기보다는 매체가 당대의 사회적 맥락에서 어떤 의미를 지니며 그것을 매개로 어떻게 소통하는지, 그리고 그 사회문화적 효과는 무엇인지를 이해하는 것이다. 즉, 문화적 문식성 관점에서 매체는 단순히 도구적, 기능적으로만 작동하는 것이 아니라 소통의 통로이자 중요한 문화 양식으로 존재하는 것이다(최지현, 2007: 151). 다시 말해 문화적 문식성을 매체나 의사소통과 관련한 정보나 지식을 학습하는 데 기반을 두지 말고, 매체와 의사소통 현상과 관련해서 태도, 신념, 철학 등에 관한 깊은 층위의 지식, 나아가 그 문화 현상 내부의 모순이나 역설에 관한 이해까지 함양하는 데 방향성을 두어야 한다(전경란, 2015: 32~33).

또한 문화 능력의 측면에서 본 매체 문식성은 단지 미디어 텍스트의 수용에 있어 비판적인 분석 능력을 갖추는 것에 그치지 않고, 수용자 스스로 자신의 삶과 관계의 맥락 속에서 매체 문화가 주는 즐거움의 의미를 성찰하는 가운데 향유할 수 있는 능력을 포함해야 한다. 이는 매체언어가 재현하는 현실에 대한 비판적 인식과 그것이 자신에게 미치는 영향에 대한 성찰을 통한 의미 생산 능력과 관계된다. 오늘날 디지털 언어가 가져온 소통 기술의 변화는 일반인들도 이제 더 이상 수용자에만 머무는 것이 아니라 생산자가 되었으며, 이에 따라 매체언어를 통해 적극적으로 의미를 구성함으로써 문화 창조에 기여할 수 있는 실질적인 생산 능력도 필요하게 되었다. 따라서 문화 능력으로서의 매체 문식성은 이와 같이 매체의 수용, 향유, 생산을 아우르는 복합적인 능력인 것이다(윤여탁 외, 2009: 39).

따라서 문화적 문식성 신장을 위한 매체 문식성 교육은 매체 텍스트의 생산, 소통과 향유, 수용의 일련의 과정을 비판적으로 인식하고, 나아가 스스로 창의적인 매체 문화를 생산할 수 있는 능력뿐 아니라 자신의 매체언어 능력에 대한 이해와 성찰을 바탕으로 사회적 소통에 참여하고 실천할 수 있는 능력을 신장시키는 데 초점을 두어야 한다.

2. 매체 문식성 교육의 목표와 내용

가. 매체 문식성 교육의 목표

매체언어는 매체에서 말과 글, 영상, 이미지나 소리와 같은 일련의 기호들을 통칭하는 것이며, 이러한 매체언어는 매체와 결합하여 매체 텍스트의 의미 작용에 관여한다. 그리고 매체 문식성 교육이란 매체언어의 의미 작용에 대한 교육, 즉 매체 텍스트의 언어와 기호를 통해 의미를 수용하고 매체언어를 활용하여 새로운 의미를 생산할 수 있는 능력을 기르는 교육이라 할 수 있다.

매체 문식성 교육의 목표는 학습자의 매체 문식성을 길러주는 것으로 앞에서 살펴본 복합양식 문식성, 비판적 문식성, 문화적 문식성을 신장시키는 것이라 할 수 있다. 이와 같은 매체언어 교육의 목표는 다음과 같이 상세화할 수 있다(정현선, 2007; 최미숙 외, 2012: 365~379).

첫째, 매체언어의 복합양식성(multimodality)에 대한 이해이다. 매체 텍스트에서 어떻게 의미작용이 이루어지는지에 대해 이해하는 것으로 매체 자체의 특성보다 매체 언어의 다양한 양식들(modes)이 작용하는 방식에 초점을 두는 것이다.

둘째, 영상언어의 특성을 이해하는 것이다. 영상언어는 매체언어 가운데에서도 다양한 양식들이 결합해 복합적으로 의미를 생성하는 대표적인 예이다. 영상매체의 영향력이 점점 더 커지는 현대 사회에서 영상언어는 생활 곳곳에 파고들어 우리가 살아가는 다양한 모습을 영상물로 기록하고 공유할 수 있게 하고, 우리의 생각과 정서에 영향을 미치고, 사회적 여론을 형성하며, 어떤 행동을 하게 만들기도 한다. 따라서 영상언어의 특성을 이해하는 것은 영상매체 텍스트의 의미를 이해하고 또 표현할 수 있는 능력을 갖추기 위해 필요한 중요한 목표가 된다.

셋째, 매체 텍스트에 대한 비판적 읽기와 쓰기이다. 신문이나 방송, 인터넷과 같은 미디어 텍스트에 대한 비판적 시각은 매우 중요한 문제이다. 즉, 보도 기사, 뉴스, 칼럼, 광고, 드라마, 각종 게시물 등이 특정한 사회적 인물, 사건, 대상 등의 현실을 어떻게 재현하는가, 이 과정에서 특정한 표현과 문법적 구조의 선택이 매체 수용자들의 인식에 어떻게 영향을 미치는가 등에 대한 분석이 매체 문식성 교육의 중요한 목표가 된다. 또한 매체 텍스트에 대한 비판적 인식은 단지 매체 수용자의 입장에서 기존에 생산된 매체 텍스트의 의미를 비판적으로 분석하는 데 그쳐서는 안 된다. 디지털 미디어 기반의 환경에서는 어린이와 청소년을 포함한 일반인들도 사회적 사건에 대한 자신의 의견을 자유롭게 표현하고 이를 유통시킬 수 있다. 따라서 매체 문식성 교육에서는 학생들 스스로 매체 텍스트의 생산자 입장에서 언어와 기호의 사회적 힘에 대한 인식을 바탕으로 공정하게 매체 텍스트를 생산할 수 있도록 하는 것을 목표로 삼아야 한다.

넷째, 문화적 텍스트의 수용, 향유 및 생산을 목표로 한다. 매체 문식성 교육은 언어와 기호를 바라보는 비판적 인식에 바탕을 두고 있지만, 매체언어가 문화적 텍스트를 생산하는 방식 역시 매체 문식성 교육의 중요한 부분을 차지한다. 언어와 기호는 의사소통을 위한 중립적 도구가 아니라 그 자체로 사회문화적 실천의 도구이다. 이러한 사회문화적 실천에는 정보와 지식의 수용, 생산, 유통뿐만 아니라 문화 예술과 관련된 심미적 차원의 텍스트를 수용, 생산, 유통하는 것도 포함된다.

다섯째, 매체를 통한 소통에 대한 윤리적, 성찰적 이해와 참여를 목표로 삼는다.

매체 문식성 교육은 텍스트의 전달 경로인 매체를 통한 소통의 특성에 대한 이해에도 관심을 둘 필요가 있다. 특히 사회적이고 공적인 소통을 매개하는 매체의 경우 그 사회적 책임에 대해 이해할 필요가 있고, 같은 내용이라도 어떤 매체를 통해 텍스트의 의미가 구현되고 유통되느냐에 따라 의미의 파급력이 달라지는 현상에 대해서도 이해할 필요가 있다. 특히 인터넷과 같은 디지털 매체가 발달한 오늘날에는 메시지의 파급력과 관련하여 소통 매체의 기술적 측면에 대해 이해하고 책임감 있게 사용할 필요가 있다.

한편, 국어과 교육과정에서 매체 문식성 교육의 목표는 고등학교 선택 과목인 2007 국어과 교육과정의 〈매체언어〉, 2015 국어과 교육과정 〈언어와 매체〉, 그리고 2022 국어과 교육과정에서 융합 선택 과목으로 신설된 〈매체 의사소통〉 과목에서 참고할 수 있다. 다음은 국어과 교육과정에서 설정된 매체 문식성 교육 목표이다.

〈2007 국어과 교육과정 '매체언어' 과목의 목표〉

매체언어에 대한 비판적 이해를 바탕으로 언어문화 활용 능력을 신장하고 바람직한 국어 생활을 영위하는 주체적 태도를 기른다.
(1) 매체언어의 개념과 특성, 역할 그리고 매체 자료의 유형을 이해한다.
(2) 매체언어의 성격에 대한 이해를 바탕으로 하여 매체언어와 정보 사회, 대중문화, 인간관계를 파악한다.
(3) 매체 자료를 비판적으로 수용하고 창의적으로 생산하며, 사회적 소통과 문화 창조에 참여할 수 있는 능력을 기른다.

〈2015 국어과 교육과정 '언어와 매체' 과목의 목표〉[6]

매체언어의 특성을 바탕으로 하여 매체언어를 정확하고 효과적으로 사용하고 개인적사회적 소통 능력과 태도를 길러 국어문화의 발전에 기여한다.
(1) 사회적 소통에 복합적으로 작용하는 매체언어의 특성을 체계적으로 이해한다.
(2) 매체 자료를 비판적으로 수용하고 창의적으로 생산하며 사회적 소통과 문화 형성에 참여하는 능력을 기른다.
(3) 매체언어생활에 대해 성찰하고 매체 문화를 발전시키는 태도를 기른다.

6　이하 내용은 '매체언어'에 초점을 두어 재진술한 것이다.

〈2022 국어과 교육과정 '매체 의사소통' 과목의 목표〉

현대 사회에서 매체와 매체 자료가 지니는 특성에 대한 이해를 바탕으로 매체와 관련된 의사소통 현상을 탐구하고 성찰하며, 매체 자료를 비판적으로 수용하고 창의적으로 생산하며, 협력적 소통을 통해 문제를 해결하여 바람직한 의사소통 문화를 조성하는 데 필요한 매체 의사소통 역량을 함양한다.

(1) 매체가 개인과 사회·문화에 미치는 영향에 관심을 가지고 매체 의사소통에 대해 비판적으로 이해한다.

(2) 매체 의사소통에 관련된 다양한 현상들을 탐구·분석하며, 디지털 자료와 도구를 활용하여 매체 자료를 제작·공유한다.

(3) 실제 삶에서 경험하는 매체 의사소통 현상에 주도적이고 협력적인 태도로 참여하여 바람직한 매체 의사소통 문화 조성에 기여한다.

국어과 교육과정에서 매체 문식성 교육 목표를 살펴보면, 교육과정 개정 당시의 배경이나 교과목의 특성에 따라 다소 차이가 있지만 기본적인 지향점은 크게 다르지 않다. 이들 목표를 통해 확인할 수 있는 매체 문식성 교육 목표는 크게 지식, 기능, 태도 측면으로 구분할 수 있다. 지식 차원에서는 매체, 매체언어, 매체 텍스트의 특성에 대한 이해를, 기능 차원에서는 매체 텍스트를 비판적으로 수용하고 창의적으로 생산하는 능력을, 태도 차원에서는 매체언어 생활에 대한 성찰과 바람직한 매체 의사소통 문화 형성을 지향한다. 이와 같은 매체 문식성 교육의 지향점을 2022 공통 교육과정 '국어' 교과 교육과정의 목표를 구체화하여 '매체 의사소통의 맥락과 요소를 이해하고 다양한 매체 의사소통의 과정에 협력적으로 참여하면서 매체언어생활을 성찰하고 매체언어문화를 향유함으로써 미래 사회에서 요구되는 높은 수준의 매체 문식성을 기른다.'라고 매체 영역 차원에서의 목표를 설정할 수 있다.

나. 매체 문식성 교육의 내용

국어교육에서 매체 교육은 '매체 문식성' 교육에 초점이 맞추어지며, 매체 문식성 교육은 매체 텍스트의 수용과 생산 능력을 향상시키는 것을 궁극적인 목표로 삼는다. 이에 매체 문식성의 핵심적인 교육 내용은 언어와 의미의 매체적 실현 과정으로,

매체 텍스트의 의미를 수용하고 매체를 통해 의미를 생산하는 과정이다.

　　매체 문식성 교육 내용은 2015 국어과 교육과정까지 독립적인 영역이 없었으므로 다른 영역(듣기·말하기, 읽기, 쓰기, 문법, 문학)에 포함되어 통합적으로 반영되었다. 그러다가 2022 국어과 교육과정에 이르러 '매체' 영역이 독자적인 영역으로 설정되면서 고유의 내용 체계와 성취기준을 제시하기에 이르렀다.

〈표 2〉2022 국어과 교육과정 매체 영역의 내용 체계

핵심 아이디어		◦ 매체는 소통을 매개하는 도구, 기술, 환경으로 당대 사회의 소통 방식과 소통 문화에 영향을 미친다. ◦ 매체 이용자는 매체 자료의 주체적인 수용과 생산을 통해 정체성을 형성하고 사회적 의미 구성 과정에 관여한다. ◦ 매체 이용자는 매체 및 매체 소통의 영향력에 대한 이해와 자신과 타인의 권리를 지키기 위한 적극적인 노력을 통해 건강한 소통 공동체를 형성한다.			
범주		내용 요소			
		초등학교			중학교
		1~2학년	3~4학년	5~6학년	1~3학년
지식·이해	매체 소통 맥락		◦ 상황 맥락	◦ 상황 맥락 ◦ 사회·문화적 맥락	
	매체 자료 유형	◦ 일상의 매체 자료	◦ 인터넷의 학습 자료	◦ 뉴스 및 각종 정보 매체 자료	◦ 대중매체와 개인 인터넷 방송 ◦ 광고·홍보물
과정·기능	접근과 선택	◦ 매체 자료 접근하기	◦ 인터넷 자료 탐색·선택하기	◦ 목적에 맞는 정보 검색하기	
	해석과 평가		◦ 매체 자료 의미 파악하기	◦ 매체 자료의 신뢰성 평가하기	◦ 매체의 특성과 영향력 비교하기 ◦ 매체 자료의 재현 방식 분석하기 ◦ 매체 자료의 공정성 평가하기
	제작과 공유	◦ 글과 그림으로 표현하기	◦ 발표 자료 만들기 ◦ 매체 자료 활용·공유하기	◦ 복합양식 매체 자료 제작·공유하기	◦ 영상 매체 자료 제작·공유하기
	점검과 조정		◦ 매체 소통의 목적 점검하기	◦ 매체 이용 양상 점검하기	◦ 상호작용적 매체를 통한 소통 점검하기
가치·태도		◦ 매체 소통에 대한 흥미와 관심	◦ 매체 소통 윤리	◦ 매체 소통에 대한 성찰	◦ 매체 소통의 권리와 책임

위의 내용 체계는 매체 영역 학습 내용의 범위와 수준을 나타낸 것이다. 내용 체계의 '핵심 아이디어'는 매체 영역을 아우르면서 매체 영역의 학습을 통해 일반화할 수 있는 내용을 핵심적으로 진술한 것이다. 이는 매체 영역 학습의 초점을 부여하여 깊이 있는 학습을 가능하게 하는 토대가 된다. 내용 체계의 '내용 요소'는 매체 영역에서 배워야 할 필수 학습 내용이다. 학습 내용 중 '지식·이해'는 알고 이해해야 할 내용, '과정·기능'은 사고 및 탐구 과정 또는 기능, '가치·태도'는 듣기·말하기 활동을 통해 기를 수 있는 고유한 가치와 태도이다.

매체 영역의 학년군별 성취기준을 살펴보면 다음 〈표 2〉와 같다. 학년군별 성취기준은 매체 영역의 내용 요소(지식·이해, 과정·기능, 가치·태도)를 학습한 결과 학생이 궁극적으로 할 수 있거나 할 수 있기를 기대하는 도달점이다.

〈표 3〉 2022 국어과 교육과정 매체 영역의 성취기준

학년군	성취기준
1~2학년	[2국06-01] 일상의 다양한 매체와 매체 자료에 흥미와 관심을 가진다. [2국06-02] 일상의 경험과 생각을 글과 그림으로 표현한다.
3~4학년	[4국06-01] 인터넷에서 학습에 필요한 다양한 자료를 탐색하고 목적에 맞게 자료를 선택한다. [4국06-02] 매체를 활용하여 간단한 발표 자료를 만든다. [4국06-03] 매체 소통 윤리를 고려하여 매체 자료를 활용하고 공유한다.
5~6학년	[6국06-01] 정보 검색 도구를 활용하여 자신의 목적에 맞는 매체 자료를 찾는다. [6국06-02] 뉴스 및 각종 정보 매체 자료의 신뢰성을 평가한다. [6국06-03] 적합한 양식과 수용자의 반응을 고려하여 복합양식 매체 자료를 제작하고 공유한다. [6국06-04] 자신의 매체 이용 양상에 대해 성찰한다.

위와 같은 매체 영역의 학년군별 성취기준을 적용할 때 1~2학년군에서는 매체 경험을 나눌 때는 학습자가 교육적으로 적절한 매체 자료를 선정할 수 있도록 안내를 제공하도록 하고, 각자의 고유한 매체 이용 경험을 자유롭게 공유하도록 함으로써 학습자가 매체 및 매체 자료에 대한 흥미와 관심을 가질 수 있도록 한다.

3~4학년군에서는 학습자들이 이미 학교 밖에서 다양한 인터넷 활동을 경험하고 있음을 고려하여 자료 탐색과 선택, 매체 자료의 활용과 공유 등의 학습 활동 설계

시 학습자들의 실제 삶과 유기적으로 연계될 수 있도록 한다.

5~6학년군에서는 학습자가 학교 밖에서 수행한 다양한 매체 경험을 교실이라는 공적 공간을 통해 공유함으로써 학교와 학교 밖에서의 삶이 유기적으로 연계될 수 있도록 안내한다. 학교 밖에서의 매체 경험은 매체 단원을 학습하는 학습의 자원으로서 작용할 수 있다. 따라서 한편으로는 기존에 형성된 학습자들의 검색 전략 및 표현 전략을 수용하고 적극적으로 공유할 수 있는 수업 분위기를 조성하되, 다른 한편으로는 부족한 부분에 대해 명시적인 안내를 제공하도록 한다. 또한 학교 밖에서 여가에 초점을 두고 이루어진 활동에 대해서도 학습자 개인의 선호나 주도성의 발현이라는 측면에서 긍정적으로 바라보고 학습자 간 상호 공유하는 과정을 통해 각자의 매체 경험에 대해 점검과 성찰이 이루어질 수 있도록 안내한다.

3. 매체 문식성 교수·학습 방법

매체 문식성 교육은 다양한 매체와 주제, 내용을 바탕으로 이루어지는 만큼 교육 방법 또한 매우 다양하다. 교육 현장에서 실시되어 온 매체 문식성 교육 사례를 살펴보면 매체 문식성 교육에서의 접근법은 크게 세 가지로 나눠 볼 수 있다(Wilson & Duncan, 2009). 첫째, 매체 중심 접근법은 특정 매체를 골라 그것에 대해 중점적으로 다루는 방법이다. 예를 들어 스마트폰, 인터넷, 텔레비전, 영화 등 한 가지 매체를 정해서 대상 매체의 특성과 그 매체가 구현하는 커뮤니케이션의 형태, 해당 매체의 강점과 약점 등에 대해 다뤄 볼 수 있다. 둘째, 주제 중심 접근법은 특정한 주제를 선정해 그 주제가 다양한 매체에 걸쳐 어떻게 드러나고 있는지 탐색해 보고, 해당 주제에 대한 학생의 의견은 미디어를 통해 어떻게 표현하고 공유할 수 있는지에 초점을 맞춘다. 셋째, 맥락 중심 접근법으로 전체적인 접근법(holistic approach) 또는 다중적(multi-perspective) 접근법이라 하는데 매체가 현실적으로 생산되고 소비, 공유되는 맥락을 중시하는 접근법으로 비판적인 틀 안에서 매체 텍스트와 맥락을 함께 학습하는 것에 초점을 맞춘다. 여기에서는 매체언어 사용 과정을 중심으로 매체 텍스트 수용과 매체 텍스트 생산의 과정에 따른 교수·학습 방법을 살펴보도록 한다.

가. 매체 텍스트 이해를 위한 교수·학습 방법

매체 텍스트 이해 과정에서 중요한 것은 비판적인 수용이다. 매체 텍스트를 비판적으로 수용하기 위해서는 정보의 타당성과 신뢰성 등을 확인하고 점검해야 한다. 매체 텍스트는 제작자가 의도적으로 목적 달성을 위해 정보를 누락하거나 왜곡할 수도 있고 의도하지 않았더라도 정보의 오류나 적절하지 못한 자료가 제시될 수도 있기 때문이다. 따라서 매체 텍스트에 제시된 자료나 정보가 타당한 것인지, 신뢰로운 것인지, 적절한 것인지 등을 분석하고 평가하며 비판적으로 수용해야 한다.

이와 같은 매체 텍스트의 비판적 수용을 지도하기 위한 방법으로 LESC(Locate, Evaluate, Synthesize, Communicate) 온라인 독해 모형을 활용할 수 있다. Leu et al. (2002)가 제안하여 구체화한 온라인 독해 모형은 정보 탐색을 위한 읽기, 평가하며 읽기, 종합하며 읽기, 의사소통하기 단계를 거친다(최숙기, 2017: 442에서 재인용). 다음은 온라인 독해 과정을 기반으로 한 매체 텍스트 이해 모형이다.

Locate (탐색하기)		Evaluate (평가하기)		Synthesize (종합하기)		Communicate (소통하기)
∘ 검색을 위해 적절한 키워드 사용하기 ∘ 검색 엔진 결과로부터 추론하기 ∘ 다양한 검색 엔진 결과로부터 추론하기 ∘ 질문의 답과 관련된 정보를 지닌 두 가지 관련된 웹사이트 주소에 관한 자료 찾기 ∘ 주소 공유하기	⇨	∘ 웹사이트의 저작자 파악하기 ∘ 저작자의 정보에 대한 전문성 수준을 평가하기 ∘ 저작자의 관점과 목적 평가하기 ∘ 논리적 설명과 근거가 제시된 정보인지 파악하고 신뢰성 평가하기	⇨	∘ 두 개의 웹 사이트에서 두 개의 핵심 세부사항 확인하기 ∘ 두 개의 추가적인 웹 사이트에서 핵심 세부사항 확인하기 ∘ 4개의 웹 사이트에 걸쳐 정보통합하기 ∘ 정보(두 개의 관련된 세부사항)를 가지고 주장에 대한 논거 만들기	⇨	∘ 의사소통적 인터페이스(이메일, 위키) 내에서의 관련된 정보 평가하기 ∘ 메시지 작성에 적절한 특징을 가지고 있는 의사소통 도구 사용하기 ∘ 예상 독자 인식 보여주기 ∘ 정보에 대한 질문에 명료하게 응답하기

〈그림 1〉 LESC 매체 텍스트 이해 모형

LESC 매체 텍스트 이해 모형은 온라인 독해 과정을 정보 처리 과정에 따라 Locate(탐색하기), Evaluate(평가하기), Synthesize(종합하기), Communicate(소통하기)로 구분한 것이다. LESC 모형에서 먼저 Locate(탐색하기)는 정보 탐색을 위한 읽기 단계이다. 이 단계는 특정한 문제 해결을 위해 필요한 정보를 찾기 위한 읽기 과정이다. 이 과정에서는 학습자가 인터넷의 검색 엔진을 활용하여 적합한 키워드를 선정하고 효율적으로 정보를 찾고 필요로 하는 정보를 포함한 사이트 주소를 공유할 수 있어야 한다. Evaluate(평가하기)는 평가하며 읽는 단계이다. 이 단계는 정보 탐색 과정에서 찾은 웹사이트의 출처와 자료의 신뢰도를 점검하며 정보의 적절성을 평가하는 읽기 과정이다. 이 과정에서 필요한 정보를 신속히 수집하고 문제 해결에 적합한 자료를 선별할 수 있어야 한다. Synthesize(종합하기)는 종합하며 읽는 단계이다. 이 단계는 복합적인 출처로부터 온라인 정보들을 종합하고 문제를 해결하기 위해 논거를 마련하는 읽기 과정이다. 이 과정에서는 정보를 분석하고 종합하여 과제 목적에 부합하게 유의미한 정보 단위로 재구성할 수 있어야 한다. 마지막으로 Communicate(소통하기)는 정보를 소통하는 단계이다. 이 단계는 정보 탐색의 결과에 따라 생성된 새로운 정보를 소통하기 위한 읽기와 쓰기가 이루어진다.

나. 매체 텍스트 제작을 위한 교수·학습 방법

매체 문식성 교육의 두 축은 매체 텍스트의 수용과 생산이다. 매체 텍스트 수용의 맥락에서 학습자의 비판적 이해가 중요하다면, 매체 텍스트의 생산 맥락에서는 학습자의 창의성이 중요한 교육 내용이 된다. 그리고 제작된 매체 텍스트는 공유와 유통이 전제가 되기 때문에 사회적 책임감이나 윤리성이 중요하게 다루어져야 한다.

이와 같은 매체 텍스트의 창의적 제작과 책임감 있는 참여를 지도하기 위한 방법으로 Renee Hobbs(2017)의 AACRA 모형을 활용할 수 있다. 그녀는 미디어가 편재되어 있고 풍부한 정보가 제공되는 매체 이용환경에서 사회 참여를 위해 필수적인 생활 능력으로 '디지털·미디어 문식성(digital and media literacy)'이라는 개념을 제안하고 이를 구성하는 핵심적인 능력을 제시하였다. 그리고 디지털·미디어 문식성은 매체에 관한 접근(Access), 분석(Analysis), 제작(Creation), 성찰(Reflection), 행동(Action)을 포괄하는 평생학습 과정으로 의사소통과 정보의 힘을 이용해 세상을 변화시킬 수 있는 힘이라 정의하며, A-A-C-R-A로 이어지는 학습 과정은 선조적인 것이 아니라 순환형, 나선형 도식으로 설명하였다. 다음은 디지털·미디어 문식성의 핵심 구성 요소를 중심으로 한 매체 텍스트 제작 모형이다.

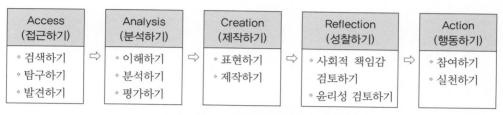

〈그림 2〉 AACRA 매체 텍스트 제작 모형

위의 AACRA 매체 텍스트 제작 모형은 디지털·미디어 문식성 학습 과정을 A(접근, Access)-A(분석 Analysis)-C(제작, Creation)-R(성찰, Reflection)-A(행동, Action) 단계로 구분한 것이다. AACRA 모형에서 A(접근, Access) 단계는 전략적인 검색, 탐구, 발견을 통해 관련 자료를 수집하는 과정이다. 이 과정에서는 주의 깊게 듣고, 자세히 읽고, 정보를 분류하고, 메모하는 등 적절하고 가치 있는 정보를 찾는다. 먼저 A(분석 Analysis) 단계는 메시지의 내용을 이해하는 것뿐 아니라 저자, 제작자의 동기, 전제, 세계관 등을 분석하는 과정이다. 이 과정에서는 보고 읽고 시청하는 모든 것에 대해 비판적인 질문을 통해 평가한다. C(제작, Creation) 단계는 미디어 텍스트를 제작하고 표현하는 과정이다. 이 과정에서는 제작의 목적, 청중(독자), 구성 기술에 대한 이해가 필요하다. R(성찰, Reflection) 단계는 미디어 텍스트의 타당성이나 특성에 대한 평가뿐만 아니라 텍스트의 의미를 성찰하는 과정이다. 이 과정에서는 미디어 텍스트의 영향력과 가치에 관한 사회적 책임과 윤리적 기준을 검토한다. 마지막 A(행동, Action) 단계는 지식을 공유하거나 문제를 해결하는 과정이다. 이 과정에서는 개인적으로나 다른 사람과 함께 공동체의 일원으로 참여하고 실천한다.

4. 매체 문식성 교육의 평가

매체 문식성 평가는 매체 문식성의 지식적인 측면보다 일상적인 언어생활에서 이루어지는 다양한 매체 텍스트를 수용하고 생산하는 언어활동을 평가하는 것이 중요하다. 이를 위해 매체 문식성 교수·학습 과정에서 이루어지는 학생들의 다양한 활동을 바탕으로 하여 다양한 방식으로 평가하는 것이 필요하다.[7]

가. 매체 문식성 평가의 방향

학습자의 매체 텍스트 수용과 생산 능력을 평가할 때는 다음과 같은 점을 고려해서 평가 계획을 수립하고 운용한다.

첫째, 매체 영역의 성취기준을 고려하여 구체적인 평가 요소를 도출하고, 이들 평가 요소에 학습자가 도달한 수준을 정확하게 판단할 수 있도록 지필평가와 수행평가 방법을 선정하며, 지엽적인 지식이나 분절적인 기능보다는 학습자가 지식과 기능을 통합하여 매체 의사소통 현상을 탐구하고 매체 텍스트를 제작하는 능력을 평가할 수 있도록 평가 계획을 수립하고 운용한다.

둘째, 학습자의 수준과 관심사를 고려하여 평가의 난도, 과제 내용 등을 계획하여 학습자가 흥미와 동기를 가지고 평가에 적극적으로 참여하도록 한다. 또한 교사 주도의 평가 외에도 학습자가 스스로 자신의 상태를 점검하고, 학습자 간 학습 과정과 결과를 서로 확인하며, 학습을 개선하기 위한 추후 학습을 스스로 계획할 수 있도록 평가를 계획하고 운용한다.

셋째, 학습자의 매체 자료에 대한 비판적 수용 및 창의적 생산 능력을 실생활에 적용하는 과정에서 발생하는 다양한 문제를 해결할 수 있는 역량을 평가할 수 있도록 한다. 또한 인지적 영역 외에도 협력적 문제 해결과 소통 태도, 매체 의사소통에 대한 윤리적·성찰적 태도와 같은 가치·태도 범주의 역량에 대하여 적극적으로 평가하여 인지적 영역과 정의적 영역의 평가가 균형을 이루도록 평가를 계획하고 운용한다.

---

[7] 이하 내용은 '매체 의사소통' 과목의 평가에 관한 내용을 참고하여 정리한 것이다.

넷째, 학습자가 도달한 결과에 대한 평가 외에도 과정을 중시하는 수행평가를 활성화하여 학습자가 성취기준에 도달해 가는 과정을 평가하고 학습자가 성장할 수 있는 기회를 제공한다. 또한 지필평가 및 수행평가와 같은 공식적인 평가 외에도 수업 중 형성평가나 질문, 개별 상담 등을 활용하여 학습자의 어려움을 확인하고 개선할 수 있도록 평가 계획을 수립하고 운용한다.

다섯째, 온라인 수업 상황에서는 학습자의 성취기준 도달 과정을 교사가 지속적으로 점검하고 피드백하되, 지필평가와 수행평가와 같은 공식적인 평가는 교사가 직접 관찰 가능한 상황에서 이루어질 수 있도록 한다. 평가 시 다양한 학습플랫폼과 디지털 도구를 활용하고 이로부터 도출되는 학습 데이터를 분석 및 활용하면서 학습자에게 맞춤형 피드백을 제공할 수 있도록 평가를 계획하고 운용한다.

나. 매체 문식성 평가 방법

1) 수행평가

학습자가 학습한 내용을 자신의 삶에 적용하는 역량을 평가하기 위해 다양한 방식의 수행평가를 활용한다. 학습자의 실제 삶의 맥락과 연계된 과제를 제공하여 수행평가를 통해서 학습자가 자신의 매체 문식성과 관련된 활동이 실제 삶에서 어떠한 의미와 가치를 갖는지를 경험할 수 있도록 하고, 산출물 제출 중심의 수행평가를 지양하고 과정을 중시하는 수행평가를 지향하여 학습자의 매체 문식성의 성장을 지원하는 데에 초점을 둔다.

수행평가를 활용할 때는 학습자의 관심과 흥미를 고려하여 학습자가 매체 문식성 탐구 활동의 세부 주제나 소재를 직접 선정할 수 있도록 하고, 교사의 전문적인 관찰과 피드백 외에도 수행평가의 과정에서 자기 평가나 동료 간 상호 평가를 적극적으로 활용하여 학습자가 주도적으로 자신의 수행을 점검·조정할 수 있도록 할 수 있도록 한다. 또한 정규 수업 과정을 벗어난 평가나 일회성 평가를 지양하고, 다차시 수업과 연계하여 학습자가 성취기준에 도달해 가는 수행 과정을 구체적으로 관찰하고 피드백할 수 있도록 유의한다.

2) 자기 평가와 동료 평가

교사가 전문적인 관찰과 판단을 통해 학습자의 성취기준에 대한 도달도를 판단하는 방법 외에도 학습자가 평가의 주체가 되는 자기 평가나 동료 평가를 적극적으로 활용할 수 있다. 자기 평가나 동료 평가를 활용할 때는 학습자가 스스로 자신의 장단점을 파악하게 하고, 이를 통해 자신의 학습 및 수행을 개선하기 위한 방안을 적극적으로 마련하게 함으로써 학습자의 상위 인지 능력을 함양하고 학습자가 매체 문식성 평가에 자기주도적으로 참여하도록 한다.

또한 자기 평가 또는 동료 평가를 활용할 때는 학습자가 평가기준을 설정하는 단계에 함께 참여하도록 하고, 교사가 평가기준을 제공하는 경우에는 평가기준의 설정 취지를 학습자에게 설명하여 학습자가 평가를 충분히 이해하도록 한다. 평가기준에 근거하여 평가를 실행하고, 평가 결과를 바탕으로 자신의 학습을 개선하도록 한다.

3) 서술형·논술형 평가와 구술 평가

학습자가 학습한 내용을 탐구하고 적용하는 능력을 평가하기 위해 서술형·논술형 평가나 구술 평가를 활용할 수 있다. 서술형·논술형 평가나 구술 평가 등을 활용하여 학습자가 가지고 있는 지식이나 의견을 자신의 언어로 직접 표현하게 함으로써 성취기준에서 요구하는 학습 내용에 대해 보다 심층적이고 종합적인 사고 능력을 평가하는 데에 초점을 둔다.

서술형·논술형 평가를 활용할 때는 성취기준의 평가 요소를 분석하여, 서술형 평가에서는 성취기준에서 강조하고 있는 지식이나 개념, 원리 등을 간략하게 설명하도록 하고, 논술형 평가에서는 성취기준과 연계하여 주장과 근거를 논리적으로 조직하여 작성하는 능력을 종합적으로 평가할 수 있다. 또한 서술형·논술형 평가나 구술 평가를 할 때는 발문, 보기(또는 자료), 조건 등의 구조를 고려하여 문항을 명료하게 작성함으로써 학습자가 문항을 해석하는 과정에서 혼란이 발생하지 않도록 유의하고, 채점 기준을 세부적으로 작성하여 평가의 타당도와 신뢰도를 확보한다.*

----

* 이 장은 류덕제 외(2017)의 제12장 '매체언어 교육론'을 토대로 수정·보완한 것임을 밝힌다.

제8장

통합적 국어교육

1. 통합적 국어교육의 필요성과 의의

국어과를 비롯한 모든 교과는 삶의 실제적 전체에서 학습할 몇 가지 학문적 경계를 중심으로 구분되고 분리된 지식이나 기능의 교육 목표 및 내용이 존재함을 전제로 한다. 하지만 삶에서 분리된 채 몇 가지로 분절된 특정 지식이나 기능을 중심으로 하는 교육이 삶의 실제를 변화시킬 수 있는 능력이나 역량으로 발휘되는 데에는 한계가 있다. 삶에 필요한 역량은 언제나 분리된 지식이나 기능 자체만이 아닌 다양한 능력이 혼융된 총체적 능력이기를 요구하기 때문이다. 교육에서 '통합'은 학습의 여러 내용 요소를 결합하여 체계화하여 교육하되 내용 요소들이 총체적으로 학습되도록 하는 것을 의미한다.

흔히 교육과정 통합, 혹은 통합 교육과정이란 일반적으로 서로 분리되어 있는 교과의 경계를 없애고 서로 합치는 교육과정 구성의 한 접근 방식을 의미한다. 그러나 더 깊이 들어가면 통합 교육의 개념은 학자마다 다르게 정의되고 그 합의점을 도출하기도 어려운 개념이다.

Dewey(1916)는 학습은 경험(또는 활동)의 재구성이며, 그 경험은 성격상 통합적으로 이루어져야 한다고 했다. Tyler(1949)는 통합성이란 학습 경험 간의 수평적 관계로 여러 가지 교육 내용은 그것을 다루는 학생으로 하여금 각각의 요소에 대해서 점차 통합된 관점을 가질 수 있도록 조직되어야 한다고 했다. Pring(1978)은 통합이란 부분들의 전체성을 의미하며 그 전체성 속에서 부분들이 어떤 방식으로 변환되는가에 주목하여야 한다고 한다. 그런데 어떤 특정한 대상이나 부분들의 총합이 통합된 전체를 만드는 것이 아니며 통합을 이룸으로써 부분들은 전체에 속하는 새로운 특성을 얻게 된다고 한다. Beane(1993)은 학생들이 통합적이고도 지속적인 상호 과정과 사고 활동을 통해 자신의 문제와 관심에 대해 반응하면서 의미를 구성해 가는 것이 통합 교육과정의 핵심적 측면이라고 지적한다(유광찬, 2000: 15~17 재인용).

이렇게 다양한 통합 교육의 개념과 목적은 각각 인간과 환경과의 상호작용을 강조하는 경험주의 교육이론(Dewey), 지식기반을 이루고 있는 요소 간의 관계를 강조하는 학문 중심 교육이론(Tyler, Pring), 학습자의 경험과 의미 구조를 중시하는 구성주의 교육이론(Beane)에 따라 상이하게 규정되는 것이다. 따라서 서로 분리된 교과의 영역을 합치는 교육과정 구성의 한 접근 방식을 의미하는 통합교육과정은 경험의 통합, 논리의 통합, 의미구축을 위한 통합의 의미로 이해된다.

Ingram(1995: 71~90)은 교육과정 통합의 필요성과 기능을 다음의 세 관점에서 제시한다. 인식론적 기능의 관점에서 교육과정 통합은 지식의 팽창과 같은 지식의 변화에 대처하게 하며, 다양한 지식 영역 간의 상호 관련성을 증대시키면서 학문의 목적에 대한 인식의 기능을 높이는데 기여한다. 심리적 기능의 관점에서 교육과정 통합은 학습이 용이한 교육과정을 제공하며, 학습을 통한 인격 발달을 촉진한다. 사회적 기능의 관점에서는 협동을 통한 교수·학습, 간학문적 문제에의 대처 능력, 학교와 사회의 연결 기능을 수행하게 한다.

결국, 유한구(2004: 56)의 지적처럼 교육과정 통합은 '삶은 원래 통합되어 있다'는 것과 '마음은 원래 통합되어 있다'는 것에 근거하므로 교육과정 통합이 제기하는 문제 또한 이 두 가지 사실을 검토하는 것에서 출발하여야 한다. 그리하여 교육과정 통합의 궁극적인 목적은 각 개인의 전인적인 발달과 인격의 통합이라고 말할 수 있다.

통합적 국어교육은 오래전부터 그 필요성이 인식되었는데, 그중 대표적인 것이 언어 사용의 총체성을 강조하며 전 세계적으로 통합적 국어교육을 강조한 총체적 언어교육 운동이다. 1980년대 중반 미국, 캐나다, 영국, 호주 등에서 총체적 언어(whole language) 운동이 확산하였다. 이는 언어교육이 말하기, 듣기, 읽기, 쓰기 등 언어 기능을 분리하여 교육하는 것에 대해 이의를 제기하였다. 실제 삶에서 이러한 언어 기능은 결코 분리되어 사용되지 않으며, 상호보완적이고 서로 관련을 맺기에 통합적으로 교육해야만 한다는 논지이다.

국어과의 도구 교과적 특성도 통합적 국어교육 논의의 근거가 되었다. 국어뿐 아니라 수학이나 사회, 과학, 예체능 교과까지 모두 국어로 학습하며, 그 학습 과정의 사고력도 국어를 도구로 한다. 즉 언어로서 국어의 도구성은 언어가 학습의 도구이며 사고의 도구라는 점에서 필수적이고 이중적이다. 국어 교과에서는 다른 과목의 학습에서도 국어 학습의 결과가 활용되거나, 국어 학습의 과정과 연계될 수 있음을 고려하지 않을 수 없다.

근대적 합리주의 사유를 바탕으로 하는 분리·분절적 패러다임이 종식되고 탈근대적 사회로 나아가면서 미래사회에 필요한 능력은 삶의 실제적 문제를 창의적으로 해결할 수 있는 융복합형 창의력에 초점을 맞추게 되는 등 총체적 능력으로서 역량을 강조하게 되었다. 2000년대 이후 독일이나 호주 등 세계 여러 나라가 역량을 중심 교육과정을 마련하고 있다. 교육과정에 대한 사회적 요구는 교육과정의 변화에서 융복합적 능력으로서 역량의 신장을 지향하는 국어과 교육과정 마련을 촉구했다. 2015 개정 이후 2022 개정 국어과 교육과정은 이러한 전 세계적 사회적인 요구를 반영하여 역량 중심 교육과정으로 마련되었다. 여전히 융합적 능력으로서 역량 교육을 위한 구체성이 다소 부족한 가운데,[1] 통합적 국어교육은 국어 능력이 삶에 필요한 역량으로 발휘될 수 있도록 '통합'적 교육을 강조하고 있다.

---

1 호주의 전면 개정(2022년 1월, 버전 9.0) 교육과정은 여러 성취기준 간의 통합을 통합 역량 교육을 강조하면서 국어과 교육과정은 '교육 내용'과 '일반 역량'의 연계성을 이모티콘으로 나타내며 교육 내용과 일반 역량 간 연계의 우선순위를 명시적으로 제시하고 있어 우리 교육과정에 시사점을 주고 있다. 예를 들어 1학년의 교육 내용 '문학 텍스트에 대해 토론하고 학생들의 경험과 연결하여 응답을 공유한다.(AC9E1LE02)'의 교수·학습에서는 문해(literacy)역량이 1순위, 개인 및 사회적 역량(personal and social capability)이 2순위로 표시되어있다. 2학년 교육 내용 '등장인물 및 설정과 같은 문학 텍스트의 특징을 식별하고 개인 취향에 대한 이유를 제시한다.(AC9E2LE02)'의 교육에서는 비판적·창의적사고역량(critical and ceeayive thinking)이 1순위, 문해역량이 2순위로 설정되어 있다.

2. 국어과 교육과정의 통합적 국어교육 방향

교육과정의 역사에서 1960년대 경험 중심 교육과정에서 교과 통합이 강조되었고, 학문 중심 교육과정기인 1970년대에는 교과 분리를 강조하였다. 1980년대에는 인간 중심 교육과정이 교육의 기반이 되어 학습자중심 교육, 구성주의 교육 등 다시 통합을 강조하게 되었다(이영만, 2001: 15).

최근 국어과 교육과정은 '교수요목기' 이후 오랫동안 지속해온 말하기, 듣기, 읽기, 쓰기, 문법, 문학의 영역 구분 및 교과서의 분책 정책을 철회하면서 점차 통합적인 영역 구분과 교과서 구성으로 통합 교육을 지향하고 있다. 국어과 영역 구분 면에서 2009 개정 국어과 교육과정부터는 '말하기', '듣기'로 분리되어 있던 영역을 그 실제적 총체성을 고려하여 '말하기·듣기' 영역으로 통합하였다. 또 그 내용 체계 면에서 제7차 국어과 교육과정은 그 이전의 본질, 원리, 실제 범주를 통합하는 '실제' 범주를 새롭게 설정하여 통합적 실제적 국어교육을 강조하였으며, 2007 개정에서는 '맥락' 범주를 신설하여 국어 사용의 실제적 맥락을 강조함으로써 국어 사용의 총체성과 국어교육의 통합성을 더 강조하게 되었다.

더불어 초등학교 국어과 교과서 편찬에서도 국어 사용의 '기능' 영역을 강조하였던 5차 국어과 교육과정 이후 〈듣기·말하기〉, 〈읽기〉, 〈쓰기〉 등으로 영역별로 분책 편찬되어오던 것을, 2009 개정 국어과 교육과정 교과서부터는 국어의 총체성 및 영역 간 통합을 강조하며 〈국어〉와 〈국어 활동〉으로 통합한 교과서를 편찬하고 있다.

2022 개정 국어과 교육과정은 초등학교 국어과 교육의 성격을 '국어를 정확하고 효과적으로 사용하는 능력을 기르고, 가치 있는 국어 활동을 통해 바람직한 인성과 공동체 의식을 함양하며, 비판적이고 창의적인 사고와 활동을 바탕으로 국어문화를 향유하도록 하는 교과'로 규정한다. 학습자는 국어 학습을 통해 다양한 역량을 기를 수 있는데, 일상생활과 학교생활, 사회생활에서 요구되는 지식과 정보의 수용과 생산뿐 아니라 다양한 사상과 정서가 반영된 국어문화 감상과 향유의 역량을 기르게 된다[2]고 설명한다.

---

[2] 국어과 교육과정 '1. 성격' 참조.

이러한 설명 속에는 국어과의 통합적 성격이 잘 드러난다. 국어과의 학습 목표나 내용이 단순히 국어와 관련된 지식이나 기능 및 태도의 분리된 습득에 그치는 것이 아니라, 일상생활과 학교생활, 사회생활에 이르는 다양한 분야의 사고력과 소통 능력, 문화 향유 역량을 기르며, 인성과 공동체 의식을 함양하는 등 사상과 정서를 포함하는 총체적 언어 사용 능력 향상을 지향하고 있음을 말하고 있다.

국어과 교육과정의 '교수·학습 및 평가'에 대한 안내에서 미래사회가 요구하는 국어과 역량으로 '비판적·창의적 사고 역량', '디지털·미디어 역량', '의사소통 역량', '공동체·대인관계 역량', '문화 향유 역량', '자기 성찰·계발 역량'을 기르되 실생활과 가까운 맥락 속에서 학습할 것을 강조한다. 이는 국어과 교육이 실생활의 다양한 맥락 속에 통합된 형태의 교수·학습을 실행하여 총체적인 국어 능력을 기르는 데에 주안점을 두고 있음을 의미한다.

2022 개정 국어과 교육과정에서는 각 영역별 성취기준을 제시하면서 그 적용 시 고려 사항을 특별히 기술하고 있다. 그 내용 중에서 특히 문학 영역은 매 학년군마다 통합적 교육을 강조하며 '고려 사항'에서 강조하고 있다. 먼저 1~2학년군 성취기준 해설의 통합적 교육을 강조하는 내용은 다음과 같다.

- 작품에 대한 생각과 느낌을 표현하는 활동을 할 때는 학습자가 어렵지 않게 수행할 수 있는 수준에서 다른 영역 성취기준과 연계하여 통합적인 국어 능력이 신장될 수 있게 한다.
- 교과 외 시간에도 시나 노래, 이야기에 흥미를 가지고 즐겨 접하도록 독려함으로써 문학을 생활화하는 태도를 기르게 한다. 수업 시간에 작품의 일부만을 다루었거나 관련 있는 작품들을 더 읽는 것이 필요한 경우, 작품 전체 읽기, 다른 작품 함께 읽기 등을 통해 부족한 부분을 보완하도록 한다. (1~2)

1~2학년군 문학 영역의 교수·학습 활동에서 국어과의 다른 영역 성취기준 이를테면 말하기·듣기 성취기준과 통합하여 문학 작품에 대한 생각과 느낌을 표현하도록 할 것을 제안한다. 또 교과 시간 내 교수·학습을 넘어 비교과시간이나 일상생활에서도 시나 노래 이야기에 흥미를 가지고 생활화하거나 교과 시간과 연계된 '더

읽기' 활동으로 보완하도록 안내하고 있다.

　3~4학년군 문학 및 읽기 영역 성취기준 적용 시 고려 사항에서 통합적 국어교육
관련 진술은 다음과 같다.

- 마음에 드는 작품을 소개하는 활동을 할 때는 국어과의 다른 영역 성취기준과
  연계하여 학습자의 수준에 맞는 통합적 활동을 수행하게 할 수 있다. 작품이 마음
  에 든 이유, 작품에 대한 자신의 의견 등을 정확히 말하거나 쓰면서 문학을 매개
  로 이루어지는 소통 활동을 다양하게 경험할 수 있게 한다. (3~4)
- 작품에 대한 의견을 나누는 활동을 할 때는 다른 사람의 의견을 존중하는 가운데
  국어과의 다른 영역 성취기준과 연계하여 통합적인 국어 능력이 신장될 수 있도록
  한다. 예를 들어 이전 학년 쓰기 영역의 '자신의 의견을 담은 글쓰기'([4국
  03-03])에 대해 학습한 내용을 활용하여, 의견을 제시할 때 고려해야 할 점에
  유의하면서 작품에 대한 자신의 의견을 명확하게 전달할 수 있도록 한다.
- 중심 내용 간추리기를 지도할 때는 문단별로 중요 단어와 중심 문장을 파악하고
  이를 바탕으로 글 전체의 중심 내용을 파악하여 간추리도록 지도한다. (…생략…)
  해당 성취기준은 **타 교과 학습을 위한 교과서 읽기, 학습 자료 읽기 등의 상황과
  연계하여 지도**함으로써 교과 학습 능력과 읽기 능력이 균형 있게 발달할 수 있도
  록 한다. (읽기 영역 성취기준 적용시 고려사항)

　3~4학년군에서는 문학 영역과 읽기 영역의 성취기준 적용 시 고려 사항에서 통합
적 교육을 강조하여 언급하고 있다. 문학 영역에서는 마음에 드는 작품 소개나 작품
에 대한 의견을 나누는 활동에서 듣기·말하기 영역이나 쓰기 영역의 성취기준과
통합하여 지도할 것을 제안한다. 또 읽기 영역 성취기준인 '중심 내용 간추리기' 지도
에서 이는 타 교과 학습과 통합 될 수 있음을 명시한다. 타 교과의 학습 자료나 교과
서 읽기 상황과 연계 지어 도구적 능력으로서 읽기 능력을 균형 있고 실질적 맥락
속에서 기를 수 있도록 하고 있다.

　5~6학년군 문학 영역의 성취기준 적용 시 고려 사항에 드러나는 통합적 국어교육
을 강조하는 진술은 다음과 같다.

- 지구가 처한 위기에 관련된 문제들을 찾아보고 일상에서 그러한 문제를 해결하기 위해 노력하는 생태 소양을 함양하는 한편 융합적인 사고와 역량을 기를 수 있도록 지도한다. 예를 들어 사회과의 '지구촌을 위협하는 다양한 문제들을 파악하고, 지속가능한 미래를 위한 해결 방안을 탐색'하는 성취기준([6사12-02])과 연계할 수 있는 문학 작품을 선정하여 교과 통합적 활동을 수행하도록 한다.
- 진로연계교육과 관련하여 학습자가 자신의 흥미나 관심사가 무엇인지 생각해 보고, 관심사와 연관된 작품을 찾아 읽으며 자신의 미래에 대해 지속적으로 관심을 가지고 탐색할 수 있도록 지도한다. (5~6)

위의 진술도 문학 영역의 성취기준이 타 교과나 비교과 교육 내용을 통합적으로 지도하도록 강조하고 있다. 그 사례로 사회과의 [6사12-02] 성취기준까지 구체적으로 제시하면서 관련 내용의 문학 작품을 선정하여 교과 통합적 활동을 수행하도록 제시하고 있다. 이는 사회과 성취기준과 국어과 문학 영역의 성취기준이 통합된 교수·학습 목표를 설정하고 사회과 관련 내용을 언어 수행의 내용으로 삼아 국어과 문학 영역의 성취기준에도 도달하도록 하는 방식의 교과 통합의 사례이다.

위에서 살펴본바 특히 문학 영역의 성취기준은 타 교과나 비교과와의 통합적 교육을 강조하고 있음을 알 수 있다. 국어과의 모든 영역이 그 도구적 특성상 통합 교육이 이루어질 필요가 있지만, 특히 문학 영역의 문학 작품을 활용한 교과 내 읽기, 듣기·말하기, 쓰기 능력 교육과 밀접하게 통합될 뿐 아니라, 문학 작품의 내용이 인간의 삶을 그대로 반영하고 있는 점을 바탕으로 타 교과나 비교과 통합 교육이 필요하고 자연스럽다는 점을 확인할 수 있다.

2022 개정 국어과 교육과정의 3. 교수·학습 및 평가 항에서도 국어과 교육의 통합적 특성에 맞는 교수·학습 설계를 안내한다. 먼저 '국어과 교수·학습의 방향' 면에서는 아래와 같이 제시함으로써 국어과 교수·학습의 통합적 운용을 강조하고 있다.

(바) 국어의 학습 도구적 성격을 이해하고 **타 교과와의 통합, 비교과 활동 및 학교 밖 생활과의 통합**을 통해 학습자가 다양한 주제에 대해 비판적이고 창의적으로 국어 활동을 하는 데에 중점을 둔다. 또한 학습자가 다양한 담화, 글과 자료, 작품 등을 주제 통합적으로 이해하게 하여 자신의 관점과 의견을 주도

적으로 생성하며 이를 효과적으로 표현할 수 있도록 교수·학습을 계획하고 운용한다.

(사) '국어' 성취기준에 대한 통합적이고 깊이 있는 학습을 위해 한 권 이상의 도서를 긴 호흡으로 읽을 수 있도록 선정하고, 이를 **다양한 성취기준의 통합, 영역 간 통합, 교과 간 통합** 수업에 활용할 수 있다. 이를 위해 개별 관심사와 진로를 고려하여 학습자가 자기 선택적으로 도서를 선정하도록 하고, 종이책이나 전자책 등 상황에 적합한 도서 준비와 충분한 독서 시간 확보 등의 물리적 여건을 조성한다. (밑줄 및 진한 글씨는 필자 강조)

국어가 갖는 도구적 성격은 타 교과나 비교과 및 일상생활 속 국어 활동과의 통합을 더 쉽게 할 뿐 아니라 그 필요성을 강조한다. 국어과의 교수·학습이 사회, 도덕, 음악, 미술, 과학, 실과, 체육, 수학 등 타 교과와의 통합뿐 아니라, 창의적 체험 활동, 인성 교육 등 학교 안의 비교과 활동과도 통합적으로 운용되도록 안내하고 있다. 실제 국어과 학습의 결과뿐 아니라 과정이 일상생활의 언어 및 소통의 수행맥락 속에서 이루어지도록 강조한다. 이로써 언어 수행의 실제성 및 총체성을 더 강조하고 또 그러한 맥락적 통합적 소통 및 언어 수행을 통한 국어 능력 향상을 위해 의도적으로 일상생활을 국어과 교수·학습과 통합할 것을 요구한다.

또 국어과 교수·학습에서 문학 텍스트나 읽기 텍스트의 길이가 짧아질 수밖에 없거나 분절된 텍스트를 다루는 등 시공간적 한계로 인한 맥락적 총체적 언어 수행을 어렵게 하는 요인들도 일상생활이나 비교과, 타 교과와의 통합으로 극복하도록 안내하고 있다. 그중 가장 대표적인 것은 의도적으로 한 학기 한 권 읽기 등 긴 호흡으로 책 한 권을 읽으며 일상생활에서 충분히 독서 과정을 음미하며 독후 활동을 하도록 한 점이다. 이는 국어과의 통합적 교육활동으로 학습자의 국어 활동이 단순한 지식이나 기능의 앎에 그칠 것이 아니라 삶의 맥락 속에서 내면화되도록 교육할 것을 강조하는 것이기도 하다.

국어과 교수·학습의 방법 안내에서도 통합이 강조되며 다음과 같이 진술하고 있다.

- '국어'를 통해 학습자가 <u>실생활과 연계된 국어 학습 경험</u>을 하게 하고, 학습한 내용을 자신의 언어생활에 적용하는 역량을 갖추게 하며, 학습자가 주도적으로 국어과 교수·학습에 참여하게 하기 위해서는 프로젝트 기반의 수업을 활용할 수 있다. ((나)항)
- 토의·토론 및 협동 수업의 주제로는 안전·건강 교육, 인성 교육, 진로 교육, 민주시민 교육, 인권 교육, 다문화 교육, 통일 교육, 독도 교육, 경제·금융 교육, 환경·지속가능발전 교육 등의 <u>**범교과 학습 주제를 고려하여 '국어'와 타 과목 간의 주제 통합적인 수업을 구성**</u>할 수 있다. ((다)항 하위내용)
- '듣기·말하기' 영역에서는 듣기·말하기의 다양한 목적과 맥락을 반영하여 구어 의사소통 활동을 실제로 수행하는 경험을 강조한다. 구어 의사소통에 적극적으로 참여하는 과정에서 부딪히는 문제를 해결하기 위해 듣기·말하기의 전략을 점검·조정하도록 유도하고, 협력적인 태도로 상대와 상호작용하며 삶의 문제를 해결하는 교수·학습 활동을 설계한다. <u>**듣기와 말하기를 분리하지 않고 상호 통합하여 지도하여 구어 의사소통의 상호 교섭성을 구현하도록 하고, 국어과의 타 영역 성취기준, 타 교과 성취기준, 범교과 학습 주제를 참고하여 학습자가 경험하는 구체적인 삶의 맥락과 연계하여 담화의 상황을 설정함으로써 교수·학습의 실제성을 확보한다.**</u> ((바)항 하위 내용)
- '읽기' 영역에서는 <u>**지엽적인 지식이나 세부적인 기능, 전략에 대한 분절적인 학습을 지양하고, 상황 맥락과 사회·문화적 맥락을 고려하여 다양한 유형의 글이나 자료를 토대로 적절한 읽기 전략을 적용하고 그 효과성을 점검·조정하며 읽는 활동을 강조한다.**</u> 학습자의 수준, 관심, 흥미, 적성, 진로 등을 고려한 자기 선택적 읽기 활동을 안내하고 특히, 읽기 상황과 학습자의 읽기 수준을 고려하여 읽을거리의 난도나 분량 등을 결정하되, <u>**짧고 쉬운 글이나 자료에서 한 권 이상의 책 읽기로 심화할 수 있도록**</u> 지도한다. 또한 읽기 과정에서 학습자가 스스로 질문을 생성하고 학습자 간의 발표, 대화, 토론 등의 과정을 통해 다른 독자들의 다양한 반응을 공유함으로써 학습자가 개인적 읽기에 머무르지 않고 사회적 읽기에 참여하는 독자로 성장할 수 있도록 지도한다. ((바)항 하위 내용)
- '쓰기' 영역에서는 쓰기의 상황 맥락 및 사회·문화적 맥락을 고려하여 실제로 글을 쓰는 활동을 강조한다. 글을 쓰는 과정에서 학습이 이루어질 수 있도록 적절한 쓰기 과제를 제시하고 학습자가 스스로 질문을 생성하며 쓰기 과정에서

부딪히는 문제를 능동적으로 해결할 수 있도록 안내한다. 또한 학습자가 생산한 글을 가능한 방법을 활용하여 **발표하거나 출판하여 다양한 독자의 반응을 경험할 수 있도록 지원함으로써 학습자가 실제 삶의 맥락 속에서 적극적인 필자로 성장할 수 있도록** 조력한다. ((바)항 하위 내용)

- '매체' 영역에서는 매체 자료가 생산되고 소통되는 상황 맥락 및 사회·문화적 맥락을 고려하여 다양한 매체를 실제로 수용, 생산, 공유하는 활동과 자신과 우리 사회의 매체 소통 문화를 성찰하는 활동을 강조한다. ~ 또한 '매체' 영역에서는 **'국어' 과목의 타 영역과 긴밀하게 연계함으로써, 학습자가 국어생활 전 영역에서 매체를 능동적이고 책임감 있게 사용할 수 있도록 지도한다.** ((바)항 하위 내용)

위에서 살펴본바, 국어과의 모든 영역에서 분절적 지식이나 기능 중심의 교수·학습이 아닌 교과 내 영역 간 통합이나 교과 간 통합, 비교과 통합 및 일상생활과의 통합을 강조하고 있음을 알 수 있다. 특히 모든 영역이 성취기준에 도달하기 위한 교육 내용의 통합적 성격을 강조하며 영역 내에서 성취기준 간의 통합, 영역 간, 교과 간, 비교과 및 일상생활과의 통합을 강조하고 있다.

2022 개정 국어과 교육과정에서 지향하는 통합적 교육은 '평가'와 관련된 진술에서도 확인할 수 있다.

- '듣기·말하기', '읽기', '쓰기', '문법', '문학', '매체' 각각의 하위 영역을 중심으로 세부적인 언어 수행 능력을 평가하도록 수행평가 과제를 구성할 수도 있고, **다양한 영역을 연계하여 통합적인 언어 수행 능력을 평가하도록 수행평가 과제를 구성**할 수도 있다.
- '듣기·말하기' 영역에서는 <u>듣기와 말하기를 유기적으로 통합하여 구어 의사소통에 적극적이고 협력적으로 참여하는 데 필요한 능력과 상대를 배려하고 공감하는 소통 태도를 중점적으로 평가한다.</u> (…생략…) 구어 의사소통 활동을 직접 수행하는 과정을 평가하는 것이 중요하므로, 구체적이고 실제적인 담화 맥락을 조성하여 평가의 실제성을 확보하고, 직접 평가를 실시하도록 한다. (…생략…)
- '읽기' 영역에서는 교과서의 제재뿐 아니라 교과서 밖의 적절한 제재도 활용하여 실제적인 읽기 능력과 읽기 태도, 다양한 독서 경험 등을 종합적으로 평가하는

데 중점을 둔다. 또한 **읽기 영역의 단독 평가뿐만 아니라, 타 영역과 통합한 평가를 실시하되,** 읽기 평가 요소를 명시하여 읽기에 대한 구체적인 진단과 피드백이 가능할 수 있도록 평가 도구를 구성한다.

• '매체' 영역에서는 상황 맥락과 사회·문화적 맥락을 고려하여 매체를 수용하고 생산하는 능력과 능동적인 태도에 중점을 두어 평가한다. 특히, 매체와 관련한 개념이나 지식의 단순 암기에 그치지 않고 실제 언어생활 맥락에서 매체를 수용하고 생산하는 능력에 중점을 두어 평가하되, 이 과정에서 **'국어'의 타 영역과 긴밀하게 통합하여 평가 과제를 구성**할 수 있도록 한다.

위에서 살펴본바, 평가 장면에서 듣기·말하기의 영역 내 통합성, 또 읽기와 타 영역과의 통합성, 매체 영역의 타 영역과의 통합성이 강조되고 있다. 하지만 실질적으로 교수·학습 방법이나 평가 면에 대한 국어과 교육과정의 진술은 매우 압축적이고 간략한 진술임에도 통합적 교육에 대해 자주 언급하고 있다. 짧은 진술 안에 통합을 언급하지 않은 타 영역도 교수·학습이나 평가에서 영역 내, 영역 간, 교과 간, 교과와 비교과 및 일상생활과의 통합적 교육의 방향을 유지할 필요가 있다.

3. 통합적 국어교육의 유형 및 적용

통합적 국어교육은 주로 교과 내 통합과 교과 간 혹은 비교과 및 일상생활과의 통합 교육으로 나누어 볼 수 있다. 교과 내 통합 교육은 현행 교육과정을 바탕으로 하는 교과서의 단원 및 차시 구성과 실행에서 자세하게 찾아 볼 수 있기에 간략히 개념 중심으로 안내한다. 여기서는 교과 간 통합 교육과 비교과와의 통합교육의 개념과 적용의 실제를 중심으로 정리한다.

가. 교과 내 통합

교과 내 통합은 국어과 교육과정 내에서의 통합을 의미한다. 이는 영역 내 통합과 영역 간 통합으로 나누어 설명할 수 있다.

1) 영역 내 통합

영역 내 통합은 국어과의 같은 영역 내에서 여러 성취기준을 통합하여 단원 및 차시 교수·학습을 설계하고 운용하는 것을 말한다. 주로 영역 내 성취기준이 지식·이해, 과정·기능, 가치·태도의 총체성을 충분히 드러내지 못한 채 분절적으로 기술될 수밖에 없는 언어적 한계를 보완하여 지식·이해, 과정·기능, 가치·태도의 총체성을 확보하기 위한 통합 교육이다.

이를테면 '[2국05-01] 말놀이, 낭송 등을 통해 말의 재미와 즐거움을 느낀다.'와 '[2국05-04] 시나 노래, 이야기에 흥미를 가진다.'라는 두 성취기준을 통합하여 '시 낭송과 말놀이에 참여하여 말의 재미와 즐거움을 느끼고 시에 흥미를 가진다.'라는 단원 목표를 설정하고 '1~2차시 말놀이를 하며 말의 재미 알기, 3~4차시 시를 읽고 재미있는 부분을 찾아 여러 가지 방법으로 표현하기, 5~6차시 시의 분위기에 맞게 낭송하기, 7~8차시 시 낭송회에 참여하여 시에 흥미를 가지기' 등의 순으로 교수·학습을 설계하고 운용한다면 영역 내 통합 교육의 사례가 된다.

또 '[6국03-03] 체험한 일에 대한 감상을 나타내는 글을 쓴다.'와 '[6국03-06] 쓰기에 적극적으로 참여하며 자신의 글을 독자와 공유하는 태도를 가진다.'를 통합하여 체험한 일에 대한 감상글 쓰기에 적극적으로 참여하여 쓴 글을 학급 친구나 교사 등 독자에게 공유하는 활동을 하는 것도 바로 영역 내 통합의 한 예이다.

이렇듯 영역 내 통합은 성취기준이 분절적으로 제시될 수 있기에 더 총체적인 언어 활동으로 교수·학습 및 평가의 설계와 운용이 되도록 하는 효과가 있다. 앞에서 예를 든 문학이나 쓰기 영역의 지식·이해 및 기능·과정 등이 가치·태도 교육 내용과 통합되어 교육됨으로써 언어 활동의 총체성을 더할 수 있게 된다.

2) 영역 간 통합

국어과의 여러 영역의 성취기준이 통합되어 단원이나 차시의 교수·학습 및 평가 내용이 설계되고 운용되는 것이 '영역 간 통합'이다. 언어 수행의 다양한 맥락이 갖는 총체성을 담보하기 위한 것으로, 실질적 맥락 속에서의 언어 수행은 영역 구분이 명확하지 않은 총체적 언어이다. 맥락적, 실제적, 총체적 언어 수행을 강조하기 위해서는 국어과 영역의 경계선을 허물고 영역 간 성취기준의 통합 교육을 실행하게 된다. 2015 개정 교육과정이나 2022 개정 국어과 교육과정의 교과서 구성은 대부분 영역 내 혹은 영역 간 통합으로 단원을 설계하고 있다. 현행 교과서의 단원 및 차시 설계는 영역 간 통합의 가장 대표적인 예이다.

2022 개정 교육과정의 '성취기준 해설'이나 '성취기준 적용 시 고려 사항'에는 영역 간 통합을 적시하는 경우가 많아졌다.

이를테면, 저학년 읽기, 문법, 문학의 성취기준 적용 시 고려 사항에는 다음과 같은 안내가 있다.

- 읽기 성취기준과 타 영역의 성취기준을 분리해서 지도하기보다 상호 연계하여 국어 활동의 총체성을 구현하도록 한다. 예를 들어 정확히 소리 내어 읽기와 관련한 성취기준은 글자와 단어를 바로 쓰기에 대한 쓰기 성취기준, 소리와 표기가 다름을 알고 정확하게 발음하고 쓰기에 대한 문법 성취기준, 말놀이와 낭송에 관한 문학 성취기준 등과 연계하여 지도한다. (읽기 영역 성취기준 적용 시 고려 사항)
- 읽기 영역의 '읽기의 기초', 쓰기 영역의 '쓰기의 기초' 성취기준과 연계하여 낱자, 글자, 단어, 문장에 대한 순차적이고 체계적인 학습을 제공함으로써 입학 초기 기초 문식성을 지원하도록 한다. (문법 영역 성취기준 적용 시 고려 사항)
- 작품에 대한 생각과 느낌을 표현하는 활동을 할 때는 학습자가 어렵지 않게 수행할 수 있는 수준에서 다른 영역 성취기준과 연계하여 통합적인 국어 능력이 신장될 수 있게 한다. (문학 영역 성취기준 적용 시 고려 사항)

위에서 보듯, 읽기 영역의 성취기준 가운데 정확히 소리 내어 읽기에 관한 읽기 영역 성취기준의 적용은 쓰기 영역, 문법 영역, 문학 영역의 성취기준과 적절하게 통합하여 지도할 것을 명시한다. 또 문법 영역의 성취기준 적용에서도 읽기나 쓰기와 연계하며, 문학 영역의 성취기준 적용에서도 다른 영역의 성취기준과 연계하여 통합적 국어 능력을 기르도록 안내하고 있다.

또 성취기준 적용의 고려 사항에 통합적 교육을 안내하기 위해 미리 다른 영역의 성취기준을 적시하는 경우도 있다.

> 일상의 매체 자료에 대해 흥미와 관심을 갖는 활동은 읽기 영역에서 읽기에 흥미를 가지고 즐겨 읽는 태도를 함양하는 [2국02-05]과 연계할 수 있다. 그리고 일상의 경험을 글과 그림으로 표현해 보는 활동은 쓰기 영역에서 자신의 생각이나 느낌을 문장으로 표현해 보는 활동 [2국03-02], 문학 영역에서 작품 속 내용을 시, 노래, 이야기, 그림 등으로 표현해 보는 활동 [2국05-03]과 연계할 수 있다. (매체 영역 성취기준 적용 시 고려 사항)

매체 영역의 성취기준인 '일상의 매체 자료에 대한 흥미와 관심을 갖는 활동'은 읽기, 쓰기, 문학 영역과 연계하여 지도할 것을 안내하고 있다. 실제로 매체 영역의 성취기준 대부분은 다른 영역의 성취기준과 통합적으로 적용되는 것이 자연스러우며 그래야만 언어 수행의 총체성을 더 잘 실현하는 학습이 된다.

나. 교과 간 통합

1) 개념 및 의의

'교과 간 통합' 교육은 국어과 성취기준과 사회, 음악, 미술, 도덕, 과학, 체육, 실과 등 다른 과목의 성취기준이 통합되어 단원 및 차시의 교수·학습을 설계하고 실행하는 것을 의미한다. 이를테면 2022 개정 교육과정에서 제시한 다음 사례는 교과 간 통합의 사례이다. 이로써 현행 교육과정이 교과 간 통합 교육을 강조하고 있음을 알 수 있다.

- 지구가 처한 위기에 관련된 문제들을 찾아보고 일상에서 그러한 문제를 해결하기 위해 노력하는 생태 소양을 함양하는 한편 융합적인 사고와 역량을 기를 수 있도록 지도한다. 예를 들어 사회과의 '지구촌을 위협하는 다양한 문제들을 파악하고, 지속가능한 미래를 위한 해결 방안을 탐색'하는 성취기준([6사12-02])과 연계할 수 있는 문학 작품을 선정하여 교과 통합적 활동을 수행하도록 한다.

〈문학 영역 성취기준 적용 시 고려 사항〉

위에 제시한 사례 외에도 국어과 성취기준은 다른 과목의 성취기준과 연계하여 통합적인 교수·학습의 설계와 실행으로 학교 국어과 교육에서의 언어 수행이 갖는 한계인 교과적 분절성을 극복할 수 있다.

이를테면 국어과 문학 영역의 주요 교재인 문학 작품은 사회적·역사적 삶의 맥락과 깊이 연계된다. 인간의 삶을 바탕으로 문학예술이 성립하는데, 개인의 삶뿐만 아니라 사회·역사적 차원의 삶의 맥락이 문학과 연계된다. 인간의 삶, 사회, 역사 문화 등과 관련된 문학의 맥락은 사회 교과와 연관되는 점이 많다. 사회과 교육이 인간의 삶 특히 사회나 문화와 역사와 관련된 지식을 탐구하는 능력을 길러 민주 시민으로서 자질을 기르도록 꾀하기 때문이다. 문학의 소통맥락과 사회과에서 다루는 사회 현상의 유사점 때문에 통합될 수 있는 요소가 많다. 사회문제 이해를 위한 텍스트, 문학적으로 이해하기, 주도적 문제 해결을 위하여 문학의 방법을 활용하기, 학습 결과를 문학적 글쓰기로 표현하기 등의 전략을 활용할 수 있다.

또, 국어과와 수학과의 통합교육과정 운영도 가능하다. 수학과 교육을 쉽고 재미있는 학습으로 바꾸기 위해서는 구체화된 상황을 제시하게 되는데, 이때 문학이 작용할 수 있다. 수학에서 문학 작품을 활용하는 것은 학습자 상호 간의 의사소통을 더욱 구체화하고 활발하게 하는 계기가 된다. 수학의 내용을 다룬 문학 작품 활용하기, 수학사의 내용을 수업에 적용하기, 문학을 활용하여 수학적 문제 상황 만들기, 이해한 수학의 원리를 이야기로 창작하기 등이 활용될 수 있다.

과학은 종교나 예술, 문학과 마찬가지로 인간과 우주의 진리를 탐구한다. 과학과 국어과 문학 영역은 인간과 우주에 대한 접근 방법에서 차이를 보이지만 언어 사용에서도 차이를 보인다. 그러나 엄격한 실험적 검증을 요구하는 과학에서도 문학적 상상력은 매우 중요하다. 문학과 연계된 과학교육은 삶과 연결된 과학교육, 동기와 흥미가 넘치는 과학교육으로 나아갈 수 있다. 과학 주제를 다룬 문학작품 활용하기, 문학 작품에서 과학지도 요소 발견하여 적용하기, 과학 학습 결과를 문학의 형식으로 나타내기, 과학 실험 보고서 쓰기, 과학지도 내용의 의인화, 비유 등을 통한 접근 등의 전략이 있다.

국어과는 음악·미술과 교육과도 쉽게 통합될 수 있다. 이를테면 음악과 문학은 인간의 사상과 감정을 창의적으로 표현하는 예술 활동이다. 미술과 문학은 표현 매체가 각기 조형과 언어라는 점에서 다르긴 하지만 인간의 삶과 정서를 언어, 혹은 색과 선, 형으로 표현하는 예술이라는 점에서 연계된다. 문학 작품을 미술 작품으로 나타내기, 문학을 통해 미적 상상력 끌어내기, 감상 결과를 문학적 형식으로 나타내기 등과 소리나 음을 문학적 언어로 표현하기, 문학 제재를 활용한 노래하기 감상하기, 음악적 지식을 문학적 이야기로 표현하기 등의 전략이 있다.

이상의 여러 통합 교육과정의 사례에서 확인되듯이 학습자는 교과로 분절된 한정된 지식이나 기능을 넘어서 실제 삶의 문제와 관련된 사고와 활동, 예술과 관련된 사고와 활동 등 총체성을 담보한 언어 활동 속에서 그러한 기능이나 지식을 자연스럽게 학습할 수 있다. 즉 학습자가 자연스러운 언어 수행의 실제성과 총체성을 담보한 교육 여건 속에서 학습하도록 하며, 언어 수행의 실제적 맥락 속에서 언어 활동을 할 수 있게 하여 여러 가지로 구분된 영역 분절적 지식이나 기능 중심의 활동에 매몰되는 교육을 극복하고 실질적 삶의 문제를 해결해 나가는 역량을 기르도록 할 수 있다.

2) 적용의 실제

국어과와 다른 교과 간의 통합적 교육과정 운영의 예시로서 현행 교육과정의 국어과 문학 영역과 사회과 성취기준의 통합적 운영을 중심으로 설계된 실제 적용 사례 및 절차를 살펴보기로 한다.

【1단계. 교육과정 성취기준의 탐색 】

문학과 타 교과의 통합 교육을 위해서 현행 초등학교 교과별 교육과정을 탐색하여 성취기준의 융합 가능성을 살핀다. 융합 단원 구성에 적합한 성취기준을 선정한다. 다음에 제시한 통합 프로그램은 국어과 문학 영역의 성취기준과 사회과 성취기준의 통합으로 통합 교육 프로그램을 설계한 내용이다.

◉ 국어과 문학 영역과 사회과 통합 프로그램 설계

> ◦ 문학
> [6국05-02] 작품 속 세계와 현실 세계를 비교하며 작품을 감상한다.
> [6국05-05] 작품에 대한 이해와 감상을 바탕으로 하여 다른 사람과 적극적으로 소통한다.
>
> ◦ 사회
> [6사03-05] 조선을 세우거나 문화 발전에 기여한 인물(이성계, 세종대왕, 신사임당 등)의 업적을 통해 조선 전기 정치와 민족문화의 발전상을 탐색한다.

【 2단계. 관련 단원 및 역량 탐색 】

선정한 성취기준별로 관련 교과서 단원의 목표 및 내용, 핵심 역량을 탐색하여 정리한다.

관련 단원	▸ 문학 독서 단원. 책을 읽고 생각을 넓혀요 ▸ 사회 3. 민족 문화를 지켜 나간 조선
핵심 역량	지식정보처리 역량, 심미적 감성 역량, 의사소통 역량

【 3단계. 통합 단원 설계 방향 탐색 및 제재 선정 】

교육과정 성취기준의 의도에 대한 해석과 통합의 가능성 및 제재의 특성을 고려하여 통합 단원 설계의 방향을 설정하고 적합한 제재를 선정하며 그 이유를 밝힌다. 다음은 본 프로그램에서 설정한 설계 방향 및 제재 선정 내용 예시이다.

> ▢ 현행 교육과정의 독서 단원 '한 학기 한 권 읽기'를 활용하여 다양한 교과 간의 통합을 꾀한다. 프로젝트 주제는 '우리 한글'로 설정하여, 한글의 창제와 한글을 창제한 인물인 세종대왕을 문학을 통해 알아보도록 한다. 이 과정에서 독서와 관련된 다양한 활동(책 속의 인물 성격 파악하기, 주제 알아보기 등)뿐만 아니라 문학 작품의 사회적 배경을 통해 역사적 지식을 획득하는 활동을 진행한다.
> 문학 작품을 통해 여러 교과 활동을 가능하게 함으로써 교과 간 통합이 자연스럽게 이루어지도록 하고, 교과 간의 벽을 허문 총체적인 학습을 추구한다.

□동화 〈초정리 편지〉 선정 및 이유

이 작품의 배경은 세종대왕이 살았던 조선 전기이기 때문에 당시의 사회 모습 또한 파악할 수 있다. 이는 사회과 성취기준의 실현에 주효한 내용이다. 특히 작품 속에는 신분 사회의 모습이 잘 드러나는데 신분 제도가 폐지된 현대사회의 모습과 비교하여 조선 시대의 신분제에 대해 살펴볼 수 있다. 또한 작품 속에 삽화가 다수 수록되어, 이를 살펴보며 그 당시 시대적 특징을 여러 면으로 파악할 수 있다. 작품을 읽으며 각각의 인물의 대사와 행동을 통해 인물의 성격을 파악하고, 이에 대해 이야기해 볼 수도 있다.

【 4단계. 통합 단원 설계 】

통합의 성격에 따라서 차시 단위에서 가능한 경우도 있지만, 대부분 단원 단위의 통합 교육 활동을 설계해야 할 경우가 많다. 성취기준의 의도와 활동의 성격 및 학습자의 수준에 맞추어 단원 활동을 설계한다.

〈표 1〉 통합 단원의 전개 계획 예시

차시	활동 및 활동내용	통합	평가계획
1	◦'우리 한글' 프로젝트 마음 열기 - '초정리 편지' 표지 보고 내용 추측하기 - 관련 없는 단어 찾기 - 핵심 단어로 이야기 만들기	문학 중심 사회	◦관련 없는 단어 찾기, 핵심 단어로 이야기 만들기 (관찰 평가)
2~3	◦'초정리 편지' 읽기 - '초정리 편지' 읽으며 궁금한 점 메모하기 - '초정리 편지' 읽으며 흥미로운 내용 찾아보기		◦독서 활동에 대한 흥미 (자기 평가)
4~5	◦'우리 한글' 언제, 어떻게 - '초정리 편지' 속 시대적 배경 알아보기 - 조선을 세우거나 문화 발전에 기여한 인물 알아보기 - 세종대왕의 업적 알아보기 - 초정리 편지의 내용에서 알 수 있는 점 찾기 - 세종대왕의 생애와 업적 알아보기	사회 중심 문학	◦세종대왕의 업적 알아보기 (관찰평가, 활동결과물 평가)
6~7	◦'초정리 편지' 읽기 - '초정리 편지' 읽으며 궁금한 점 메모하기 - '초정리 편지' 읽으며 흥미로운 내용 찾아보기 - 세종대왕의 생애나 업적과 연관성 알아보기	문학 중심	◦독서 활동에 대한 흥미 (자기 평가)
8~9	◦'초정리 편지' 읽기	문학	◦독서 활동에 대한 흥미

	- '초정리 편지'의 내용으로 질문 만들고 답하기
	- '초정리 편지' 속 인물의 성격 분석하기
	- '초정리 편지' 속 인물의 심정 추측하기
	- '초정리 편지'의 주제 찾기
	- 세종대왕의 성격을 파악하고 그가 업적을 이룰 수 있었던 까닭 생각해 보기
		중심
		사회
			(자기 평가)
			◦ 인물의 성격 분석하기
			  (활동결과물 평가, 관찰평가)
			◦ 인물의 심정 추측하기
			  (관찰평가)

10~11	◦ 고마워요 한글 - 우리 한글의 우수성 알기 - 세종대왕께 감사 편지 쓰기	국어 · 사회	◦ 세종대왕께 쓰는 감사의 편지 (보고서 평가)
12~13	◦ '우리 한글' 프로젝트 마무리 - '초정리 편지' 독서 감상문 쓰고 발표하기 - '우리 한글' 프로젝트 소감 나누기		◦ 활동지, 감상문 (자기 평가, 포트폴리오 평가)

【 5단계. 통합 교수·학습 과정 안 작성 및 점검 】

국어과 문학 영역의 성취기준과 사회과 성취기준이 통합된 총제적 실현을 위해서 설정된 단원 목표에 따라 전개 계획을 마련하고, 실행할 통합적 교수·학습안을 예시로 제시한다.

차시	4~5/13	'초정리 편지' 속 시대적 상황을 이해하고 세종대왕의 업적 알아보기
성취기준		[6국05-02] 작품 속 세계와 현실 세계를 비교하며 작품을 감상한다. [6사03-05] 조선을 세우거나 문화 발전에 기여한 인물의 업적을 통해 조선 전기 정치와 민족문화의 발전상을 탐색한다.

단계	학습 요소	교수·학습 활동	자료(♣) 유의점(※)

도입
(5분)
	동기유발
	(전체)
		◦ **조선 전기의 특징과 세종의 업적이 드러난 영상보기**
		▶ '뿌리 깊은 나무' 영상보기
		• 여러분 영상 속에 누가 등장했나요?
		  - 세종, 백성, 신하들이 등장했습니다.
		• 세종은 어느 시대의 사람인가요?
		• 영상에서 알 수 있는 조선시대 전기의 특징은 무엇이 있을까요?
		  - 신분이 있습니다. 신분에 따라 다른 생활을 합니다.
			♣ PPT, 한글 영상

	학습문제
	확인
	(전체)
		• 신분에 따라 조선 전기의 사람들은 어떻게 다른 생활을
		하였죠?
		  - 신분이 높은 사람은 글을 알고, 신분이 낮은 사람은 글
		    을 몰랐다.
		• 글을 몰라 힘든 백성들을 보고, 세종은 한글을 창제하였다.
		
		◦ **학습 문제 알아보기**
		
		┌─────────────────────────────────────┐
		문학 작품을 읽으며 작품 속 세계와 현실 세계를 비교
		하고, 조선 전기 사회의 특징 및 세종의 업적을 알아
		봅시다.
		└─────────────────────────────────────┘	

전개 (70분)	학습활동 안내 (전체)	┌──────── 〈주요 학습 활동〉 ────────┐ [활동1] 초정리 편지 속 시대적 배경 알아보기 [활동2] 세종대왕의 업적 알아보기 └──────────────────────────────┘	
	작품 속 시대적 배경 알기 (전체)	◦ **[활동1] 초정리 편지 속 시대적 배경 알아보기** ┌─────────────────────────────────────┐ "양반 상놈 구분도 안 되게. 그리고 양반들은 그런 거 안 써." "사람은 원래부터 신분이라는 게 있는 거다." "산 너머 저쪽 마을로는 동헌도 있고 양반들이 많이 사니까 함부로 가지 마라. 괜히 얼쩡거리다가 매 맞기 십상이다." "천한 아이인 것 같은데, 어찌...." └─────────────────────────────────────┘	♣ 개인 학습지, PPT

	조선 전기의
	삶의 특징에
	대해
	알아보기
		▶ **오늘날과 구별되는 조선 전기의 특징을 알아보기**
		• 오늘날 잘 쓰이지 않는 단어에 동그라미 해봅시다.
		  - 양반, 상놈, 동헌
		• 동그라미를 친 단어는 왜 요즘 쓰이지 않을까요?
		• 과거에는 신분제가 있었지만, 현재는 없습니다.
		• '초정리 편지'의 시대적 배경은 신분 제도가 있던 조선
		  전기입니다.	

	작품 세계와 현실 세계 비교하기	▶ **장운이의 일기를 2024년 버전으로 바꿔 써 보기** • '장운이의 일기'를 지금 자신의 입장에서 고쳐 써 봅시다. ◦ **[활동2] 세종대왕의 업적 알아보기** ▶ **세종대왕의 업적 알아보기**	♣ 개인 학습지, PPT
	세종대왕의	• 장운이가 좋아하던 토끼 눈 할아버지의 정체는 누구인가?	

	업적 알기 (모둠)	• 세종대왕은 한글을 창제한 것 말고도 많은 업적을 남기셨습니다. • 학습지에 제시된 세종대왕의 업적을 모둠별로 더 찾아 정리하여 봅시다.	♣ 모둠별 학습지, PPT
정리 (5분)	정리 (전체)	◦ **학습활동 정리하기** ▶ **작품 속 세계와 현실 세계 비교하기** • 문학 속 배경이 되는 조선 전기 사회의 특징에는 어떤 점이 있었나요? • 작품과 현실의 공통점과 차이점 말해보기 ▶ **세종대왕의 업적** • 세종대왕의 업적을 말해봅시다.	♣ 정리 PPT
	차시예고	◦ **차시 예고** ▶ **차시 예고하기** • 다음 시간에는 '초정리 편지' 책을 읽는 시간을 갖겠습니다.	

평가 계획	성취 기준	[6국05-02] 작품 속 세계와 현실 세계를 비교하며 작품을 감상한다. [6사03-05] 조선을 세우거나 문화 발전에 기여한 인물의 업적을 통해 조선 전기 정치와 민족문화의 발전상을 탐색한다.	
	평가 시기	활동 중	활동 후
	평가 기준	'초정리 편지' 속 시대적 배경과 현재 시대를 비교하여 말할 수 있다. 문학을 통해 세종대왕에 관심을 가지고 세종대왕의 업적을 더 찾아보며 정리할 수 있다.	'초정리 편지'속 시대적 배경을 오늘날과 비교하여 이해할 수 있다. 세종대왕의 업적을 말할 수 있다.
	평가 방법	학생의 활동 적극성, 교사의 발문에 대한 학생의 발표 및 반응	학습지
	산출물	장운이의 일기 바꿔쓰기 학습지, 세종대왕의 업적 알아보기 모둠 학습지.	

【6단계. 통합 교육 활동 평가】

교과 간 통합 교육에 대한 평가 활동을 통해 이후 통합 교육의 질을 높이고 통합의 진정한 의의를 실현할 수 있도록 한다. 이를 위해서 다음 질문을 스스로 점검하고 보완할 부분을 찾아 개선한다.

<표 4> 통합 단원 및 차시 수업에 대한 평가 및 토의 사항

교과 간 통합 교육 설계	1. 융합된 두 가지 이상의 성취기준이 자연스럽게 어울리는 단원 계획인가?
	2. 단원의 전개 흐름이 효율적이고 아동의 사고 및 활동 순서가 유기적인가?
	3. 단원의 활동이 학생에게 높은 수준의 사고와 실제적 총체적 사고를 촉발하는가?
통합 수업 실행	4. 학습 목표의 진술이 명료하며 적절한 방법으로 제시되었는가?
	5. 교수·학습의 전체 흐름이 단계적이고 자연스러운가? 교사의 비계 설정이 적절했는가?
	6. 교사의 발문은 학생의 수준에 적합하고, 학생의 사고를 촉진하였는가?
평가	7. 교수·학습 목표에 적합한 활동을 설계하였고 유의미한 학습이 이루어졌는가?
	8. 활용된 자료가 성취기준 도달에 적합하고 효과적이었는가?
	9. 교사의 평가 및 피드백이 적절했는가?

이상에서 교과 간 통합 교육 설계와 실행의 실제를 단계적으로 정리하였다. 교과 간 통합 교육 설계에서 유의할 점을 간단히 정리하면 우선, 국어과 문학 경험 및 역사 학습 활동이 분리되지 않도록 주의해야 한다. 두 번째는 교과 간 통합으로 성취할 수 있는 효과인 학생들의 실제적 사고력이 더 향상되도록 해야 한다. 셋째, 교과 간 통합 교육 활동이 단순히 교육 내용의 병렬적 수업으로 교과 분리형과 크게 다름 없는 설계가 되지 않도록 해야 한다. 넷째, 학습자의 능력 및 흥미 수준에 적합한 활동으로 구성되어야 한다.

다. 비교과 및 일상생활과의 통합

비교과 활동과 국어과 성취기준의 통합적 교육이란 학교 교육 내용 중에서 특별활동, 진로 교육, 인성 교육, 체험 학습 활동 등 다양한 활동에서 국어과 성취기준과 그 활동의 교육 목표를 통합하여 교육하는 것을 말한다. 또 일상생활과의 통합 교육은 국어과 여러 영역의 성취기준이 삶의 여러 생활 장면에서 의도적으로 학습되도록 설계하는 것을 의미한다. 일상생활에서의 독서 활동, 대화, 여행, 가족이나 친구, 친지와의 의사소통 등 삶의 모든 국면에서 언어 활동이 실행되므로 국어과 성취기준은 일상생활과 통합되기에 적합하다. 이를테면 아래의 읽기 영역 성취기준 적용 시 고려 사항에서 보듯이 일상생활 속에서 국어과 성취기준 관련 활동을 하도록 교사가 의도적으로 안내할 필요가 있다.

> 정확히 소리 내어 읽기나 알맞게 띄어 읽기를 지도할 때는 학습자가 해당 성취기준에 대한 학습 시간에는 물론이고, 일상생활에서도 학교 안내판, 학급 게시판, 광고지 등 주변에서 접할 수 있는 읽기 자료를 보고 스스로 읽기 활동에 적극적으로 참여할 수 있도록 관심을 기울여 지도한다. 나아가 가정에서도 쉽게 접할 수 있는 읽기 자료를 보고 정확히 소리 내어 읽고 알맞게 글을 읽는지 점검하도록 안내하여 학교 안팎에서의 기초 읽기 능력을 균형 있게 발달할 수 있도록 한다. (읽기 성취기준 적용 시 고려 사항)

위에 제시된바, 학교 교수·학습 상황에서 미리 학생들에게 일상생활과 국어과 학습 내용의 연계성을 설명하고 스스로 활동하도록 안내할 필요가 있다. 이를테면 학교 교수·학습에서 사용한 체크리스트를 일상생활에 적용하여 점검하고 반성하도록 미리 제시하거나, 학습자에게 제시하는 과제 활동을 적절하게 통합적으로 설계하는 등의 교육활동이 여기에 해당한다.

비교과와 국어과의 통합적 활동은 매우 다양하다. 학급 회의나 특별활동, 체험활동, 진로활동 등 다양한 활동에서 언어 수행이 필요하고 특별히 교사의 의도가 설계된다면 통합 교육이 된다. 아래에서 보는 바와 같이 문학 영역 성취기준 적용 시 고려 사항에는 진로 연계 교육과 관련한 문학과 비교과 통합이 예시로 제시되었다.

> 진로 연계 교육과 관련하여 학습자가 자신의 흥미나 관심사가 무엇인지 생각해보고, 관심사와 연관된 작품을 찾아 읽으며 자신의 미래에 대해 지속적으로 관심을 가지고 탐색할 수 있도록 지도한다. (2022 개정 국어과 문학 성취기준 적용 시 고려 사항)

특히 국어과 문학 영역은 삶을 그대로 반영하는 문학 작품을 다룬다는 점에서 분리된 교과가 아닌 비교과 활동이나 일생 생활의 여러 활동과 통합되기 쉽다. 이를테면 문학과 인성 교육의 통합은 일상에서 감동이라는 울림을 통해 전인성을 추구할 수 있게 한다. 문학은 감동과 울림으로 의미를 전달하고, 인성의 변화도 결국 이러한 감동과 울림에 의존하여 이루어진다는 점에서 단순한 통제나 주입이 아닌 자율적인 학습을 가능케 한다.

문학체험은 일종의 의사소통이기에 일상의 의사소통 교육과 통합 교육이 가능하다. 문학 자체는 독자와 작가와 사회의 소통 과정이다. 독자는 새로운 작가가 되며 새로운 텍스트로 새로운 세계와 의미를 구성하고 제시하여 소통하게 된다. 독자는 작가뿐만 아니라 작중 인물과도 소통한다. 같은 작품을 읽은 다른 독자와도 소통하고 대화하며, 같은 주제나 소재를 다룬 다른 작품의 작가와도 소통하게 된다. 이를 통해 끊임없는 텍스트의 확장을 이루게 된다. 심지어 독자는 자신의 내면에 숨어 있는 자아와의 소통을 이루게 된다. 독자는 문학을 통하여 자신을 성찰하고 몰랐던 자아를 찾아내게 되고 대화를 통하여 새로운 자아를 형성하게 된다. 일상의 독서 생활은 이러한 인성 및 의사소통 활동과 통합되어 더 자연스럽고 효율적인 교육이 될 수 있기에 의도된 설계가 필요하다.

이러한 문학체험을 포함하여 국어 사용의 여러 가지 형태들은 거의 모든 삶의 장면에서 빠짐없이 이루어진다. 국어의 여러 하위 영역이 분리되지 않은 채로, 총체적 언어 사용이 일상생활이나 비교과적 활동과 삶에서 항상 필요하다. 소풍이나 여행의 과정이나 결과로서 듣고 말하고 쓰고 읽는 활동이 이루어질 수 있고, 학교나 지역의 행사 및 대회 참여 등 여러 삶의 장면이나 활동 속에서 국어 능력을 신장하고자 설계한다면 통합적 국어교육이 된다. 그러나 교육적 의도가 없이 일상생활 및 비교과 장면에서 수행하는 언어 사용은 통합적 국어교육이라고 말할 수 없다. 일상생활 및 비교과 활동의 목표와 더불어 일정한 국어교육적 의도를 담은 목표나 내용에 바탕을 둔 경우에만 통합적 국어교육이라고 부를 수 있다.

제9장

국어과 영재 및 학습 지원 교육

1. 언어영재 학습자를 위한 국어과교육

영재교육은 학습자 주체성과 학습자 개별화 교육을 강조하는 미래교육의 관점에서나 국가적 경쟁력 측면에서 매우 중요하다. 그런데 영재교육의 영역에서 수학, 과학에 비하여 언어영재에 대한 투자와 연구는 미흡한 편이다. 언어영재교육의 질 제고에 대한 시대적 요청에 부응하여 언어영재 학습자를 위한 국어교육의 방향을 탐구할 필요가 있다. 여기서는 언어영재의 개념과 교육 현황 등을 살펴보고, 언어영재교육에 맞는 지도 방법과 전문성 신장 방안을 알아보겠다.

가. 언어영재교육의 현황

1) 영재교육 현황

우리나라의 영재교육은 영재교육진흥법에 의하여 이루어진다. 2002년 3월 영재교육 진흥법이 발효된 이후 우리나라의 영재교육은 양적, 질적으로 많은 발전을 이루어왔고 지속적인 확대 정책으로 영재교육 대상자가 7만여 명에 이른다.[1] 최근 2023년 교육부에서는 5년간 영재교육의 방향과 과제를 담은 제5차 영재교육진흥종합계획을 발표하였다. "첨단과학기술 발전에 따른 사회변화에 대응하고 미래 사회의

---

[1] 영재교육종합데이터베이스에서 제공하는 2023년 영재교육 현황에 따르면 영재교육 대상자가 70,627명, 영재교육기관이 1,431기관에 이른다.

변화와 혁신을 선도하는 인재 양성 요구"에 의하여 영재교육진흥법을 시행한다고 밝히고 있다.

그러나 영재교육이 실시되고 있는 현황을 살펴보면 수학 및 과학 영역의 영재교육에 매우 편중되어 있음을 알 수 있다(최선일·진석언, 2015: 104). 언어영재교육은 양적으로 적을 뿐 아니라 질적으로도 지원 체계가 정립되어 있지 않다. 언어영재를 인문사회영재 안에 포함된 것으로 보기도 하며 그 개념 또한 명료하지 않다. 현재 영재교육기관으로는 영재학교, 영재교육원, 영재학급이 운영되고 있다. 영재학교는 과학영재에 국한되므로 이 중 언어영재와 관련된 기관은 대학 부설, 또는 교육청 부설의 영재교육원과 단위 학교의 영재학급이다.

초등학교에서의 영재교육은 영재학급에서 영재교육 담당 교사가 교육과정을 재구성하여 심화학습을 통해 영재학습자를 교육하는 형태로 이루어지고 있다. 즉 대부분의 영재교육의 형태는 교과 교육과정과 비교과 교육과정 모두 능력차가 다양한 학생들과 함께 일반 학급에서 정규교육과정을 이수하고, 방과 후 시간을 활용한 시간제 동질집단으로 편성된 '영재교육원'과 '영재학급'에서 지식과 기술의 획득, 창의성과 사고기술, 의사소통 기술 등에 대해 심화학습을 하는 형태로 실시되고 있다(신문승, 2013).

대부분의 영재교육 프로그램이 담당 교사들이 직접 개발하여 각각의 영재학급에서 영재아를 교육하는 형태인 것이다. 이를 위해선 무엇보다 영재교육담당교사의 수준 높은 교육과정 문해력이 요구된다. 즉 담당 교사가 지도 내용을 선정하고 지도 내용의 계열성과 범위를 고려하여 지도 내용을 조직하는 영재 교육과정 개발 전문성을 지녀야 한다(이창현, 2011). 그러나 실제 교육 현장의 영재교육 담당 교사들은 전문적인 교육을 받지 못 한 상태에서 영재학급을 운영해야 하는 경우가 많아 어려움을 호소하고 있다.

한편 우리나라의 영재교육 정보를 종합 관리하는 영재교육종합데이터베이스(GED)라는 사이트가 있다. GED 사이트는 한국교육개발원에서 운영하는 시스템으로 영재교육의 재능 발굴부터 성과 관리까지를 종합적으로 다룬다. 따라서 정책 결정자, 교육자, 연구자, 학생, 학부모 등 다양한 수요자에게 영재교육에 대한 체계적인 정보 및 서비스를 제공하고 있다. 이 사이트에는 영재교육 담당 교원, 영재교육기관, 영재

교육대상자에 관한 통계 정보 제공, 학생 자기 진단, 교사 관찰 진단, 영재 지원 및 추천, 영재교육 프로그램 기준 및 자료 제공 등의 기능이 있다.

〈그림 1〉 영재교육종합데이터베이스(GED) 사이트 화면[2]

2) 언어영재의 개념과 선발 방법

언어영재란 타인보다 뛰어난 언어 능력을 지닌 인재를 말한다. 그러나 언어 능력이 워낙 광범위하고 복합적인 요소들로 이루어져 있으므로 '뛰어난 언어 능력'이 무엇인지 규정하기가 쉽지 않다. 강승희(2001)는 언어영재에 대한 정의를 언어지능으로 언어영재를 규정하는 관점과 영역별 언어능력 면에서 언어영재를 정의하는 관점으로 나누어 설명하였다. 많은 후속 연구들이 이 기준을 수용하는 추세이므로 여기서도 이와 같이 나누는 방식을 살펴보겠다.

언어지능으로 언어영재성을 규정하는 방법은 심리 측정적 방법을 이용하는 것과, Gardner(1983)의 복합지능이론에 근거한 방법으로 다시 나눌 수 있다. 먼저 심리 측정적 방법을 이용하는 것은 대체로 심리 측정의 하위 요소로 언어 이해 능력과 언어 유창성을 규정하여 측정하는 것으로써 대체로 어휘력을 중심으로 구성되어 있다.

---

2 https://ged.kedi.re.kr/index.do (2024.7.4.검색)

그러나 하나의 측정 도구로 언어영재성을 판별하는데 한계가 있고, 언어영재가 가지고 있는 정의적인 측면을 측정할 수 없다는 점과 어휘력에 집중하여 언어영재의 특성을 파악하는 문제점이 있을 수 있다. Gardner의 복합지능이론의 관점은 기존의 단일 지능의 개념을 다원화하여 언어적 지능, 논리-수리적 지능, 음악적 지능, 공간적 지능, 신체 감각 지능, 대인 관계 지능, 개인 내 지능, 자연 관찰 지능의 여덟 가지 영역으로 구분하였다. 여기서 언어지능은 시인들이 운율이나 시운을 맞추기 위해 어떻게 단어를 선택하고 사용하는지 초점을 두고 연구되었는데, Gardner가 제시한 언어영재는 음운론(Phonology), 통사론(Syntax), 의미론(Semantics), 화용론(Pragmatics)에 대한 지식을 보유한 자라고 볼 수 있다. 이에 따라 특별히 문학가, 시인, 평론가, 언론인을 언어영재의 대표적인 사람들로 보았으며, 이 중에서도 시인을 최고의 언어영재로 주장하였다(최선일·진석언, 2015: 106).

영역별 언어 능력의 관점에서 언어영재를 규정하는 관점은 언어의 네 가지 형태, 즉 듣기, 읽기, 쓰기, 말하기의 능력을 기준으로 언어영재를 규정하는 관점이다. 언어 능력의 측면에서 듣기, 읽기, 쓰기, 말하기의 능력이 모두 뛰어난 사람을 언어영재로 보는 입장과 그중 어느 하나만이라도 높은 수준의 능력을 가지고 있으면 언어영재로 보는 입장이 있다. 특히 표현 능력(말하기, 쓰기)이 높은 사람을 언어영재로 보는 관점과 표현 능력 중 특별히 쓰기 영역에서 뛰어난 성취를 보이거나 잠재성이 있는 자를 언어영재로 보는 관점, 더 나아가 쓰기 영역에서도 문예 창작 측면의 영재만을 언어영재로 보는 관점(최선일·진석언, 2015: 106) 등도 있다.

국어과교육의 관점에서는 영역별 언어능력 면에서 언어영재의 영재성을 발견하고 길러주는 방향이 바람직할 것이다. 실제로 언어영재 교육 프로그램들이 문학 창작이나 읽기·쓰기를 통한 문제 해결에 초점을 맞추는 경우가 많다. 그런데 수학, 과학 등 타 영역의 영재교육에 비하여 언어영재교육은 대상자로 누구를, 어떻게 선발할 것인지에 대하여 합의된 기준이 부족하다. 국가적인 과학 기술 개발에 필요한 수학·과학 영재교육 분야의 연구는 활발한 반면, 언어영재 분야는 시급성을 인지하지 못 하기 때문이기도 하며, 언어분야 영재교육의 시행을 어렵게 만드는 복합적 원인 때문이기도 하다.

최선일·진석언(2015: 104)에 의하면 우선 언어영재에 대한 개념규정이 어렵고, 언어영재성이 수학이나 과학처럼 즉각적인 결과물이 없으며, 언어영재는 특별한 프로그램이 없이도 자신의 능력을 잘 발휘할 수 있다는 생각 등이 그 원인이다. 또한 언어영재의 언어적 특성은 풍부한 어휘력, 빠른 독서 속도와 매우 많은 독서량, 뛰어난 이해 능력, 언어적 유창성, 언어와 사고에 있어서의 조숙성 등인데, 다른 분야의 영재성과 중복되기 때문에 누구를 언어영재교육의 대상으로 할 것인가, 어떻게 그 대상자를 판별할 것인가에 대한 문제가 있다.

최근에는 지능검사나 지필 시험을 통한 영재판별 검사보다는 관찰에 의하여 언어영재를 선별하는 방식이 보편화되었다. 지필 검사가 지닌 일회적 선발 방식의 한계를 벗어나, 대상 학생을 가까운 거리에서 관찰하고 이해할 수 있는 교사가 지속적인 관찰을 통해 추천하고 진정한 의미의 영재를 선발하여 교육하자는 것이다. 임지룡 외(2010)의 연구에서는 대학부설영재교육원, 교육청, 한국교육개발원 등의 언어영재의 전형적인 선발 기준을 분석하여 대체로 3단계로 이루어짐을 밝혔다. 그 첫 번째 단계는 대부분 학생을 가장 가까이에서 관찰할 수 있는 교사나 부모가 추천할 수 있도록 하고 있다.

언어영재를 선발하기 위한 방법으로는 '표준화 검사', '행동 관찰', '수행 평가'의 3가지가 있는데, 이 중 교사가 사용할 수 있는 방법은 학생의 행동 관찰과 수행 평가이다. 이 둘을 통해 교사는 학생의 일상생활 가운데 언어영재성과 관련된 부분을 가까이에서 심도 있게 관찰할 수 있고 국어과 수업 시간을 활용하여 수행 평가를 실시함으로써 학생의 언어영재성을 파악할 수 있게 된다(임지룡 외, 2010: 270).

임지룡 외(2010)에서는 교사가 관찰을 통해 학생의 언어영재성을 발견하고, 이들을 영재교육기관에 추천할 수 있도록 언어영재의 행동 특성을 점검할 수 있는 도구를 개발하였다. 학생을 관찰해서 추천하는 교사가 학생의 언어영재성을 가늠하는 데 어려움이 없도록 객관적이고 타당한 지표를 마련하기 위해서이다. 이들은 인지적, 정의적 영역에서 '언어영재 행동 특성 점검표'를 개발하였다. 예를 들면 인지적 영역에는 '읽기 속도가 빠르고 내용을 깊이 있게 이해한다', '갈래를 달리하는 글의 변환에 능숙하다', '남들이 잘 쓰지 않는 독창적인 표현을 쓴다' 등의 특성이, 정의적 영역에는 '장시간 읽기나 쓰기 과제에 능동적으로 몰입한다', '또래보다 어른들과 대화하거나 토론하기를 즐긴다' 등의 특성이 있다.

GED 사이트에서는 교사의 관찰진단 검사 도구를 제공하여 영재학생의 교과적성을 파악하는 데 활용하도록 하고 있다. 교사관찰진단 검사에 대한 소개는 "교과적성 체크리스트는 영재학생이 자신의 흥미 적성에 맞는 영재교육과정을 선택할 때 활용할 수 있도록 상담, 진로 교육 목적으로 제작"되었음을 설명하고 있다. 초등용 진단 검사의 질문 예시는 다음과 같다.

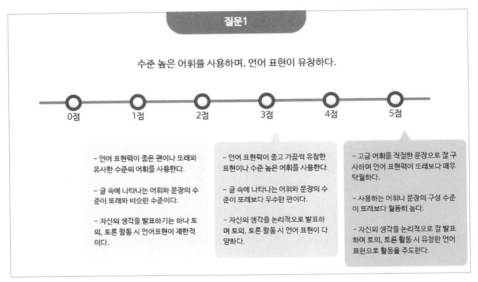

〈그림 2〉 교사관찰진단 검사의 교과적성 체크리스트 예시

나. 언어영재 지도 방법

언어영재에 대한 정의는 학자마다 다르지만 언어영재를 조기에 발견하고 교육하는 데 국어과교육이 중요한 역할을 함은 확실하다. 언어영재를 관찰하고 지도하는 교사의 전문성은 국어교육 전문성과도 밀접하게 관련되어 있다. 특히 영역별 언어 능력, 즉 읽기, 쓰기, 말하기, 듣기의 능력을 기준으로 언어영재를 규정하는 관점은 제도권의 국어과교육이 추구하는 목표와 동일하다.

김주연(2015a)은 언어영재교육에 적합한 교육과정 개발을 위하여 전문가들을 대상으로 델파이 조사를 실시하였다. 언어영재 교육과정의 차별화 방법에 대하여 전문가들의 의견을 수합한 결과 '국어과 교육과정의 심화'가 가장 많았고 '국어과 교육과정과 별개의 개념이나 중첩되는 부분이 있음'이라는 의견도 있었다. 즉 언어영재 교육과정은 '국가 수준 국어과 교육과정 이수를 전제로 그보다 질적으로 탁월한 수준의 언어자료 및 사고전략 개발 및 제공(김주연, 2015a: 85)'하는 역할을 해야 한다는 것이다.

따라서 언어영재 교육 방법이나 프로그램은 국어과 심화 교수·학습 방법이나 프로그램의 차원에서 개발되기도 한다. 대부분의 언어영재 프로그램은 국어과교육의 특정 영역을 초점화하여 개발되어 있다. 예를 들어 문학 창작에 특성화된 프로그램이나 창의적 문제해결에 특성화된 프로그램들이 있다.

최종오(2004)는 언어영재 학생의 잠재력을 계발할 수 있는 창의적 심화 학습 프로그램을 개발·적용하여 언어창의적 문제해결력이 향상되는지 경험적으로 검증하였다. 듣기, 말하기, 읽기와 쓰기를 따로 분리해서 지도하는 것 보다 일상생활처럼 종합해서 함께 지도하는 것이 언어영재에게는 더 효과적이라고 주장하였다.

윤초희·한석실·강승희·조석희(2005)는 언어영역의 재능계발 과정에 대한 이해를 도모하기 위하여 우리나라의 창작 분야에서 활발한 활동을 하고 있는 성인작가와 시인들을 대상으로 이들의 성취와 관련있는 심리발달 및 환경적 요인을 분석하였다. 그 결과를 바탕으로 언어영재 교육과정과 프로그램 내용에 대한 시사점을 도출하였다. 재능 연마를 위해 반드시 필요한 경험은 읽기와 쓰기이므로 다독하는 습성을 만들어 주고 기회가 닿는 대로 글을 쓰게 하는 등 구체적인 교수·학습 방향을 제시하였다.

김정섭(2008)은 언어영재들의 비판적 사고력을 향상시키는 교육과정의 중요성을 주장하였다. 비판적 사고는 모든 문제해결에 중요한 역할을 하는 고등정신기능이기 때문에 언어영재들이 더욱 향상시켜야 할 중요한 인지기능이라는 것이다. 그는 프로그램의 구성과 학습자료 설계를 구체적으로 제시하였는데 '이해-탐구-프로젝트 유형'이라는 3단계 교수·학습 구조를 보여주었다.

진선희(2009)는 언어·문학영재의 특성을 살펴보고 그에 맞는 교육 방법으로서 교수·학습 설계의 일반적 원리 및 교수·학습을 진행하는 교사의 발문 및 역할에 대하여 개괄적으로 안내하였다.

최선일·진석언(2015)은 언어영재에게는 메타적 읽기 능력이 공통적으로 존재하는 것으로 추론하고 읽기에 대한 능력이 언어영재를 규정할 수 있는 준거가 될 수 있는지 탐구하였다. 어떤 영역에서든 영재아는 메타인지적인 문제 해결력이 우수하다는 것이 일반적이다. 이들은 영재의 메타인지가 일반학생들에 비해 뛰어나다는 것에 주목하여 읽기를 잘 하는 학생들이 메타인지적으로 읽기 전략을 잘 활용한다는 것을 주장하였다.

김주연(2015b)은 언어영재의 특성에 맞는 교수·학습 모형 제안과 더불어 일반 영재를 위한 언어 교수·학습 모형을 제시하여 영재교육에 있어 이원화 언어 교수·학습 모형 운영을 탐색하였다. 이는 어떤 분야의 영재라 할지라도 자신의 연구 성과를 언어적으로 표현해야 한다는 점에 착안한 것이다. 그 결과 언어영재를 위한 언어 교수·학습 모형으로는 자신의 언어적성에 맞는 분야의 기능을 더욱 향상시킬 수 있도록 지원해 주는 '언어적 재능 계발 모형'이 제안되었다. 일반 영재를 위한 언어 교수·학습 모형으로는 의사소통의 도구로서 활용되는 언어의 기능적 특성을 고려하여 '언어적 소양 함양 모형'이 제안되었다.

언어영재 지도 방법에 대한 연구는 구체적인 방법이나 전략이라기보다는 추상적이고 보편적인 수준에서 이루어져 왔으며, 그나마 최근에는 연구가 뜸하여 진척된 바가 없다. 국어과교육은 언어영재교육과 동일하지는 않지만 일정 부분을 공유하고 있으며, 언어영재성을 조명하고 언어영재의 특성에 맞는 교육 방향을 설정해 주는 역할을 할 필요가 있다. 국어과 교육과정의 이해와 영역별 교수·학습 방법은 언어영재 지도 방법 개발의 기반이 될 것이다.

다. 언어영재 지도 교사의 전문성

언어영재교육에서 교사의 역할이 중요함은 말할 나위가 없다. 학생의 언어영재성을 발견하고 언어영재를 판별하고 개인의 특성에 적합한 교육과정 또는 교육 프로그램을 제안하는 것이 모두 교사의 역할이다. 따라서 언어영재교육의 질을 높이기 위해서는 언어영재 지도 교사의 전문성 신장이 매우 중요하다.

강승희·조석희(2004)의 연구에서는 언어영재를 담당할 교사들에게 필요한 지식 영역을 다음과 같이 제시하였다. 첫째, 가르칠 과목에 대한 내용 지식으로 언어나 국어, 혹은 문학 창작과 관련된 지식을 말한다. 초등의 경우에는 교과 담당 교사가 명확하지 않으므로 교육대학에서 심화과정이나 부전공으로 국어교육이나 영어교육을 전공한 교사 중에서 관심이 있는 교사가 대상이 될 수 있을 것이다. 둘째, 언어영재에 대한 지식으로 언어영재들이 누구인지, 어떤 특성을 지녔는지를 아는 것이다. 잘 가르치기 위해서는 학생의 동기를 향상시키는 법을 알거나, 교실에서 학생을 관리하는 법 등을 알아야 한다. 셋째 교수법과 관련된 지식으로 언어영재들의 특성에 맞추어서 어떤 방법으로 가르치는 것이 효과적인지를 알아야 한다.

윤초희(2007)는 언어영재 교사의 전문성으로 국어이해 및 표현지도, 국어교육, 문학교육 등의 국어 교과교육지식이 풍부해야 할 것, 전반적인 영재학생에 대한 이해와 더불어, 언어영재들만의 독특한 지적, 언어적 및 정서·사회적 특성을 이해하고, 이들을 적절히 판별할 수 있어야 할 것, 언어영재 교육과정 모형과 프로그램에 대한 전반적인 이해를 가지고 있어야 하며, 언어영역에서 이러한 프로그램이나 교수 방법을 적용하거나 기존의 국어교육과정을 차별화하여 제시할 수 있을 것, 또한 언어영재교육 목표달성 여부를 확인하기 위한 적절한 평가방식을 활용해야 할 것을 제시하였다.

언어영재 교사의 전문성은 일반교사가 갖추어야 하는 자질과 역량에 더하여, 교과 영역에서의 보다 심화된 전문성, 영재라는 특수한 학생에 대한 이해, 이들을 가르치기 위한 특별한 교육과정 모델이나 교수학습 방법에 대한 지식이 풍부한 사람이어야 함을 의미한다(윤초희, 2007). 즉 내용적 지식, 영재 학습자에 대한 이해, 언어영재에 특화된 교육과정이나 교육 프로그램, 평가 방식의 활용 능력이 전문성의 핵심이라고 볼 수 있다.

현재 우리나라의 영재교육 교사 양성 현황을 살펴보면, 전문적인 교사 양성 제도는 미흡하고, 대부분 교사 직무연수를 통해 전문성 신장을 시도하고 있다.[3] 그나마 언어영재와 관련된 교사 직무연수는 거의 찾아볼 수 없어서(강승희·조석희, 2004) 교사 개인의 연구나 학위 취득 등에 의존하고 있는 실정이다. 향후 언어영재 교사를

---

[3] 영재교육진흥법 시행령에 의하면, 영재교육을 담당할 교원은 일정 시간의 연수를 받게 하고 있다. 한국교육개발원에서는 기본 교원연수와 심화연수를 제공하고 있다.

제대로 양성하기 위해서는 전문성을 규정하여 이를 신장시킬 수 있는 연수 프로그램을 체계화하고 확대시켜야 함은 물론 관심 있는 교사들이 지속적으로 전문성을 개발할 수 있는 환경 조성이 필요하다.

2. 학습 지원 대상자를 위한 국어과교육

최근 공교육에서 기초학력 지원의 책무성이 한층 엄중해지고 있다. 기초학력은 개인이 존엄을 지키며 사회적 삶을 유지할 수 있는 필수적 전제 조건으로, 근래에는 인권으로서의 의미로 부각되고 있다. 2021년 기초학력보장법이 제정되고, 이에 따른 시행령이 2022년 3월 제정된 것을 계기로 기초학력 보장을 위한 다양한 학습 지원 정책을 진행하고 있다.

학습 지원 정책은 필요한 학습자에게 기초학력 보장을 위해 필요한 다양한 교육적 지원을 제공하는 것이 목적이다. 기초학력 중에서도 국어과교육과 관련된 기초 문식성은 학습 능력의 기본으로 중요하다. 따라서 문식성 신장을 위하여 지원이 필요한 국어과 부진 학습자나 다문화 배경 학습자 등을 위해 어떤 교육이 이루어져야 할지알 필요가 있다. 여기서는 국어과 학습 부진의 원인과 지도 방법, 다문화 배경 학습자를 위한 국어과 학습 지원에 대하여 살펴보겠다.

가. 국어과 부진 학생을 위한 학습 지원

1) 국어과 학습 부진의 개념과 원인[4]

국어과 학습 부진은 국어과 영역의 학습 수행에 어려움이 있거나 성취기준에 미도달하여 특별한 지도가 필요한 경우 발생한다. 학습 부진이 발생하는 원인은 매우 다양하고 복합적이다. 학습 부진의 발생 원인은 선천적인 요인인가, 환경적인 요인인

---

4 이경화 외(2012)의 10~15쪽을 발췌하여 요약하였다.

가를 구분하여 정의할 수 있다. 선천적인 요인이란, 학습 부진의 발생 요인이 신체나 정신의 결함에 있는 경우를 의미하는데, 이 경우에는 학습 장애로 구분된다. 환경적인 결손이나 교육의 부적절함에서 비롯된 환경적인 요인에서 비롯된 경우는 학습 부진이라고 볼 수 있다(이경화, 2009).

학습 장애는 일반 교사가 담당할 수 있는 범위를 벗어난 유형이다. 학습 장애로 인한 부진은 특수 교육의 영역에서 장애로 인한 신체적 특징을 고려한 지도가 필수적이기 때문이다. 그러므로 이 두 가지 개념을 명확히 구별하기는 어려워도 국어과에서 받아들일 수 있는 개념은 교육적 조정으로 지도할 수 있는 환경적 요인에 따른 부진이라고 볼 수 있다.

다음으로, 학업 성취 수준에 따라서 학습 부진을 정의할 수 있다. 성취 수준에 따라서는 일반적으로 학습 부진을 '기초 학습 부진'과 '교과 학습 부진'으로 나누어 살펴볼 수 있다. 기초 학습 부진은 초등학교 3학년 수준의 읽기·쓰기·기초 수학 능력에 도달하지 못한 상태이며, 교과 학습 부진은 각 학년 교과 교육과정에 제시된 최소 수준의 목표에 도달하지 못한 상태를 말한다(교육과학기술부, 2008). 그런데 국어과 학습 부진은 위에서 정의하고 있는 기초 학습 부진과 국어과라는 교과 학습 부진 개념에 동시에 해당한다. 초등학교 3학년까지는 국어과 학습 부진의 원인이 주로 읽기 부진이나 쓰기 부진으로 인한 기초학력 부진인 경우가 많다. 그러나 고학년으로 올라갈수록 국어과 학습 부진은 읽고 쓰는 능력에서의 부진에 더하여, 국어과 교육과정에서 각 학년별로 제시된 최소 수준의 목표에 도달하지 못한 형태로 나타날 것이다. 이처럼 일반 학교에서 교사가 지도 가능한 국어 학습 부진의 수준을 다음과 같이 정리할 수 있다.

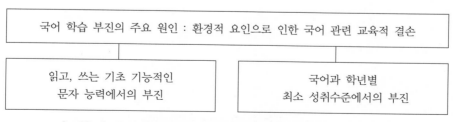

〈그림 3〉 국어 학습 부진의 개념적 수준(이경화 외, 2012: 11)

이상으로 국어 학습 부진을 정의하면, 신체적·정신적 장애를 지닌 경우보다, 환경적 요인에 의해 교육의 결손이 생긴 상태로서, 문자를 다룰 수 있는 기초 기능의 부진에서부터 국어과에서 제시하는 최소 수준의 목표에 도달하지 못한 상태까지를 포함할 수 있다. 또한 국어 학습 부진은 기본적인 문자 학습 여부를 의미하는 기초 학습 부진과 해당 교과 학습 부진 양쪽 모두에서 중요한 문제이므로 국어 학습 부진의 개념과 유형을 정하고, 그에 따른 판별 및 지도를 위한 노력이 무엇보다 중요하다.

국어 학습 부진이 일어나는 원인 또한 다양하고, 그 원인들이 복합적으로 작용하는 경우가 대부분이다. 이경화 외(2012)에서는 국어 학습 부진의 원인을 크게 '학생 내적 요인'과 '학생 외적 요인'으로 나누어 살펴보았다. 좀 더 구체적으로 학생 내적 요인은 인지적 요인, 정의적 요인으로 나눌 수 있고, 학생 외적 요인은 가정환경 요인과 교육 환경 요인으로 나누어 살펴볼 수 있다. 이들 요인을 표로 나타내면 다음과 같다.

〈표 1〉 국어 학습 부진의 원인(이경화 외, 2012: 13)

학생 내적 요인	인지적 요인	◦ 일반 지능 ◦ 기억력 ◦ 배경 지식 ◦ 일반적인 사고력
	정의적 요인	◦ 국어 학습 동기 ◦ 국어 학습 효능감 ◦ 국어 학습 흥미 ◦ 국어 학습 습관 ◦ 국어 학습 집중력
학생 외적 요인	교육적 요인	◦ 국어과 교육과정의 수준 ◦ 국어 지도 방법 ◦ 국어 지도 자료 ◦ 국어 지도 프로그램 ◦ 국어 지도 환경
	가정·사회적 요인	◦ 가정의 빈곤 및 무관심 ◦ 가정의 지나친 관심과 압력 ◦ 국어교과에 대한 잘못된 시각 ◦ 국어 학습 분위기 조성 실패

위 표에서 알 수 있듯이 국어 학습 부진의 원인은 일반적인 학습 부진의 원인과 국어과에 한정적인 학습 부진의 원인이 복합적으로 작용한다. 학생 내적 요인 중 인지적 요인은 주로 일반적인 학습 부진의 원인에 해당하는데, 지능, 기억력, 배경 지식, 사고력 등이 해당 학년의 평균적인 수준에 미치지 못하면 국어 학습뿐만 아니라 다른 교과 학습에서의 부진을 불러올 수 있다. 그러나 이러한 인지적 요인 중에서도 국어과에서 적절한 지도 방법으로 향상시킬 수 있는 요인들이 있다. 예를 들어 지능이 낮은 학생을 위해서 국어 학습과 관련한 용어들을 보다 쉽게 풀어서 제시하거나, 내용 지식이 지나치게 부족하여 읽기, 쓰기 부진을 보이는 학생들에게 내용 지식을 간략하게 지도할 수 있다.

학생 내적 요인으로 인지적 요인 외에 정의적 요인도 많은 영향을 미친다. 기본적인 인지적 능력을 갖춘 학생이라도 국어 교과에 대한 정의적 측면에서 부정적인 인식을 가진다면, 이는 국어 학습 부진으로 이어질 수 있다. 국어 학습 부진의 정의적 요인으로는 국어 교과에 대한 동기, 흥미, 효능감, 습관, 집중력 등이 있다. 국어 학습 부진 학생들의 경우, 국어에 대한 정의적 요인은 절대적인 영향을 미친다. 효과적인 교육적 중재를 제시하여도 학생 스스로의 노력이 없이는 국어 학습 능력을 향상시키기 어려운데, 국어 학습에 대한 흥미나 효능감 등의 정의적 요인이 긍정적으로 형성될 때 학생들의 노력이 더욱 증폭될 수 있기 때문이다.

국어 학습 부진을 일으키는 학생 외적 요인은 다시 교육적 요인과 가정·사회적 요인으로 나눌 수 있는데, 가정·사회적 요인은 학교에서 이루어지는 교육적 중재로 해결하기 어려운 부분이므로 여기에서는 교육적 요인에 초점을 두어 살피고자 한다. 교육적 요인으로는 국어과 교육과정, 국어 교과서, 국어 지도 방법, 국어 지도 자료, 국어 지도 프로그램, 국어 지도 환경 등을 들 수 있다. 국어 학습 부진의 개념이 교육과정을 바탕으로 제시하는 최소한의 학습 목표에 미도달한 학생을 의미하지만 교육과정에서 제시하는 목표 자체가 해당 학년의 학생들이 성취하기에 어려운 것이 아닌지를 점검할 필요가 있다. 또한 학년 간이나 학교 급별 간에 교육과정에서 제시하는 목표의 난이도가 갑자기 높아지는 부분이 없는지 확인하여야 한다.

2) 국어과 학습 부진 지도 방법

국어과 학습 부진 지도를 위해서는 우선 학습 부진에 대한 판별이 필요하다. 학습자의 부진 여부를 판단하기 위해서는 진단을 위한 도구가 필요한데, 표준화된 검사 도구나 교사의 관찰 자료, 면담 자료 등을 활용할 수 있다. 표준화된 검사 도구의 예로 국어과 학업 성취 여부를 판단하는 검사지를 활용하여 일정 점수에 도달하지 못 한 학생을 학습 부진으로 판단할 수 있다. 또는 국어과에서도 읽기, 쓰기 등의 하위 영역별로 학습 부진을 판별할 수 있다.

예를 들어 읽기 부진의 판별을 위해 사용할 수 있는 검사 도구들이 있다. 김동일(2008)의 '기초 학습 기능 수행평가 체제: 읽기 검사'는 아동의 읽기 유창성을 평가할 수 있는 검사 도구이다. 읽기 유창성은 글을 빠르고 정확하게 읽는 독자의 능력을 말한다. 이 검사 도구는 유창성 평가에서 '자동성' 요소와 '정확성' 요소를 중심으로 평가한다. 학년 수준에 맞는 텍스트에 들어 있는 단어를 1분 동안 읽은 수, 혹은 1분 동안 정확하게 읽은 수로 측정하여 일정 규준에 의해 평가한다.

학습자의 부진 여부를 결정하더라도, 학습자마다 부진의 상태와 원인은 모두 다르기 때문에 부진 학생의 상태나 원인에 대한 진단이 필요하다. 정밀한 진단을 통해 지도 방법을 결정할 수 있다. 국어과 학습 부진 지도의 방향은 학습 부진의 상태와 원인 등을 종합적으로 고려하여 부진의 유형을 결정하고 그에 따라 처방을 하여야 한다.

교과 학습 부진 상태라면 국어 수업 시간에 특별 지도를 더하는 방식으로 운영할 수 있고, 기초 학습 부진 상태라면 특수반에 별도로 배치하거나 교과 외의 시간을 별도로 할당하여 지도하는 것이 바람직하다(최미숙 외, 2016: 503). 학습 부진 학생을 지도할 때 일반적인 교수·학습 방법으로 부진을 해소하기 힘들다면 다른 전략이나 자료로 접근할 필요가 있다. 이경화 외(2012: 21~23)는 학습 부진아의 지도에서 특별히 유의해야 할 원리를 다음과 같이 제시하고 있다.

첫째, 이전 학년의 학습과 현재 학년의 학습을 병행하여 지도하는 것이 바람직하다. 학습 부진아의 경우 대개 이전 학년의 국어 학습 부진이 누적되어 생기지만 이전 학년 학습에만 초점을 두고 지도하면 이 학습 내용에 도달하였더라도 현재 학년 학습의 결손은 여전히 해결하지 못하게 된다. 이런 경우에는 현재 학년의 학습 결손이 계속되므로 한 번 부진은 영원한 부진으로 남기 쉽다.

둘째, 지도의 상황이나 장면을 고려하여 지도 방법을 선택한다. 국어과 학습 부진 학생들을 지도하는 상황이나 장면은 학교나 지도교사에 따라 다양하게 펼쳐질 수 있다. 학습 부진 학생들만을 따로 모아 집중적으로 지도할 수도 있고, 한 교실에서 다른 학생들과 함께 통합적으로 지도할 수도 있다. 또한, 교사 중심의 개별적 지도를 할 수도 있으며, 학생 중심의 소집단 활동을 통해 지도를 할 수도 있다.

셋째, 기본 개념 및 어휘에 대한 학습을 강조한다. 국어과 학습 부진 학생들은 국어과에서 다루는 기본적인 개념에 대한 이해가 부족하다. 뿐만 아니라, 기본 어휘에 대한 이해도 부족한 상황이므로 학습 부진 학생들을 지도할 때에는 기본 개념에 대한 이해, 기본 어휘에 대한 이해를 강조할 필요가 있다. 기본 개념 및 기본 어휘의 이해를 돕기 위하여 상황에 따라 반복하여 지도하거나 암기하도록 지도하고, 예시, 비교, 비유 등의 방법을 활용하여 지도하는 것이 바람직하다.

넷째, 교사는 명확한 설명과 안내를 보여준다. 국어과 학습의 바탕이 되는 기본 개념과 관련된 학습 내용은 학습 부진 학생들에게 큰 인지적 부담을 느끼게 한다. 문법 영역이나 문학 영역의 기본 개념이 이러한 성격이 강하다. 특히 문법 영역의 기본 개념들은 보편적으로 모든 학생들이 학습 부담을 크게 느끼므로 학습 부진 학생들에게는 그 부담이 훨씬 더 크다고 볼 수 있다. 인지적 부담이 커지면 학습 부진 학생들의 적극성과 능동성이 떨어질 가능성이 매우 높으므로 학생 중심의 지도 방법은 효과를 얻기 어렵다. 그러므로 기본 개념에 대한 내용을 학습 부진 학생들에게 지도할 때에는 지도 교사의 명확한 설명을 제공하는 것이 중요하다.

다섯째, 생활 중심의 언어 자료를 활용한다. 국어과 학습 부진 학생들은 배경지식이 부족해서 글에 대한 이해가 떨어지는 경향이 있다. 학습 부진 학생들의 흥미를 높이고 활동을 능동적으로 이끌기 위해서는 생활 중심의 언어 자료를 적극적으로 활용하는 것이 중요하다. 학생들이 일상적으로 경험하는 언어 자료를 활용하면 글에 대한 이해, 반응의 구체화 및 표현 활동의 능동성을 효과적으로 확보할 수 있다. 생활 중심의 언어를 활용하는 것은 학습 부진 학생들의 능력이나 관심을 고려하여 글을 선정하는 것과 맞물려 있다.

여섯째, 활동 및 연습의 기회를 충분히 제공한다. 표현·이해 영역에서 학습 부진이 발생하는 이유는 기초 기능이나 전략에 대한 숙달이 이루어지지 않았기 때문이다. 그러므로 기초 기능이나 전략에 대한 숙달이 이루어질 수 있도록 활동의 기회와 연습의 기회를 충분하게 제공하는 것이 중요하다. 표현·이해 영역은 학습 내용이 기능이나 전략, 즉 절차적 지식이 대부분을 차지하므로 활동과 연습의 기회가 특히 더 중요하다.

일곱째, 기능이나 전략 활용에 대한 교사의 시범을 보여준다. 표현·이해 영역의 부진 학습자들이 기능이나 전략을 익히기 위해서는 그것을 능숙하게 적용하는 전문가의 행동(인지 활동)을 자세하게 관찰할 수 있어야 한다. 테니스를 배울 때 능숙한 선수를 관찰하는 것이 도움이 되듯이, 능숙한 교사의 시범이 부진 학습자들의 기능이나 전략의 학습을 돕는다. 시범을 보일 때에는 사고구술과 같은 현시적 전략을 적극적으로 활용해야 한다.

여덟째, 학생들에게 자기 선택의 기회를 제공한다. 학습 부진 학생들의 공통된 특징 중의 하나는 학습 동기가 낮다는 것이다. 동기가 낮으면 표현·이해 활동에 대한 참여 빈도, 적극성, 노력 등이 감소하므로 동기를 높이는 것이 중요하다. 이를 위해서는 학생들에게 자기 스스로 선택할 수 있는 기회를 제공하는 것이 필요하다. 자기 선택성이 높아질 때 일반적으로 동기가 향상되는 경향이 있기 때문이다. 표현 영역에서는 쓰기 주제나 쓰기 유형을, 이해 영역에서는 글(이나 책)의 주제, 유형 등을 선택할 수 있도록 기회를 제공하는 것이다.

아홉째, 성공적인 학습 경험을 제공한다. 학습 부진 학생들은 표현 및 이해 영역에 대한 효능감이 낮아 위축되는 경향이 있다. 높은 수준의 효능감은 활동 참여의 빈도를 높이고 활동의 적극성 및 능동성을 촉진하므로 부진 학습자들의 효능감 수준을 높여야 한다. 이를 위해서는 표현·이해 영역 지도에서 성공적인 경험을 얻을 수 있도록 하는 것이 중요하다. 성공적인 학습 경험을 제공하기 위해서는 학습 목표와 학습 내용을 세분하여 제시할 필요가 있으며, 지도 교사는 부진 학습자들을 격려하고 수업 분위기가 우호적으로 형성될 수 있도록 해야 한다.

국어과 학습 부진 지도에서는 적절한 교재 역시 중요하다. 이미 개발되어 있는 다양한 진단도구와 국어과 학습 지원 자료들이 있다. 이 중 학습자에게 필요한 것을 선택하여 학습자 맞춤형 개별화 교육을 제공하는 것은 중요한 교사의 역량이다.

기초학력보장법에 의하여 한국교육과정평가원 내에 설치된 '국가 기초학력지원센터'의 웹사이트에서는 초중등학교의 기초학력 향상을 지원하는 다양한 정보를 제공한다. 해당 사이트에는 '학습 부진' 혹은 '기초학력 미도달' 학습자를 진단하는 도구 및 다양한 학습 지원 자료들이 탑재되어 있다.[5]

〈그림 4〉 국가 기초학력지원센터 웹사이트 화면

〈그림 4〉는 국가 기초학력지원센터 웹사이트 화면의 예시이다. 해당 화면은 초등 국어과의 '기초학력 학습자료' 목록의 일부를 보여주고 있다. 교사는 목록에서 학습 부진 학생에게 필요한 진단도구나 학습 지원 자료를 찾아 활용할 수 있다. 예를 들어 또래에 비하여 읽기 능력이 뒤떨어지는 학생의 정확한 문해력 진단을 위하여 '기초학력 진단을 위한 초등학교 문해력(읽기 영역) 진단도구 검사지'로 검사하고 함께 제공되는 기초학력 도달 기준 점수와 비교해 볼 수 있다. 또는 어휘력이 뒤떨어지는 학생의 학습 지원을 위하여 '한 걸음 더 초등 어휘력'을 워크북으로 활용할 수 있다.

---

5 https://k-basics.org/user/ (2024. 7. 4 검색)

나. 다문화 배경 학생을 위한 학습 지원[6]

1) 학습 지원의 필요성

우리나라는 최근 급격하게 다문화 사회로 변화하고 있으며 이를 긍정적이고 발전적으로 수용하기 위해서는 다양한 영역에서의 노력이 필요하다. 교육은 다문화 사회로의 변화를 긍정적으로 실현하는 데 핵심적인 요인 중 하나이다. 언어와 문화가 밀접하게 관련되어 있다는 점에서 특히 국어교육은 미래 지향적 안목을 가지고 다문화 사회에 대비해야 한다. 우리 사회에서 '다문화'는 일상적인 용어가 되었고 다문화 가정은 갈수록 증가하고 있다. 다문화 가구란 귀화의 방법으로 국적을 취득한 자 또는 외국인이 한국인(귀화자 포함) 배우자와의 혼인으로 이루어진 가구 또는 그 자녀가 포함된 가구를 말한다. 다문화 배경 학생도 갈수록 증가하는 추세이다. 다문화 배경 학생을 위한 국가적 지원은 처음에는 한국 사회에 동화시키는 것을 목표로 하였으나 이제는 이들의 다양한 특성과 재능을 최대한 인정하고 살리는 것을 목표로 하고 있다.

다문화 배경 학생 지원이 정비되고 체계화된 분기점은 정부가 '다문화학생 교육 선진화 방안'을 발표한 2012년으로 볼 수 있다. 이 방안의 주요 내용은 다문화 예비학교 및 다문화 코디네이터 운영, 한국어 교육과정(Korean as a second language: KSL) 도입 및 기초학력 책임 지도 강화, 다문화학생과 일반학생이 함께 배우는 이중언어 교육 강화, 다문화 친화적 학교 환경 조성을 위한 글로벌 선도 학교 육성 등이다(전은주, 2012). 이 중 한국어(KSL) 교육과정의 제정은 국어교육의 관점에서나, 다문화 배경 학생의 학교 적응 관점에서나 큰 의미를 지닌다.[7]

교육부가 2012년 한국어 교육과정을 고시함에 따라 다문화 배경 학습자를 위한 제도적 언어 교육 여건이 확보되었고, 이에 근거하여 학교에서 활용할 수 있는 교재로 국립국어원에서 〈표준 한국어〉(2012), 〈표준 한국어 교사용 지도서〉(2013)를 개발하였다. 2013년부터는 한국어교육이 필요한 전국의 초·중·고등학교에서 한국어 교

---

6 이수진(2020)에서 내용 일부를 발췌하여 수정·보완한 것이다.
7 한국어교육은 '외국어로서의 한국어(KFL)' 교육과 '제2언어로서의 한국어(KSL)' 교육을 포괄하는 개념으로 다문화 배경 학습자를 위한 한국어교육은 KSL 교육을 가리킨다.

육과정이 운영되기 시작하였고, 이후에도 〈표준 한국어 익힘책〉(2014), 〈표준 한국어 학습 도구〉(2019) 등의 교재를 지속적으로 개발하고 있다.[8]

다문화 배경 학생을 위한 지원에 한국어 교육과정이 중요한 의미를 지니는 이유는 이들의 학교생활과 학업 적응에 한국어 능력이 지대한 영향을 미치기 때문이다. 통계청 자료에 의하면 다문화 가정 자녀가 학교에 잘 적응하지 못하는 이유에 대하여 '한국어를 잘 하지 못해서'가 높은 비중을 차지하고 있다. 따라서 다문화 배경 학생을 위한 지원에는 한국어교육, 특히 기초 문식성 교육이 중요하고 이를 잘 반영하여 교육과정을 운영할 필요가 있다.

일반적으로 기초 문식성 교육은 초등학교 1~2학년군의 학습자가 도달해야 할 기초적 읽기, 쓰기 능력을 목표로 한다. 그러나 다문화 배경 학생은 입국 시기나 언어 환경의 특성으로 인해 초등 저학년 이후에도 기초 문식성이 부족한 경우가 많으며 이는 학업 부진으로 이어져서 지속적으로 어려움을 겪는다. 기초적 수준의 읽기·쓰기 능력 없이는 다른 학업을 수행하기 어렵기 때문에 기초 문식성의 부족은 필연적으로 학력 부진으로 이어진다.

한국어교육 중에서도 기초 문식성 교육은 다문화 배경 학생들의 삶의 질을 결정하는 영역이다. 국가적, 사회적으로 다문화 배경 학생을 위한 기초 문식성 교육의 시급성과 중요성을 인지하고 실천해야 한다. 따라서 다문화 배경 학생을 위한 기초 문식성 교육과정은 초등 저학년뿐 아니라 고학년, 중등학교의 다문화 배경 학생까지 고려할 필요가 있고, 학년보다는 학습자의 개인적 특성에 주목해야 한다. 다문화 배경 학생들 내에서도 가정환경이나 학습자의 언어 능력 편차가 크기 때문에 학습자의 한국어 의사소통 능력 수준에 따라 적절한 학습 지원이 필요하다.

2) 학습 지원 방법

다문화 배경 학습자를 위한 한국어 교육과정과 교재에 대하여 살펴보겠다. 원진숙

---

[8] 이후 다문화 배경 학생을 위한 한국어교육 및 교육 지원은 '2012 다문화 학생 교육 선진화 방안'과 '2012 한국어 교육과정'에 준하여 실시되고 있어 이후의 정책들은 2012년에 발표된 정책을 수정 보완한 정도로 보여진다(유은경, 2018: 23). 한국어 교육과정은 2015년, 2017년 두 차례에 걸쳐 개정되었으나 큰 틀에서의 변화는 없었다.

외(2013)에 의하면 한국어 교육과정은 학년과 관계없이 다문화 배경 학생이 한국어를 사용하여 어느 정도 수준의 의사소통을 할 수 있는가 하는 한국어 숙달도 중심으로 구성되어 있으며 6등급 체계로 이루어져 있다. 1~2급은 초급, 3~4급은 중급, 5~6급은 고급으로 설정되어 있다. 또한 한국어교육 내용의 체계를 '생활 한국어교육'과 '학습 한국어교육'으로 나누어 제시하고 있다. KSL 교육과정의 내용 체계를 제시하면 다음과 같다.

〈표 2〉 2017 한국어 교육과정의 내용 체계(교육부, 2017: 4)

		생활 한국어교육	학습 한국어교육	
		의사소통 한국어	학습 도구 한국어	교과 적응 한국어
언어 기능		· 듣기 · 말하기 · 읽기 · 쓰기		
언어 재료	주제	일상 기반	일상 및 학업 기반	교과 기반
	의사 소통 기능	일상 기반	일상 및 학업 기반	교과 기반
	어휘	일상생활 어휘 학교생활 어휘	교실 어휘 사고 도구 어휘 범용 지식 어휘	교과별 어휘
	문법	학령적합형 교육 문법	학령적합형 문식력 강화 문법	교과별 특정 문형
	텍스트 유형	구어 중심	구어 및 문어	문어 중심
문화		◦ 학령적합형 한국문화의 이해와 수용 ◦ 학령적합형 학교생활문화의 이해와 적응		

'생활 한국어교육'에서는 듣기, 말하기, 읽기, 쓰기 등 의사소통 능력의 신장을, '학습 한국어교육'에서는 학습 도구로서의 한국어 능력을 위해 교과 학습에 필요한 어휘 학습 등을 강조하고 있음을 알 수 있다. 또한 언어 기능과 언어 재료 외에 언어와 밀접한 문화 범주를 설정하여 다문화 배경 학습자의 한국 문화 이해를 지원하는 것을 알 수 있다.

KSL 교육과정은 6등급 체계에 맞게 성취기준을 제시하고 있다. 이 중 기초 문식성과 관련이 깊은 등급은 초급인 1~2급이고 3단계에도 기초적인 읽기·쓰기 능력에 해당하는 성취기준이 있다. KSL 교육과정의 1~3단계 초등학교 성취기준 중 기초 문식성 관련된 내용을 정리하면 다음과 같다.

〈표 3〉 2017 한국어 교육과정의 기초 문식성 관련 내용(초등학교)

단계	읽기 영역 성취기준		쓰기 영역 성취기준	
	생활 한국어	학습 한국어	생활 한국어	학습 한국어
초급 1단계 (한글 해득 수준)	1. 한글 자음과 모음, 받침 등을 식별하여 읽을 수 있다. 2. 소리와 철자의 관계를 이해하고 쉬운 낱말을 소리 내어 읽을 수 있다. 3. 시각적 단서와 함께 주어지는 쉽고 간단한 낱말을 읽고 의미를 이해할 수 있다. 4. 학교생활에서 자주 접하는 표지판을 읽고 의미를 이해할 수 있다.		1. 한글 자모를 보고 따라 쓸 수 있다. 2. 그림이나 실물을 보고 그에 대응하는 낱자나 낱말을 쓴다. 3. 이름, 생일 등의 간단한 신상 정보를 쓸 수 있다. 4. 인사말과 같은 간단한 문장을 쓸 수 있다.	
초급 2단계 (한글 해득 + 기초적 읽기·쓰기 수준)	1. 쉽고 간단한 낱말이나 문장을 소리 내어 읽을 수 있다. 2. 일상생활과 관련된 친숙한 주제의 짧은 글을 읽고 이해할 수 있다. 3. 일생생활에서 자주 접하는 표지판, 지시문, 안내문을 읽고 의미를 파악할 수 있다.	4. 수업 시간에 자주 접하는 쉬운 교실 표현을 읽을 수 있다.	1. 글씨를 획순에 맞게 바르게 쓸 수 있다. 2. 짧고 쉬운 낱말을 보고 쓸 수 있다. 3. 마침표, 물음표, 느낌표의 이름과 쓰임을 알 수 있다.	4. 수업 시간에 자주 접하는 쉬운 교실 표현을 쓸 수 있다.
중급 3단계 (기초적 읽기·쓰기 수준)	1. 쉽고 간단한 문장을 소리 내어 알맞게 끊어 읽을 수 있다. 2. 친숙한 주제의 짧고 쉬운 글을 읽고 이해할 수 있다. 3. 쉽고 짧은 글을 읽고, 사건의 순서를 이해할 수 있다.	4. 교실 표현 및 기본적인 학습 도구 표현이 사용된 문장이나 짧은 글을 읽고 이해할 수 있다.	1. 문장을 받아 쓸 수 있다. 2. 일상생활에서 필요한 내용을 간단하게 기록할 수 있다. 3. 하루의 일과를 간단한 문장으로 쓸 수 있다.	4. 교실 표현 및 기본적인 학습 도구 표현을 사용하여 문장이나 짧은 글을 쓸 수 있다.

KSL 교육과정은 일반 국어과 교육과정에 비하여 기초 문식성 수준이 세분화되어

있고 관련된 성취기준의 개수가 많다. 또한 기초 문식성 관련 성취기준에 구체적으로 학습자가 할 수 있어야 하는 행동, 우선적으로 익혀야 할 대상 등이 포함되어 구체적으로 서술되어 있어 교실에서 적용하기가 용이하다. 예를 들어 '그림이나 실물을 보고 그에 대응하는 낱자나 낱말을 쓴다'의 성취기준에서 학습자가 자모 따라 쓰기, 실물 보고 대응하는 낱말쓰기를 할 수 있어야 함을 제시하였다. '이름, 생일 등의 간단한 신상 정보를 쓸 수 있다'의 성취기준에서는 우선적으로 쓸 수 있어야 할 대상으로 이름 등의 신상 정보를 제시하고 있다. 모국어 학습자는 초등학교 입학 전부터 '글자를 바르게 쓴다.'라는 성취기준과 관련된 활동을 한 상태이므로 학습자들 간의 쓰기 능력 격차가 크다. 그러나 다문화 배경 학생 중 한국어를 새로 학습해야 하는 중도 입국 자녀나 이주 근로자 자녀는 외국어로서의 한국어 학습자나 마찬가지이므로 쉬운 따라쓰기, 보고쓰기부터 차근차근 해 나갈 필요가 있다.

또한 한국어 교육과정에는 내용교과 학습을 위한 학습 한국어 관련 성취기준이 제시되어 있다. 이는 한국어 교육과정의 내용 체계가 '생활 한국어'와 '학습 한국어'로 나누어져 있기 때문이다. 한국어 교육과정은 기본적으로 개정 교육과정에 따른 내용교과와의 연계성을 고려하여 구성하였고 범교과적 학습 도구로서의 기능을 중요시하고 있다.

많은 연구자들이 다문화 배경 학생에게 언어 능력과 내용교과 교육과정의 연계가 중요함을 강조하고 있다(전은주, 2012; 김영란, 2014). 다문화 배경 학생의 연령이 높을수록 수행해야 할 내용교과 교육과정의 학습량이 늘어나고 난이도도 높아지는데 기초 문식성이 제대로 갖춰지지 않은 상태에서는 내용교과의 학습 부진이 누적될 수밖에 없다. 한국어 교육과정은 내용 체계에서 생활 한국어와 학습 한국어로 대별되는데, 이는 캐나다나 미국 등 이민 가정이 많은 국가의 사례를 참고한 것이다. 현재 한국어 교육과정은 부록으로 학습 한국어 영역의 국어, 수학, 사회, 과학의 교과별 핵심 주제와 학습 어휘 목록을 제시하고 있다. 교과별로 다문화 배경 학생이 꼭 알아야 할 용어와 어휘들을 제공해준다는 점에서 의미 있다.

학습 한국어교육의 필요성이 지속적으로 제기되면서 2019년에는 〈표준 한국어: 의사소통〉 교재와 〈표준 한국어: 학습 도구〉 교재가 분권되어 개발되었다. 〈표준 한국어: 학습 도구〉 교재는 초등학교의 경우 1~2학년용, 3~4학년용, 5~6학년용이 나누

어져있고, 중학생용, 고등학생용 교재가 각각 개발되었다. 〈표준 한국어: 학습 도구〉
교재가 별도로 개발되면서 내용교과 관련 학습 한국어를 본격적으로 다룰 수 있는
기반이 마련되었다.[9]

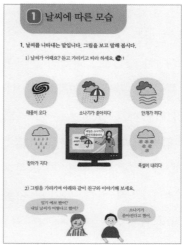

〈그림 5〉 초등학생을 위한 표준 한국어: 의사소통

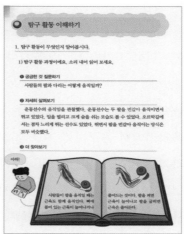

〈그림 6〉 초등학생을 위한 표준 한국어: 학습 도구

---

9 국립국어원 한국어교수학습샘터 https://kcenter.korean.go.kr/kcenter/teaching/dmstc/student.do (2024.
   7. 3 검색)

원진숙 외(2013)에 의하면 한국어 교육과정은 무학년제로 개발되었다. 다문화 배경 학생의 한국어 능력이 학령에 따라 수준 차이를 보이는 것이 아니라 개인적 상황에 따라 차이를 보이는 것이므로 학교급별로 무학년 수준별 교육을 지향해야 한다. 박형민 외(2014)에서도 전국의 한국어 교육과정 시범 학교들의 운영 방식 중 장점들을 추출하여 공통적 운영 원칙을 제시하였는데, 이 중 수준별 무학년제로 교육이 이루어져야 한다는 원칙이 있다.

국가 수준에서 KSL 교육과정과 한국어 교재가 지원되고 있지만 단위 학교나 학급의 상황과 학습자 특성을 고려하면 이들의 활용 방식은 천차만별일 것이다. 실제 다문화 배경 학습자가 있는 초등학교 교실에서 수업을 운영할 때는 교사가 결정해야 할 것들이 훨씬 많다. 이때 다음과 같은 것들을 고려할 수 있다.

첫째, 학습자가 도달해야 할 기초 문식성 수준을 설정한다. 기초 문식성의 수준은 '한글 해득'과 '기초적 읽기·쓰기'로 나눌 수 있는데, 국어과의 대강화된 성취기준보다는 한국어 교육과정의 등급과 상세화된 성취기준으로 구체적인 목표를 설정한다. 예를 들어 학급의 다문화 배경 학생이 어느 정도 한국어를 읽고 간단한 문장을 쓸 수 있으나 학교 수업에서 필요한 내용을 쓰는 데는 어려움을 겪는다면 기초적 쓰기 능력 신장을 위한 교육이 필요하므로 '일상생활에서 필요한 내용을 간단하게 기록할 수 있다.'를 목표로 삼을 수 있다. 이 목표에 도달하는지 확인하기 위해서는 별도의 한국어교육을 위한 시간을 내기 어려우므로 과학 교과 시간에 쓰는 관찰 일지 등을 관찰할 수 있다.

둘째, 학습자에게 가르쳐야 할 내용 체계를 마련한다. 내용 체계를 마련할 때는 국어과 교육과정에서 요구하는 기초 문식성과 내용교과에서 요구하는 학습 도구로서의 범교과적 문식성을 동시에 고려해야 한다. 목표 설정시에는 다문화 배경 학생의 학년과 상관없이 무학년제로 접근하지만, 교육 내용을 선정할 때는 한국어 교육과정에 제시된 학습 한국어 영역, 또 해당 학년에서 필요로 하는 학습 한국어 능력을 고려해야 할 것이다. 예를 들어 학교 수업에서 필요한 내용을 능숙하게 쓰는 데 어려움을 겪는 학습자는 지속적인 쓰기 훈련이 필요하다. 학습자가 어려움을 겪는 교과의 학습 한국어를 활용하여 메모하거나 요약하기, 내용 구성하여 쓰기 등을 주요 내용으로 선정할 수 있다.

셋째, 교실 수준에서 다문화 배경 학생의 필요에 맞는 학습 지원을 마련하기 위해 학습자에게 단기적으로 바라는 결과를 확인하고 설정한다. 한 학기, 또는 한 달 등 기간을 설정하여 학습자에게 필요한 교육 프로그램을 실행하거나, 또는 한국어 교재를 선정하여 단원 단위로 접근할 수 있다.

넷째, 교실 상황과 학습자의 특성을 고려하여 수업을 설계한다. 이때 수업에서 해야 할 활동은 학습자가 도달해야 하는 목표 행동을 이끌어내고, 이를 증명하는 증거를 수집할 수 있는 것이어야 한다. 예를 들어 학습자가 과학 시간에 배추흰나비의 한 살이를 학습하는데, 관찰일지를 쓸 때 '알, 껍데기, 부화, 번데기, 성충' 등의 학습 어휘를 활용하는 것이 증거가 될 수 있다. 교사는 별도의 한국어 수업이 아니더라도 과학 수업을 하기 전에 미리 무엇을 관찰하고 수집할지 결정함으로써 다문화 배경 학생을 위한 수업을 설계할 수 있다.

제10장

국어 수업 실연과 평가

1. 초등 국어 수업의 성격과 지향

가. 국어 수업의 성격

국어 수업은 수업의 일반적인 절차를 따르되 국어과 고유의 내용을 다룬다는 점에서 다른 교과 수업과 차별화된다. 바꿔 말하면 국어 수업은 '국어' 교과로서 다른 교과와 구별되는 특수한 내용을 가르치고 배우지만, 다른 교과와 마찬가지로 '수업'에서 요구되는 보편적인 속성을 갖는다. 즉, 국어 수업은 국어의 특수성과 수업의 보편성이라는 관계 속에서 독자성을 확보한다.

1) 국어 수업의 특수성과 보편성

국어 수업은 '국어'를 가르치고 배운다는 점에서 사회 수업이나 수학 수업 등 다른 교과 수업과 구별된다. 따라서 국어 수업의 특수성은 국어와 관련이 깊다. 이때 국어는 가르침과 배움의 대상으로 문법이나 문학 지식에 한정되지 않고 음성언어, 문자언어, 매체언어를 매개로 하여 듣고 말하고 읽고 있는 언어 활동이나 문학 작품을 감상하고 창작하는 활동 등을 포괄한다. 무엇보다도 국어 수업의 핵심은 언어 활동이다. 언어 활동은 언어를 의미로 구성하거나 의미를 언어로 변환하는 의미 구성 과정이자 사고 과정이다. 따라서 듣기, 말하기, 읽기, 쓰기와 같은 언어 활동을 통해 학습자들의 사고가 발현되는 과정은 국어 수업의 특수성을 단적으로 보여주는 것이다.

반면에 국어 수업은 국어를 '가르치고 배운다'는 점에서 사회 수업이나 수학 수업 등 다른 교과 수업과 공통성을 갖는다. 따라서 국어 수업의 보편성은 가르치고 배우는 '수업'과 관련이 깊다. 이때 수업은 가르침과 배움을 위해 보편성을 획득한 목표, 방법, 평가 등과 관련한 것이다. 수업에서 목표를 설정하고 목표에 도달하기 위해 다양한 방법을 적용하고 목표에 도달했는지를 평가한다. 이와 같은 수업 과정에서 핵심은 수업 전략이나 방법이다. 예를 들어 수업 목표에 도달하기 위해 학습 분위기 조성, 동기 유발, 집단 조직, 질문과 피드백, 학습자료 제공, 평가, 판서 등과 같은 수업 방법은 국어 수업뿐만 아니라 모든 교과 수업에서 공통적으로 다루어진다. 따라서 이는 국어 수업의 보편성에 해당하는 것이다.

위에서 국어 수업의 성격을 '국어'라는 특수성과 '수업'이라는 보편성 측면에서 살펴보았다. 그러나 국어 수업에서 '국어'와 '수업'은 대립적이고 독립적인 것이 아니라 하나로 융합되어 '국어 수업'이라는 독자성을 확보한다. 따라서 좋은 국어 수업은 교과의 특수성과 교육의 보편성이 잘 어우러질 때 가능하다.

2) 초등 국어 수업의 특성

국어 수업은 다른 교과와 차별화되는 국어과 고유의 특수성이 있다면, '초등' 국어 수업의 특성은 '중등' 국어 수업과 변별되는 나름의 특성을 말하는 것이다. 범박하게 수업은 교수자와 학습자가 교육과정(교재)을 매개로 상호작용하는 과정으로 정의할 수 있다. 이때 교수자, 학습자, 교육과정(교재)은 수업을 구성하는 핵심 요소이자 변인이다. 이와 같은 수업을 구성하는 세 가지 요소를 중심으로 중등 국어 수업과 다른 초등 국어 수업의 특징을 살펴보자.

첫째, 국어 수업에서 학습자의 인지적, 기능적, 정의적 발달 단계의 차이가 있다. 초등 국어 수업에서 기초, 기본 교육을 강조하는 것은 초등학생들의 발달 단계를 고려할 때 적절한 시기를 놓치면 후속 학습에 지장을 초래하기 때문이다. 또 초등 국어 수업에 참여하는 학습자는 학습 과정에서 집중력이나 자기 주도성이 상대적으로 미약하기 때문에 흥미와 관심을 끌 수 있는 언어 활동이나 학습 과정에 적극적인 조력이 필요하기도 하다.

둘째, 국어 수업에서 교육과정과 교재는 교육 내용과 관련된다. 초등이든 중등이든 교육과정은 국가 수준의 표준화된 교육 내용이 마련되어 있지만, 초등은 국정 교과서, 중등은 검인정 교과서를 사용한다. 이와 같은 교과서 발행 체제로 인해 초등

국어 수업에서 교과서는 다른 여타의 교재에 비해 훨씬 더 비중있게 다루어진다. 따라서 초등 국어 수업은 국어 교과서를 어떻게 이해하고 활용하느냐에 따라 수업의 방향이 크게 달라질 수 있다.

셋째, 국어 수업에서 교사의 입장, 신념이나 가치관, 내용 지식 및 수업 기술 등은 수업에 영향을 미친다. 초등 국어 수업은 담임교사로서 국어 시간에 국어를 가르치는 반면에, 중등 국어 수업은 교과교사로서 국어 시간에 국어를 가르친다. 초등 국어 교사는 수업 시간에 따라 사회 교사, 수학 교사로 역할이 바뀐다. 이로 인해 초등 국어 교사는 교과 내용에 대한 깊이 있는 이해와 교과 고유의 특성을 살려 수업하는 데 어려움을 겪기도 하지만, 다른 교과 교육과정에 대한 이해가 전제되어 있어 국어 수업을 타 교과와 연계하고 통합하여 실행하는 데 있어서 수월성을 확보할 수 있다.

이와 같은 초등 국어 수업의 특성에 비춰보면 교과교육 전문가로서 교사의 역할은 매우 중요하다. 교사의 교과교육 전문성은 결국 좋은 국어 수업 실행할 수 있는 능력으로 '좋은 국어 수업에 대한 인식, 국어 수업 설계 능력, 국어 수업 실천 능력, 국어 수업 전체에 대한 반성적 자기 점검 능력'이 필요하다(이경화 외, 2007).

나. 국어 수업의 지향

모든 교과 수업의 지향점은 '좋은 수업'으로 귀결된다. 국어 수업도 마찬가지다. 좋은 국어 수업을 위해서는 어떠한 관점을 가져야 하는지, 또 좋은 국어 수업은 어떤 특징을 갖고 있는지 알아보자.

1) 좋은 국어 수업을 위한 관점

국어 수업에 관한 관점은 국어 수업을 바라볼 수 있는 안목을 말하는 것으로 국어 수업과 관련된 여러 현상에 대해 개인이 가지고 있는 일종의 신념이나 가치 체계를 말한다. 이렇게 볼 때 좋은 국어 수업에 대한 관점은 '좋은' 국어 수업에 대한 개인이 가지고 있는 신념이나 가치 체계를 말한다(이재승, 2005: 4). 이에 이재승(2005)에서는 좋은 국어 수업을 하기 위한 올바른 관점 갖기의 필요성을 역설하며, 학습자, 언어, 교수(학습) 측면에서 다음과 같은 관점을 제시한 바 있다.[1]

〈학습자에 관한 관점〉

① 학생들을 존중해야 한다.

② 학생들은 할 수 있고 학습에 책임을 질 수 있다.

③ 학생들은 각기 다른 특성을 가지고 있다.

④ 학생들은 비어 있지 않고 채워져 있다.

〈언어에 관한 관점〉

① 언어는 부분이 아니라 하나의 전체이다.

② 언어는 삶 속에 녹아 있는 것이다.

③ 언어는 사회적 상호작용을 위한 것이다.

④ 언어 활동은 목적적 행위다.

⑤ 언어 행위는 곧 사고 행위다.

〈언어 교수(학습)에 대한 관점〉

① 뭔가 가르쳐 주어야 한다.

② 제재 보다는 방법을 강조해야 한다.

③ 아는 것 자체보다는 활용이 중요하다.

④ 학생 나름의 구성 행위를 강조한다.

⑤ 개별보다는 통합적 견지를 가져야 한다.

⑥ 과정 중심 접근을 취해야 한다.

⑦ 활동 중심의 국어 수업을 진행한다.

좋은 국어 수업을 대한 관점은 직접적으로 국어 수업에 영향을 미친다. 따라서 국어교육 현상을 제대로 이해하고 국어 수업을 잘하기 위해서는 좋은 국어 수업에 대한 일정한 관점을 갖고 있어야 한다.

2) 좋은 국어 수업의 특징

좋은 국어 수업은 교육학 일반에서 정의하는 좋은 수업의 조건에 부합한다. 앞서

---

1 이하 각각의 관점에 대한 구체적인 내용은 이재승(2005: 6~20)에서 참고할 수 있다.

살펴본 것처럼 교육적 보편성의 맥락에서 보면 그러하다. 그런데 그것만이 전부는 아니다. 수업의 보편적 자질은 우수하더라도 국어과 고유의 특성을 담보하지 못하면 그것은 좋은 국어 수업이라 할 수 없기 때문이다.

먼저 교육적 보편성의 맥락에서 흔히 언급되는 좋은 수업의 일반적 특성을 알아보자. 다음은 초·중·고 교사들이 생각하는 '좋은 수업'의 일반적인 특성이다(한국교육과정평가원, 2006).

① 수업 준비와 계획이 철저한 수업
② 수업 목표에 도달하는 수업
③ 흥미 있고 재미있는 수업
④ 학생들이 적극적으로 참여하는 수업
⑤ 교사와 학생 상호작용이 활발한 수업
⑥ 학생을 이해하고 눈높이를 맞추는 수업
⑦ 효과적인 수업 모형(방법) 적용하는 수업
⑧ 내용이 분명하게 전달되는 수업
⑨ 수업 자료, 교수 매체 등이 잘 갖추어진 수업
⑩ 평가를 통해 학생 이해와 흥미를 높이는 수업
⑪ 교실 환경이 잘 정비되고, 효과적인 학급 운영
⑫ 교사가 반성하고 연구하는 수업

위에서 언급한 좋은 수업의 특성은 '수업 준비와 계획이 철저한 국어 수업', '수업 목표에 도달하는 국어 수업'처럼 국어 수업 상황으로 구체화하여도 전혀 어색하지 않다. 따라서 국어 수업에서 위와 같은 특성이 드러난다면 좋은 국어 수업이라 할 수 있을 것이다.

한편, 박태호(2009: 18)는 좋은 수업의 일반적인 조건에 대한 검토 결과를 토대로 좋은 수업의 조건이 국어 수업에서 어떻게 실현되는지를 살펴본 바 있다. 이는 국어 수업 관찰 결과를 토대로 국어과의 특수성을 반영하여 좋은 국어 수업의 방향을 제시한 것이다.

① 교육과정 재해석에 기초한 목표 중심 국어 수업

② 문제 해결력을 중시하는 국어 수업

③ 안내자, 조력자로서의 교사 역할을 중시하는 국어 수업

  (국어 전문가인 교사의 설명과 시범)

④ 질문과 협동학습 및 사회적 상호작용을 장려하는 국어 수업

⑤ 체계적인 협동 학습활동 안내를 중시하는 국어 수업

⑥ 학생의 수준차를 고려하는 국어 수업

⑦ 즐거운 마음으로 가르치는 국어 수업

⑧ 학생의 인격을 존중하는 국어 수업

⑨ 교사와 학생의 역할 교대가 명시적인 국어 수업

⑩ 수업 운영 대화를 효과적으로 활용하는 국어 수업

이처럼 좋은 국어 수업은 다양한 관점에서 논의되고 정의될 수 있다. 이때 '좋은' 에 관한 가치 판단은 연구자나 논의 맥락에 따라 달라지기 때문에 객관적인 수업 평가 기준이 될 수는 없지만, 수업 개선을 위한 목적으로 한 수업 관찰이나 수업 성찰의 주제로 의미있게 활용할 수 있다.

2. 국어 수업 실연과 평가

국어 수업의 맥락은 다양하다. 학교 현장에서 현직교사가 국어과 교육과정 운영을 위해 일상적인 수업을 전개하거나 장학이나 평가를 목적으로 공개 수업을 하기도 한다. 또한 교원양성기관에서 예비교사의 국어 수업에 대한 전문성을 신장시키기 위해 수업 실연[2]을 하는 경우가 있다. 그리고 상황과 목적에 따라 국어 수업을 평가 하고 피드백을 제공하기도 한다.

---

2 흔히 '수업 시연'이라고도 한다. 하지만 '시연'이 '무용이나 연극 따위를 일반에게 공개하기 전에 시험적으 로 상연함'이라는 뜻이고, '실연'은 '실제로 하여 보임'인다는 사전적인 정의에 비춰보면 '수업 실연'이 더 적절한 용어이다.

가. 국어 수업 전문성 평가

국어 수업 평가는 궁극적으로 국어 수업에 관한 교사의 전문성을 신장시키는 데 목적이 있다. 이에 학교 현장에서는 다양한 형식과 평가 기준이 포함된 평가 양식을 활용하여 국어 수업을 평가한다.

국어 수업 개선을 위해서는 교사가 어떠한 부분에 노력을 기울여야 하는가를 평가 기준을 통해 판단할 수 있다. 따라서 국어 수업 평가 기준은 교사가 수업을 개선하고 전문성 발달을 향상시키는 지표가 될 수 있으며 다음과 같은 목적으로 활용할 수 있다(임찬빈 외, 2006: 1). 첫째, 교사가 수업 전문성 발달을 위해 지속적인 노력을 할 수 있는 기반을 제공한다. 둘째, 수업 연구나 동료 장학 시에 반성하고 탐구할 주제를 제공한다. 셋째, 교사의 직전 및 현직 교육을 위한 각종 프로그램 개발의 준거를 제공한다. 다음은 한국교육과정평가원에서 개발한 국어과 수업 평가 기준이다.

〈표 1〉 국어과 수업 평가 기준(임찬빈 외, 2006: 3~6)

평가 영역		평가 기준 요소
대영역	중영역	
지식 및 능력	I. 국어 교과 지식	**I-1. 국어과 교육과정에 대한 지식** 교사는 현행 교육과정의 의미와 방향, 내용의 범위와 계열을 숙지하고 있으며 교육과정을 재구성할 수 있는 역량을 가지고 있다.
		I-2. 국어 교과 내용에 대한 지식 교사는 국어과 영역인 듣기·말하기, 읽기, 쓰기, 문법, 문학, 매체의 내용에 대한 전문적인 지식을 지니고 있다.[3]
		I-3. 국어과 교수·학습 방법에 대한 지식 교사는 국어과와 관련한 다양한 교수학습 방법을 알고 있다.
	II. 학생의 언어 이해	**II-1. 학생의 언어 발달 및 개인차에 대한 이해** 교사는 학생의 보편적 언어 발달 및 언어 학습 과정에 대해 알고 있으며, 언어 수행시 보이는 개인차에 대해서 이해한다.
		II-2. 학생의 언어 문화에 대한 이해 교사는 학생의 언어 경험과 문화가 가지는 의의와 특성에 대해 이해한다.
	III. 국어 능력	**III-1. 국어 수행 능력** 교사는 듣기, 말하기, 읽기, 쓰기 능력, 국어 탐구 능력, 문학적 감상과 창작 능력, 미디어 소통 능력을 갖추고 있다.

		Ⅲ-2. 국어 시범 능력 교사는 국어 수행 원리와 전략을 학생이 용이하게 인식하고 활용할 수 있도록 시범을 보일 수 있는 능력을 갖추고 있다.
		Ⅲ-3. 국어 평가 능력 교사는 학생의 언어 수행 과정과 결과를 타당하고 신뢰 있게 평가할 수 있는 능력을 갖추고 있다.
계획	Ⅳ. 수업 설계	**Ⅳ-1. 학습 목표와 내용 선정** 교사는 국어과 학습 내용 및 학생들의 다양한 특성과 요구를 고려하여 학습 목표를 명료하게 설정하고, 국어과 교육과정과 교과서를 분석하여 학년·단원의 위계성과 계열성에 적합한 학습 내용을 선정 조직하기 위한 계획을 수립한다.
		Ⅳ-2. 교수학습 모형 및 절차 계획 교사는 국어 학습 목표 도달에 적절한 국어 수업의 일반적 절차와 국어과 교수학습 모형을 이해하여, 이에 적절하고 효율적인 국어 수업의 절차를 계획한다.
		Ⅳ-3. 교수학습 활동 및 방법 계획 교사는 학생들에게 유의미한 언어적 학습 경험을 제공하는 학습 활동과 방법을 구안하여 조직하고 수업시간을 배분하며 이를 지원하기 위한 집단 운영 계획을 수립한다.
		Ⅳ-4. 학습 자료 및 매체 활용 계획 교사는 국어 수업에서 학생들에게 유의미한 학습이 일어날 수 있도록 다양한 학습 자료와 매체, 필요한 자원 활용을 계획하며, 필요한 경우 교과서에 제시된 제재나 활동을 재구성하거나 대안적인 자료의 활용에 대한 계획을 수립한다.
		Ⅳ-5. 학생 평가 계획 교사는 학생들의 학습 성취를 확인하기 위해 학습 목표와 일치하는 타당한 평가 기준과 방법을 수립하고, 학생들의 이해 수준과 학습발전 정도를 확인하여 수업 개선을 가져올 수 있는 평가 결과 활용의 계획을 마련한다.
실천	V. 국어 학습 환경 조성	**V-1. 효과적인 수업을 위한 시·공간 환경 조성** 교사는 모든 학생이 국어 학습 활동에 적극적으로 참여하고 구성원 간의 상호작용이 활발하게 일어날 수 있도록 효율적인 시·공간 환경을 조성한다.
		V-2. 자율적이고 효율적인 소통의 규칙과 절차 교사는 학생의 국어사용 능력의 차이와 특성을 존중하고 서로를 배려하는 자율적 학습 분위기를 조성하며, 수업 방법 및 특성에 맞춰 효율적인 소통의 규칙과 절차를 개발하여 사용한다.
	Ⅵ. 수업 실행	**Ⅵ-1. 선행지식 활성화와 동기 유발** 교사는 수업에 영향을 주는 다양한 요소들을 고려하여 학생들의 학습 동기를 유발하고, 능동적이고 적극적인 참여를 조장하며, 모든 학생들이 학습 기회를 최대화할 수 있도록 지도한다.
		Ⅵ-2. 학습 목표와 학습 활동 관련 교사는 수업에서 의도한 학습 목표와 학생들이 실제로 참여하는 학습 활동을

		유기적으로 관련짓는다.
전문성		**Ⅵ-3. 다양하고 적절한 수업 전략** 교사는 수업 전반을 통해 학습 목표, 학습 내용, 학생의 특성과 요구에 부합하는 다양하고 적절한 교수기법과 전략을 사용한다. 수업 방법 및 특성에 따라 학생 집단을 적절하게 구성하여 운영하며, 수업단계, 상황에 따라 적절한 교수매체를 활용한다.
		Ⅵ-4. 수업 계획의 실천과 유연한 상황 대처 교사는 수업설계에서 수립한 수업 계획을 실행에 옮기되 수업 상황에서 예기치 못한 사태가 발생했을 때 적절히 대응하고, 수업에서 요구되는 주요 변화와 계획 수정을 성공적으로 이루어내며 예기치 않게 발생한 학습 기회를 적극 활용한다.
		Ⅵ-5. 언어적 상호작용 촉진 교사는 학생들의 발화 의욕을 고취시켜 교사·학생 간 또는 학생 상호간에 언어적 의사소통이 활발히 일어나도록 다양하고 적절한 수준의 질문을 사용한다.
		Ⅵ-6. 피드백 제공 교사는 학생들의 이해를 점검하고 학습 효과를 증진시키기 위해 적시에, 정확하고 구체적이며, 건설적인 피드백을 제공한다.
		Ⅵ-7. 교과서 및 자료 활용 교사는 수업 전반에서 교과서를 적절히 활용하되, 유의미한 학습 기회를 줄 수 있다고 판단될 때 수업 단계, 활동 특성에 따라 적합한 자료를 활용한다.
	Ⅶ. 학생 평가	**Ⅶ-1. 평가 실행** 교사는 수업 설계 단계에서 수립한 평가 계획에 따라 학생의 국어 수행 능력을 평가하며, 학생의 자기 평가와 동료 평가를 효율적으로 실행시킨다.
		Ⅶ-2. 평가 결과 활용 교사는 평가 결과를 활용하여 수업 효과를 분석하고 차후 수업 계획 및 전략을 개선하며, 학생과 학부모 등 다양한 주체와 의사소통한다.
전문성	**Ⅷ. 교수 학습에 대한 지속적 노력**	**Ⅷ-1. 수업에 대한 반성** 교사는 자신의 수업을 객관적으로 평가하여 강점과 약점을 정확하게 파악하고, 이를 수업 개선에 활용한다.
		Ⅷ-2. 동료 교사와의 협력 교사는 수업 개선을 위해 동료 교사와 협력하고, 자신이 알고 있는 지식과 정보를 동료 교사와 공유한다.
		Ⅷ-3. 학부모 및 지역 단체와의 협조 교사는 학부모나 지역 단체에게 학생 및 교수학습과 관련한 정보를 주기적으로 제공하고, 또 학부모나 지역 단체로부터 수업 참여 및 지원을 적절히 이끌어 낸다.
		Ⅷ-4. 전문성 발달 노력 교사는 국어과 지식과 수업 기술 향상을 위해 부단히 노력하고, 교과 연구자, 동료 장학자 등의 전문적 역할을 기꺼이 수행한다.

위의 국어과 수업 평가 기준은 교사의 수업 전문성 평가를 위한 것으로 수업의 전-중-후 활동을 망라하는 포괄적인 기준이다. 따라서 교사가 수업을 준비하기 위한 과정, 실제 수업 실행, 수업 후 반성과 평가, 향후 개선 노력 등을 종합적으로 평가할 수 있다. 하지만 국어 수업 목적과 상황에 따라 유연하게 선택할 수 있는 종합적인 기준 목록이다. 즉, 국어과 수업 평가 기준은 모든 수업에 획일적이고 고정적으로 적용하는 것이 아니라 목적과 상황에 따라 기준들을 선정, 조합하고 국어과 각 영역의 특성에 따라 그것들을 변용하여 달리 적용할 수 있다. 그리고 수업 평가 기준의 적용은 차시 수업에 국한되지 않는다. 수업 평가 기준을 수업 전-중-후를 포괄하여 설정한 만큼 수업을 위한 장·단기적인 계획이나 단원 단위로도 활용할 수 있다.

나. 국어 수업 실연 능력 평가[4]

예비교사의 국어 수업 능력을 신장시키기 위해 흔히 마이크로티칭(micro-teaching) 방법을 적용한다. 마이크로티칭은 계획한 수업을 짧은 시간 동안 축소하여 실시하는 방법이다. 교수·학습의 시간, 방법, 학습자 수나 교실의 크기 등을 실제 수업보다 간략하게 축소하여 모의 수업을 진행하고 녹화하여 분석하는 과정을 통해 전문가적 시각이나 수업 비평적 사고 능력을 기르고 부족한 점을 보완하는 방법이다. 주로 수업의 기술을 습득하거나 개선하는 방법으로 활용된다.

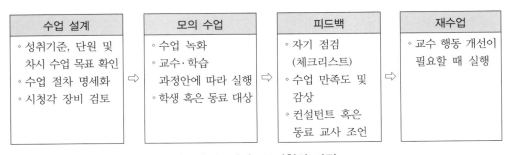

〈그림 1〉 마이크로티칭의 과정

3 2022 국어과 교육과정의 영역 구분에 따라 수정하였다.
4 이하 내용은 황미향 외(2024: 230~233)의 내용을 정리한 것이며, 수업 분석 및 평가를 위한 체크리스트는 같은 책 229쪽, 231~232쪽에서 참고할 수 있다.

마이크로티칭의 과정은 크게 수업 계획, 모의 수업, 피드백과 평가, 재수업의 과정을 거친다. 수업 계획은 핵심적으로 교수 기능을 설계하고, 학습의 규모와 대상, 수업 시간 등을 확인한다. 교수 기능은 수업에서 교사가 준비하고 실행해야 할 핵심 요소로서 교육과정 성취기준에 대한 해석과 적용, 단원 및 차시 수업 목표 및 내용을 확인하고 수업 절차를 명세화하는 등 교수·학습 설계 활동에 해당한다. 또 시청각 장비를 완벽하게 검토하여 수업에서 시간이나 학습자의 사고에 방해가 되지 않도록 준비한다.

모의 수업은 앞에서 설계한 교수·학습 과정안에 따라 실행하는데 실제 학생을 대상으로 하거나 동료 교사를 대상으로 실행할 수 있다. 모의 수업은 교사의 교수 능력을 위한 것이므로 대상이 학생이 아니어도 효과 차이는 큰 의미가 없다고 본다. 일반적으로 모의 수업은 촬영 녹화하여 활용한다. 사전에 촬영 준비를 철저히 하여 녹화하고 분석할 수 있도록 한다.

모의 수업에 대한 피드백과 평가는 수업이 이루어진 직후 즉각적으로 시행하는 것이 가장 효과적이다. 이때 수업 분석을 위해 다양한 체크리스트를 활용하기도 한다. 수업자의 자기 점검, 학생의 평가 및 수업 만족도, 감상, 전문가나 동료 교사의 조언 등의 활동이 이루어진다. 평가에 따라 재수업이 이루어지는 경우도 있는데, 재수업은 교수 행동의 개선이 필요한 경우 보완된 내용을 마련하고 실행한다. 재수업도 수업 이후 최대한 빨리 시행해서 개선하는 것이 좋다.

모의 수업을 보고 이루어지는 수업 비평이나 토론 활동은 수업자에게는 물론이고 더불어 논의하는 동료 교사에게도 수업에 대한 안목을 높이고 수업기술 향상에 도움을 준다. 교사 간 서로의 수업을 분석하고 장단점과 개선점을 제안하는 등 상생하는 피드백을 할 필요가 있다.

수업자는 수업을 설계하고 실연하고 평가회를 한 후에 자신의 수업에 대해 성찰하며 마무리를 짓는 것이 좋다. 수업에서 자신이 개선해야 할 방향을 탐색하여 정리하고 새롭게 알게 된 내용을 수용하여 새로운 수업에 적용하려는 자세가 필요하다.

다. 초등교사 임용을 위한 수업 능력 평가

초등교사가 되기 위해서는 '초등교사 임용후보자 선정경쟁시험(이하 초등 임용 시험)'을 통과해야 한다. 초등 임용 시험은 1차와 2차 두 차례에 걸쳐 실시된다. 1차 시험 과목은 '교직 논술', '교육과정', '한국사'이고, 2차 시험 과목은 '교직 적성 심층 면접', '수업 실연', '영어 수업 실연', '영어 면접'이다. 다음은 주요 시도교육청의 2차 임용 시험 계획이다.

〈표 2〉 2024년 경상북도 교육청 초등 임용 시험 계획(제2차)

선발 분야	시험 과목	배 점	출제 범위	문항수	시 간 (분)	비고
초등학교 교　사	교직적성 심층면접	30	◦ 교사로서의 적성, 교직관, 인격 및 소양	3	10	구술형
	교수·학습 과정안 작성	10	◦ **교과과정의 일정단원에 대한 교수·학습 과정안 작성**	1	60	**서술형**
	수업실연	40	◦ **교사로서의 학습지도 능력과 의사소통 능력**	1	15	**구술형**
	영어 수업실연	10	◦ 영어로 진행하는 수업 능력	1	5	구술형
	영어면접	10	◦ 영어 의사소통 능력	2	5	구술형

※ 한국교육과정평가원에서 출제되며, 교수·학습 과정안 작성과 수업 실연 문항은 다를 수 있습니다.

〈표 3〉 2024년 울산광역시 교육청 초등 임용 시험 계획(제2차)

선발 분야	시험 과목	배 점	출제 범위	문항수	시 간 (분)	비고
초등학교 교　사	교직적성 심층면접	40	◦ 교사로서의 적성, 교직관, 인격 및 소양	3	10	구술형
	교수·학습 과정안 작성	10	◦ **교과과정의 일정단원에 대한 교수·학습 과정안 작성**	1	60	**서술형**
	수업실연	30	◦ **교사로서의 학습지도 능력과 의사소통 능력**	1	15	**구술형**
	영어 수업실연	10	◦ 영어로 진행하는 수업 능력	1	5	구술형
	영어면접	10	◦ 영어 의사소통 능력	2	5	구술형

※ 한국교육과정평가원에서 출제되며, 교수·학습 과정안 작성과 수업 실연 문항은 다를 수 있습니다.

〈표 4〉 2024년 대구광역시 교육청 초등 임용 시험 계획(제2차)

선발 분야	시험 과목	배 점	출제 범위	시 간 (분)	비고
초등학교 교 사	교직적성 심층면접	45	◦교사로서의 적성, 교직관, 인격 및 소양	10	구술형
	수업 실연 (수업 설계 포함)	45	**◦수업 설계를 통한 학습지도 능력과 의사소통 능력**	25	
	영어 수업실연	5	◦영어로 진행하는 수업 능력	5	
	영어면접	5	◦영어 의사소통 능력	5	

※ 대구광역시교육청에서 자체 출제하며, 배점 및 시간, 출제범위 등은 상황에 따라 일부 변경될 수 있습니다.

〈표 5〉 2024년 경기도 교육청 초등 임용 시험 계획(제2차)

선발 분야	시험 과목	배 점	출제 범위	문항수	시 간 (분)	비고
초등학교 교 사	개별 면접	40	◦교사로서의 적성, 교직관, 인격 및 소양	5	15	구술형
	수업 실연	25	**◦교사로서의 학습지도 능력과 의사소통 능력**	1	15	**구술형**
	수업 나눔	25		3	10	**구술형**
	영어 수업실연	5	◦영어로 진행하는 수업 능력	1	6	구술형
	영어면접	5	◦영어 의사소통 능력	2	4	구술형

※ 문항수, 배점, 시간, 출제 점위 등은 상황에 따라 변경될 수 있습니다.

〈표 6〉 2024년 광주광역시 교육청 초등 임용 시험 계획(제2차)

선발 분야	시험 과목		배 점	출제 범위	문항수	시 간 (분)	비고
초등학교 교 사	교직 적성 심층 면접		30	◦교사로서의 적성, 교직관, 인격 및 소양	3	10	구술형
	수업 능력 평가	**수업 실연**	30	**◦교사로서의 학습지도 능력과 의사소통 능력**	1	20	**구술형**
		수업 면접	30		4	10	**구술형**
	영어 수업실연		5	◦영어로 진행하는 수업 능력	1	6	구술형
	영어면접		5	◦영어 의사소통 능력	2	5	구술형

※ 교직 적성 심층 면접, 영어 수업 실연, 영어 면접 문항은 한국교육과정평가원에서 출제하고, 수업 실연과 수업 면접 문항은 광주광역시교육청에서 자체 출제합니다.

앞에서 살펴본 바와 같이 2차 초등 임용 시험은 각 시도교육청에 따라 시험 과목, 배점, 출제 범위, 시간 등이 다소 다르다. 2차 임용 시험은 한국교육과정평가원에 위탁하여 출제하거나 각 시도교육청에서 자체적으로 출제하기도 한다. '수업 실연'은 일반 교과 수업과 영어 교과의 수업 실연으로 구분된다. 교과 수업 능력 평가는 경북 교육청이나 울산교육청처럼 수업 설계(교수·학습 과정안 작성)와 수업 실연을 별도의 시험 과목으로 평가하기도 하고, 대구교육청과 같이 수업 설계를 수업 실연 과목에 포함해서 평가하기도 한다. 그리고 경북교육청이나 울산교육청처럼 시험 과목이 동일하더라도 각 과목의 배점은 다소 차이가 있다. 시도교육청 중 경기교육청과 광주 교육청은 수업 실연 과목을 교육청 자체적으로 출제하는데 경기교육청은 '수업 나눔', 광주교육청은 '수업 면접'을 '수업 실연'과 함께 수업 능력을 평가하는 과목으로 세분화하여 평가한다. 어떤 경우이든 수업 실연 능력(수업 능력)은 2차 임용 시험에서 가장 큰 비중을 차지한다.

초등 임용 시험에서 수업 실연의 평가 기준은 출제 범위에 명시된 것처럼 '교사로 서의 학습지도 능력과 의사소통 능력'이다. 교과 교육과정(교과서)에 대한 이해를 기 반으로 차시 단위의 수업을 설계하고 학생들과 상호작용하며 수업을 전개할 수 있는 의사소통 능력이 주된 평가 내용이다. 그런데 수업 실연이 교실 수업 상황을 가정한 시험 상황에서 이루어지기 때문에 교사 혼자서 학생들과 상호작용하는 방식으로 수 업을 전개하고 이를 통해 수업 능력을 평가받게 된다. 이는 마이크로티칭에서 학습 자 역할을 해 주는 동료들과 직접 상호작용하며 의사소통하는 방식과는 전혀 다른 형태로 수업 실연이 이루어진다. 따라서 임용 시험을 준비하기 위한 수업 실연은 시험 상황을 고려하여 혼자서 가상의 학생들과 상호작용하며 의사소통하는 연습이 필요하며, 이때 구체적인 평가 기준을 갖고 수업 실연 능력을 평가하여 피드백을 제공해 주어야 한다. 다음은 임용 시험 준비 과정에서 활동할 수 있는 평가 기준의 예이다.

〈표 7〉 수업 실연 평가 기준의 예

	평가 항목	평가 관점	점수		
1	학습목표의 제시	학습목표를 학습자가 명확하게 이해하도록 제시하였는가?	3	2	1
2	사전지식 활성화와 동기유발	학습동기를 유발하는가?	3	2	1
3	이해와 사고를 촉진하는 수업전략	이해와 사고를 촉진하는 수업전략을 활용하는가?	3	2	1
4	내용제시와 설명의 구체성 및 정확성	수업내용이 구체적이고 명료한가?	3	2	1
5	수업자료 또는 매체의 효과적 활용	수업자료 또는 매체를 효과적으로 활용하는가?	3	2	1
6	명료한 의사소통 및 적절한 언어사용	언어사용 및 의사소통 방법이 학습지도에 적절한가?	3	2	1
7	효과적인 질문전략	학생들의 사고를 촉진하는 질문을 하는가?	3	2	1
8	이해 점검 및 피드백 제공	학생 이해도를 점검하고 적절한 피드백을 제공하는가?	3	2	1
9	구조화된 수업 조직과 효율적인 시간 관리	교수·학습이 체계적이고 계획대로 이루어지는가?	3	2	1
10	열의 있고 헌신적인 수업태도	열의 있고 헌신적인 태도로 수업을 진행하는가?	3	2	1
총점			/30점		

　　위의 평가 기준은 임용 시험을 대비한 일반적인 수업 실연 능력을 평가할 때 활용할 수 있다. 그런데 각 시도교육청의 임용 시험에서는 수업 실연의 '조건이나 유의점'이 제시되는 경우가 있다. 그런 경우에 수업 실연의 조건이나 유의점은 평가할 때 평가의 준거가 됨으로 수업 실연을 연습할 때 반드시 평가 기준에 반영하여 조건을 충족하는지를 확인하고 점검해야 한다.

참고 문헌

1장 국어과 교수학습

교육부(2022), 『국어과 교육과정』, 교육부.

국어교육 미래 열기(편)(2009), 『(제3판) 국어교육학개론』, 삼지원.

류덕제, 황미향, 윤준채, 진선희, 이수진, 박창균(2017), 『초등 국어교육의 이론과 실제』, 보고사.

윤준채(2006), 「교육과정, 수업, 평가에 대한 새로운 이해」, 『국어교육』 121, 한국어교육학회.

Applebee, A. N.(1996), *Curriculum as conversation: Transforming traditions of teaching and learning*, Chicago: University of Chicago Press.

Newman, D., Griffin, P., & Cole, M.(1989), *The construction zone: Working for cognitive change in school*, New York: Cambridge University Press.

Polanyi, M.(1961), The logic of tacit inference, *Philosophy, 41(155)*, 1-18.

Raphael, T. E. & Hiebert, E. H.(1996), *Creating an integrated approach to literacy instruction*, Fort Worth, TX: Harcourt Brace College Publishers.

Vygotsky, L. S.(1978), *Mind in society: The development of higher psychological processes*, Cambridge, MA: Harvard Univ Press.

Wells, G., & Chang-Wells, G. L.(1992), *Constructing knowledge together: Classrooms as centers of inquiry and literacy*, Portsmouth, NH: Heinemann.

2장 듣기·말하기 교육론

교육부(2022), 국어과 교육과정, 교육부 고시 제2022-33호[별책 5].

류성기(2003), 『말하기·듣기 교육론』, 박이정.

류덕제·황미향·윤준채·진선희·이수진·박창균(2017), 『초등 국어교육의 이론과 실제』, 보고사.

민병곤(2005), 「화법 교육의 이론화 방향 탐색」, 『국어국문학』 140, 국어국문학회.

박영목·한철우·윤희원(1995), 『국어과 교수·학습 방법 탐구』, 교학사.

박재현·구영산·김승현·김유경·김윤경·김윤옥·김윤정·김정란·박성석·박종훈·박준홍·박창균·박현희·백정이·서영진·서현석·손다정·송유경·이민형·이창덕·전은주·정다운·정민주·조재윤·최영인(2023), 『화법 교수학습 모형』, 사회평론.

박창균(2008), 「언식성(oracy)의 개념과 성격에 관한 고찰」, 『화법연구』 10, 한국화법학회.

박창균(2018), 「말하기 평가 방법에 대한 비교 연구」, 『학습자중심교과교육연구』 18(3), 학습자중심교과교육학회.

박창균·김채은·박종호(2022), 『의사소통의 이해와 실천』, 교우미디어.

박창균·조재윤(2023), 「구술성 변화에 따른 의사소통의 관점 탐색」, 『국어교육연구』 52, 서울대학교 국어교육연구소.

신헌재·권혁준·김선배·류성기·박태호·염창권·이경화·이재승·이주섭·천경록·최경희(2009), 『초등 국어과 교수·학습 방법』, 박이정.

이창덕(2003), 「음성언어 생태와 듣기·말하기 교육」, 『한국초등국어교육』 22, 한국초등국어교육학회.

이창덕(2008), 「화법 능력과 화법(듣기·말하기) 교과서 개발 원리」, 『화법연구』 12, 한국화법학회.

이창덕·임칠성·심영택·원진숙(2010), 『삶과 화법』, 박이정.

전은주(1999), 『말하기·듣기 교육론』, 박이정.

Fujishin, R.(박창균 외 역, 2024), 『협력적 의사소통의 기술』, 미래엔.

Mehrabian, A.(1971), *Silent Messages*, Wadsworth Publishing Company.

Pinnell, G. S., & Jagger, A. M.(2002), Oral Language: Speaking and Listening in the Elementary Classroom, In J. Hood et al., *Handbook of research on teaching in the English language arts*(2nd), New York Erlabaum.

Reardon, K.(임칠성 역, 1997), 『대인 의사소통』, 한국문화사.

Stewart, J., Zediker, K., & Wittebborn, S.(서현석 외 역, 2015), 『소통:협력적인 의사소통 방법-사회구성주의적 접근』, 커뮤니케이션북스.

3장 읽기 교육론

교육부(2022), 『국어과 교육과정』, 교육부.

교육부(2024), 『국어 1-1 교사용지도서』, ㈜미래앤.

류덕제, 황미향, 윤준채, 진선희, 이수진, 박창균(2017), 『초등 국어교육의 이론과 실제』, 보고사.

윤준채(2006ㄱ), 「교육과정, 수업, 평가에 대한 새로운 이해」, 『국어교육』 121, 한국어교육학회.

윤준채(2006ㄴ), 「읽기: 그 개념에 대한 은유적 이해」, 『청람어문교육』 34, 청람어문교육학회.

Boyarin, J.(1993), Palcing reading: Ancient Israel and Medieval Europe, In J. Boyarin(Ed.), *The ethnography of reading*(pp.10-37), Berkeley, CA: University of California Press.

Darling-Hammond, L., Ancess, J., & Falk, B.(1995), A*uthentic assessment in action,* New York: Teachers College Press.

Huey, E. B.(1908/1968), *The psychology and pedagogy of reading*, Cambridge, MA: MIT Press.

McNeil, J.D.(1978), *Reading comprehension: New directions for classroom practice,*

Glenview, IL: Scott, Foresman & Company.

Newman, D., Griffin, P., & Cole, M.(1989), *The construction zone: Working for cognitive change in school,* New York: Cambridge University Press.

Pearson, P. D., & Gallagher, M. C.(1983), The instruction of reading comprehension, *Contemporary Educational Psychology,* 8, 317-344.

Rosenshine, B.(1976), Classroom instruction, In N. L. Gage(Ed.) *The psychology of teaching methods* (pp.335-371), Seventy-fifth Yearbook of the National Society for the Study of Education, Chicago: University of Chicago Press.

Straw, S.B., & Sadowy, P.(1990), Dynamics of communication: Transmission, translation, and interaction in reading comprehension, In A. Bogdan & S. B. Straw(Eds.), *Beyond communication: Reading comprehension and criticism* (pp.21-47), Portsmouth, NH: Boyton/Cook.

Tierney, R. J., & Readence, J. E.(2005), *Reading strategies and practices: A compendium* (6th ed.), Boston: Allyn & Bacon.

Vygotsky, L. S.(1978), *Mind in society: The development of higher psychological processes,* Cambridge, MA: Harvard Univ Press.

4장 쓰기 교육론

교육부(2022), 『국어과 교육과정』, 교육부 고시 제 2022-33호 [별책 5].

노명완·박영목·권경안(1988), 『국어과교육론』, 갑을출판사.

류덕제·황미향·윤준채·진선희·이수진·박창균(2017), 『초등 국어교육의 이론과 실제』, 보고사.

박영목(1994), 「의미 구성의 설명 방식」, 『선청어문』 22, 서울대 국어교육과.

박영민·이재기·이수진·박종임·박찬흥(2016), 『작문교육론』, 역락.

박인기·정승우·정홍진·곽지순·박창균·도정미·이지영(1999), 『국어과 수행평가』, 삼지원.

박태호(1996), 『사회구성주의 패러다임에 따른 작문 교육 이론 연구』, 한국교원대 석사학위논문.

박태호(2006), 『어린이와 함께 하는 교과서 논술』, 디앤에이치.

배향란(1995), 『쓰기의 총체적 평가 방법 연구』, 한국교원대 석사학위논문.

신헌재·권혁준·김선배·류성기·박태호·염창권·이경화·이재승·이주섭·천경록·최경희(2005), 『예비교사와 현장교사를 위한 초등 국어과 교수·학습 방법』, 박이정.

오택환(2007), 『협동 작문이 작문 능력과 작문 태도에 미치는 효과』, 고려대 박사학위논문.

임천택(1998), 『쓰기 포트폴리오를 통한 초등학생의 자기 평가 반응에 관한 연구』, 한국교원대 석사학위논문.

임천택(2002), 『학습자 중심의 국어과 평가』, 박이정.

이수진(2010), 「형식주의 작문이론의 교육적 재검토」, 『작문연구』 11, 한국작문학회.

이수진(2019), 「장르 중심 쓰기교육의 실천 현황과 과제: 초등 쓰기교육을 중심으로」, 『작문연구』 43, 한국작문학회.

이수진·전제응·김혜선·최종윤·신선희·박혜림(2024), 『교실에서 바로 적용하는 초등쓰기교육론』, 미래엔.

이재승(2002), 『글쓰기 교육의 원리와 방법』, 교육과학사.

이재승(2004), 『아이들과 함께하는 독서와 글쓰기 교육』, 박이정.

조은수(1997), 「작문 능력 발달에 영향을 미치는 요인 고찰」, 『청람어문학』 17(1), 청람어문교육학회.

최현섭·박은주·곽지순·박창균·이지영(2001), 『창의적인 쓰기수업 어떻게 할까?』, 박이정.

최현섭·최명환·노명완·신헌재·박인기·김창원·최영환(2005), 『국어교육학개론 제2판』, 삼지원.

Bereiter, C.(1980), Development in writing, in L.W. Gregg & E.R. Steinberg (eds), *Cognitive process in writing*, Hillsdale, N.J. LEA.

Callaghan, M. & Rothery, J.(1988), *Teaching functional writing: A Genre based approach*, DSP Literacy Project, Metropolitan East Region.

Diederich, P. B.(1974), *Measuring growth in English*, IL: NCTE.

Emig, J.(1971), *The composing process of twelfth graders*, National Council of Teachers of English.

Flower, L.(1981), *Problem Solving Strategies for Writing*, Harcourt Brace Jovanovich, Inc.

Flower L.S. & Hayes J. R. (1981), Cognitive process theory of writing. *College Composition and communication*, 32.

Hayes J. R.(2000), A new framework for understanding cognition and affect in writing, In Indrisano R. & Sqire J. R. eds, *Perspectives on wrirting*, IRA.

Vygotsky L.(1978), *Mind in society*, MA: Havard University Press.

5장 문법 교육론

교육부(2022), 『국어과 교육과정』, 교육부 고시 제2022-33호 [별책 5].

구본관 (2010), 「문법 능력과 문법 평가 문항 개발의 방향」, 『국어교육학연구』 37, 국어교육학회.

김광해(1997), 『국어지식 교육론』, 서울대 출판부.

김진우(1985), 『언어』, 서울: 탑출판사.

노은희 외 (2022ㄱ), 『2022 개정 국어과 교육과정 시안 개발 연구』, 한국교육과정평가원 연구보고 CRC 2022-2.

노은희 외(2022ㄴ), 『2022 개정 국어과 교육과정 시안(최종안) 개발 연구』, 한국교육과정평가원 연구보고 CRC 2022-14.

이관규 외 역(2015), 『교사를 위한 문법 이야기』, 사회평론, Williams, J. D.(2006), *The teacher's grammar book*. Routledge.

황미향(2013), 「문법 교육에서 '탐구'의 의미」, 『국어교육연구』 53, 국어교육학회.

황미향(2016), 「동음이의어 교육의 실태와 대안」, 『국어교육연구』 60, 국어교육학회.

황미향(2018), 「초등 문법 교육의 내용과 방법 연구」, 『초등교육연구논총』 34(2), 대구교육대학교 초등교육연구소.

황미향(2023), 「질문 중심 문법 탐구 학습 설계를 위한 시론」, 『한국초등국어교육』 76, 한국초등국 어교육학회.

황미향 외(2020), 『학교 문법과 문법 교육』(개정판), 박이정.

6장 문학 교육론

L. M. 로젠블렛(김혜리 역, 2008), 『독자, 텍스트, 시』, 한국문화사.

교육부 고시 제2022-33호, 국어과 교육과정.

구인환 외(2007), 『문학교육론』, 삼지원.

김남희(2007), 「현대시의 서정적 체험 교육 연구」, 박사학위논문, 서울대학교대학원.

김중신(1994), 「서사 텍스트의 심미적 체험의 구조와 유형에 관한 연구」, 박사학위논문, 서울대학 교대학원,

김창원(2011), 『문학교육론』, 한국문화사.

다니엘 페낙·미셸 투르니에 외(박언주·박희원 역, 2004), 『상상력 먹고 이야기 똥 싸기』, 낮은산.

신헌재 외(2015), 『초등문학교육론』, 박이정.

이향근(2015), 『시교육과 감성의 힘』, 청동거울.

진선희(2006), 「학습 독자의 시적 체험 특성에 따른 시 읽기 교육 내용 설계 연구」, 박사학위논문, 한국교원대학교대학원.

진선희(2007), 『문학체험연구』, 박이정.

진선희(2018), 『문학과 사랑의 교육학』, 역락.

진선희·이향근(2018), 『초등시교육론』, 박이정.

최지현(1997), 「한국근대시 정서체험의 텍스트 조건 연구」, 박사학위논문, 서울대학교대학원.

7장 매체 문식성 교육론

교육부(2022), 국어과 교육과정, 교육부 고시 제2022-33호[별책 5].

김대행(1998), 「매체언어교육론 서설」, 『국어교육』 97, 한국국어교육연구학회.

김승종·류수열·이용욱(2010), 『키워드로 읽는 매체언어』, 글누림.

김아미(2015), 『미디어 리터러시 교육의 이해』, 커뮤니케이션북스.

박인기(2002), 「문화적 문식성의 국어교육적 재개념화」, 『국어교육학연구』 15, 국어교육학회.

박인기·곽지순·박창균·함욱·이지영·정유진·배능재(2003), 『국어교육과 미디어 텍스트(제2판)』, 삼지원.

박창균(2019), 「문화적 문식성 신장을 위한 매체언어 교육의 방향」, 『국어교육연구』 70, 국어교육학회.

윤여탁·최미숙·김정자·정현선·송여주(2009), 『매체언어와 국어교육』, 서울대학교출판문화원.

전경란(2015), 『미디어 리터러시의 이해』, 커뮤니케이션북스.

정현선(2004), 『다매체 시대의 국어교육과 문화교육』, 역락.

정현선(2007), 「기호와 소통으로서의 언어관에 따른 매체언어교육의 목표에 관한 고찰」, 『국어교육연구』 19, 서울대학교 국어교육연구소.

정현선·박유신·전경란·박한철·이지선·노자연·이현석(2015), 「미디어 문해력(media literacy) 향상을 위한 교실수업 개선방안 연구」, 교육부 2015-12, 교육부.

최미숙·원진숙·정혜승·김봉순·이경화·전은주·정현선·주세형(2012), 『국어교육의 이해』, 사회평론.

최숙기(2017), 「청소년 온라인 독자의 LESC 독해 처리 과정 모형에 기반한 읽기 교수 학습 프로그램 개발 연구」, 『학습자중심교과교육연구』 17(8), 학습자중심교과교육학회.

최지현(2007), 「매체언어교육을 위한 교수·학습 방법 탐구」, 『국어교육학연구』 28, 국어교육학회.

Barbara, J.(2002), *Literacy in America: An encyclopedia of history*, theory and practice, Santu Barbara, CA: ABC-CLIO.

Bawden, D.(2001), Information and digital literacies: review of concepts, *Journal of Documentation, 57*(2), pp.218-259.

Bill Cope, & Mary Kalantzis(2002), *MULTILITERACIES: Literacy learning and design of social futures*, Routledge.

Buckingham, D.(2003), *Media Education: literacy, learning and contemporary culture*, Cambridge, UK: Polity.

Buckingham, D.(2007), Media education goes digital: An introduction, *Learning, Media and Technology, 32*(2), pp.111-119.

Burn, A., & Leach, J.(2004), *ICT and moving image literacy in English, The impact of ICT on Literacy Education*, London and New York: Routledge Falmer.

Collins, J., & Blot, R. K.(2003), *Literacy and Literacies: Texts, power, and identity*, Cambridge: Cambridge University Press.

Jewitt, C.(2008), Multimodality and literacy in school classroom, *Review of research in education, 32*(1), pp.241-267.

Jewitt, C., & Kress, G.(2003), *Multimodal Literacy*, New York: Peter Lang.

Kress, G., & van Leeuwen, T.(1996), *Reading Images: the Grammar of Visual Design*, London: Routledge.

Masterman, L.(1985), *Teaching the media*, London & New York: Routledge.

Purves, A. C., Papa, L., & Jordan, S.(Ed.)(1994), *Encyclopedia of English Studies and Language Arts*, vol. 1, NCTE.

Renee Hobbs(2017)/윤지원 옮김(2021), 『디지털·미디어 리터러시 수업』, 학이시습.

Schwarz, G., & Brown, P. U.(Ed.)(2005), *MEDIA LITERACY: TRANSFORMING CURRICULUM AND TEACHING*, Blackwell Publishing Inc.

Wall, P.(2007), *Media Studies for AQAGCSE: Teacher's Resource*, London: Collins.

Wilson, C., & Duncan, B.(2009), Implementing mandates in media education: The Ontario experience, *COMUNICAR, 32*, pp.97-107.

8장 통합적 국어교육

김명순(2011), 「국어과 교육과정에 나타난 국어과 통합 교육에 대한 고려 양상」, 『국어교육학연구』 41, 국어교육학회.

김병수(2015), 「통합형 국어과 교육과정의 과제와 전망」『학습자중심교과교육연구』 15(8), 학습자중심교과교육학회.

박인기 외(2005), 『문학을 통한 교육』, 삼지원.

유광찬(2000), 『통합 교육의 탐구』, 교육과학사.

유한구(2004), 「초등 통합교과 지도 프로그램 개발」, 교사교육프로그램개발과제 2004-4, 교육인적자원부.

이영만(2001), 『통합교육과정』, 학지사.

진선희(2023), 「초등국어과 교육과정의 평화 역량 교육 연계성 탐색」, 『한국초등국어교육』 77, 한국초등국어교육학회.

Fogarty, S. M.(구자억, 구원회 역, 1998), 『교사를 위한 교육과정 통합의 방법』, 원미사.

Ingram. J-B.(1995, 배진수. 이영만 역), 『교육과정 통합과 평생교육』, 학지사.

9장 국어과 영재 및 학습 지원 교육

강승희(2001), 「언어영재와 일반 아동의 작문에 나타나는 이야기 구조와 언어적 창의성의 발달 및 차이」, 부산대학교 박사학위논문.

강승희·조석희(2004), 「언어영재교육의 필요성과 방향 탐색」, 『영재교육연구』 14(1), 한국영재학회.

교육과학기술부(2008), 『교육과정 해설-국어』, 한국보훈복지의료공단 신생인쇄조합.

교육부(2017), 『한국어교육과정』, 교육부 고시 제2017-131호 [별책43]

김동일(2008), 『기초학습기능 수행평가체제: 읽기검사』, 학지사.

김영란(2014), 「KSL '한국어교육과정'에 대한 비판적 고찰」, 『국어교육학연구』 49(3), 국어교육학회.

김주연(2015a), 「델파이 방법을 활용한 언어영재 교육과정 개발을 위한 기초 연구」, 『열린정신 인문학연구』 16(1), 원광대 인문학연구소.

김주연(2015b), 「언어영재와 일반 영재를 위한 이원화 언어 교수-학습모형」, 『국어문학』 60, 국어문학회.

김정섭(2008), 「언어영재를 위한 비판적 사고교육 프로그램 개발」, 『어문학교육』 37, 한국어문교육학회.

박형민·김재우·박석준·박정아·원진숙·홍종명 (2014), 『한국어(KSL) 교육과정 운영방안 연구보고서』, 국가평생교육진흥원 CR 2014-1.

신문승(2013), 「초등 영재를 위한 통합교육과정 모형 탐색」, 『학습자중심교과교육연구』 13(6), 학습자중심교과교육학회.

유은경(2018), 「다문화 배경 초등학생 대상 한국어 이해중심교육과정 설계 방안 연구: 백워드 설계 모형을 중심으로」, 경인교대 석사학위논문.

원진숙·권순희·전은주·김정우·김진석·김유범·심상민(2013), 『2012 한국어(KSL) 교육과정 개발 연구』, 교육과학기술부.

윤초희(2007), 「언어영재 교사 전문성 신장의 현황과 과제」, 『영재와 영재교육』 6(2), 한국영재교육학회.

윤초희·한석실·강승희·조석희(2005), 「언어창작 재능 계발에 영향을 미치는 심리 및 환경적 요인: 성취한 작가 사례를 중심으로」, 『교육학연구』 43(2), 한국교육학회.

임지룡·김억조·서혜경·최진아·추정문(2010), 「관찰·추천을 통한 언어영재의 선발 방안」, 『중등교육연구』 58(3), 경북대 중등교육연구소.

이경화·이상구·박영민·김명순·신헌재·이수진·최규홍·하근희·박종임(2012), 『초등학교 국어 학습 부진의 이해와 지도』, 박이정.

이경화(2009), 「초등학교 국어 학습 부진의 특성과 통합교육 방안」, 『통합교육연구』 4, 한국통합교육학회.

이수진(2020), 「다문화 배경 학생을 위한 융합 관점의 기초 문식성 교육과정 운영 방향」, 『국어교육연구』 72, 국어교육학회.

이창현(2011), 『간학문적 초등 영재교육 프로그램 모형 구안 및 개발 과정의 현상 분석』, 한국교원대 박사학위논문.

진선희(2009), 「언어·문학영재 교수-학습 활동의 원리」, 『국어교육연구』 44, 국어교육학회.

최미숙·원진숙·정혜승·김봉순·이경화·전은주·정현선·주세형(2016), 『국어교육의 이해: 국어교육의 미래를 모색하는 열여섯 가지 이야기』, 사회평론.

최선일·진석언(2015), 「언어영재 판별도구로서의 읽기 메타인지 검사의 타당성 탐색」, 『영재와 영재교육』 14(3), 한국영재교육학회.

최종오(2004), 「언어영재아를 위한 창의적 심화학습 프로그램 개발 및 효과검증」, 전남대 박사학위논문.

Gardner, H.(1983), *Frames of mind: The theory of multiple intelligences,* NewYork: Basic

Books.
국가기초학력지원센터 https://k-basics.org/user/
국립국어원 한국어교수학습샘터 https://kcenter.korean.go.kr/kcenter/teaching/dmstc/student.do
영재교육종합데이터베이스 ttps://ged.kedi.re.kr/index.do

10장 국어 수업 실연과 평가

박태호(2009), 『초등 국어 수업 관찰과 분석』, 정인출판사.
신헌재·서현석·이정숙·곽춘옥·김국태·김병수·김윤옥·김지영·김혜선·안부영·이향근·정상섭
 ·조용구·최규홍·최민영·하근희(2015), 『초등 국어 수업의 이해와 실제』, 박이정.
이경화·최규홍(2007), 「국어 수업 전문성 발달 양상 연구」, 『새국어교육』 77, 한국국어교육학회.
이재승(2005), 『좋은 국어 수업 어떻게 할 것인가?』, 교학사.
이창덕·박창균·이정우·김주영·이선영(2019), 『수업을 살리는 교사화법』, 즐거운학교.
임찬빈·노은희(2006), 「수업평가 매뉴얼-국어과 수업평가 기준-」, 연구자료 ORM 2006-24-3,
 한국교육과정평가원.
조용개·신재한(2011), 『교실 수업 전략』, 학지사.
황미향·윤준채·진선희·이수진·박창균(2024), 『초등국어교육론』, 보고사.

찾아보기

집필진 소개

황미향
대구교육대학교 국어교육과 교수
경북대학교 대학원 문학박사
『학교 문법과 문법 교육』(공저),
「문법 교육에서 '탐구'의 의미」(논문) 외 다수

윤준채
대구교육대학교 국어교육과 교수
(미) 조지아대학교 대학원 철학박사
『독서교육의 이해』(공저),
「초등 국어 교과서의 텍스트는 흥미로운가」(논문) 외 다수

진선희
대구교육대학교 국어교육과 교수
한국교원대학교 대학원 교육학 박사
『문학과 사랑의 교육학』(저서),
「인공지능시대 문학 독서 교육의 쟁점」(논문) 외 다수

이수진
대구교육대학교 국어교육과 교수
한국교원대학교 대학원 교육학 박사
『작문교육론』(공저),
「한글, 놀이로 배워요」(공저) 외 다수

박창균
대구교육대학교 국어교육과 교수
고려대학교 대학원 교육학 박사
『의사소통의 이해와 실천』(공저),
「문화적 문식성 신장을 위한 매체언어 교육의 방향」(논문) 외 다수

국어과 교재 연구 및 지도법

2024년 8월 30일 초판 1쇄 펴냄

지은이 황미향·윤준채·진선희·이수진·박창균
펴낸이 김흥국
펴낸곳 보고사

등록 1990년 12월 13일 제6-0429호
주소 경기도 파주시 회동길 337-15 보고사
전화 031-955-9797
팩스 02-922-6990
메일 bogosabooks@naver.com
http://www.bogosabooks.co.kr

ISBN 979-11-6587-755-2 93370

정가 20,000원